普通高等学校旅游管理教材

第二版

导游技巧与模拟导游

窦志萍 编著

清华大学出版社

北 京

内 容 简 介

本书从理论分析入手，结合导游工作的特点，理论与实践结合，强调实用性和可操作性，对导游员应具备的导游语言和导游艺术技巧作了详尽的分析，并结合旅游实际，对各类典型的旅游吸引物，包括典型的自然和人文景观的导游服务程序、线路安排、审美引导、实地导游讲解内容的选择和实景导游作了各具特色的分析介绍，对导游员的实际工作具有指导作用。通过本书的学习，可以达到举一反三的效果，读者能够学会并全面掌握导游服务和导游讲解的要领，熟练进行导游服务的讲解工作。

本书既可作为高等院校旅游专业的教材，也可作为导游人员年检培训、提高导游服务质量和导游人员素质的培训教材，还可作为导游人员等级考试用书。旅游爱好者通过此书可获取相关的旅游常识、了解各种旅游景点的旅游方式和方法，是旅游者"无声的导游"。

图书在版编目（CIP）数据

导游技巧与模拟导游/窦志萍编著. —2 版. —北京：清华大学出版社，2010.4（2019.8重印）
（普通高等学校旅游管理教材）
ISBN 978-7-302-21632-2

I. ①导…　II. ①窦…　III. ①导游–高等学校–教材　IV. ①F590.63

中国版本图书馆 CIP 数据核字（2009）第 231790 号

责任编辑：邓　婷　汪永涛
封面设计：唐韵设计
版式设计：牛瑞瑞
责任校对：王　云
责任印制：杨　艳

出版发行：清华大学出版社
　　　　　网　　　址：http://www.tup.com.cn，http://www.wqbook.com
　　　　　地　　　址：北京清华大学学研大厦 A 座　　　　邮　　编：100084
　　　　　社 总 机：010-62770175　　　　　　　　　　　邮　　购：010-62786544
　　　　　投稿与读者服务：010-62776969，c-service@tup.tsinghua.edu.cn
　　　　　质 量 反 馈：010-62772015，zhiliang@tup.tsinghua.edu.cn

印 装 者：三河市国英印务有限公司
经　　销：全国新华书店
开　　本：185mm×230mm　　　印　张：20.5　　　字　数：411 千字
版　　次：2010 年 4 月第 2 版　　　　　　　　　　印　次：2019 年 8 月第 9 次印刷
定　　价：48.00 元

产品编号：032021-02

前　言

　　旅游者选择旅游目的地、旅游景区（点）是因为在那里有能满足他们求新、求奇、求知、求异的目的吸引物。旅游活动是一项综合性的审美活动，游客在外出前可能会对旅游目的地做一些了解，但做不到全面了解，特别是专业性知识、具有地方特色的文化等难以全面掌握；旅游者在游览方式、审美途径等方面都需要有人帮助，对景物的细节审美更需要有人指点和解释；旅游者外出旅游希望能全身心地投入到游览及审美体验中，与旅游相关的一些"杂事"最好有人代劳；旅游者希望在旅途中愉悦身心……为满足游客的这些需要，各景区就需向游客提供导游服务。

　　作为旅游目的地，旅游产业的发展需要开发旅游资源、建设旅游景区（点），通过旅游活动传播旅游目的地的文化。为发展旅游产业，旅游目的地不断地挖掘自身的文化内涵，希望通过旅游产业发展促进区域经济文化的发展。学者们研究的成果可通过景区建设，以物化景物向游客展示，但其丰富的内涵难以展示。所以，当地文化的最佳传播途径就是通过导游服务。在为游客提供导游服务的过程中，通过导游员有针对性的导游讲解，不仅能帮助旅游者实现旅游动机，同时还能把专家学者们的研究成果进行宣传推广，构建知识与旅游者间的桥梁。

　　导游员作为旅游产品的最终实现者，被称为"旅游业的灵魂"。在旅游的三大要素中，作为旅游活动主体的游客对旅游业的发展起到了关键性的影响作用，而影响游客旅游活动的关键就是当地的旅游服务，而导游服务在所有旅游服务中处于主导地位，是旅游服务的核心和焦点。然而，长期以来，在旅游教育和旅游研究中，人们更多地关注于资源、风景区、旅游市场及旅游饭店的研究，在旅游研究中忽略了旅游业发展中的一个重要的因素——导游。

　　"一个出色的导游带来一次成功的旅游活动"、"祖国江山美不美，全凭导游一张嘴"。作者多年的科研实践成果表明，一个地方导游服务质量的高低和导游员素质、能力、水平的高低，直接影响到了区域旅游业的可持续发展。高质量的导游服务需要高质量的导游人才，高质量导游人才的培养需要有效的教学和高质量的教材。导游工作是一项集知识、语言、技能为一体的艺术性的服务工作，在人才培养过程中，关键的一个教学环节是进行综合知识运用、知识与技能的有机结合训练，把服务上升为艺术。为了满足和适应旅游产业发展，需要高质量、高素质的导游人才的加入。

　　本书第一版自 2006 年出版以来，取得了较好的社会效益。由我讲授的"导游技巧与模拟导游"这一课程成为云南省第一批省级精品课程，本人被授予了"云南省高等学校教学、科研带头人"的称号，并被评为"云南省教学名师"。由我领衔的旅游管理教学团队、主持的"旅游应用型人才培养模式创新实验区"分别被评为"云南省省级教学团队"和首批"云南省人才培养模式创新实验区"。经过几年的教学与科研实践的检验，针对导游工作出现的新问题和旅游行业发展的新形势，在做了大量跟踪调查研究的基础上，我对原书进行了提升和改进，在理论和实践方面都更贴近于当前旅游产业发展的现实。

本书在写作及修订过程中得到了旅游界同行的支持，专家们提出了良好的建议，导游朋友们提供了有效的信息，还参考了大量的文献资料，谨致感谢！

本书的出版得到了清华大学出版社邓婷女士的大力支持和帮助，谨致真诚的谢意！

由于时间仓促，而导游服务方面的研究又是一个新兴的课题，尚有许多需要深入研究探讨的问题，书中疏漏和不当之处在所难免，恳请同行专家、学者、广大师生和旅游界的朋友们批评指正。

窦志萍

于春城昆明

目　录

上篇　导游技巧与导游艺术篇

下篇 典型旅游景观导游讲解

绪　　论

导游是向导——美的向导；

导游是领导——有凝聚力的领导；

导游是指导——生活艺术的指导；

导游是演员——旅游大舞台上的艺术家；

导游是导演——旅游行为的引导；

导游是教师——科学文化知识的传播者；

……

导游服务是旅游服务工作的核心和纽带，在旅游服务中起主导作用。导游员是具体承担导游服务工作的人员，是旅游行业的一线工作人员。导游服务工作质量的高低是区域旅游业服务质量的重要标志，是旅游业的窗口。

第一节　导游服务与导游员

一、导游的含义

"导"，引导。《辞海》的词条举例《史记·孙膑传》中"善战者因其势而利导之"一语，又引申为开导、教导、启发的意思。其次是"通也"，《国语·周语》中"为行者决之使导"说出了通行的意思。"导"的这些含义，要求导游员为旅行者开导指点，旁征博引，指点迷津。此外，"导"出于"向导"一词的略称。《孙子兵法》中就有"不用向导者不得地利"之语，"导"字的本身，有着一种巨大的内驱力量。

"游"，游玩、游览、游乐、观赏。《辞海》的词条举例《庄子·秋水》中"庄子与惠子游于濠梁之上"的典故，说的是庄子与惠子在濠梁上看到水中怡然自得的鱼，引起他们之间关于鱼之乐与不乐的有趣辩论，这里道出了"游玩"、"游乐"的内涵。其次，"游"还包含了行走、求知、增加阅历见闻的意思。《史记·太史公自序》中就有"南游江淮"和"北涉汶泗"的叙述。此外，"游"尚有交际、交往之意，也还有求学、求功名的意思。《汉书·权乘传》中有"与英俊并游"之语，就是说人和人之间交往是有选择的。而《荀子·劝学篇》中的"故君子必择乡，游必择士"的说法，即指求功名而言。

"导"和"游"加在一起，既是动词，又是名词，它本身就有双重词性和丰富的内涵。现代人们所提"导游"往往具有多重含义：一是服务工作，即由旅行社或旅游景区提供的方便游客游览、了解旅游目的地知识、帮助解决旅途及游览中出现问题的一系列服务工作的总称；二是一种职业；三是具体从事导游服务这种职业的人。

二、导游服务

（一）导游服务的发展沿革

导游服务随消遣性旅游活动的出现而产生，随着大众旅游活动的兴起而发展。"导游服务"从其雏形发展到今天经历了一个漫长的历程。

1．导游服务的雏形期——"向导"

通过研究古代旅游我们发现，无论帝王巡游、士人漫游、宗教旅游、商业旅行及探险考察等都有熟悉当地情况的官员、僧侣、樵夫、马夫、店小二等做向导，他们不仅引路，还能介绍沿途的名胜、景点和当地的风俗民情，所提供的服务某种程度上类似于现代的导游服务，但古代的"向导"不是社会职业，没有具体的服务标准，更不属于任何企业，与现代导游服务有本质的区别，是现代导游服务的早期雏形。

2．近、现代导游服务

世界公认近代第一次旅游活动是由英国人托马斯·库克组织的，发生于 1841 年 7 月 5 日，托马斯·库克本人在这次活动中提供的服务成为近代全程陪同的最早体现。1845 年，托马斯·库克旅行社的成立，成为近代旅游业诞生的标志。旅行社需要有人陪同游客参观游览并为之讲解。随着旅行社的发展，导游队伍迅速壮大，1850 年世界上出现了专业导游队伍，导游职业诞生了。

与欧美国家相比，中国近代旅游业起步较晚。1927 年中国才有了第一家旅游社——中国旅行社，随后中国出现了其他类似的旅游组织，这些旅行社和旅游组织承担了近代中国人旅游活动的组织工作，同时诞生了中国第一批从事导游服务的人员。

新中国成立后，经周恩来总理提议和当时政务院的批准，1954 年 4 月 15 日成立了中国国际旅行社总社，并在上海、天津、广州等地成立了 14 家分社，积聚了一批能力强、外语精的翻译导游员队伍，具有新中国特色的"导游服务"随之诞生。进入 20 世纪 80 年代，中国旅游进入发展期，旅行社开始与国际接轨，有了真正意义上的导游服务，1989 年中国有了第一批持证导游员。1995 年国家出台了《中华人民共和国国家标准——导游服务质量》，具体规定了导游服务的质量要求，提出了导游服务过程中若干问题的处理原则，使导游服务走上了规范化、标准化的道路。1999 年发布的《导游员管理条例》中给出导游服务的定义：导游服务是导游员代表被委派旅行社，接待或陪同旅游者旅行、游览，按照组团合同或约定的内容和标准向其提供的旅游接待服务。

（二）导游服务工作的性质、特点、地位与作用

1．性质

（1）社会性。导游服务的对象是参加旅游活动的游客，旅游活动是一种社会经济现象，所以，导游服务本身就具有社会性。导游是一种社会职业，对大多数从事导游工作的人员来说，是一种谋生的手段。

（2）文化性。旅游活动是传播文化的重要渠道，导游讲解、客导之间的日常交谈以及旅游者的参观游览都有助于扩大一个国家（地区）的传统文化和现代文明的影响力，导游服务过程及导游员自身素质代表了一个国家、一个民族的精神面貌、价值观念、道德水准，能给游客以知识、乐趣和美的享受；由于旅游活动的特殊性，游客的活动有意无意地在传播着各自的文化，承担导游服务的人员在其中也起到介质的作用。导游服务起着沟通和传播精神文明、为人类创造精神财富的作用，直接或间接地起着传播一个国家民族的传统文化和现代文明的作用。

（3）服务性。导游服务是围绕游客进行的全方位、全过程的服务工作。导游服务与第三产业其他服务一样属非生产劳动，是一种通过提供一定的劳务活动，如翻译、导游讲解、旅行生活服务等来满足游客的旅游需求。与一般服务工作不同的是，导游服务不是一般的简单服务，而是一种复杂的、高智能、高技能的高级服务。

（4）经济性。导游服务是导游员通过向游客提供劳务而创造特殊使用价值的劳动。在商品经济条件下，这种劳动通过交换而具有交换价值，在市场上表现为价格。因此，导游服务具有经济属性。其经济性通过直接创收、间接创收（通过扩大客源、促销商品实现）和促进文化与经济交流来实现。

（5）涉外性。导游员的导游讲解、与旅游者的交谈以及他们的举手投足都在有意无意地宣传着中国。在旅游者心目中，导游员是国家（地区）的代表，人民的友好使者，是"民间大使"。导游服务工作是传播文化的重要渠道。世界各国、各地区之间的文化传统、风俗民情、禁忌习惯的不同，游客的思维方式、价值观念、思想意识各异，这就决定了导游服务工作的跨文化性。导游员必须在各种文化差异中，甚至在各民族、各地区文化的碰撞中工作，尽可能地了解中外文化之间的差异，圆满完成传播文化的任务。

2．特点

（1）独立性强。导游员要独立地宣传、执行国家政策；独立地根据旅游计划全面落实旅游合同；独立组织游览活动，满足游客合理而可能的要求；根据不同游客的文化层

次、审美情趣、兴趣爱好进行有针对性的独立讲解；出现问题，独立地、合情合理地进行处理。导游员要注意锻炼自己的独立工作能力，从细小的事情做起，凡事多问几个为什么？注意总结自己的经验，同时总结其他导游员的经验，多沟通、多交流。

（2）复杂多变。具体表现在服务对象复杂、人际关系复杂、旅游者需求多种多样、讲解内容繁杂等。

（3）脑力与体力高度结合。脑力的表现：渊博的知识、较强的语言表达能力，处理各种突发性问题，满足游客各种合理而可能的个性需要等内容。体力劳动的表现：导游员要在游览过程中进行介绍、讲解，要随时应游客的要求，帮助解决各种各样的问题，在旅游旺季时，往往连轴转，长期在外工作，还要适应各地的水土和饮食，体力消耗极大。

（4）直接面对物质诱惑和精神污染。导游员是旅游行业的一线工作人员，工作流动性强，活动范围广，接触对象多，在工作中可能会接触到一些不良思想和习惯，间或还会面临着金钱、色情、名利、地位的诱惑。处在复杂氛围中的导游员需要有较高的政治思想觉悟、坚强的意志和高度的政治警惕性，始终保持清醒的头脑，自觉抵制各种精神污染和物质诱惑。

（5）关联度高。导游员的各项服务都需要得到旅游接待服务中其他相关部门和单位的配合和支持，任何一个环节的服务出现偏差都会对旅游活动产生影响，会使导游服务黯然失色，也会对游客产生心理压力。

导游服务不同于一般的简单操作，而是一种建立在具有较高个人素质基础上并影响面较广的高智能服务。导游员要有全局观念，在工作中要头脑清醒，思维缜密，有较强的协调能力和公关能力，以保证游客的旅游活动按计划顺利进行。

3．地位

旅行社、饭店、交通是现代旅游业的三大支柱，其中处于核心地位的是旅行社。旅行社主要从事旅游产品的开发、旅游产品的销售、旅游服务的采购和旅游接待，旅游接待过程即是实现旅游产品的消费过程。试把旅游接待过程看作是一条环环相扣的链条（从迎接游客开始，直到欢送游客为止），向游客提供的住宿、餐饮、交通、游览、购物、娱乐等服务分别是这根链条中的一个个环节。正是导游服务把这些环节连接起来，使相应服务部门的产品和服务得以销售，使游客在旅游过程中的各种需要得以满足，使旅游目的地的旅游产品得以进入消费。导游员是导游服务的提供者，也具有主导作用。旅游活动的六要素中最重要的是"游"，而游览活动的组织者是导游员。导游员为游客提供的语言服务沟通了不同的文化，促进了不同民族间的交流；导游员提供的讲解服务帮助游客增长见识、加深阅历，获得美的享受；导游员提供的生活服务帮助游客顺利完成旅游活动。导游员在游客实现其旅游目的方面有着不可替代的作用，导游服务是旅游服务中最根本的服务。

4．作用

（1）纽带作用。具体表现：承上启下、连接内外、协调左右。

（2）标志作用。导游服务是旅游服务质量高低的最敏感的标志，旅游活动的成败更多地取决于导游服务质量。导游服务质量的好坏不仅关系到整个旅游服务质量的高低，甚至关系国家或地区旅游业的声誉。

（3）反馈作用。在旅游服务消费过程中，旅游者会根据自己的需要对旅游产品的规格、质量、种类、标准等做出这样或那样的反映。而导游员处在接待服务的第一线，同旅游者交往和接触最直接、时间最长，对旅游者关于旅游产品方面的意见和需求最了解。导游员在导游服务过程中可收集、整理、综合旅游者的意见反馈到旅行社的有关部门，促进旅行社产品的不断改进和质量提高，更好地满足旅游者的旅游需求。

（4）扩散作用。旅游者是凭导游服务质量来判断旅游产品的使用价值，导游员带领旅游者进行游览的实际经历和感受决定了旅游产品使用价值判断的优劣。无论导游服务质量的高或低，都会对旅游产品的销售起扩散作用。不同的是，质量高时起促销作用，质量低时起阻销作用。

（三）导游服务的基本原则

1．"游客至上"原则

"游客至上"是服务行业的座右铭。它不仅是招徕游客的宣传口号，更是服务行业的服务宗旨、行动指南，也是服务工作中处理问题的出发点。"游客至上"意味着"顾客第一"；"游客至上"表现在服务人员与顾客的关系上就是要尊重顾客，真心实意地为顾客服务；"游客至上"要求导游员以旅游者的利益为重，尽可能地满足旅游者的正当需求。

2．"维护游客合法权益"原则

世界旅游组织通过的《旅游权利法案》对游客的权利和在旅游目的地应受到的保护作了相应的规定。国家旅游局发布的《旅行社管理条例实施细则》中对旅游者的权益保护也作出了明确规定。导游员处在旅游接待的第一线，必须不折不扣地按照有关标准或约定向旅游者提供导游服务，将维护旅游者的合法权益作为自己的服务准则，并根据这一准则对其他旅游服务的供给进行监督，处理旅游过程中的有关问题。

3．"经济效益与社会效益相结合"原则

导游服务具有双重功能。一是导游员帮助游客消费旅游产品和提供服务，使产品和服务的价值得以最终实现，从而创造经济效益；二是导游员作为知识和文化的传播者，既满足了游客的精神需要，又促进了游客同目的地人民之间的相互了解和友谊，从而产生社会效益。导游员在提供导游服务时，应追求经济效益和社会效益相结合。

4．履行合同，提供"优质服务"原则

是否履行旅游合同的内容和标准是评估导游服务工作的基本尺度，导游员在为游客提供导游服务时要以契约为基本。"优质服务"即令游客满意的服务，它是规范化服务和个性化服务的完美结合。规范化服务是由国家或行业主管部门所制定并发布的某项服务（工作）应达到的统一标准（具体见《旅行社管理条例及实施细则》、《导游服务质量》（国家标准）、《旅行社国内旅游服务质量》、《旅行社出境旅游服务质量》（行业标准）、《导游员管理条例》等规章制度）。个性化服务是导游员按照相关标准的质量要求执行旅行社与游客之间的约定之外向旅游者提供的额外服务，满足他们的正当要求。这种服务一般是针对旅游者的个别要求提供的。导游员应该将规范化服务和个性化服务结合起来，向旅游者提供优质服务，让旅游者高兴而来，满意而归。

5．"AIDA"原则

A 即 Attention，指通过有趣的、尽可能具体的形象引起谈话对方的注意力；I 即 Interest，指通过进一步展开已经引起对方注意的谈话激起谈话对象的兴趣；D 即 Desire，激起谈话对象希望进一步了解情况，得到启示，加深双方关系，尤其是激起对方的占有欲望；A 即 Action，努力使对方采取占有的行动。导游员运用这一原则，作为激发旅游者的游兴、推销附加游览项目、改变游览日程、处理问题时的一个行为模式。若能正确运用 AIDA 原则，有助于客导双方创造友好气氛和建立良好的人际关系。

6．合理而可能的原则

合理是指导游员遇事将自己摆在游客的位置上进行换位思考，设身处地地为游客分析其要求是否在情理之中。导游员在可能的情况下，"莫以事小而不为"，应尽量为游客提供帮助。导游员判断游客要求是否合理的重要依据：（1）是否违反法律法规的有关规定；（2）是否违背合同的条款；（3）是否影响大部分游客的利益；（4）是否违背导游员的职业道德；（5）是否损害国家利益和旅行社利益；（6）是否损害导游员的人格尊严。

以上六项原则并不是孤立的，而是相互联系、互为补充的，它们既是导游员优质服务原则，是导游员处理各种问题时的基本原则，也是衡量导游员服务态度、服务质量及其工作能力的重要标准。导游员必须牢记这些原则并将其融会贯通、灵活运用，努力为旅游者提供优质导游服务，尽量满足旅游者合理而可能的要求，并力争妥善处理他们的意见和投诉以及旅游活动中出现的难题和事故。

（四）导游服务的发展趋势分析

导游服务有以下几个发展趋势。

1．服务商业化

旅游业成为一项经济产业，旅游服务的盈利性非常突出，作为旅游服务的主要组成部分的导游服务已商品化。

2. 服务内容多样化

现代游客们已经不满足于简单的观光，而是趋向于具有个性化的旅游活动，对导游服务的要求也日趋多样化，希望得到向导、讲解、旅途生活服务等多方面的服务。

3. 服务范围扩大化

随着特色旅游活动的进一步开展，旅游活动的范围也在不断地扩大和延伸，个性化的特色旅游活动受到了越来越多游客的青睐，探险旅游、体验旅游、康体旅游等旅游形式异军突起，游客的足迹范围在不久的将来要深入到海底，或离开地球遨游太空。因此，导游服务的范围也将随之扩大延伸。

4. 服务手段科技化

随着科技的进步，图文声像等导游方式已成为导游服务的重要辅助手段，导游员可以借助各种现代化的手段和资料，通过口头讲解方式与图文声像导游方式的有机结合，向游客提供更直观、更生动、标准更高的导游讲解服务，同时也更能吸引游客。

5. 服务方式的个性化

游客旅游消费的个性化趋势，要求旅行社能提供个性化的旅游产品，进而服务也要求个性化。导游服务的个性化，一方面要求导游员能根据游客的差异、产品的不同，因时、因地、因人而异地提供有针对性的服务；另一方面要求导游员通过不断地学习与实践，发挥自己的优势，形成富有个人风格的导游服务方式。

6. 导游语言的国际化（多语种化）

随着大众旅游普及到世界各国，一个国家、一个地区的导游员不仅要掌握本国、本民族的语言，而且必须能熟练运用世界各主要语言，特别是主要客源国的语言，以便向来自不同国家和地区的旅游者提供令他们满意的导游服务，导游语言已从单一语种发展为多语种。

7. 导游员职业化和高知识化

导游已成为社会公认的一种职业，在我国从事导游服务工作必须具有相应的资格证书和等级证书，提高导游服务质量、使导游员职业化是必然趋势。现代游客的知识素质在不断提高，他们对知识和服务的要求也日益提高和扩展，因此，导游员必须具备相当的知识水平，在服务中体现高知识含量。

8. 导游服务艺术化

旅游活动本身就是一项寻觅美、追求美、发现美的过程。导游服务的更高境界是追求导游的艺术化，它引导游客去发现、感受和体验美，从而增加游客的生活情趣，提高游客的旅游品位，导游员应该成为美的使者。导游服务是一门艺术，导游员用自己的语言、行为、仪表乃至精神创作出无形的艺术作品，其魅力是无穷的。

三、导游员

（一）概念

在我国，导游员是指依照《导游员管理条例》的规定取得导游证，接受旅行社委派，运用专门知识和技能为旅游者组织、安排旅行和游览活动，提供向导、讲解和旅途服务的人员。通常人们习惯将所有从事导游工作的人员统称为导游员，简称"导游"。

在西方国家，由于对导游工作的理解与我们不尽相同，因而对导游员的称呼和定义也有所不同，如称之为旅游团领队、陪同、随员等。

（二）基本职责

1. 根据旅行社与游客签订的合同或约定，接受旅行社分配的导游任务，按照接待计划安排和组织旅游者参观、游览。

2. 负责向旅游者导游、讲解、介绍中国（地方）文化和旅游资源。

3. 配合和督促有关部门安排旅游者的交通、食宿，保护旅游者的人身和财产安全。

4. 耐心解答游客的问询，协助处理旅途中遇到的问题。

5. 反映旅游者的意见和要求，协助安排会见、座谈等活动。

在实际工作中为了更好地让导游员们形象地记住自己的职责，上述内容可细化归纳为"八大员"，即宣传讲解员、导游翻译员、旅游协调员、生活服务员、安全保卫员、情况调查员、座谈报告员、经济统计员。

（三）不同服务范围导游员的主要职责（见表0-1）

表0-1　不同服务范围导游员的主要职责

导　游　员	主　要　职　责
海外领队	介绍情况，全程陪同，落实旅游合同，组织和团结工作，联络工作
全程陪同导游员	实施旅游接待计划，联络工作，组织协调工作，维护安全、处理问题，宣传、调研
地方陪同导游员	安排旅游活动，做好接待工作，导游讲解，维护安全，处理问题
景区（点）导游员	导游讲解，安全提示

四、合格导游员的基本条件（素质要求）

导游员作为旅行社服务的主体和支柱，在游客的心目中，他们是"国家的脸面"、"游客之友"、"游人之师"。因此，要成为一名合格的导游员必须具备以下素质条件。

（一）良好的思想品德

思想品德是一个人的灵魂，不同的行业领域有共性也有个性，对置身于旅游业中的中国导游员，其思想品德主要表现在以下几个方面。

1. 热爱祖国、热爱社会主义

热爱祖国、热爱社会主义是中国合格导游员的首要条件。只有本身是个热情的爱国者，才会对自己的祖国有深刻的了解，才会以自己热情的导游服务感染游客，使其成为我们的朋友。导游员中有句俗话说"心歪嘴就歪"，作为一名导游，要为自己是伟大的中华民族一分子、社会主义中国的公民而自豪。

热爱祖国，倡导爱国主义，尊重、珍惜"国格"。这一点要求导游员不仅要熟知祖国的自然、人文景观，更要了解掌握自己祖国五千年的历史与文化，树立民族自尊心和自豪感，用自己的热情去感染各国游客，让游客在领略山川风物的同时体味中华文化的博大精深，感受中华民族忍辱负重、不屈不挠、奋发图强的民族精神。

2. 优秀的道德品质

社会主义道德的本质特征是集体主义和全心全意为人民服务的精神。导游员在工作中应从大集体的利益出发，即从旅行社和各接待单位的利益出发，从发展旅游业的大局出发，依靠集体的力量和支持，关心集体的生存与发展，努力做好本职工作，将全心全意为人民服务的精神与"宾客至上"的旅游服务宗旨紧密结合起来，主动、热情地为国内外游客服务。

3. 热爱本职工作、尽职敬业

导游员应树立远大的理想，将个人的抱负与事业的成功紧密结合起来，全身心地投入到工作之中，热忱地为游客提供优质的导游服务。导游员应立足本职工作，热爱本职工作，刻苦钻研业务，不断进取，勇于实践，勇于开创，勇于实现自己的理想。

4. 高尚的情操

情操是以某种或某类事物为中心的一种复杂的、有组织的情感倾向，如爱国心、求知欲等。高尚的情操是导游员的必备修养之一。导游员要不断学习，提高自身的思想觉悟，努力使个人的追求与国家利益结合起来，在工作中要提高判断是非、识别善恶、分清荣辱的能力，培养自我控制的能力，自觉抵制形形色色的精神污染，始终保持高尚的情操。

5. 遵纪守法

遵纪守法是每个公民的义务，作为旅行社代表的导游员尤其应树立高度的法纪观念，自觉地遵守国家的法律、法令，遵守旅游行业的规章，严格执行导游服务质量标准，严守国家机密和商业秘密，维护国家和旅行社的利益，牢记"内外有别"的原则，在工作中多请示汇报，切忌自作主张，更不能做违法乱纪的事。

（二）渊博的知识

实践证明，丰富的知识是做好导游工作的前提。知识面广、信息量大的导游员，才能把导游工作做好。导游知识包罗万象，其中基础常识主要包括：语言知识，史地文化知识，政策法规知识，心理学和美学知识，政治、经济、社会知识，旅行知识，国际知识等。导游员要做到上知"天文地理"，下知"鸡毛蒜皮"，要有专长，成为专家型、大众型相结合的导游员，其知识目标是"杂家加专家"。

（三）独立工作能力及创新精神

培养独立分析、解决问题的能力及创新精神既是导游服务工作的需要，也关系到个人的发展。导游员的工作对象形形色色，所遇到的问题各不相同，工作中不应墨守成规，要具备较强的独立工作能力及创新精神，发挥主观能动性和创造性，才能在激烈的人才竞争市场中脱颖而出，立于不败之地。

（四）较强的组织、协调、应变能力

旅游活动是一个动态过程，涉及食、住、行、游、购、娱等多方面，每一方面都必须做好组织与协调工作，即外部协调；在为游客服务时，还要做好内部协调，也就是地陪、全陪、领队，有时也包括定点讲解员之间的相互协作与配合。导游员要有立体性的思维方式，要具备立体的、多层次的、全方位的处理导游工作中错综复杂问题的应变能力，这既是做好接待工作的决定因素，也是衡量导游员水平的重要标志。

（五）精通业务，有较高的导游技能

导游界有句行话，叫做"全凭导游一张嘴，调动游客两条腿"。导游服务是一门学问，更是一种艺术。巴金说过："艺术，最高的技巧就是无技巧。"善于运用各种方法和技巧，是导游员成功的因素和必备的基本素质之一。为此，导游员应在熟悉、精通业务的基础上，从语言、方法、气质和思想等方面不断地培养和提高自己的导游技能，在实践过程中慢慢形成并创造性地发展自己的导游风格，使之成为一门艺术。导游员应具备的技能主要有：智力技能，操作技能，语言、知识、服务技能等。

（六）身心健康

导游员必须是一个身心健康的人，否则很难胜任工作。身心健康包括身体健康、心理平衡、头脑冷静和思想健康四个方面。

（七）注重仪表、仪容

在游客面前，导游员容貌修饰上要得体，要与所在工作岗位、身份、年龄、性别相

称，不能引起游客的反感。仪表要求导游员的服饰整洁端庄，要与周围的环境、场所协调，不能过分华丽，与从事的工作不相宜。仪态要求导游员站有站姿，坐有坐相，举止端庄稳重，落落大方，不要给游客傲慢或轻浮之感。

仪容、仪表和仪态虽然表现的是导游员的外部特征，然而却是其内在素质的体现，它与导游员的思想修养、道德品质和文明程度密切相关。

现代导游员应具备的风采是：像文学家那样具有渊博的知识；像艺术家那样具有丰富的表情；像歌唱家那样唱出动人的歌声；像科学家那样具有严肃认真、谨慎仔细的工作作风；像运动员那样具有健康的体魄；像演说家那样口若悬河、妙语连珠；像幽默家那样风趣、诙谐、幽默；像政治家那样思维敏捷、反应灵活；像外交家那样风度翩翩、彬彬有礼；像军事家那样遇事沉着冷静、勇敢果断；像领导者那样有较强的组织能力；像小学生那样谦虚好学、不耻下问；像慈母那样有一颗温馨的爱心；像通晓母语那样掌握工作语言；像法官那样立场坚定、铁面无私……

五、导游员的行为规范

导游员日常工作中应遵守以下几个行为规范。

1. 忠于祖国，坚持"内外有别"的原则

导游员要严守国家机密，时时、事事以国家利益为重。带团旅游期间，不随身携带内部文件，不向游客谈及旅行社的内部事务及旅游费用。

2. 严格按规章制度办事，执行请示汇报制度

导游员应严格按照旅行社确定的接待计划，安排旅行、游览活动，不得擅自增加、减少旅游项目或者中止导游活动；在旅行、游览中，遇有可能危及游客人身安全的紧急情形时，经征得多数游客同意，可以调整或者变更接待计划，但应当立即报告旅行社。在旅行、游览中，可能发生危及游客人身财物安全的情况，导游员应当向游客做出真实说明和明确警示，并按照旅行社的要求采取防止危害发生的措施。

3. 自觉遵纪守法，自觉遵守下列禁止性规定

（1）严禁嫖娼、赌博、吸毒；不得索要、接受反动、黄色书刊画报及音像制品。

（2）不得套汇、炒汇；也不得以任何形式向海外游客兑换、索取外汇。

（3）不得向游客兜售物品或者购买游客的物品；不偷盗游客的财物。

（4）不能欺骗、胁迫游客消费或者与经营者串通欺骗、胁迫游客消费。

（5）不得以明示或暗示的方式向游客索要小费，不准因游客不给小费而拒绝提供服务。

（6）不得收受向游客销售商品或提供服务的经营者的财物。

（7）不得营私舞弊、假公济私。

4．自尊、自爱，不失人格、国格

（1）不得"游而不导"，不得擅离职守，不懒散松懈，不本位主义，不推诿责任。

（2）要关心游客，不态度冷漠，不敷衍了事，不在紧要关头临阵脱逃。

（3）不要与游客过分亲近；不介入旅游团内部的矛盾和纠纷，不在游客之间拨弄是非；对待游客要一视同仁，不厚此薄彼。

（4）有权拒绝游客提出的侮辱其人格尊严或者违反其职业道德的不合理要求。

（5）不得迎合个别游客的低级趣味和在讲解、介绍中掺杂庸俗下流的内容。

5．注意小节

（1）不要随便单独去游客的房间，更不要单独去异性游客的房间。

（2）不得携带自己的亲友随旅游团活动。

（3）不与同性外国旅游团领队同住一室。

（4）在从事导游服务期间饮酒量不要超过自己酒量的 1/3。

（5）在导游讲解过程中不要吃零食和抽烟。

第二节 导游服务程序

一、领队接待服务的程序

领队接待服务的程序如表 0-2 所示。

表 0-2　领导接待服务的程序

阶　段	内　　容
准备 阶段	（1）熟悉情况。一般来说，领队需要了解以下几方面的情况： ① 旅游团成员的阶层、职业、年龄、性别、身体状况 ② 旅游团内的夫妇人数、随行儿童的年龄和人数 ③ 旅游团内的重点人物、需要特殊照顾的对象 ④ 旅游团在生活、参观等方面的特殊要求 ⑤ 旅游团成员的血型及如果在旅途遇到意外需要通知的家属姓名和住址 ⑥ 旅游线路及其所经停的城市、地区的情况 ⑦ 旅游过程中需要游览和参观的主要旅游景点、单位及其主要特点 ⑧ 旅游目的地组团旅行社的情况 ⑨ 旅游线路经停的各城市或地区负责接待旅游团的旅行社情况

阶　段	内　容
准备阶段	⑩ 旅游目的地政府的有关规定 ⑪ 旅游目的地各有关城市或地区的旅游设施情况 ⑫ 旅游目的地的民俗风情、生活习惯、宗教信仰、对待外来旅游者的态度等 （2）物质准备。主要包括旅游计划、有关票证、资料、日常用品、导游用具和少量物品 （3）介绍情况。领队的旅游团起程前往旅游目的地之前，应向旅游团介绍有关旅游目的地的情况及各自注意事项。可向旅游团成员分发一些有关旅游目的地的资料，并提醒旅游者注意遵守客源国海关、动植物检疫等部门的有关规定等
实际接待阶段	（1）接团第一天的工作。主要包括： ① 在旅游团预定启程的当天，领队需根据旅游计划提前到达预定的交通集散地，并向有关部门询问交通工具离开的时间有无变化 ② 向旅游者作自我介绍 ③ 帮助他们办理登机、乘车或乘船手续和行李托运手续 ④ 与旅游团一起核实旅游计划上的各项内容，并宣布旅游团全体成员在旅游期间所应共同遵守的一些规定 ⑤ 领队在此期间应向旅游者表示愿意为他们服务，并将尽力维护他们的正当权益，随时为他们解决各种旅途中的困难 （2）日常工作。除了第一天和最后一天的工作外，领队在旅途中其他时间的工作基本相同。这些工作包括： ① 每天向旅游团通报当天的活动日程 ② 在旅游团抵达旅游景点下车游览时，提醒他们返回汽车的准确时间和地点 ③ 在旅游者返回后及时清点人数，并通报接下来的活动内容 ④ 在前往下一个旅游景点途中，如果时间较长，可以组织一些娱乐活动，以活跃车内的气氛 ⑤ 同全程导游员或地方导游员核实下一项或第二天的活动日程 ⑥ 向旅游团通报第二天的活动日程，特别是次日早上要进行的第一项活动内容及出发时间和乘车地点 ⑦ 当旅游者全部下车后，同其他导游员一起对车内进行细致的检查，妥善处理旅游者遗忘在车上的物品 （3）最后一天的工作。主要包括： ① 调动旅游者情绪 ② 帮助旅游者整理行装，提醒旅游者不要将物品或行李遗忘在所乘坐的交通工具上 ③ 主动征求旅游者对旅游活动的意见和建议 ④ 与旅游者相互赠送联系地址或电话，以便继续保持联系 ⑤ 代表旅行社举行告别宴会，致欢送辞，感谢旅游者在一路上所给予的支持与合作

续表

阶　段	内　容
总结阶段	（1）处理旅游团接待过程中的各种遗留问题，如旅游者的委托事项、可能的投诉等 （2）向旅行社结清账目，归还启程前从旅行社借到的物品 （3）填写领队日志，总结旅游团的接待经过（如旅游者的表现及反应） （4）旅游目的地组团旅行社和各地接待旅行社执行旅游计划的情况 （5）全程导游员和地方导游员的服务态度、知识水平、语言表达能力、处理问题的能力及与领队合作的情况等

二、全程导游员的接待服务程序

全程导游员的接待服务程序如表 0-3 所示。

表 0-3　全程导游员的接待服务程序

阶　段	内　容
准备 阶段	（1）熟悉情况。主要包括： ① 研究旅游团的接待计划 ② 熟悉旅游团的情况和旅游路线的情况 ③ 了解各地承担接待任务的旅行社情况 ④ 确定接待计划的重点和服务方向 （2）物质准备。全程导游员所需准备的物品基本上同领队相同 （3）联系地陪。主要包括： ① 在旅游团抵达前一天，全程导游员应主动设法与负责接待的地方导游员进行联系 ② 了解第一站接待工作的详细安排情况，并确定集合的地点和时间，以便在第二天准时前往旅游团抵达的地点迎接 ③ 如果由全程导游员兼任地方导游员，则应亲自同旅游汽车公司调度人员联系，落实接站事宜
迎接服务 阶段	（1）入境旅游团的迎接服务。主要包括： ① 迎接旅游团后，并在接到旅游团后主动与该旅游团的领队联系，了解并核实旅游团的实际到达人数、旅游团有无特殊要求和需要给予特殊关照的旅游者 ② 与领队、地方导游员和接待旅行社的行李员一起清点和交接行李 ③ 代表旅游目的地组团旅行社和个人向旅游团致欢迎辞，作自我介绍，表达向全体旅游者提供服务的真诚愿望并预祝旅行顺利愉快 ④ 协助地方导游员带领旅游团乘车前往预定下榻的饭店 在旅游团进入饭店后，全程导游员的工作主要是： ① 协助旅游团领队办理入住过程中可能出现的各种问题 ② 协助有关人员随时处理入住过程中可能出现的各种问题

阶　段	内　容
迎接服务阶段	③ 与领队核对并商定旅游团的活动日程 ④ 记下领队所住的房间号和电话号码，以便随时进行联系 ⑤ 记下旅游团的住房分配名单 ⑥ 记下饭店总服务台电话号码 ⑦ 同地方导游员确定在紧急情况下联系的方法 （2）国内旅游团的迎接服务。主要包括： ① 进行自我介绍，并代表组团旅行社向旅游者表示欢迎 ② 介绍旅游线路及线路上的主要旅游景点概况 ③ 介绍旅游目的地的风土人情 ④ 介绍旅游线路沿途各城市或地区的接待条件 ⑤ 介绍旅游目的地居民对外来旅游者的态度 ⑥ 介绍旅游者应注意的其他有关事项 ⑦ 向旅游团成员分发一些有关旅游目的地的资料 ⑧ 为旅游团分配在饭店或旅馆的住房 ⑨ 介绍地方导游员，并请他向旅游团介绍当地的活动日程 ⑩ 协助地方导游员办理旅游团入住饭店或旅馆的手续
途中服务阶段	（1）做好旅游线路上各站之间的联络，通报旅游团旅游情况和旅游者在参观游览和生活上的特殊要求 （2）协助各站地方导游员的工作，提醒他们认真落实旅游团在当地的抵离交通工具、饭店或旅馆的入住与离店手续、旅游景点的导游讲解服务等 （3）照顾旅游者的旅途生活，并解答旅游者提出的各种问题 （4）注意保护旅游者的人身和财物安全，提醒旅游者保管好自己的随身物品及行李和在旅游活动中远离危险地区和物品 （5）征求旅游者对整个旅游接待工作的意见和建议 （6）在旅游团预定的离境口岸为入境旅游团送别，或带领国内旅游团返回原出发地，代表组团旅行社对旅游者在旅途中的合作致以谢意，并欢迎他们再度光临
结束阶段	（1）结清账目。全程导游员在回到旅行社后，应立即到账务部门结清各种账目，退还在准备接待阶段所借的款项，上交在各地旅游期间向当地旅行社提交的旅游费用结算单副本，并解释在途中所发生费用的具体情况 （2）处理遗留问题。全程导游员应协助旅行社领导处理好旅游过程中发生事故的遗留问题，认真办好旅游者的委托事项 （3）填写《全陪日志》。全程导游员应认真、按时填写《全陪日志》，实事求是地总结接待过程中的经验和教训，详细、真实地反映旅游者的意见和建议 （4）归还所借物品。全程导游员在返回旅行社后应及时向有关部门归还因接待旅游团所借的各种物品，如行李箱、话筒、标志牌（旗）等

三、地方导游员的接待服务程序

地方导游员的接待服务程序如表 0-4 所示。

表 0-4　地方导游员的接待服务程序

阶　　段	内　　容
准备阶段	（1）研究旅游接待计划 （2）安排和落实旅游活动日程 （3）做好知识准备和物质准备等
迎接服务阶段	（1）出发接站前，再次核实旅游团所乘交通工具抵达当地的确切时间，并通知旅行社的行李员 （2）在旅游团抵达当地前半小时到达接站地点，与司机商定停车等候的位置 （3）当旅游团乘坐的交通工具抵达后，应持接站标志牌（旗）站立在醒目的位置，迎接旅游团的到来 （4）旅游团出站后，主动上前同旅游者及领队和全程导游打招呼，进行自我介绍，向他们表示热烈欢迎 （5）与领队和全程导游员核实旅游团成员的实到人数和托运的行李件数，并与旅行社行李员办妥行李交接手续 （6）及时引导旅游者上车，协助旅游者就座，并清点人数。待全部人员到齐后，请司机发车 （7）致欢迎辞并进行沿途导游。在汽车行驶到旅游团预定下榻的饭店或旅馆的附近时，向旅游团介绍饭店或旅馆的概况 （8）旅游者下车并进入饭店或旅馆后，引导他们办理入住手续，介绍饭店或旅馆的各项服务设施及其位置和营业时间、用餐时间和就餐形式 （9）旅游团的行李抵达后，与行李员进行核对，协助将行李送至旅游者房间 （10）同旅游团领队、全程导游员一起商定旅游团在当地活动安排并及时通知每一位旅游者 （11）掌握领队和旅游团其他成员的房间号码，并根据旅游者的要求，安排第二天叫早服务 （12）带领旅游团到餐厅用好第一餐
导游讲解及生活服务阶段	（1）在每次活动之前的 10 分钟到达预定集合地点，督促司机做好出发前的准备工作 （2）旅游者上车后，应及时清点人数，向旅游者报告当日的重要新闻、天气情况、当日的活动安排和午、晚餐的就餐时间及地点 （3）当全部旅游者到齐后，应请司机发车，并开始介绍沿途的风景、建筑物等 （4）抵达景点后，应介绍景点的历史背景、风格特点、地理位置和欣赏价值，并告知旅游者在景点的停留时间、集合地点和游览注意事项

阶 段	内 容
导游讲解及生活服务阶段	（5）在游览过程中，应始终同旅游者在一起生活，注意旅游者的安排，随时清点人数以防旅游者走失 （6）除导游讲解服务外，还必须在旅游者就餐、购物和观看文娱节目时提供相应的服务，如介绍餐馆、菜肴特色、酒水类别、餐馆设施、当地商品特色、节目内容及特点、回答旅游者的各种问题、随时解决出现的问题等 （7）旅游团结束在当地参观游览活动的前一天，应向有关部门确认交通票据和离站时间，准备好送站用的旅游车和行李车，与领队或全程导游员商定第二天叫早、出行李、用早餐和出发的时间，并提醒旅游者处理好离开饭店前的有关事项 （8）在旅游团离开饭店乘车前往飞机场（火车站、船舶码头）前，应主动协助饭店与旅游者结清有关账目，并与领队及全程导游员和接待旅行社的行李员一起清点行李，办好行李交接手续。然后招呼旅游者上车。上车后，地方导游员应清点人数，并再次提醒旅游者检查有无物品或旅行证件遗忘在房间里 （9）当为旅游团送站的旅游车到达飞机场（火车站、船舶码头）后，应与领队、全程导游员和接待旅行社的行李员交接行李，帮助旅游者办理行李托运手续，并将交通票据和行李托运票据移交给全程导游员、领队或旅游者 （10）如果旅游团乘坐国内航班（火车、轮船）离开当地前往国内其他城市或地区旅游，地方导游员须等到旅游者所乘的交通工具启动后，才能离开送别地点 （11）如果旅游团乘坐国际航班离境，则地方导游员应在将旅游者送至海关前与旅游者告别。当旅游者进入海关后，地方导游员即可离开送别地点
结束阶段	（1）送走旅游团后，应及时认真、妥善地处理旅游团在当地参观游览时遗留下的问题 （2）按规定处理旅游者的委托事项 （3）与旅行社结清账务，归还所借物品 （4）做好旅游团在当地活动期间的总结工作，并填写"地方陪同日志"

四、景区（点）导游员的接待服务程序

景区（点）导游员的接待服务程序如表0-5所示。

表0-5　景区（点）导游员的接待服务程序

阶 段	内 容
准备阶段	（1）自身准备。包括身体的准备、精神准备、情绪准备 （2）知识的准备。对景区（点）的了解、对自己的了解、对游客的了解 （3）计划的准备。对景区（点）导游员，通常需要了解的信息有： ① 联络人的姓名和联系方式。如果是旅游团队，还需掌握旅行社的名称，团队编号等 ② 游客的人数、性别、年龄、职业、民族等，有无需要特殊照顾的游客

续表

阶　　段	内　　容
准备阶段	③ 客源地，基本的旅游动机 ④ 游客有无特殊要求和注意事项 ⑤ 收费问题，有无可减免对象 ⑥ 游客的其他行程安排等 （4）物质准备。主要包括导游证、话筒、其他相关证件、景区、点的介绍以及相关礼品（如果有）等
迎接服务阶段	（1）致欢迎辞 （2）商定游览行程及线路
游览阶段	导游讲解： （1）历史背景或成因，即景区（点）何年所建，当时的历史背景是什么。对于自然景观则还需要说明其自然的成因 （2）景区（点）用途，就是景区为什么而建，或者说当时的建造目的，这主要针对人文景观而言 （3）景区（点）的特色，包括景观上有何独特之处，景观的观赏点的分布，建筑结构布局有何特点，观赏意义何在，美学价值如何 （4）景区（点）的地位，即该游览景区在世界上、全国、省内、市内处于何种地位 （5）景点的价值，包括历史价值、文物价值、学术价值、旅游价值、美学价值、教育功能等 （6）名人的评论，即利用"名人效应法"介绍景区、点受人赞颂的情况 导游员在讲解时要灵活运用导游方法，使用生动、形象、富有表达力的导游语言
结束阶段	（1）送别。主要包括以下内容： ① 了解每一位游客的反映和要求，征询游客对导游的服务，特别是讲解服务的意见和建议 ② 送别时，导游员要表现出惜别之情，不可嘻嘻哈哈。送别时尽可能地、真诚地说一些惜别和祝福的话，当然还要注意表达的方式和游客的习俗，注意相应的礼节 ③ 致欢送辞 （2）写好接待总结。具体内容包括： ① 接待游客的人数、抵离时间。若是旅游团队，还需记录团队的名称及旅行社的名称 ② 游客成员的基本情况。包括背景及特点 ③ 重点游客的反映。尽量引用原文，并注明游客的姓名和身份 ④ 游客对景区（点）景观及建设情况的感受和建议 ⑤ 对接待工作的反映 ⑥ 尚需办理的事情 ⑦ 自己的体会及对今后工作的建议 ⑧ 若发生重大问题，需另附专题报告

上篇

导游技巧与导游艺术篇

第一章　导游语言技巧及运用

引　言

"祖国江山美不美，全凭导游一张嘴"，人们常说"导游员是靠语言吃饭的"。因此，熟练掌握并正确使用语言是对导游员最起码的要求。导游词是导游员进行实地口语导游的基础和前提，创作导游词是导游员必备的能力。

学习目标

掌握导游语言的基本类型、基本特点及运用原则；了解导游语言及导游词概念、功能和关系；掌握导游词创作的程序和要领，根据个人的特点熟练创作导游词，并运用导游语言模拟讲解。

教学建议

教师必须从理论上讲清导游语言的特点及运用原则，根据例句对学生进行导游语言表达与运用训练，方式以教师示范与学生模拟相结合；对导游词的基本概念和创作表述方法要从理论的高度进行总结分析，教师设定范围及特定的游客群体，学生进行笔头及口头导游词创作，把握导游词创作、表述的基本要素。

第一节　导游语言概述

倘若导游是生产者的话，语言就是用于生产的原料。要生产好的产品，必须重视原料的质量。导游服务的核心在于"说"，通过对景物的讲解，引导游客"进入"景中的意境。通过优美的导游语言和好口才，灵活的导游技巧，可以使一棵老树、一尊怪石、一座庙宇显得不同寻常。

一、导游语言的基本概念、作用及功能

（一）基本概念

好游是人之天性，但大部分游客不是专家，他们对各地的地理、历史、风俗、景物

等不可能全面了解。游客到了旅游目的地后，都希望能尽快获取相关的旅游信息。为旅游者提供信息的途径和渠道是多样化的，但最直接、最有效的方式是通过导游员的讲解和服务。而导游员为了向游客传达所需要的信息，就必须通过语言来完成。语言是为了交际的目的而用于传递信息的一种工具，是人类沟通信息、表达和交流思想感情的一种重要的交际手段。从旅游产业发展的角度分析，如果说导游员是生产者，那么，他们的生产工具便是导游语言。导游语言堪称旅游的第二道风景。

导游是一种职业，导游语言是一种行业语言。从狭义上看，导游语言是导游员同游客交流思想、指导游览、进行讲解、传播知识、与旅游活动密切相关而具有丰富表达能力的、生动形象的一种口头语言；从广义上看，导游语言应该是导游员在导游过程中必须熟练掌握和运用的所有具有一定意义并能引起互动的一种符号。这里的"所有"，不仅包括口头语言，而且包括书面语言、态势语言和副语言等；"具有一定意义"，是指能传递某种信息，如讲解（介绍）旅游资源及文化，引导游客去发现美、了解美和欣赏美；"引起互动"，就是指信息接受者（游客）在一定的感受基础上所产生的一种交换行为；"一种符号"，是指导游过程中有意义的媒介物——语言。

（二）作用

1．畅通信息传递

导游活动中的信息传递，不但要具有"物理效应"，即准确、清晰，更应该注重信息能引起的最佳"社会效应"。在特定语言环境中，作为导游语言不能机械地省略信息，应注意辅助信息的"润滑"作用。下面两种回答方式对游客产生的效果完全不同。

游客问："导游，距离南天门还有多远？"

导游回答1："快了！"

导游回答2："大约还有两公里，半小时就能到，您别急，慢慢走"。

2．协调主客关系

在旅游活动中，游客和导游的关系是一种临时结成的主客关系，这一关系处理得是否得当，在很大程度上取决于对语言环境的感知、理解和决策。导游员要综合利用各种导游语言类型，处理好与游客的关系。

3．激发游客的激情

导游语言更为重要的目的是引起信息的互动，要求导游语言具有激发力量。要通过导游语言使游客产生积极、乐观、向上的内在动力。

（三）主要功能

1．社会功能

所谓社会功能是指某一手段作用于他物的具有社会意义的有效性。语言作为导游讲

解的重要工具，所传递的内容大都具有一定的社会性，也具有产生"社会效应"的功能。通过聆听导游员的讲解，可以激发国内旅游者爱山川、爱祖国的热情，培养和升华爱国主义的高尚思想和情操；可以加深海外旅游者对古老灿烂的中国文化及时代风貌的认识和了解。导游语言的社会功能具有目的性和诱导性。

（1）目的性。导游语言必须具有针对性和灵活性，从内容上讲，就是根据旅游者的旅游动机和兴趣安排讲解内容。例如，一些退休的西方旅游者对我国的社会制度、人民生活状况以及老年人社会福利感兴趣，导游员要有意识地多讲解一些这方面的内容，以满足他们了解中国、增长见识的需要。导游语言的实践运用中，应根据游客的实际情况，运用不同的语句、语气以及语言风格。

（2）诱导性。导游讲解语言仅仅使用"那是什么？""这是什么？"之类的判断句式是不可能使旅游者的审美感受得到深化的，必须循序渐进，由浅入深、由表及里地进行讲解，让游客留下深刻的印象，激发游客深入游览或重游的动机。

2. 平衡功能

导游语言的平衡功能，是指导游讲解者利用"相似性"的人际吸引为中介，通过单向信息传递使旅游者得到心理上的满足。导游员只有把自己头脑中的信息内容转化为形象化的口头描述，才能调动和启发旅游者的思维和想象力，使旅游者产生"仿佛看见一座宏伟壮丽的古代宫殿就矗立在眼前"的感受。

二、导游语言的类型

导游语言是一种最有效的传播旅游信息的工具，其表现形式是多样的。旅游者获取信息的渠道有：通过不同物化方式表达的渠道，如书籍、画册、杂志、电影电视等；导游员面对面沟通讲解，导游员讲解中传达信息的方式又包括声音、表情、动作等。因此，从游客获取信息的角度分析，导游语言可分为以下四个大类。

（一）口语

导游员为游客提供导游服务的过程，主要是通过声音来表达要讲述的内容和情感。口语是以听和说为主要表达形式的语言，是导游员在为游客提供服务中主要运用的语言形式。从导游员的口语表达形式分析，主要可以分为独白式和对话式两种。

1. 独白式

导游员在游览过程中处于主导地位，导游服务职能要求导游员从见到游客第一面就开始讲解，而且是一种主动式的介绍。因此，在导游过程中独白式的口语导游方式使用频率是较高的。独白式导游讲解的特点在于：

（1）目的性强。导游员的讲解或是为了介绍情况，或是为了联络感情，或是为了说明问题。如果没有目的性，独白的讲解就变成了呓语。

（2）对象明确。导游员的讲解对象是特定的，其说话的目的是吸引游客的注意力、调动游客的情绪。口语运用，应在把握一般规律的前提下，投游客所好，让服务对象听懂表达内容及信息。

（3）表述充分。独白式口语易于表明导游员的观点、态度等信息内容。

2．对话式

对话式口语表达是导游员与一个或一个以上的游客之间所进行的交谈，如问答、商讨等。对话式的口语表达属于双向语言传递形式，信息传递明确、及时，为了调动游客的情绪，活跃气氛，导游员需要与游客进行对话交流。

对话式的口语表达一般都较为简明，即使有词语的脱漏、省略等语言现象，也能达到信息传递的目的。对话式口语表达对环境有较强的依赖性，由于双方共同处于同一语境中，在对话时需要有手势、表情等类语言做补充。对话式导游要求导游员多与游客沟通，通过有效对话，了解游客的需求，真正做到有针对性的服务。同时注意，要因时、因地、因人、因事地选择对话的内容与方式。

（二）书面语

书面语是一种文字符号形式，精练、概括、具有严密的逻辑性和时空的广延性。导游员主要是以口语形式向游客提供导游讲解服务，但导游员的解说是以书面语——导游词为基础的。导游员在实际服务中，要学会运用书面语言，撰写导游词，同时要学会运用相关成熟的书面导游词。书面语导游词，将在本章第三节中具体分析论述。

（三）类语言

类语言是以人的姿态、表情和动作等来表示一定语义和进行信息传递的语言形式，类语言又可称态势语言、体态语言、人体语言或动作语言等，它是一种伴随性语言或辅助性语言，是导游语言中一个不可或缺的组成部分。在特定环境及条件下，类语言使用得当对信息传递和情感交流大有帮助，会起到口头语言不能发挥的作用。

类语言的类型多种多样，从导游服务讲解的角度，可将类语言分为两大类：一类为表情语，即通过面部和姿态来表现思想感情、传递信息的态势语，如坐姿、立姿、服饰、发型等；二是动作语，即通过全身或身体一部分的活动来表现思想感情和传递信息的态势语，如走姿、手势、点头、目光、鼓掌等。

（四）副语言

副语言是一种有声而无固定语意的语言。一般包括两大部分：声音要素，主要涉及音强、音长、音高和音色等；功能性发声，主要包括掌声、笑声、叹息等。

导游员讲解中要充分利用类语言和副语言，它有时能发挥有声语言达不到的效果。在一些特殊的景点，类语言可发挥"此地无声胜有声"的作用；一个强音、一声叹息，可以产生情感的传递，让游客与导游共鸣。导游员运用类语言和副语言时必须认真学习类语言和副语言的地域习俗，切不可自以为是。

三、导游语言的特点

导游语言包括导游员在带领游客参观游览过程中的思想沟通、知识传播和情感交流等。导游语言所包含的信息内容不仅包括旅游常识、景点信息，还包含语言表达者的态度和情感。旅游过程中，游客问讯往往以问"点"为主，具有"快、急、难、杂"的特征，导游员较难预知游客的问题点。由于导游服务实效性的特点，加之游览时间有限，游客好奇心具有突发性等因素，导游员在讲话时往往没有时间斟词酌句，导致导游语言具有与其他行业语言不同的特点。

（一）准确性

导游语言是一种实用语言，不得违背客观规律，无论是遣词造句还是叙事，都必须以事实为依托，准确地反映客观现实。导游员的口语质量，在很大程度上取决于遣词用语的准确性。导游员无论是说古论今、议人叙事，还是讲故事说笑话，都要做到以实论需、合情合理，切忌空穴来风、夸大其词，道听途说、以讹传讹，胡编乱造、弄虚作假。在实际工作中体现导游语言准确性的特点，要求导游员做到：

1. 秉承科学的态度，这是导游语言准确性的前提。具体要求导游员讲解必须以事实为依据，准确地反映客观事实，认真对待语言中的每一个词语，使之符合语境并贴切地反映客观实际，实事求是地用恰当的语言表达正确的内容。

2. 牢固掌握所叙事物的相关知识。相关知识是运用好导游语言的基础，导游员只有牢固掌握了相关的知识，才能做到侃侃而谈、旁征博引，语言才可能流畅、优美，最终为游客接受。

3. 准确地用词造句、搭配词组，这是导游语言运用的关键。无论是中文还是其他语言，如果用词不当、词组搭配不好，最终会导致信息的失真。导游员对待讲解要有严肃认真的态度，要讲究斟词酌句，要注意词语的组合、搭配。只有恰当的措辞，相宜的搭配，才能准确地表达意思。

（二）逻辑性

导游语言必须符合逻辑思维的规律，导游员自己的思维要处于确定的、前后一致的、有条理的状态；语言表达要连贯，保持首尾响应；表达要有序，应根据思维逻辑，把每次要讲解的内容分序，要清楚先讲、后讲的内容，做到层层递进、条理清楚、脉络清晰。讲解中，导游员应该具有逻辑思维能力，应根据游客的情况，理出游览讲解的脉络；掌握语言表达的技巧，熟悉所游览的景点，掌握相关知识。

（三）生动性

游客在游览过程中，大部分情况下是在听导游员说话，导游员要能运用颇具活力的语言去打动人心，引起游客的共鸣，讲解要生动，要有趣味性。人们常说"看景不如听景"，呆板、单调或生硬的导游语言，必会使游客兴趣索然，甚至在心理上常产生不爱听、不想听的厌恶情绪，最终影响游客游览的心情和效果，影响对旅游目的地的印象。生动形象、妙趣横生，又能发人深省的导游语言，不仅能引人入胜，而且会起到情景交融的作用。

导游语言的生动性，要求在导游讲解过程中使用形象化的语言，以创造美的意境；通过鲜明生动的语言，以增加语言的情趣性。在导游语言的实际运用中具体要求：

1. 在充分掌握导游资料的基础上，尽可能发掘其中的趣味性资料，努力使情景与语言交融，最大限度地激发游客的游兴。

2. 恰当地运用比喻。生动的比喻能让游客感到亲切，对导游员的讲解更易理解。

3. 灵活运用幽默感。"幽默是人际关系的润滑剂"，讲话风趣幽默能使听者欢笑、气氛活跃，提高游客的游兴。遇到问题时，幽默还可以稳定情绪保持乐观，让人暂时忘记忧愁和烦恼。导游员在运用幽默语言时必须注意幽默的品位。

（四）美感性

旅游过程实际上是一种追求美、享受美、陶冶美的过程，这种特质，必然会对导游语言提出更高的审美要求，同时也就使导游语言产生了美感性的特点。导游语言要有一定的美感。富于美感的导游语言具有使游客从中得到美的陶冶和享受的特质。

1. 描述性语言用词的"华丽"。导游员在讲解时可通过对具有形象、传神、鲜明、生动等表达效果的语言材料的锤炼，在语音、语意、词语、句式等表现出独特的艺术魅力，切忌冗长、空洞。

2. 叙述性语言要流畅。无论是讲解科学知识、历史文化，还是讲述神话传说、民间故事、历史掌故以及风土人情等，导游语言都要流畅自如、亲切动人、引人入胜。

3. 质疑方式要得体。导游语言的使用过程中可巧妙、精心地使用设置问句的形式，例如设问、反问、正问、奇问、疑问等，以调节讲解的速度，营造一个轻松的交际气氛，同时可以使讲解中的重点、难点得到突出和强调。

4．说话的语气要亲切。运用各种技巧使导游员和游客、游客和观赏景物间的心理距离尽可能缩短，这就需要导游员尽可能地了解客源地的基本情况，利用对比的方式进行讲解。

5．主题升华。针对所游览景点，利用丰富的知识，巧妙地对讲解主题发掘并引申、升华概括，使表达主题突出、使讲解产生亮点，给游客以启迪，最佳效果是使游客产生新的文化"顿悟"。

（五）灵活性

由于游客的差异，导游语言的运用要根据不同的对象灵活运用，即使是相同的景物，在解说中要因时、因人而异。例如，面对初次来访的游客，简介内容不能太深，概况性的内容比例要大一些；而对重游者，就应根据情况突出几个主题，在深度上加强。对女性和儿童讲解中应突出故事性，讲究"类语言"的应用，注重情感的传递。对于大部分男性游客，在讲解中应注意语言的逻辑性。表 1-1 为不同个性游客的行为特征表。

表 1-1　不同个性游客的行为特征表

内 倾 性 格	外 倾 性 格
喜欢熟悉的旅游目的地	喜欢人迹罕至的旅游目的地
喜欢老一套的旅游活动	喜欢获得新鲜经历和享受新的喜悦
喜欢阳光明媚下的娱乐和体育活动	喜欢新奇的不同寻常的旅游活动
活动量小	活动量大
喜欢乘车前往旅游目的地	喜欢坐飞机前往旅游目的地
喜欢设备齐全的膳宿设施，如家庭式餐馆、旅游商店	只求一般饭店，不一定要现代化大饭店和专为游客开放的商店
全部日程均要事先安排好	只求有基本的安排，要留有较大的自主性和灵活性
喜欢熟悉的气氛、熟悉的娱乐活动项目，异国情调要少	喜欢与不同文化背景的人会晤、交谈

资料来源：陶汉军．导游服务学概论．北京：中国旅游出版社，2003

（六）现场性

导游语言最集中发挥的场合是景区（点）的实讲，导致导游语言中出现了许多与其他行业用语不同的语言词汇和语言形式。归纳起来主要有表现现场的词汇（如现在、今天、刚才、这里等），现场引导语（如各位请看、各位随我来、请大家猜一猜等），现场操作提示语和面对面的设问语等。

第二节　导游语言口语表达技能

一、导游员的口语训练

　　口头语言是导游讲解中最重要的表达手段，是导游员必备的能力之一，它由语句和声音两种要素构成，以流动的声音传递导游信息，直接诉诸导游对象的听觉器官。它要求吐字清晰，表达准确，声音清亮、圆润，语调、语速富于变化。口语的训练不是一朝一夕之功。俗话说："一年拳，两年腿，十年才练一张嘴。"

　　导游员的口才训练要从语言的基本功开始。无论是中文普通话导游、方言导游，还是外语导游，首先要过口语关。我国导游员资格考试中，最重要的考试科目之一是模拟讲解，目的之一就在于考查应试者的口语表达能力，对应考人员的口语表达能力有明确的要求。

　　口头语言作为语言的一种形式，其规范的构成应包括语音、词汇和语法。但在对话中，一些构成要素常常被省略，但语音和语义能使对方明白。语音即说话的声音，它是语言的物质外壳，包括音量、语调、语气和语速等要素，在口语中，它的变化能引起语义上的差异，人称"副语言"，导游员必须掌握好语音的运用及其运用场合。

（一）音量——随语境、内容变换

　　音量是指说话时声音的强弱程度。导游员在导游讲解或同游客讲话时，要善于控制自己声音的强弱。一般来说，控制声音强弱时要遵循以下三个原则。

　　1. 根据游客人数多少和导游地点周边的环境来调节音量

　　在导游服务实践中，游客人数多时，导游员应适当调高音量，反之则调低音量，音量大小应以每位游客能听清为宜。为了使每位游客都能听清，除导游员音量掌握适度之外，导游员所站的位置也很重要。导游员应面向游客，站在半弧形游客的圆心位置上，这样导游员的声音可直达每位游客。

　　导游地点周边的环境包括两种情况，一是室内或室外，二是环境嘈杂或是相对宁静。在室外或嘈杂的环境中，导游员的声音应适当放大，反之，在室内或环境相对宁静的地方，声音可适当放低一些。

　　2. 根据导游讲解和言谈的内容来调节音量

　　对于重要的内容，关键词语或要予以强调的信息，导游员要加重音量，以加深游客对这些信息的印象、感受和理解。有时，为了强调，除了加重音量以外，还要拖长音节或一字一顿地慢慢说出。

3．根据服务对象来调节音量

如果服务对象为老年人，导游员讲解的音量就应该提高，但语气必须柔和；服务对象中如果有孩子，由于他们的好奇心强，又好动，导游员的讲解音量也需适当提高；而年轻人及中年人，他们的理解能力较强，反应也较快，因此导游员的讲解音量适中即可。

（二）音色——明亮、甜美

音色又叫音质，就是声音的特色，包括两个意思，一个是指音素与音素的区别，另一个是指不同发音体的差别。一个人音色的好坏既有先天的因素，也与后天的训练有关。一般人经过训练，都可以使自己的音色更加纯正。

导游工作主要是利用有声语言进行交际，导游讲解最忌讳的是无力、没有弹性、沙哑、沉闷的声音。这种声音不但传不远，就是在近的地方听起来也很吃力，很不舒服。所以，导游员必须要训练并学会控制自己的音色，锻炼自己的嗓音，使自己的声音明亮、柔和，声音充满热情，使游客感到亲切自然、轻松融洽，创造和谐的交际气氛。

（三）语调——能传情达意

语调即说话的腔调，是指讲话时句子里语音高低升降的配置。句子都有一定的语调，如陈述句用的是降调，疑问句则用的是升调，它们分别表示不同的语气和情感。一般情况，有什么样的思想感情，说话时就会带上什么样的语调。语调一般分为升调、直调、降调和曲调四种。

1．升调多用于表示兴奋、激动、惊叹、疑问等情感状态

【示范练习】

"大家请看，对面就是巫江十二峰之冠的神女峰呀！"（表示兴奋、激动）

"你也知道陈毅用'壮'字来描述三峡的特色？"（表示惊叹、疑问）

2．直调多用于表示庄严、稳重、平静、冷漠等情感状态

【示范练习】

"故宫又叫紫禁城，是明清两个朝代皇帝的帝王之家。"（表示庄严、稳重）

"这儿的街道（厦门鼓浪屿）都是步行街。"（表示平静心态）

3．降调多用来表示肯定、赞许、感激、期待、悲伤、厌恶等情感状态

【示范练习】

"我们今天下午两点出发。"（表示肯定）

"希望大家有机会再来河南，再来少林寺。"（表示期待）

"对你家中的不幸，我也感到很难过。"（表示同情）

4．曲调，也叫曲折调，句调高低曲折，富于变化，往往表达各种婉约、曲折的思想感情

【示范练习】

内容："啊，这是你干的好事！"

分析体会：如果用曲折调说出，就表示一种讽刺。

由于语调在停顿、重音、速度、升降上的丰富变化，使人的说话声能够表达各种委婉、复杂、细致、微妙的思想感情，因此，导游员在与游客交往的过程中、在导游讲解中要十分注意语调的运用。

5．导游员应戒除的语调、语气

说话是口耳相传的事，假如说话者有正确的意思，但滥用了语调、语气，会影响到信息的传递和交际效果。因此，导游员在实际工作中必须注意戒除下列语调。

（1）烦躁的语调。这样的语调会让游客扫兴以致选择退出。如果一个人心情不好或过于忙碌时，会产生急躁情绪，也就容易带出烦躁的语调。因此导游员在工作中必须调整好自己的情绪，尽可能避免说话时出现烦躁的语调。

（2）嘲讽的语调。嘲笑他人是对人极不尊重的表现，往往产生不良后果，且嘲讽的话很容易引发矛盾。

（3）傲慢的语调。有些导游员由于对自己缺乏正确的估计，总以为自己比别人高明，在与游客交往服务中表现出盛气凌人的语调，说话时带上一种傲慢的色彩。

（4）粗声粗气和流腔流调。

（5）反问语气和命令语气。导游员是提供服务的人员，在口语修辞中，必须注意用语的礼貌性，慎用反问句，忌用命令句。

语调除了达意之外，还有十分重要的表达情感的作用，所以语调往往被称为"情感的晴雨表"。在导游讲解中，如果能够根据讲解的具体需要对语调进行创造性的处理，就会使讲解声情并茂。有一个典型的例子说明语调在讲话中的重要性：意大利影星罗西有一次出席外宾主持的宴会，席上客人请他即席表演一段悲剧，只见他向服务员要了一个本夹，就念了起来，客人们虽然听不懂意大利语，但听到他痛苦的声音和悲伤的语调，看到他凄楚的表情，都禁不住流下了眼泪，只有席间的一位意大利人听出来罗西朗诵的是宴会的菜谱。

（四）语速——须与游客思维同步

语速是指说话时语流速度的快慢。导游员的说话速度既不能过快，也不能过慢。语速过快难以使游客的思维与导游员保持同步，给游客留下的印象不深，甚至听后即忘；语速过慢会使游客感到厌烦，造成游客观赏时间的减少；自始至终以一种恒定不变的中速进行，会让游客感到乏味。恰到好处的语速能对导游讲解效果起到很重要的作用。

比较理想的导游语速，首先应是语速适中，有快有慢，善于变化：要根据导游讲解的对象来调节自己的语速，如对中青年游客，语速可略快，而对老年游客，语速要适当放慢；根据导游讲解内容而定，对重要的内容，语速要适当放慢一些，以便游客记忆，如重要景观、年代、规模、人名、素质、旅行时间、集合地点等，而对那些不太重要的内容或众人周知的事情，语速可适当加快。

（五）停顿——有意识地进行停顿

停顿是说话时语音上的间歇或暂时中断。这里的停顿是根据说话内容的要求所作的停顿，而不是说话时的自然换气。导游员在导游讲解中，利用停顿，一是能突出说话时的节奏感，让游客感到节奏抑扬顿挫；二是能表达感情，有一种情感的传递；三是能更好地吸引听众，优美而富于情感的语言才能吸引听者的注意力。在导游讲解中，必要的、适当的停顿，不仅会使语言更加优美，而且有助于提高导游效果。

1．停顿从性质上分为逻辑停顿和感情停顿两种

（1）逻辑停顿，即根据说话内容的逻辑关系所作的停顿。

【示范练习】

"我先把整个游湖的行程简单地介绍一下：环湖一周的景点有/一山和二堤。一山指的是/孤山，孤山景区的名胜古迹多达/30 多处。孤山之后是/白堤，起自平湖秋月，终于断桥残雪。欣赏完沿湖景色，我们再去/湖中三岛，游船最后将在/苏堤靠岸。"

（2）感情停顿，即根据说话内容中的情感需要而作的停顿，通常在表示激动、愤慨、疑问或感叹等情感时使用。

【示范练习】

之一："我们现在进入了黄浦公园。提到这里，每个中国人都忘不了昔日外国列强挂在公园门口那块/'华人与狗不得入内'的牌子，那块/臭名昭著的牌子，让当时的中国人民蒙受了极大的/耻辱。"

之二："行李刚清点过了，怎么会/少呢？"（表示疑问）

2. 停顿从说话的习惯可分为语义停顿、暗示省略停顿、等待反应停顿和强调语气停顿

（1）语义停顿，即根据词语的意义所作的停顿。一般情况下，一句话说完时有较短的停顿，而一个意思说完时则要有相对较长的停顿。

【示范练习】

"我们看到的这条长廊又像一条画廊，/共绘有大小不同的苏式彩画 1.4 万余幅。//内容包括草木花卉、人物故事、山水风景等。//其中人物画面大多出自我国古典文学名著，/如《红楼梦》、《西游记》、《三国演义》、《水浒传》、《封神演义》、《聊斋》等，/画师们将中华民族数千年的历史文化浓缩在这长长的廊子上。" //（颐和园导游词）

（2）暗示省略停顿，即说话人不明确表示其意思，而用含蓄的语言或示意的举动让人领会的停顿。

【示范练习】

"你看'海豹山'下的这个'石洞'，是不是'石磨'的'出米洞'？//磨出来的'米'是不是养活了这只'海豹'？//这个景就取名叫'仙人推磨'。" //（漓江导游词）

（3）等待反应停顿，即说话说到关键之处有意停顿下来以激起听众反应的停顿，这种停顿有时采用提问式。

【示范练习】

"每当慈禧用膳之时，太监们总要临时搭上两个餐案，将菜品一一摆好，其数量竟达/128 道之多。" 这时导游员故意停顿下来，看看游客惊疑、不可思议的神情，于是导游员接着说："她哪里能一顿吃这么多，只不过是为了炫耀其皇权和威风而已。"

（4）强调语气停顿，即说话时说到重要的地方，为加深听众内心印象所作的停顿。

【示范练习】

"我国园林专家们说，整个避暑山庄就是我国锦绣河山的缩影。专家们为什么会这样说呢？这个问题我还是请女士们、先生们游览了避暑山庄之后再来回答。不过，我这里先给大家提个醒，/这原因与避暑山庄的地形有关。" //

总之，导游语言一方面要使游客听清，另一方面又要通过语音、语调、语速的变化和必要的停顿来加深游客的理解，使其产生较好的艺术效果。无论是导游讲解还是同游客交谈，导游员都应力求使自己的声音强弱适度，语速快慢相宜，语调优美自然，语气起承转合，既符合语言标准又富于变化，既亲切自然又悦耳动听，只有这样才能拨动游客的心弦，对其产生感染力。从导游语言口语化的运用和要求分析，导游语言应该是一种艺术语言。

二、口语导游的表达要求

导游语言既是一种行业语言，又是一种口头表达艺术，既然是一种艺术，对它的风格就必须提出一定的要求，以符合导游语言的特点和导游服务的宗旨。

（一）形式表达要求

1. 流畅通达、措辞恰当

导游讲解的目的是让游客了解其所要表达的思想，导游员的口语表达中要做到逻辑思维清楚、中心思想明确，所用语言应有整体性和连贯性，而不是词语的堆砌。流畅达意对导游员有三个要求：用词得当、语法正确、语音语调婉转传情。流畅的口语讲解，是以游客听清、听懂导游词，领会其用意为前提的。

2. 鲜明生动、形象传神

导游员要用语言创造美的意境，拨动游客的心弦。在实际讲解中，要选用丰富多彩的词语句式进行灵活多样的组合，恰如其分地运用各种修辞手段，再结合态势语，运用好"副语言"，强化语言的感染力，最终将自己所要介绍的景观讲得栩栩如生。

3. 展现美感、赏心悦目

"美感的主要特征是一种赏心悦目的快感"（车尔尼雪斯基）。能使人赏心悦目、产生快感的语言，就是美的语言。导游员在实际工作中，要因时、因地、因人、因景而异，多谈游客感兴趣的、令人高兴愉快的事，求同存异，避其忌讳。

4. 幽默诙谐、轻松愉快

幽默是生活中的智慧之光，是人际关系的润滑剂。旅游需要轻松愉快、活泼有趣的氛围。导游语言中的幽默感，不仅可以使听者尽情欢笑、松弛情绪，而且可以活跃气氛、提高游兴。导游在运用幽默时要注意：

（1）幽默一定要避免油滑，避免低俗的调侃，幽默是智者的风采，强者的心态，幽默要幽出气质来。

（2）要把握好赞美的度，不可有讨好之嫌，不可夸大，要有绅士的气派，学者的优雅，赞美要赞出水平来。

（3）要因人、因地、因时而异，世上没有一成不变的话题，"到什么山，唱什么歌，见什么人，说什么话"是我们导游员的基本功之一，"千万别拿接待中国人的方式去接待外国人"，也"千万不要拿接待北京人的方式去接待上海人"。

（4）运用幽默时，要注意适度和语言品格，不要滥用，不要低级庸俗，更不要针对别人的不幸。导游员要避免滥用幽默，在使用幽默、诙谐的语言时不能伤害游客，更不能针对他国的内政和宗教。

5．温文尔雅、礼节周到

文雅是一种美，文雅的语言也体现一种美。只有温和的语言才可能是文雅的语言，善良也是文雅的内涵之一。再者，恭敬他人方能出言文雅。以宽和、谦恭的语言待人，既是礼貌语言，也是文雅语言。因此，导游员在为游客提供服务的过程中，要使用文雅、礼貌的导游语言。

（二）内容表达要求

1．正确

（1）语调、语法、用词造句正确，中文导游应在语言运用中避免生造词句，怪腔怪调；外语导游员要避免家乡音和汉语语法的影响。

（2）讲解的内容必须有根有据，正确无误，切忌胡编乱造，张冠李戴，即使是神话传说也应有本源，不得信口开河，而且须与游览景点有密切联系。

（3）谦语有助于传达友谊和感情，但应注意尊重对方的风俗习惯和语言习惯，还要注意适合自己的身份。东西方的成语、谚语，名人的名言往往能起到画龙点睛的作用，还可使导游讲解的品位提高，使导游员的谈吐显得高雅，令游客产生好感，但要正确、完整、恰到好处；使用俚语要谨慎，一定要了解其正确意义及使用场合；不要乱用高级形容词。

2．清楚

（1）口齿清晰，简洁明了，确切达意；措辞恰当，组合相宜；层次分明，逻辑性强。

（2）文物古迹的历史背景和艺术价值、自然景观的成因及特征必须交代清楚。

（3）使用通俗易懂的语言，忌用歧义和生僻词汇；尽量口语短句化，避免冗长的书面语；不要满口空话、套话；使用中国专用的政治词汇时要作适当的解释。特别是外语导游，对一些专有名词必须用游客能理解的表达方式，避免用简称或代称。

3．生动

（1）使用形象化的语言，以求创造美的意境。

（2）使用生动流畅的语言。语言生动流畅才能达意，给人以美感，它是导游讲解成功的基本保证之一。为了使导游语言达到生动流畅，不仅要求导游员讲话的音调正确优美、节奏适中、语法无误、用词恰当，更要求导游员的思维逻辑清晰，讲解的中心内容明确，有整体性和连贯性。

（3）在充分掌握导游资料的情况下注意趣味性，努力使情景与语言交融，激发起游客浓郁的游兴。

（4）恰当比喻。以熟喻生使导游讲解更易理解，生动的比喻往往会让人感到亲切。

（5）幽默感。幽默是人际关系的润滑剂，但是，如果幽默的话说不好，很容易变成友谊的致命伤。

（6）表情、动作的有机配合。在导游讲解时，导游员的神态表情、手势动作以及声音语调若能与讲解的内容、当时的气氛有机配合，和谐一致，定会产生极佳的效果。

4．灵活

导游员要灵活使用导游语言，使特定景点的讲解适应不同游客的文化修养和审美情趣，满足他们不同层次的审美要求。导游讲解内容与游客的目光所及的景象融为一体，要使游客的注意力集中于导游讲解之中，这是衡量导游讲解成功与否的标准之一。面对专家、学者和中国通，导游员在讲解时要注意语言的品位，要谨慎、规范；对初访者，导游员要热情洋溢；对老年体弱的游客，讲解时力求简洁从容；对青年，导游讲解应活泼流畅；对文化水平低的游客，导游语言要力求通俗化。这就要求导游员在较高的语言修养的基础上灵活地安排讲解内容，使其深浅恰当、雅俗相宜，努力使每个游客都能获得美的享受。

三、导游员态势语言的训练与要求

态势语言是指导游员流动着的形体动作、表情等辅助口头语言传递的信息，直接诉诸导游对象的视觉器官。导游员与游客面对面，同处一个语境中，在讲解、交流中，态势语言就显得尤为重要。

（一）表情语

1．面部表情

导游员的面部表情要给游客一种平和、坦然的感觉，使游客感到可以接近。具体要求：目光要呈现自然状态，额头不要出现皱纹，面部两侧笑肌稍有收缩，使下唇方肌和口轮肌处于放松状态，嘴唇微闭；导游员的微笑要使眼轮肌放松，面部两侧笑肌收缩，口轮肌放松，嘴角含笑，嘴唇似闭非闭，以露出半齿为宜，要给游客一种甜美的感觉。

2．姿态表情

姿态表情分为坐姿和立姿两种，它们都是以静态姿势来反映人们的心理状态和传递信息的。导游员的坐姿要给游客一种温文尔雅的感觉，其目的是为了表示对客人的尊重。坐姿分为正坐和侧坐。正坐要求上体自然挺直，男性一般可张开双腿，以显其自信、豁达；女性一般两膝并拢，以显示其庄重、矜持。坐姿切忌歪七扭八或跷起二郎腿。导游员的立姿要给游客一种谦恭、彬彬有礼的感觉，其目的也是为了表示对客人的尊重。站姿要求导游员的表情自然，双肩放平，立腰收腹，两臂下垂，两手相握置于腹前，两膝并拢或分开与肩平。不要两手叉腰或两手交叉于胸前，这会给游客一种傲慢或漫不经心的感觉。

（二）服饰与发型语

1．服饰

服饰比姿态表情传递的信号更引人注目。服饰的构成要素有颜色、样式、质地等，其中颜色给人的感觉最为敏感。导游员的服饰，要与职业相宜，着装不能过分华丽，饰物也不宜过多，否则将会给游客以炫耀、轻浮之感。

导游员的着装：一要整洁，常洗常换，尤其是衬衣的领口和袖口要保持干净；袜子要常换，不要有异味；二要协调，上衣、裤子、鞋乃至帽子、围巾在色彩、质地上要协调，服装要与形体相称；三要有风度，服装不同的样式、线条和结构，组合起来会形成不同的风格，而风格同人的气质相关，体现为一定的风度。因此，男导游员不应穿无领汗衫、短裤和赤脚穿凉鞋。女性导游员的服装应避免"瘦、透、漏、皱"，即避免穿着紧身衣、透视装、露脐装、吊带和褶皱装等，导游服务工作毕竟不是舞台表演，游客欣赏的是导游员的气质、渊博的知识和口才，服装所起到的是辅助作用。导游员的服装一要让游客感觉"得体"，同时要方便工作。刺眼的装束容易使导游在谈话时感情冲动，难以和游客达成共识。导游员服饰样式、品牌及色彩的选择，要充分考虑游客的心态，切记不能比游客的服饰昂贵、华丽，又不能因服饰过于低档而被游客轻视。

在实际工作中，导游员还应注意，在不同环节，面对不同的游客，着装也有区别。例如，迎接和送行阶段，着装要相对正式；在游览阶段可以休闲一些，便于工作，同时又要便于游客辨认和寻找，应该有地方特色，还要适合服务对象的审美需要。

2．发型

发型同服饰一样，不仅可以起美化容貌的作用，又表达了一定的语义和信息传递。导游员的发型要同自己的职业、脸型、身材、气质相协调。

在服饰和发型上，导游员都应避免让游客用"太"字来形容，"太时髦"、"太刺眼"、"太懒散"、"太引人注目"等都是不合适的，要注意与工作要求和工作环境相符合，严禁"风头主义"。

（三）动作语

1．走姿

走姿即行走的姿态，不同的人走路姿态不一样，给人的感觉也不同。导游员的走姿要轻巧、稳重、自然、大方，走路时保持上身的自然挺拔，立腰收腹，身体的重心随着步伐前移，脚步要从容轻快、干净利落，目光要平稳，用眼睛的余光（必要时可转身扭头）观察游客是否跟上。行走时，不要把手插在裤袋里。

2．首语

首语是通过头部活动来表达语义和传递信息的一种态势语言，它分为点头和摇头。点头的含义很多，它可以表示肯定、同意、承认、认可、满意、理解、顺从、感谢等，而摇头则表示否定、不同意、不满意、不承认、不理解等。

世界上大多数国家包括我国以点头表示肯定，而以摇头表示否定，但也有一些国家或民族不是这样，如印度，同意对方意见不是用点头称是，而是用头向左摇动来表示，不同意时则点头。导游员在充分了解不同首语的前提下，在实际工作中配合其他类语言灵活运用，才能起到特殊的效果。

3. 目光语

目光语是通过视线接触来传递信息的一种态势语言。"眼睛是心灵的窗户"，一个人的眼神是其心理情感的反映。导游员的目光应正视，即视线平行接触游客，表示理性、平等，给游客自信、坦诚、认真、和蔼可亲之感，目光和眼神所要表达的整体信息应是亲切、友好的。导游员的视线与游客接触的时间不宜过长，否则会变成逼视或盯视，引起游客的误解或反感。在导游讲解时，导游员的目光还需环视，以观察游客的动向和反应。

4. 手势语

手势语是通过手的挥动和手指动作来表达语义和传递信息的一种态势语言，它是一种语义比较复杂的伴随语言，在双方理解的情况下，可以起到有效的信息传递和相互沟通的作用，有强化口语的作用，有时还能表达口语中难以表述的内容。手势语有地域特点，不同国家和地区的人们有不同的特色手势语，在不同的国家、不同的民族中，由于文化传统和生活习俗的不同，同样的手指动作可能表示不同的或相反的语义，同时有些手势还有时代性，因此，导游员要多学习总结，灵活运用，在接待外国游客时，先要对游客所在国及民族的手势语有所了解，以避免误会和尴尬。

导游员在运用类语言时，一要恰当，符合游客的民族文化和生活习俗；二要自然，不要矫揉造作；三要把几种语言结合起来运用以增强语义，强化信息的传递。优秀的导游员要努力使自己的每一个动作（如每一次点头以及身体的转动等），与口头语言和谐地融为一体，使之富有意义，从而使导游语言更具张力。导游员不可用下列手势：

（1）用手指着谈话伙伴——这意味着破坏了谈话双方的距离，是对对方的挑衅。

（2）手掌心向下——表示贬低对方。

（3）攥紧拳头——表示进攻、自卫或愤怒。

（4）手掌贴在额头上——是对谈话对象的侮辱。

（5）背着手——表示消极等待和闲散。

（6）把手贴在嘴上——表示无把握。

（7）摸头发或抓耳挠腮——表示没有把握。

（8）把手插进衣袋里——表示瞧不起对方，有时还包含着某种意图或威胁。

（9）用手摸脸——表示拒绝与疲惫。

（四）界域语

界域语是交际者之间以空间距离所传递的信息，是导游语言中一个很重要的语言符号。每个人都有自己心理上的个体空间，它像一个无形而可变的气泡，如果别人未经允许而突破这个"气泡"（空间），人就会感到不自在或不安全，同时会做出相应的反应。界域语可分为三类：（1）亲热界域语，指接触性界域语，如拥抱、亲吻、挽手等。（2）个人界域语，指接近性界域语，界域距离一般为 75 厘米，语意为"亲切、友好"，如促膝谈、握手等。（3）社交界域语，即交际性界域语，一般距离为 210 厘米，语意为"严肃、庄重"，如商谈、导游讲解等。导游员在为游客提供服务时常用的是个人界域语和社交界域语，切不可滥用亲热界域语。

（五）副语言

在导游讲解时，导游员要针对服务对象的实际，根据讲解内容及讲解环境的现实，灵活调整自己的语音、语调、语速，合理运用笑声及掌声等副语言类别。笑声可能负载正信息，也可能负载负信息，是导游员交际语言中必不可少的辅助语言，导游员要善于运用笑声承载正信息，用舒心、有感染力的笑声改善自己的交际环境。掌声在交际中表示"高兴、赞成、欢迎、祝贺、致谢"等语意，导游员在讲解及与游客交往中，可适时运用。

第三节　导游词及导游词创作

一、导游词概述

（一）概念的理解

导游词是导游员引导游客观光游览时的讲解词，是导游员同游客交流思想，向游客传播文化知识的工具，也是吸引和招徕游客的重要手段。导游词从形式上有书面导游词和现场口语导游词两种，通常意义上人们所说的导游词创作主要指书面导游词的创作。书面导游词，一般是根据实际的游览景观，遵照一定的游览线路、模拟游览活动而创作的。它是口语导游词的基础与脚本，掌握了书面导游词的基本内容，根据游客的实际情况，再临场加以发挥，即成为口语导游词。

导游员与导游词（书面）的关系就如同演员与剧本的关系。剧本提供给演员一个基本的框架，一个表演的脚本。书面导游词提供给导游员一些基本的数据、知识及方法，但游客是千变万化的，不能以不变应万变，对所有的游客都背诵同一篇导游词。导游员要根据游客的年龄、身份、职业、修养、地区等不同而变换讲解的重点与方法，提供游客需要的知识与信息，这样才能做到有的放矢，满足游客了解旅游目的地的需求。

（二）基本特点

1．临场性

导游词是循游览线路层层展开的，而且为增加现场感，多以第一人称的方式写作，在修辞方面，多用设问、反问等手法，仿佛游客就在眼前，造成很强烈的临场效果。

2．实用性

导游词的写作目的有两方面，一是给导游作为实际讲解的参考，二是给游客作为了解某一景点或某一旅游目的地的资料。由于上述两个目的，导游词对每一个景点都提供详实的资料，从各个方面加以讲述，读后能对此景点或旅游目的地有详尽的了解。

3．综合性

在一篇导游词中，会用到自然科学知识，如地质成因、动植物学知识、力学原理等；还会用到社会科学知识，如宗教常识、哲学美学知识、诗词歌赋、中外文学等；另外，建筑、园林、书法、绘画等，都会有所涉猎。一篇优秀的导游词往往综合了各个学科门类，多角度、多层面地对景点加以叙述，给阅读者全方位的信息。

4．规范性

书面语言导游词用词应规范，要避免口语化的表达方法，避免地方方言等，即便为了增加幽默感而需要运用地方方言，也应该加以解释，让全国各地的读者都能读懂。规范的用语反映了创作者良好的中文修养与造诣。

5．创作性

导游讲解的主要目的是传播知识与文化，因此导游词还具有创作性。为了增强导游词的感染力，撰写导游词时应在尊重客观景物（点）的基础上，恰当地借用抒情、描写和议论的手法，突出知识性、文学性、礼节性进行创作，使其内容引人入胜，为口语导游奠定基础。

（三）功能

1．引导游客游览与鉴赏

鉴赏导游词的宗旨是通过对旅游景观绘声绘色的讲解、指点、评说，帮助旅游者欣赏景观，以达到游览的最佳效果。

2．传播文化知识

向游客介绍有关旅游胜地的历史典故、地理风貌、风土人情、传说故事、民族习俗、古迹名胜、风景特色，使游客增长知识。

3．陶冶游客情操

导游词能为游客勾画出一幅幅立体的图画，构成生动的视觉形象，把旅游者引入一种特定的意境，从而达到陶冶情操的目的。

4．帮助游客了解旅游商品

通过对旅游地出产物品的说明、讲解，客观上起到向游客介绍商品的作用。

（四）表述方法

导游词讲究语言艺术，要求生动、有趣和适度口语化，给人以亲切感，要做到语言诙谐、幽默和具有诗歌音乐美。在导游词的表述中，应灵活运用各种修辞和表达方法，以达到导游词应有的效果，主要表述方法有以下几种。

1．渲染激情法

使用句子短，整散结合，为了造成气势可用排比句、反问句等抒情色彩较浓的句式。

2．妙喻显趣法

运用比喻，可以把抽象复杂的事物介绍得具体生动，浅显易懂；把陌生的事物解释得形象清晰，简明通俗，易于认识和了解。具体方法有：

（1）抽象实物形象化的比喻。例如"这儿的姑娘们都爱唱歌，她们的歌声就像百灵鸟的声音一样清脆动听"，"歌声"是抽象的，而"百灵鸟的声音"是形象化的。

（2）使自然景观生动化的比喻。

（3）突出人物个性的比喻。

（4）让复杂的表达简洁化的比喻。如把起伏的松涛比喻为"绿色的海洋"，将"冬雪覆盖的大地"比喻为"广寒仙境"，这样可以省略大量的形容，使导游词显得简洁、精练。

（5）激发游客想象力的比喻。游客游览景点的时间是有限的，导游员需要通过具有激发游客想象力的导游词，结合生动的解说，让游客具有身临其境之感，同时引起游客的无限遐想。

（6）其他方法。如借用文学创作中的明喻、借喻、暗喻等方法。

3．烘托类比法

在修辞手法中，人们也把这种方法称为"映衬"，即在介绍眼前景物时，先简叙天下有名景点中的同类景物，以引起游客的联想，唤起游过该地的游客美好的回忆，同时又是对眼前景物的烘托映衬，激起游客的游览兴趣和游览欲望。当然这种对比并不损坏其他景点。在导游词中，可以从内容和形式两方面予以运用。如在导游讲解中常常涉及我国的历史年代，这对外国游客来说是陌生的，每当这时，就可用游客所熟悉的历史年代进行类比。

4．寓幽于默法

幽默是人们表达思想感情的一种手段。幽默是一种机智、风趣、凝练的语言，是借助多种修辞手法进行的一种艺术表达。在运用幽默创作导游词时请记住四要、四不要：

要高雅，不要粗俗；要服务主题，不要哗众取宠；要有真智慧，不要附庸风雅；要有余韵，不要肤浅。幽默的语言应具有的特征：（1）表现力强，即在导游词的创作中，常借助象征、比喻、夸张、双关、谐音、谐意、反语等修辞方法增强表现力；（2）感染力强，即具有强烈的感染力，能引起听众的会心一笑，甚至大笑；（3）耐人寻味，即语言调侃、圆巧，但不轻浮、浅薄。幽默语言往往在轻松中蕴含深沉。

5．夸张饰美法

夸张是为了启发游客的想象力，具有加强语言的力量。夸张是用夸大的词句来形容事物的修辞手法。在导游词中夸张饰美，既可以唤起游客的想象力，又能较好地抒发导游员的情感，增强导游词和导游语言的感染力。导游员运用夸张饰美法时，首先要注意运用色彩词；同时要注意，以客观实际为基础，使夸饰具有真实感，语言要简明，让游客一听就明白。

6．巧设悬念法

开头或中间提出问题、造成悬念、摆出矛盾，引起游人关注。在讲到关键的地方故意留下使游者感兴趣的问题，吊胃口。其特点是先将疑问悬在那里，然后"顾左右而言他"，故意不予理会，或做出种种猜想，蕴蓄较长时间后，再解悬念，回答提出的问题。

7．其他方法

如陈述法、引申法、故事法、典故法、情景法、问答法、点线面结合法、虚实结合法等。

二、导游词创作

（一）导游词的组成

1．引言及惯用语

每一篇导游词或每一次导游的开始或结束，都应该有框架式的引言和结束语，如游览前的"欢迎辞"、游览结束时的"欢送辞"等。引言中常见的内容有问候、介绍及要求，结束语中通常有总结、回顾、感谢和美好祝愿。

2．整体介绍

首先对所参观游览的目的地的整体内容用精练的词句作整体介绍，让游客对景物初步了解，知道如何游览；其次是对行进路线作介绍，不能漏掉精品景点和景物，避免在游览中发生游客走失等事故；对游览时间作出安排，有助于游客合理调配体力，保持游兴。

3．重点讲解

每一个游览目的地的景观要素组合都较为复杂，但都存在主次之分，导游词中，介绍时要舍得"放弃"一些非主流景观，集中精力，利用有限的时间重点讲解介绍景区中最具有代表性的景点和景物，即对主要游览内容进行详细讲述，这是导游词最重要、最精彩的组成部分。当一个景点同时具有多个重点时，导游员的"重点"讲解内容应以游客的需要相一致，必须充分考虑游客的旅游动机和文化层次。在景区重点景观和景物的取舍时，一是要遵循常规的重点，二是必须考虑游客的需要，不能仅凭导游员的主观意志。导游员认为的重点，并不一定就是游客心目中的重点。

（二）书面导游词创作

1．程序

导游词是提供导游员讲解，引导游客游览观光的基础材料。每一名导游员都应该能自己创作导游词。创作导游词的程序是：掌握丰富的资料，科学系统地加工整理，文学创作、实践中修改、丰富和完善。

2．创作原则

（1）科学性与个性化并重原则

导游词的创作要不断创新，符合时代气息，内容应有深度，要深入探讨景区（点）内容的实质，挖掘内涵，讲深讲透，给游客一种新颖的思考。首先，内容必须准确无误，令人信服，特别是进行科普导游时必须严格按科学规律写作，切忌胡编乱造，更不能人造"假科学"。其次，内容要有特色、新颖并深刻，不能只满足于一般性介绍，还要注重深层次的内容，根据游客的现实需要、结合景区、景物的分析来创作，可借助同类事物的鉴赏、有关诗词的点缀、名家的评论等，以提高导游词的档次水准。

（2）适度口语化原则

书面导游词是为现场口语导游和游客自助游览准备的，因此导游词创作中要注意多用口语词汇和浅显易懂的书面语词汇；要避免难懂的、冗长的书面语词汇和音节拗口的词汇；减少刻意的主观煽情；多用短句，减少华丽的书面文学辞藻的堆砌。强调导游口语化，目的是讲起来顺口，听起来轻松。但是，口语化不意味着忽视语言的规范化，导游词必须注意语言的品味。

（3）趣味性原则

可以编织与景观密切相连、健康积极的故事情节以激起游客的兴趣和好奇心理；使用生动形象的语言和丰富多变的词汇，将游客导入意境，给他们留下深刻的印象；恰当地运用修辞方法，如比喻、比拟、夸张、象征等使静止的景观深化为生动鲜活的画面，揭示出事物的内在美，使游客沉浸陶醉；幽默风趣的语言，锦上添花，营造轻松气氛；文明、友好和富有人情味的语言，让游客赏心悦耳、倍感亲切温暖；注意随机应变，临场发挥。

（4）重点突出原则

每个景区（点）都有代表性的景观，每个景观又都从不同角度反映出它的特色内容。导游词必须在照顾全面的情况下突出重点。导游词应有一根主线贯穿整个讲解，给游客一个鲜明的印象，抓住游客的心，使他们从游览活动中获得知识并留下美好深刻的记忆。

从一定意义上讲，导游词的写作公式为：正确和明确的主题思想+景区（点）深刻的内涵+贯穿全篇统一的相关知识+优美生动、风趣幽默的言辞。

（5）针对性原则

导游词必须是从实际以发，因人、因时而异，要有的放矢。口语运用时要根据不同的游客以及当时的情绪和周围的环境进行讲解。导游词创作应有假设对象，要根据游客的差别来创作。

（6）重视品位原则

导游词要有思想品位，要讲究文学品位，要体现"玩"的品位。旅游活动本身是有层次的，游览一个景点也是循序渐进的，导游词要紧扣中心思想，写作的内容需要"渐入佳境"，层层深入，扣人心弦。在知识的选取和"传授"上，要注意寓教于乐，"玩"中传播知识与文化。作为书面导游词，在创作中要有必要的描绘和抒情。

（7）"缩距"原则

"缩距"是指通过调遣各种语言和非语言因素来缩短导游与游客以及游客与被游览客体之间心理距离的方法。要缩短导游与游客之间的心理距离，除了充分发挥导游员自身的各种积极因素之外，还要精心创作导游词，在讲解中全方位地调动口语、类语言及副语言等因素，在导游过程中营造一种亲切、融洽的气氛。

在充分分析游客情况（具体包括国籍或居住地、籍贯、民族、年龄、职业、文化程度、社会地位、兴趣好恶等社会心理文化背景，以及旅游的动机等——这些资料可从旅游接待计划中获得）后，灵活编排或适当调整其导游词，使导游讲解或通俗平易，或广博深入，或平铺直叙，或跌宕起伏，或大力渲染，或一带而过，或委婉避讳，或直接显明，从而引起游客的共鸣。如对文化层次不高的旅游者，一般要注意运用通俗易懂的语言，对年轻而有文化的旅游者，语言则要尽量高雅、生动、活泼。具体要求用词要准确、积极调动体态语。在导游词创作时，要设身处地为游客着想，引导游客融入景致当中，注意巧设悬念法并引导游客参与。

本章小结

导游语言是做好模拟导游和实际导游服务的基础和条件，导游词的创作是一个难点。

作为导游员必须全面了解导游语言的基本情况，学会创作导游词。口语的训练是模拟导游教学重点，它需要有相当的语言功底，训练贯穿全课程。本章是本书的基础章，要求学生主要把握基本原理、程序和要求。

关键概念

导游语言、口语练习、导游词创作

课堂讨论题

1. 导游口语技能训练的途径和方法有哪些？
2. 谈谈态势语在导游语言中的地位和作用。
3. 口头和笔头导游创作的异同分析。
4. 导游词表述方法。

复习思考题

1. 什么是导游语言，它是怎么分类的？有哪些功能和特点？
2. 导游词创作的基本方法有哪些？
3. 简短口头、笔头导游词创作。
4. 什么是口语的"停顿"，"停顿"在口语表达中有何作用？

实训

1. 教师利用相关资料，分组对学生进行普通话或不同语种的语音、语法、音量、音色、语调、停顿运用等训练。实施方案：教师示范——分小组训练——典型模拟——评议。
2. 通过观看图像资料或实地踏勘一个景点，指导学生创作导游词。

第二章　导游艺术与讲解技巧

引　言

　　导游服务属于非生产劳动，是一项集知识、语言、技能为一体的艺术性的服务工作，体现人际交往的艺术，是一门须具备高超技能的讲解艺术。"祖国江山美不美，全凭导游一张嘴"，导游员要完成引导游客观景审美的任务，满足游客游览的需要，就必须做好导游讲解工作。导游讲解的基础是知识，而讲解质量的高低关键在于讲解的方法与艺术，讲解的前提是对服务对象的全面了解。导游艺术与讲解技巧是导游工作中不可少的基本功。

学习目标

　　1. 在熟悉导游服务质量的基本内容及评判要求的基础上，掌握导游艺术和讲解技巧。

　　2. 掌握并熟练运用自我管理、建立良好人际及为特殊游客服务的艺术。

　　3. 熟悉导游讲解服务应遵循的基本原则，掌握欢迎辞、途中导游、景点实地导游及欢送辞讲解方法和技巧。

教学建议

　　1. 教师必须从理论上讲清导游服务质量与导游艺术技巧的相关知识，通过案例分析，引导、训练学生掌握自我管理、建立良好人际关系及特殊游客接待的技巧。

　　2. 教师综合创作案例，采用案例教学法（案例教学与举例教学全然不同），引导学生分析和掌握特殊游客的接待艺术与技巧，从理论上讲清不同导游讲解方法的特点及运用技巧。

　　3. 联系第一章导游词创作，引导学生把导游讲解方法融入导游词创作中。

第一节　导游服务质量与导游艺术

　　世界闻名的伦敦旅游局在培训、考核导游员时强调：对于一个成功的导游来说，比知识和性格更为重要的是导游技能，高超的导游服务艺术与技能、较强的处理事物能力、专业精通，这样他就能为他们的雇主和游客所欣赏。

一、导游服务质量概述

游客对自己选择的旅游活动是否称心满意，在很大程度上取决于导游服务的质量。游客的满意又是经营旅游业的目标和一切工作的归宿。旅游业各项服务载体是通过导游服务使其产品进入消费领域而实现其价值的。在解决旅游需求与旅游供给这一矛盾的过程中，导游服务是核心：一方面它关系到游客的满意程度，影响到客源市场；另一方面又涉及旅游产品今后的销售，影响到企业的未来与地区旅游业的发展。

（一）导游服务质量的内容

服务质量是导游服务工作的生命线，是游客外出旅游过程中关注的重点。导游服务质量的内容既有国家或各省、区、市旅游行政管理部门规定的服务质量标准，又有游客感知的服务质量，游客的感知具有很强的主观性。由于导游服务属于服务产品的范畴，具有生产与消费不可分离及异质性的特点，所以，对其要求也不同于对实体产品的要求。

导游服务质量最终将由游客评判，其质量的高低将以游客的看法和理解为转移。因此，可以这样说，导游服务质量的核心就是游客所理解或感知的质量，而它在很大程度上是游客的一种主观判断。

（二）游客感知的导游服务质量

1．感知层次

（1）技术方面。导游员按照导游国家标准或行业标准所规定的服务规范和服务质量要求向游客所提供的服务（包括导游讲解服务、旅行生活服务等）就构成了技术服务质量。

（2）职能或过程方面。导游员在传递技术服务质量内容时所用的方式、方法（包括言谈举止、服务态度、办事效率、讲解技能、传授知识及内涵、所提供的个性化服务等），构成导游服务职能质量范畴。

2．感知因素

（1）导游员提供的规范服务内容及程序。

（2）导游服务的技能运用，包括知识、语言、解决问题和处理事故的能力等方面。

（3）导游员的态度和行为，不同环境下的协调能力。

（4）导游员的可靠性，导游要成为游客的依靠。

（5）导游员对职业的忠诚感，诚实守信，尽力维护游客的利益。

（6）导游员自我管理和自我改进能力。

（7）导游员能因时、因地、因人而异灵活调整服务方式、方法。

（三）服务质量与导游艺术

尽管游客对职能质量的衡量更为主观，职能质量仍为企业竞争优势的基点，在游客可感知质量的形式上，职能质量成为较技术质量更为关键的因素。

导游员的导游艺术直接影响到游客对服务质量的感知及判断，要提高导游服务质量，从导游员自身的角度分析，除严格按国家、各级相关部门规定的程序和质量标准提供服务外，必须强化服务意识，提高服务技能、技巧，使导游服务艺术化。

旅游产品是一种以服务为主导的产品，游客从旅行社购买的"产品"是一种服务承诺，这一承诺的实现过程是由导游员具体负责的。由于旅游产品的购买与消费是同步的，因此，游客的旅游活动结束后，产品的消费也基本完成。旅游产品不可能像其他商品一样实施"三包"售后服务，代表旅行社实现"产品承诺"过程中，导游服务只能成功，任何的失误都会导致游客对旅游产品的失望和旅游活动的失败，"100-1=0"。

二、导游艺术概述

（一）基本概念

任何一门服务技术都包括了基本服务技能和服务艺术两大部分。基本服务技能是指从事一行当的人员必须掌握的起码的技能，这些大多可以用条文形式赋予规定，不能做到或是没有做到就不称职或失职。服务艺术则是在基本服务技能之上的锦上添花、精益求精、好上加好、永无止境。服务技能和服务艺术二者密不可分，前者是后者的基础，后者是前者的发展，但这两种服务产生的效应和造成的后果是有很大差异的，导游技能与导游艺术也是一样的。

从本质上讲，艺术是事物内在的一些规律，是科学；而方法技巧是掌握事物的一些形式，是经验（当然有些经验也包含科学的成分）。方法和经验告诉人们的是如何做、怎样做。艺术规律是指导人们如何去创造积累更好的方法和技巧。导游艺术就是指导游服务工作中所表现出来的导游方法和导游技巧的多样性、灵活性及创造性的有机结合。

进入新世纪，个性化的旅游成为时尚。游客不仅要听要看，还要亲自参与；不仅要观其然，还要知其所以然。导游员的工作必须紧跟形势，从思维到观念，从内容到方式，从服务技巧到导游艺术都需要创新，也只有这样才能做一名在旅游业大发展形势下的合格导游员。

优质导游服务是一门艺术，它不可能仅用几个具体条文来规定，其内容更不是一成不变的，而是因人、因景、因时而异的。

（二）内容及要求

1. 内容

导游服务的每一个环节都能体现出导游艺术，都有导游员在规范服务的基础上进一步发挥个人的天才、智慧，大大增加游客满意度的空间。导游艺术是导游服务客观规律的总结，破坏或违背这种规律，将会导致背离导游服务的本质和任务。从导游员自身的角度分析，要提高导游艺术，具体内容包括：导游自身形象的艺术化、导游语言及讲解艺术、专业化服务艺术、处理与游客关系的艺术、促销艺术等。

2. 要求

针对具体的导游员，要提高导游艺术，成为一名导游艺术家，必须做好以下几方面的准备：

（1）要不断开阔视野，成为一名天文地理和鸡毛蒜皮都精通的"杂家"，同时要有自己的特殊专长，成为某一领域的"专家"。

（2）全面掌握导游服务的基本技能，完全领会及执行国家及行业的有关规定。

（3）在掌握技能的基础上，发挥自己的主观能动性，不断总结、提高，形成个性化的服务艺术，且有针对性地实施技能、技巧。

（4）导游服务是做人的工作，要求导游员在向游客提供服务的过程中必须具有浓厚的人情味。

（5）在导游服务中，特别是在导游讲解服务中，一定要有较高的思想性。

（三）导游服务中的艺术

导游艺术不是空洞的概念，它是导游实践活动一些规律的艺术总结，它的法则是具体的，但又是可以普遍运用的。

1. 树立并保持始终良好的"第一印象"

（1）第一印象及作用。

"第一印象"也叫首次效应或成见效应，是指先出现的线索或资料对一个人的总印象的形成有较大的影响作用。它是一种心理定势，一旦形成以后很难改变。因此，导游员给游客的第一印象对游客的心理影响极为重要。

导游员在游客心目中是旅游目的地的代表和象征，他（她）应该是游客最信赖的人，是游客借以开启知识宝库的金钥匙，是游客与异国他乡的人交往和交流思想情感的桥梁，是游客辨别方向的指南针……因此，当游客第一次见到导游员时，既有依赖感，也可能产生怀疑，他们会用敏锐的眼光审视导游员，要进行一番"鉴貌辨色"，导游员的形象也立即被摄入游客的第一印象。社会心理学的研究证明，第一印象良好会产生一种优先效应，也就是所谓"先入为主"。游客对导游员有了好感，在以后的相处过程中就倾向于对导游员的各种行为做出好的评价和解释，甚至把他工作中出现的一些差错也解释为出于无意。这就有利于导游员与游客之间的交往和合作。导游员要给游客留下美好的第一印象，不仅需要富于爱心和善解人意，而且需要善于"表现"。由于导游员与游客的交往一般都是"短"而"浅"的，所以游客的良好第一印象多是来源于导游员"溢于言表"的友好表现。

（2）树立"第一印象"的主要途径。包括以下几个方面：

① 注重仪容仪表，讲求形象美。人们形成深刻印象的各种刺激中，视觉印象占75%，谈吐印象占16%，味觉印象占3%，嗅觉和触觉印象各占3%，而仪容仪表是形成视觉印象的主体。为此，导游员应做到修饰整洁，化妆淡雅，饰物适当，服饰美观合体，讲求形象美。

② 注重礼节礼貌，讲求行为美。导游员要待人以诚，礼貌服务让客人感受到导游员的和蔼可亲。

③ 注重语言表达，讲求语言美。导游员要通过语言表达来表示对客人的关心和尊重，尤其是注意和客人说好第一句话。导游员可以通过训练改进说话方式、速度、语调及词句的选择，使客人觉得和蔼可亲。

2. 微笑

微笑是自信的象征，是友谊的表示，是和睦相处、合作愉快的反映。微笑能使人感到真诚、坦然，最能拨动人的心弦。微笑是一种重要的交际手段，"微笑是永恒的介绍信"，微笑是信赖之本。在导游服务中，只有热情是不够的，导游员要加强学习和锻炼，在工作中使自己笑得自然、笑得恰到好处，对游客更具魅力。微笑待客，很重要的一点就是要对游客有一个正确的看法。只有当自己真心实意地去向游客提供服务时，才能笑得自然，笑得可爱。

3. 把握游客心理和行为，向游客提供"心理服务"

导游员要善于把握游客的心理和欣慰，向游客提供有针对性的、有效的服务，这样才能提高游客对导游服务的感知效果，让游客感受到高质量的导游服务。

要在有限的时间内把握游客的心理需求，导游员应从一切可能的信息中了解游客，通过游客的行为把握游客，用已掌握的丰富知识加以分析，最终把握游客的心理和行为。

导游员了解把握游客心理的主要途径包括以下几个：

（1）从国籍、职业、年龄、性别等了解游客。

每个国家、每个民族都有自己的传统文化和民风习俗，有特定文化下的性格和思维方式。而且，游客所属的社会阶层不同，职业、性别和年龄不同，其心理特征、生活情趣也各不相同。因此，导游员要努力了解游客，并根据具体情况向他们提供心理服务。俗话说"一方水土养育一方人"，导游员在研究旅游接待计划时，通过研究游客所属国家和地区的地理、历史情况，以及政治、风土人情、地域与民族文化、风俗习惯等，来把握游客的心理特征。表 2-1 为我国文化南北差异要目选。

表 2-1　我国文化南北差异要目选

要　　目	要　　点
南繁北齐	南方语言繁杂，北方语言比较规范
南细北爽	南方人说话比较婉转，北方人比较直率
南老北孔	南方是老庄学说的发源地，北方是孔孟学说的发源地
南顿北渐	南方禅学顿悟说，北方禅学渐修说
南骚北风	南方文学以浪漫色彩的《离骚》为首篇，北方文学以现实主义的《诗经》为首篇
南柔北刚	杏花春雨江南，南曲如抽丝；古道西风冀北，北曲如抢枪
南拳北腿	南北武术的差异
南米北面	南方人爱米食，北方人爱面食
南甜北咸	南方人口味偏甜，北方人口味偏咸
南敞北封	南方园林多敞口，北方建筑多封闭严实
南骗北抢	南方多"智力型"经济案件，北方多"暴力型"抢劫案件
南经北政	南方经济文化发达，北方政治军事活跃

（2）从旅游动机了解游客。

动机是需要的表现形式。一个人有什么样的需要，为了满足这种需要，就会以相应的动机表现出来。游客常见的旅游动机有：追新猎奇的需要；求知、求发展的需要；变换生活环境，调节身心节律的需要；寻求尊重和自我实现的需要。导游员要尽最大可能了解每一名游客的旅游动机。

（3）通过分析旅游活动各阶段游客的心理变化了解游客。

由于生活环境和生活节奏的变化，在旅游的不同阶段，心理活动也会随之发生变化。游客在不同旅游活动阶段常规性的心理特征及导游服务要求都会有所不同。

表 2-2 为旅游者各阶段旅游动机、心理表现及服务要求。

表 2-2　旅游者各阶段旅游动机、心理表现及服务要求

游客旅游活动的阶段	动　　机	常见心理及行为表现	导游服务要求
抵达初期	安全求新	不安、焦急、求新、寻求依靠	让游客有信任感和认同感；组织轻松愉快的游览活动；生动精彩的讲解，耐心回答问题

续表

游客旅游活动的阶段	动　机	常见心理及行为表现	导游服务要求
游览期间	自由求全	懒散、挑剔、求知、求尊重、求得自我实现	必须精力高度集中，对任何事情都不能掉以轻心
旅游活动结束前（即将离开）	理解满足	忙于个人事物、需要导游给予及时有效的帮助、解决矛盾	耐心地解答问题、帮助解决矛盾

（4）通过言行举止了解游客。

人们的言谈、举止、面部表情往往是其心理活动的外部表现。一个人说话的内容、表达问题的方式、讲话的速度、使用的"行话"以及讲话时带有的"乡音"等，可以呈现一个人的文化修养、性格、职业、身份、情绪、需求等信息。直接观察游客的主要信息有：服饰，包括服装的样式、品牌、饰品搭配、服装的色彩和质地等；行为，包括行、坐、站立的姿势；动作的敏捷和协调程度；语言发音、语速用词等；行李数量；五官及面部表情；体型胖瘦等。

导游员要善于察言观色，学会"看相"，通过游客外表及行为等直观因素，分析游客性格特征，这对于做好导游工作具有重要意义。

（5）从国际、国内形式发展的重大事件来观察和分析游客的心理活动。

（6）灵活运用心理学知识，善于从游客日常的言谈、表情和神态变化上把握游客的心理活动。

4．换位思考

出现问题时，导游员应站在游客的立场上考虑和处理问题，在服务中，应以"假如我是一个游客"来提醒自己该做什么，多提供一些超常服务项目，于细微之处见真情。

5．正确使用语言

发挥导游语言艺术的魅力，导游员应多读书，扩大自己的知识面和知识运用能力，多观摩，从相关表演艺术中吸取养分充实自己。向优秀同行学习，发现每个人的优点，为自己所用。

6．当好演员、导演和指挥家

导游员同样是游客的审美对象，同时导游员身上肩负着文化传播与交流的重任，还要引导游客游览观景赏物，带领游客游览，让游客听从安排，工作本身集演员、导演和指挥家的才能于一身。当好"导演"，发挥组织能力；当好"指挥家"，发挥领导才能；当好"演员"，展示自己的表演功底。

7．灵活导游

即因人、因时、因地、因阶段而异做好导游服务工作，特别是导游讲解服务更应具有灵活性。

8. 搞好公共关系，善于和不同的人打交道

三、导游员的自我管理艺术

导游服务工作具有极强的独立性，管理好自己才能发挥优势和特长，真正做好导游服务工作，导游员的自我管理应该也必须讲求管理艺术。

（一）遵循导游服务礼仪规范

导游员要熟悉自己业务范围内的文明礼貌和现代社交礼节，熟悉接待对象的文化、生活习俗。通过恰当的文明礼貌交往，为游客提供良好的服务和舒适愉快的旅行环境。

在旅游活动中，导游员既是主人，又是客人。对游客来说，他要尽到主人的责任；对其他服务环节和场所，导游又是客人。因此，导游员在工作中既不能淡漠了主人意识，还应引导游客与其他人员，特别是与旅游目的地居民要友好相处。具体要求：加强自身修养，礼貌待客，做到临辱不怒，自重自爱；做到面临急难时，不变脸发火，沉着大度，能以妙语应粗俗，用豁达胜愚昧，以文雅对无礼，从而摆脱尴尬境地；服务中要稳重、规范、不失态，态度要平静、热情而有分寸，语言不乱有分量，论理处事有理有节。

（二）整体形象塑造

在游客的心目中，导游员不仅是一名为游客提供相关导游服务的人员，还是旅游目的地国家（地区）的代表，是游人之师、游客之友，是"万事通"的导游艺术家。游客希望导游员不仅是一名服务人员，更是一位朋友，是一位可信赖、热情友好、善解人意、关心他人，能与其交流感情、能成为共同审美观景的朋友。他们希望导游员不仅精通业务，同时还应该是一位学识渊博、导游技艺精深的导游专家。外国旅游者往往首先把导游员看作是一个中国人，是中国的代表。游客通过导游员的言行举止、衣着打扮来衡量中国人的道德标准、价值观念和文化水平；通过导游员的讲解和语言来了解中国文化、中国人和中国；游客对导游员工作的评价往往也不是针对他一个人，而是针对一个地区，甚至一个国家的导游服务水平及旅游服务质量。因此导游员要根据职业要求和工作性质，从外到内全面调整自己，从外形、服饰、语言、心理素质、知识、应变能力等方面，把自己塑造成"民间大使"、"文化传播者"、"审美引导者"……

（三）适时自我调节

在导游服务过程中，有时会因意外情况的发生而影响导游的情绪。为此，导游员必须学会适时自我调节。

1．情绪的调节

情绪是由客观事物引起的主观体验，通过意志的努力，不良情绪是完全可以控制的。实践证明，情绪是会"传染"的，导游员的情绪不仅影响自己的工作，还直接影响到游客的游兴，进而影响到游客对服务质量的感知。引起导游员不良情绪的客观事物有多种，例如，旅行不顺利、生疏的环境、游客不配合等。出现不良情绪时就会出现一些表象，如面部涨红、紧张和拘谨、声音异常、目光呆滞等，如果不加以有效控制会造成行为的失控。情绪还会"传染"给游客，最终影响游客的整体旅游活动，导致导游服务质量下降。因此，一名合格导游员必须学会自我情绪的调节。导游员常用的控制情绪的方法有：

（1）角色控制法。导游员在为游客提供服务时，要随时提醒自己，在游客面前自己所扮演的角色是"导游"。而面对不同的游客，"导游角色"还应该有延伸变化。

（2）转移注意。导游员可以通过意志的努力，迫使自己的注意力转移到现实中来。这种方法比较有效，它可以在很短的时间内减轻外界刺激对自己心理上造成的压力。

（3）自我安慰。真正的情绪只有自己清楚，因此适时进行自我安慰十分必要。

（4）排除刺激。排除客观刺激物对情绪的影响，例如，个别游客对讲解不感兴趣或走开或小声讲话等，可以不必在意。同时还应排除周围群众及其他噪声对情绪的影响。排除无关刺激的影响，可以最大限度地使自己的心理与客观外界达到和谐与平衡。

2．自我暗示调节态度

导游员可以通过自我暗示使自己对游客的态度变得积极，心理学家分析统计的结果表明：积极想想相同愿望就会抑制和去掉消极的态度。在改变态度上，导游员可尝试自我提示：

我是一个富有同情心、开朗、乐于助人的人，……；谁见了我都愉快，我友好、亲切……；我乐意倾听别人的陈述，并可以做到微笑对待，……；我有同情心，我聪明，……；我愿意而且一定能做到让游客理解我、喜欢我，……；游客很亲切，……，他们很高兴，充满着旅游的欢乐情绪；导游工作很有意思，游客赞赏我的工作，给了我表现的机会，……；游客为旅游花了很多钱，他们维持着我的工作岗位。有人参加旅游活动是好事，没有旅游者、没有游客我必须去干别的工作，我喜欢旅游，我愿意干导游工作，……。

（四）注意自我管理

1．角色定位

导游员是多角色的统一体，应分清不同角色的作用适时完成角色的转换。导游员在家是家庭中的一分子，在企业（旅行社）是一名企业员工，而在游客面前则是旅行社的代表，是一名服务人员，是一名知识与文化的传播者。在带领游客游览观光的时候，导游员又作为游客与旅行社双重代表的身份与有关服务部门、企业接洽。在为游客提供导游服务的过程中，在不同的游客面前，在不同的情况下要承担姐姐、朋友、商务经理、社交家、心理学家、国际主义者和教师、学者等多种角色。要带好一个旅游团，导游员要分清导游员和"我"的关系，注意随时变更自己的角色，这样才能提供高质量的导游服务。

2．作用定位

导游员要明确自己在整个旅游服务工作中的地位，过分夸大或贬低自己的地位和作用都是不可取的。在不同的"环境"下，导游员必须清醒地认识自己的作用。

3．形象定位

导游服务工作是旅游行业的一线服务工作，导游员的形象直接关系到旅行社甚至旅游目的地的形象。因此，导游员要根据自己的身份、活动空间、服务对象学会定位自己的形象。

4．性格定位

一名能使游客愉快、有幽默感和智慧的导游员比一名恪守职能但没有笑容的导游员更受游客的欢迎。在性格上，导游员要保持一种热情轻松的个性，同时要学会行使领导权，使游客感到易于接近，使自己处在出了问题能全面控制局面的地位，这样游客才会对导游员的能力表示信任，并感到整个旅程轻松自在。

（五）政治思想与业务训练

1．更新观念，创新提高

导游员不能墨守成规，要与时俱进，赶上时代潮流，不断丰富自己的学识，学习新思想、新观念。导游员必须树立市场观念、诚信观念、国际水平观念、游客主导观念等新观念，才能不被时代所淘汰。若没有具体数据，没有生动案例，就不可能令人信服地谈论导游和生动地进行导游。导游服务要创新，创新就是在学习前辈的基础上，进行再创造，再提高，就是要"想，前人未曾想，做，前人未曾做"，要标新立异，要做到人无我有，人有我新，人新我特，人特我精，要在战略上高人一筹，战术上招招领先。

2．刻苦不断，嘴皮常练

"江山之美，全靠导游之嘴"，"看景不如听景"，这是人们对导游"嘴功夫"的溢美之词。"导游一片嘴，调动游客两条腿"，这是人们对我们导游"嘴功能"的称道，是我们的嘴"引导游客去探索美、发现美、享受美"。"嘴"是导游员的"生产工具"，是"饭碗"，没有"嘴"就没有导游。导游员"练嘴"的方法很多，常用的有：通过广播、电视模仿，朗读，练绕口令等。

3．全面发展，口笔并重

"嘴皮子"是导游水平展示的方式，而"笔杆子"是导游基本修养的功底，没有深厚的文字水平、文学水平，导游"嘴皮子"提高是缺乏基础的。

4．善于总结，汲取教训

真正成功的导游，应当有这样的信念：同样一个问题，不允许自己有两次都答不出来；同样一个接待工作的疏忽，不允许发生两次！唯有如此，才会日新月异，天天上进。

5．注重细节，学会自查

在西方导游界里，流传这样四句话"小事是重要的事"、"小事是漂亮的事"、"小事办不好，麻烦就不少"，"导游无小事"。导游员要从导游各个环节、各个程序入手，注意细节，不能含糊。

6．做到"五勤"，全面提高

勤动腿、勤动口、勤动眼、勤动手、勤动脑，这是导游员必须做到的，同时还应将动腿、动口、动眼、动手、动脑收集到的信息、知识、经验、好句子进行分析、归纳、研究升华，成为自己的知识，形成个性化的导游风格和作风。

四、导游员建立良好人际关系的艺术

导游服务工作是旅游服务的核心和焦点，导游员处在一个与旅游活动为核心的人际关系网的中心。导游员在工作中会遇到大量的人际关系问题。

作为一线服务人员，导游员要时刻记住：从"我"做起，让"我"去适应他人。交往过程中，注意区分是与"人"交往还是与这个人所扮演的"角色"交往。导游员在人际交往中，应做人际交往中的"强者"，而不是做"弱者"或"优越者"。坚持"平等"和"双赢"的原则。双赢的表现：交往双方都得到自己想要得到的东西；虽然并没有得到自己想要得到的一切，但双方都得到了自己最想得到的东西；即使没有得到自己最想要得到的东西，只要双方都得到自己应该得到的东西，都觉得合情合理。"尊重"是导游员、游客和合作者都想得到，也都应该得到的，因此，只要双方得到应有的尊重，即使未能解决某些具体的问题，也应该说有了一个符合"双赢"要求的结局。

（一）与游客建立良好关系的艺术

导游员为游客提供服务的过程，就是与游客交往的过程。导游员与游客建立良好的人际关系，不仅能够赢得游客的支持，顺利地完成任务，更重要的是能为游客提供优质的心理服务。所谓心理服务，也叫情绪型服务，是导游员为调节旅游过程中游客的心理状态，在心理上对游客施加影响，使游客保持愉快的心情而提供的服务。与游客建立良好的人际关系，可以参考以下几个要点。

1．尊重游客，自觉为游客提供"心理服务"

尊重一个人会使他表现出他最好的行为，而贬低一个人只会使他表现出他最坏的行为。导游员必须明白，只有当游客生活在热情友好的气氛中，在自我尊重的需要得到最大满足时，为他提供的各种服务才有可能发挥作用。导游员要注意"扬长隐短"，扬长是为了增加客人的自豪感，隐短是为了避免触动客人的自卑感。在实际导游服务工作中，尊重游客就是向游客提供了"心理服务"。

2．对客人保持微笑

微笑是一种重要的交际手段，微笑是信赖之本。导游员与游客的接触为近距离接触，游客对导游的细微表情也极为在意，因此，导游员必须学会以自然微笑面对所有游客。

3．使用柔性语言

柔性语言表现为语气亲切、语调柔和、措辞委婉、说理自然，常用商讨的口吻与人说话。这样的语言使人愉悦亲切，有较强的征服力，往往能达到以柔克刚的交际效果。导游员不仅要让自己的有声语言给客人以好印象，而且要让自己的无声语言（即身体语言）给客人以好印象。

4．与游客建立伙伴关系

导游员要正确地把握游客的心态，尊重他们，与他们保持平行性交往，力戒交锋性交往，努力与游客建立融洽无间的伙伴关系，使游客对导游产生信任感，使他们产生满足感，要与游客成为朋友。

5．个性化服务

游客在接受服务的过程中都有一个共同的心理：既希望服务人员对自己能不另眼相看，同时，又希望服务人员能对自己另眼相看。这两种心理要求看似矛盾，实际所指不同。前者是指服务人员不能歧视、怠慢客人，对所有的客人应一视同仁，提供标准化的服务；后者是指服务人员应了解每一个客人的独特个性与需求，将每位客人与其他客人区分开来，突出出来，使客人有受到特别优待的感觉。

为了让每个游客都得到他所满意的服务，导游员必须根据每个游客的个性特点，确定合适的服务方式，提供适宜的个性服务内容。日本导游专家大道寺正子曾从事导游工作二十余年，在其所著的《日本导游工作》一书中，从客人的个性角度切入，提出了具体的待客方式（见表2-3）。

表2-3　游客类型及其导游接待方式

客 人 类 型	特 征	导游接待方式
老好人型	常用温和语气说话	有礼貌
猜疑型	不相信没有根据和证明的事	讲话要有根据，不用模棱两可的语言
傲慢型	瞧不起人	让其充分亮相后，以谦虚态度耐心说服
腼腆型	性格内向，说话声音小	亲切相待，忌用粗鲁语言

客 人 类 型	特 征	导游接待方式
难伺候型	爱挑剔，板着脸	避免陷入争论
唠叨型	说话啰嗦，不得要领	在不伤害客人感情的前提下，耐心说服
急性型	不稳重，稍许不如意就发脾气	以沉着温和的态度相待
嘲弄型	不认真听讲，爱开玩笑	不要被缠住，不要理睬
沉默寡言型	不健谈	主动打招呼说话
散漫型	不遵守时间，自由散漫	有礼貌地耐心说服

（二）导游员之间建立良好的合作关系

从业务范围划分，可以把导游员划分为领队、全陪、地陪及景点导游等类型，他们的具体职责有一定差异，导游员之间要建立起良好的合作关系，才能圆满完成导游服务，令游客满意。导游员间建立合作关系的方法及途径如下：

1. 人格上相互尊重，工作中相互支持

"尊重"是人际关系的基本原则之一。导游员之间要相互尊重他人的意见和建议，适当遮掩各自的特长，把机会让给其他人。分清职责，遇事多磋商。领悟各个导游员的心情和诚意，工作中加强信任感，加强各方的合作。

2. 避免正面冲突

不同业务范围的导游员在合作中对某些事情意见相左是正常现象。一旦出现这种情况，要主动沟通，力求及早消除误解，避免分歧继续发展扩大。处理问题的依据是"合同"。

（三）与司机的合作

导游员与旅行车司机的合作是圆满完成导游服务工作的重要影响因素之一。工作中配合默契，互相关照是件很愉快的事，和谐轻松的工作环境是由每个人自己创造的。导游员必须把自己分内的事情做好，不要给他人制造麻烦。在工作中，导游员要与司机密切配合，支持司机的工作，不能因驾驶员仅提供体力劳动而看不起司机，要尊重他们，理解他们工作的辛苦（特别是长途旅行），凡涉及交通方面的问题，应多听取司机的意见和建议。但导游员要注意，不能任由司机摆布，要记住导游才是旅游计划的执行者；同时导游员负有监督司机服务质量的责任。如果导游员和司机有问题要商榷，或出现小矛盾要解决，切忌当着游客的面进行。在长途旅行中，导游员不得置游客于不顾，只与司机吹牛、聊天。

（四）与旅游接待单位的合作

导游服务过程中，接触的部门和企业较多。在与相关部门合作的过程中，导游员首先要尊重对方，无论他是做什么工作的，他们都与导游一样是为游客提供服务的人员。其次，要有合作精神，要善于做好服务的弥补工作。同时，也要监督相关部门的服务水平和质量，做好提醒工作。

（五）与旅行社其他工作人员的合作

旅游产品的销售、促销、交通票据、住房、用车的预订等需要旅行社销售、计调、采购、票务等多部门人员的合作。因此导游员在为游客提供导游服务的过程中，必须注意与相关人员保持联系，搞好协作关系，共同提高旅行社旅游产品的服务质量，以保证和扩大客源与市场份额。

五、"特殊"游客的接待艺术

在导游员带团的过程中，可能会遇到来自不同地方、不同社会阶层、不同年龄和不同性格的人，每一个人都带有特殊性。但是在旅游中所指的特殊游客并不是这层含义，而是指在和其他游客相比某一方面的特征尤为突出，已成为区别于其他游客的主要标志，而且需要导游对其特别关照的旅游者。例如，高龄游客、儿童、宗教界人士、社会地位特殊的人、残疾人等。

（一）高龄游客的接待

近年来，随着人们生活水平的提高，旅游意识的逐步增强，旅游大军的队伍越来越壮大。其中有一部分人，他们不受出游时间的限制，可以按照自己的想法安排旅游，这一类人就是已退休的老年人，在老年旅游者当中还有一个特殊的群体，就是年龄在80岁以上的高龄旅游者。面对高龄旅游者，导游员要发扬中华民族尊敬老人的优良传统和美德，持谦恭尊敬的态度，给他们体贴入微的关怀，提供不辞辛苦的服务，具体做法包括以下几个方面。

1．正确的称呼

在对高龄游客的称呼上，应该视他们为自己的长辈，称呼为"姓+爷爷/奶奶"。这样很容易拉近和老人之间的心理距离，使得老人能很快接受导游员。

一般高龄游客还有一个特点就是喜欢拉家常，导游员称呼了爷爷、奶奶之后，和老人多唠嗑，这样老人很容易也很快就接受了导游员，从心理上把导游员当成一家人，这样就方便了导游员开展工作。

2．双慢，即行进慢、讲话慢

（1）适当放慢行走的速度。

（2）放慢讲解的速度。导游员在向高龄旅游者讲解的时候，应适当放慢速度、加大音量、吐字清楚，必要时多重复几遍。

3．耐心解答问题

高龄旅游者喜欢提问题，再加上年纪大，记忆力不好，一个问题经常重复问几遍。遇到这种情况，导游员不应表示反感，要耐心、不厌其烦地给予解答。

4．多做提醒工作

高龄旅游者由于年龄大，记忆力减退，动作较迟缓，导游员要不厌其烦地做好提醒工作，如行程、时间、地点、零用钱等。

5．预防高龄旅游者走失

（1）进入游览景点之前要反复强调上车地点。每到一个景点，导游要不怕麻烦，反复多次地告诉高龄旅游者旅游路线及旅游车的停车地点，特别是不在同一地点上下车的景点，必要时为老人留下便条，做必要的提醒。

（2）提前嘱咐。老年人，特别是高龄老年人，最担心找不到团队。一旦走失，孤独无助的感觉比一般旅游者更强烈。因此要告诉他们，一旦找不到团队，千万不要着急，要在原地等待，不要到处乱走，导游员会顺原路来找。同时要把导游员，或司机，或旅行社的联系电话留给老人，以备不时之需。

6．采取多种措施以保存和尽快恢复高龄旅游者的体力

（1）适当地增加休息的时间。参观游览时上、下午尽量安排中间休息一次；如果条件允许，在晚餐和晚上看节目或活动之前，安排回酒店休息一会儿，晚间活动不要回酒店太晚。

（2）劳逸结合，灵活安排日程。导游员要考虑老年人的生理特点和身体情况，对高龄游客的活动日程一定不要安排得太紧，活动量不宜过大、项目不宜过密。在不减少项目的情况下，做到选择便捷路线和有代表性的景观，少而精，并以细看、慢讲为宜。带高龄旅游者千万不能用激将法和诱导法，以免大量消耗其体力，发生危险。

（3）选择安全的停车地点。晚间用晚餐或看节目时，提醒司机将车停在有灯光、没有台阶和障碍物的地方，以免发生摔伤等一些意外情况。

（二）接待儿童

1．重视儿童安全

儿童，尤其是2～6岁的儿童，天真好动，好奇心强，在旅游过程中导游员应特别注意他们的安全。服务对象中有儿童在场，导游讲解时可酌情讲一些有趣的童话、小故事、谜语、儿歌等吸引他们，既活跃气氛，又使他们不到处乱跑，保证了安全。对于家庭旅游团，地陪还可帮助他们的父母领看小孩子，既增加了导游员与旅游者之间的感情，又可有效地防止儿童乱跑走失。

2．多关照儿童

（1）儿童表现方面的关照。适当的时候让儿童表演一些节目，既活跃了旅游团的气氛，让孩子有自我表现的机会，小孩子表演得好，其父母的脸上也增光，一举多得。

（2）用餐方面的关照。小孩子使用筷子有一定难度，导游员应根据具体情况通知餐厅为小孩子准备安全易用的餐具，保证孩子的用餐。

（3）生活上的关心。注意儿童的饮食起居，天气变化时，要及时提醒家长给孩子增减衣服；天气干燥要提醒家长多给孩子喝水等。

3．"四不宜"

（1）不宜突出了儿童，冷落了其他旅游者。

（2）不宜给儿童买食物、玩具。

（3）即使家长同意也不宜单独把儿童带出活动。

（4）儿童生病，应及时建议家长请医生诊治，而不宜建议其给孩子服什么药，绝不能将自己随身携带的药品给儿童服用。

4．注意儿童的接待标准

儿童的旅游收费（如机票、船票、车费、住房、用餐、景点门票等），根据年龄、身高有不同的费用标准和规定，导游员应特别注意。

（三）宗教界人士的接待

1．学习了解我国的宗教政策，掌握有关信息

我国宗教信仰自由，但不经我国宗教团体邀请和允许，旅游者不得在我国从事宗教活动，如布道、主持宗教活动等，不得在非完备活动场合散发宗教宣传品。

2．提前做好准备工作

（1）认真分析接待计划，了解接待对象的宗教信仰及其职位。对接待对象的宗教教义、教规等情况要有所了解和准备，以免在接待中发生差错。

（2）了解教堂（寺院或道观等）的位置和开放的时间。接到接待宗教团体的计划后，看清此团在旅游目的地期间是否有宗教节日，如有则要记住相关信息，若宗教旅游团要参观宗教场所，应提前了解所参观点的位置和开放时间，最好提前联系，方便参观地提前准备，做好接待工作。

3．满足特殊要求

一般宗教界人士在生活上都有特殊的要求和禁忌，导游员应不折不扣地兑现，设法给予满足。如饮食方面有禁忌和要求，一定要提前通知酒店、餐厅做好准备，并认真落实。

4．尊重旅游者的宗教信仰及习惯

在接待宗教界人士时，要特别注意其宗教习惯和戒律，处处尊重宗教旅游者的宗教

信仰和习惯。例如，如果是信仰天主教的人士，在每天清晨开车前，客人们会在车上讲经、做祈祷。这时，导游员和司机应该主动下车，等他们祈祷完毕，再上车开始一天的游览活动。要特别注意不要向对方宣传"无神论"，避免涉及有关宗教问题的争论。更不要把宗教、政治、国家之间的问题混为一谈，随意评论。

（四）特殊身份、地位人士及政务人员的接待

有特殊身份和地位的旅游者是指：外国在职或曾经任职的政府高级官员、对华友好的官方或民间组织团体的负责人、社会名流或在国际国内有一定影响的各界知名人士、某些国家的皇室或贵族成员、国际或某一国著名的政治家、社会活动家、大企业家等。这些旅游者除游览外，往往还有其他任务或使命。政务接待主要为公务交往所提供的导游服务，接待对象主要为政务人员。做好这些人的接待工作，对扩大我国对外影响，加强中国人民与世界各国人民之间的友好往来，具有十分重要的意义，具体做法包括以下几个方面。

1. 做好充分的准备工作

（1）"知己"。身份和地位特殊的旅游者一般素质高，知识面也广。导游员要提前做好相关的知识准备，如专用术语、行业知识等，尽可能拓宽到社会的各个方面，以便能选择交流的话题，并能流利地回答他们提出的问题。

（2）"知彼"。从各方面了解所接待客人的特殊背景、旅游动机、所属的社会阶层和特定的职务。通过客源地分析，了解其信仰、习俗、礼仪等，做到有针对性接待。

2. 要有自信心

不要因为对方地位较高而胆怯，导游员心理压力过大，会影响到本人能力的发挥，反而效果不好。通常身份越高的人越懂得尊重别人，他们待人接物非常友好、客气，十分尊重他人的人格和劳动。

3. 注意相关的礼仪

（1）着装。男士应穿西服，打领带；女士应穿着端庄，并且应该化淡妆，以示对对方的尊重。

（2）说话。应注意和对方说话的态度、说话的立场、说话的方式等。

（3）服务。注意服务一定要仔细，而且所提供的服务应不卑不亢，既表现了中国人"有朋自远方来，不亦乐乎"的热情好客，又表现出我国人民相应的民族气节。

4. 多请示、汇报，按照有关规定接待

特殊身份人士经常会有领导接见、会谈，因此游览日程、时间的变化较大，导游员一定要灵活掌握，随时向有关部门请示、汇报，协助安排接见、会见的时间。

（五）残疾人的接待

有时在旅游团队中会有截瘫、视力障碍（盲人）、聋哑人等残疾旅游者。接待这些残疾旅游者时，导游员要特别注意方式方法，既要满腔热情、细心周到，尽可能地为他们提供方便，又不要给他们带来压力或伤害到他们的自尊心。在任何时候、任何场合都不应讥笑和歧视他们，而应表示尊重和友好。具体要求：准备工作要细致；适时、恰当的关心和照顾，残疾人的自尊心较强，认为自己既然能来旅游，生活就能自理，不愿成为累赘，如果过多地当众关心照顾，会使残疾游客反感；时刻关注残疾旅游者，在安排活动时，导游员要考虑到他们的生理条件和特殊需要，如选择路线时应尽量不走或少走台阶，提前告诉他们洗手间的位置、通知餐厅安排在一层餐厅就餐等。

（1）对截瘫旅游者的服务。① 根据计划内容分析，旅游者是否需要轮椅。如有需要则应打电话与酒店或有关部门联系借用事宜。② 要求派方便的车。与计调或有关部门联系，最好派有行李箱的车，以便放轮椅或其他物品。③ 进机场接旅游者。提前到达机场办理有关手续，进残疾人专用道接旅游者。

（2）对聋哑旅游者的服务。接待聋哑旅游者要安排他们在车上的前排就座，因为他们需要通过读口型来获取信息，也就是通过导游员讲解时的口型来了解讲解的内容，同时讲解语速要慢。

（3）对视力障碍旅游者的服务。地陪应尽最大努力争取将讲解的内容细致形象。讲解时可主动站在其身旁，上车时安排前排就座，能用手触摸到的地方、物品则应尽量让他们触摸。向他们介绍当地有盲道和有特殊设施的地方。

第二节　导游讲解技巧

一、导游讲解概述

（一）讲解服务的基本概念

导游讲解是导游员以丰富多彩的社会生活、璀璨壮丽的自然美景、悠久的历史文化、多彩的民族民俗等为题材，以兴趣爱好不同、审美情趣各异的游客为对象，对自己掌握的各类知识进行整理、加工和提炼，用简洁明快的语言进行的一种意境的再创造。游览活动是游客旅游活动的中心环节，要让游客在游览、参观及行进途中获得知识和审美的享受，真正领略游览的乐趣，导游员必须做好导游讲解服务工作。

（二）讲解服务的基础

导游讲解是一种讲话，导游员讲解就像在与朋友聊天，要学会"眉飞色舞地给游客讲你知道而他们不知道的事情"。做好讲解服务的要求，一是熟，要对讲解内容和游览目的地、参观的景观和景物了如指掌；二是爱，导游员要热爱祖国、热爱家乡，热爱自己的工作，爱游客，中国有一句老话叫"情人眼里出西施"，有了爱，才会主动去探索关于它的每一点资讯、每一点故事、每一点惊人之处，并热情、眉飞色舞地讲出来，这样讲解就已成功了一半；三是自己也惊叹于这件事，如果导游员心里就一点都不以这件事为异，那么讲出来一定也不会让游客觉得惊异；四是要掌握讲解艺术，一个优秀的导游员要具备良好的语言能力，要有丰富的知识，更要掌握导游讲解艺术（包括讲解方法及技巧等）。

（三）导游讲解的分类

导游员为游客提供的讲解服务主要分为两个部分，即旅行转移途中的讲解和景区（点）的参观游览讲解。由于环境的差异，途中与景点讲解内容和讲解方法有较大的差异。

1. 旅途中的导游讲解

旅途的导游讲解由于游客身处交通运载工具内（飞机、火车、轮船、旅游车等，又以旅游车为主），空间有限，交通工具的颠簸，游客极容易疲劳，加之车子处于行进中，外部景观变化很快。这就要求导游员在讲解过程中要根据游客的旅程时间、游客的精神状态、车子的行进速度、车外景物的变化情况、旅程的长短等因素灵活调整讲解内容，改变讲解的方法，注意调整游客的情绪，讲解应以趣味幽默为主。旅途中的导游讲解根据旅游线路安排的不同还可分为转移途中导游（游客较长距离的转移，需要改变临时居住地，例如从昆明到大理、从上海到苏州或杭州等）和去往景点途中的导游（从下榻酒店到参观游览景点）。

2. 景区（点）导游讲解

景区（点）是游客的游览目的地，是导游员讲解服务的重点。讲解内容要以景点的景物为核心，讲解中要注意引导游客正确的观景、赏物的方法和途径，讲解方法应依据游客的游览需要、景物的特点和游览时间来确定，具体内容将在下篇中作详细论述与介绍。根据景区（点）特色的不同，景区（点）的导游讲解还可进一步划分为自然景观导游、人文景观导游。

二、导游讲解的基本原则

（一）以客观事实为依托

客观事实是指独立于人的意识之外，又能为人的意识所反映的客观存在，它包括自然界的万事万物和人类社会的各种事物，其中有的是有形的，如名山大川、文物古迹；有的则是无形的，如社会制度、旅游目的地居民对游客的态度等，这些都是客观存在的。导游进行讲解时，无论采用何种方法或技巧，都必须以客观存在为依据，即导游讲解必须建立在自然界或人类社会某种客观现实的基础上。切忌无中生有，胡编乱造。游客可以从导游员的讲解中，品读出导游员的人格魅力。

（二）计划性

在实际工作中，计划是基础。导游员在实际工作中，在为游客提供导游服务前应根据接待计划、旅游团的线路安排及游客的组成等因素，做好接待的讲解计划。针对不同的景点运用不同的方法，或把几种方法有机结合，为实地讲解做好准备。根据自己所掌握的游客资料和景区（点）的资料与信息，做好每一次导游讲解的计划。

（三）针对性

导游员每次带团面对的客人都不一样，客人所感兴趣的内容都不一样，要做好导游讲解工作必须学会在讲解中抓住游客的注意力，导游员首先要明白游客想听什么，想听怎么样的讲解。导游员要根据不同游客的具体情况，在接待方式、服务形式、导游内容、语言运用、讲解方式方法上都有所不同。

导游员讲解内容的广度、深度及结构应该有较大的差异，通俗地说，就是要看人说话，导游员讲的应该是游客想知道、有能力接受并感兴趣的内容。导游词的安排，要符合游客的需要，要注意文化差异，讲解得太快、太深奥，游客短时间内难以理解。导游员如果不能针对特定的游客，进行量体裁衣式的传递信息，就不算是一名合格的导游员。

导游员应准备的内容包括：了解游客的家乡、工作经历等；从不同的途径找相关的资料，可以通过看书、查资料，向师长请教，询问其他导游员，特别是现在有了互联网，非常方便，而且信息广、资料精，为导游查阅相关资料提供了便捷的途径。导游虽说号称"杂家"，应该什么都知道，但一个人，其学识总归是有限的，都存在知识的盲区。导游员应随时注意知识的收集和积累。

（四）灵活性

所谓灵活性，就是导游员的导游讲解要因人、因时、因地（环境条件）、因景而异。导游讲解的内容应可深可浅、可长可短、可断可续，一切须视具体情况而定，切忌千篇一律、墨守成规。导游讲解贵在灵活，妙在变化。

（五）平等待人

导游员所接待的每一位游客都是平等的，导游员在讲解中要一视同仁，在讲解中不能以貌取人，以财取人。讲解的内容不能因人"缩水"，影响游客对景区（点）的观赏和审美，规范性服务对每一名游客都是相同的。

三、旅途中的讲解艺术

（一）注意事项

1．熟悉行进路线、掌握途中景物的分布和景观的变化规律

在旅途中，游客所处的是一个动态的场所，因此导游员要注意尽量做到详实而准确的指点与说明，对每一个途中可能看到的景物要娴熟于胸，指点景物时一定要提前提醒游客在什么方位可能看到某物或某景。

2．讲解重点明确

途中讲解的内容要确定，切勿让游客左顾右盼，莫衷一是，重点要突出，景物要实在，重讲优势，适当掩饰缺陷。在途中导游过程中，要善于借景抒情、借景宣传、借景传文、借景交友，把握好游客的心理需求和讲解的延伸效应。在不同的行进时段，路线讲解重点有差异。例如，在从机场到下榻饭店的途中，导游员首先要做好热情洋溢的欢迎辞，接着为了更好地消除游客的紧张和不安心理，就要延伸介绍当地的气候、饮食等。

3．注意"点"、"线"、"面"的有机结合

途中旅行以线为主，但周围的景物分布则是点状的，讲解的衍生，特别是风俗介绍等是面上的。因此，导游员在为游客提供途中导游服务时，要根据实际情况如游客的身体、情绪、旅行的速度、周边景观的变化等，有机组织好自己的口语导游讲解内容，吸引游客的注意力，展示自己的导游风采，获得游客的信任和依赖。

（二）途中讲解方法

1．聊天法

聊天是交流思想感情和进行沟通的一种好形式，它能增进友谊、促进团结、活跃团队的气氛，同时聊天具有很强的随意性和不确定性，在机场候机厅、车站码头、茶余饭后等都可以聊天。导游员和游客可把自己的想法、要求、感受等毫无保留地"聊"出来，从而使导游员获得较多的有效信息，对症下药地做好各项导游服务工作。

（1）参与游客聊天，主动寻找话题

"聊天"不分次序，没有时间限制，有话则长，无话则短。导游员不仅自己要经常找机会参与游客之间的聊天，而且要善于寻找话题活跃游客的思路。如对老年游客，可以聊养生之道、经验之谈；面对年轻人可以谈经历、学习、工作及爱好等；面对女士可以说说服饰与化妆品等。

（2）把握内容和分寸

导游员要善于调节话题，把握分寸，随时掌握话题的进程，及时意识到话题可能会产生的"后果"。聊天的话题必须符合导游员职业道德和行为规范的要求，不可为了迎合个别游客的低级趣味，聊不健康不文明的内容。

（3）注重语言艺术

在与游客聊天时，导游员要切实转换角色，注意自己的语言艺术，善于运用幽默风趣的语言，让游客感到轻松与愉快。

2. 适度"玩笑"法

游客在旅途中，特别是长途旅行很容易疲劳，此时导游员若借题发挥，给游客讲笑话、猜谜语、来个脑筋急转弯等活动，定会给游客的旅途生活带来无穷的欢乐。为了调节团队的气氛，以适度的"玩笑"引起游客开怀舒心，达到消除游客疲劳、增添乐趣，同时为接下来的景点游览做好情绪的准备，具体要求有以下几点。

（1）精心准备。导游员在带领游客游览过程前，要有针对性地准备一些有意义的笑话和关于旅游的奇闻轶事，注意在日常生活中多积累一些有益智作用，同时又充满幽默感的笑话，花功夫去背，到与游客交谈时方能运用自如。

（2）把握内容，遵守职业道德。在选择"玩笑"时，把握"度"非常重要，注意不能讲低级趣味、带"色"的故事，这样只会自贬形象，还要注意不涉及政治问题、不拿游客的缺陷开玩笑。

（3）掌握笑话的技巧。抓住时机，把握节奏，引导游客产生强烈的心理期待，特别要注意"抖包袱"的时刻，在故事引人入胜时，掌握速度和节奏，特别是天花乱坠或制造悬念时的停顿时间；控制速度，讲解从和风细雨到急风骤雨，同时，要注意引导游客强烈的心理期待，然后突然使他们感到大出所料；夸张模仿，对角色进行夸张模仿，刻画其生动有趣的形象，以引起强烈的共鸣，夸张模仿主要通过声音和动作来进行，通过夸大事物的某些成分，夸张某人的某些特点，突出其荒诞可笑之处；优雅敏捷，讲笑话的简练程度，更能体现一个人的幽默能力。磕磕巴巴、语无伦次、哼哼哈哈，或使用陈腐、粗俗、浮躁、油滑、尖刻的语言进行讲述，只能使人苦笑。才思敏捷、妙语连珠、滔滔不绝，才有笑的魅力。

3. 注意灵活转移话题

转移话题时要做到：求同存异、因势利导。在旅途导游讲解中，导游员可以与游客探讨一些问题，游客也有机会发表一些自己的论点和对某些事物的看法，同时由于途中讲解涉及范围较广，有时难免出现导游员观点或游客之间观点的差异，这当中往往由文化差异、生活环境的不同及游客对旅游活动的期望值与实际接待之间的差异等原因所造成。这时导游员就需要转移话题。有时有意在交谈讨论中转移话题，可使交谈气氛融洽，感情得到增加，关系得到改善，达到"峰回路转"、"柳暗花明又一村"的目的，最终使旅游活动得以顺利开展和完成。

在使用转移话题法时，导游员要注意观察游客的表情、注意倾听游客的叙述，利用机会"打岔"，在缓解游客情绪后可再引入正题。转移话题必须以理服人、以礼待人。在涉及一些关键性问题或是游客不怀好意时，游客有时自觉理亏也想转移话题，有意避开实质性问题、转移视线、企图狡辩时，导游员就应始终牢牢抓住原来的话题不放，同时也应注意自己的态度，防止被对方抓住"小辫子"，打乱自己的阵脚。

4．讲解与行进同步

在旅途中，游客常对外部景物发生兴趣，导游员也可借助外部景物进行相应的拓展讲解。但在景物的选择过程中，导游员要注意引导游客观赏要与车子的行进同步。不能景物已从游客视线中消失后才突然想起，放"马后炮"，让游客扫兴，还会感到导游员业务不熟，影响导游员在游客心目中的形象。在四周景物单一时，导游员可以根据实际情况做引申讲解，并借此机会向游客介绍当地基本情况，例如土地面积、人口、民族、经济发展水平、居民生活水平、民俗等。

5．讲解与宣传相结合

旅行社在进行旅游线路设计时都注意到尽量不走回头路，但不可能所有行程都不走回头路。实际上，目前绝大部分景区（点），特别是位置较为偏僻的景区，只有一条通往景区的道路；接机与送机等势必要走同一条道路，即走回头路，特别是在游客的回程路途较远时，导游员就必须考虑在讲解中如何穿插一些新奇的内容，同时导游员要牢记，自己不仅是旅行社派出的导游，同时也是当地旅游业的代表，在自己所服务的游客面前，是旅游业的代言人，负有宣传旅游目的地、招揽回头客、拓展市场的责任。

导游员在实际导游过程中，要注意灵活运用各种实际景点讲解的方法（在下一个问题中阐述），如问答法、联想法等，引导游客回忆自己所游览过的景点，加深游客对旅游目的地和所游览景区的印象，适时向游客推荐尚未游览过的特色景区（点），以及正在开发建设中的景点，推荐新线路，激发游客的重游动机，相继表示再为其服务的愿望。为旅行社招徕回头客，为自己创造带团的机会。

导游员在途中导游中不仅要宣传当地的旅游资源，同时根据游客组成情况的不同，通过自己的言行积极宣传社会主义中国、宣传自己的家乡。导游讲解中进行宣传应遵循以下原则：（1）有鲜明的政治立场，在关键问题上要和国家保持一致；（2）积极主动、因势利导；（3）实事求是、保守秘密；（4）不卑不亢、一视同仁；（5）寓宣传于导游讲解、日常交谈和游览娱乐中。

（三）欢迎辞与欢送辞

1. 欢迎辞

欢迎辞是游客对导游员产生第一印象的重要组成部分，是导游员与游客沟通感情、取得游客信任的第一步，也是导游员向游客展示自己知识素养、语言能力、风度气质、服务态度等的关键一步。欢迎辞好比一场戏的序幕、一篇文章的序言、一场演讲的开场白，对此导游员应当有足够的重视。

（1）基本内容（以地陪导游服务为例）

欢迎辞最核心的问题是口头语言内容和表述方式的选择。一般情况下，导游员所致欢迎辞至少应该包括以下内容：

① 向游客表示问候。首先选择适当的称谓，一般的旅游团可称团友（有的称先生、女士们等），具体由游客的组成情况而定。其次是问候，问候语的选择要合乎礼节，但并非越庄重越好，应该让游客感到既受到尊重，又轻松活泼，风趣诙谐的问候能增进彼此间的友谊。必要时可增加一两句中国好客的谚语和格言，例如"有朋自远方来，不亦乐乎"、"有缘千里来相会"等。

② 代表旅行社、自己和司机对游客的到来表示热烈的欢迎。

③ 自我介绍，介绍自己所属旅行社，并介绍司机。自我介绍导游词应做到：热诚待客，体现真情，审时度势，繁简适度；把握分寸，赢得信任；适当幽默，缩短距离。必要时可以开个小玩笑，目的是让游客能够记住导游的名字，要告诉游客怎样称呼导游员，但是在开玩笑时要注意不要过于贬低自己。欢迎辞应体现：

a. 介绍旅行社，要让游客记住旅行社的名称，在当地的地位及服务信誉。

b. 介绍司机，除介绍司机的姓名外，要突出司机的驾驶技术，让游客感到安全。例如"此次为我们驾车的师傅姓张，大家叫他张师傅就可以，他是我们机车公司的安全服务标兵。"

④ 表示自己的工作态度。即作为导游员，愿尽心尽力地为游客服务，满足游客合理而可能的要求。在表达自己提供服务的真诚愿望时，导游员态度要真诚，语气要诚恳。不能讲空话、套话，说话要留有余地。

⑤ 祝愿游客旅游活动顺利，并希望得到游客的合作和谅解。

以上五点是导游员在致欢迎辞时的基本要求。在实际导游服务中，欢迎辞的内容要根据所接待游客的国籍、团体组成、时间、地点、成员身份等的不同而有所区别，切不可千篇一律，死背现成的导游词，成功的欢迎辞往往是具有个性的。

（2）致欢迎辞的艺术与技巧

一段完整的欢迎辞除上述五方面的内容外，还应与首次沿途导游相结合。同时在致欢迎辞时要把握语言的运用技巧，注意游客心理分析。欢迎辞的表达要让游客感到温暖和关爱，让游客对旅游活动有安全感，对导游产生信任感，缓解紧张心理；讲解要清晰，应给出游览地（或景区）概况，让游客产生向往之情；讲解语言应表现出风趣和幽默，在短时间内缩短导游与游客之间的距离，造就轻松愉快的气氛，语言表达要有感情，但又不宜过于强烈，过度的热情与慷慨激昂会给人虚假造作之感。

2．欢送辞

欢送辞是导游工作必不可少的程序之一，导游服务要善始善终，不辞而别或草草了事，都会导致功亏一篑的后果。欢迎辞要给游客留下良好的第一印象，而欢送辞则是给游客留下永久的怀念和美好的回忆。

（1）欢送辞的主要内容

① 表达友情和惜别之情。欢送辞要富有感情，可引用一些名言、诗句或歌曲表达惜别之情。如唐代诗人王维的《渭城曲》；著名的歌曲《友谊地久天长》、《何日君再来》等。

② 感谢合作。欢送辞应突出旅游活动的成功、有趣和值得怀念。旅游活动的主体是游客，成功的旅游活动是游客与导游员精诚合作的结果。导游员能顺利地完成导游服务工作，与游客的合作是分不开的。

③ 回顾旅游活动。旅游活动结束后，应该让游客对旅游目的地留下较为深刻的印象，使游客成为回头客、成为旅游目的地义务宣传员。因此，导游员在游程即将结束的时候，一定要对此次游览活动作一次小结，进一步加深游客的印象，这是符合人类记忆规律的。

④ 征求意见。旅游活动是一项综合性的文化、经济活动，其涉及部门、人员很多，其间难免有不尽如人意之处，游客批评意见对旅游业的发展是极为有利的，因此，旅游活动结束前导游员真诚征求游客对整个旅游活动安排及导游服务的意见和建议。如有不尽如人意之处，地陪可借机会向旅游者表示歉意，让游客把不满留下。若游客把不满和怨气带回家，对旅游地及旅行社的形象和声誉都是不利的。如果旅行社或旅游行政管理部门需要填写意见表（包括导游服务质量调查表等），应在导游向游客征求意见并做出相应处理之后。

⑤ 期盼相逢与美好祝愿。欢送辞中导游员应向游客表达出期待重逢的愿望，旅程即将结束，但友谊长存，相遇、相识是一种缘分。导游词要应用"文采"的语言，表达愿意再见，再次成为游客的导游，带领去游览新的景区（点）；同时若有机会，可能在他们的家乡相逢。在用语选择上，要表示"再见"而不是"告辞"。最后还要送上真诚的祝福，祝福的话是让人高兴、让人难忘的。

（2）致欢送辞的艺术

① 道出依依惜别之情。一段感人、煽情的欢送辞，会给游客留下深刻的记忆，会对

已游览过的景点和一起相处的导游员倍感留恋。可在致欢送辞的过程中留下"伏笔"或"包袱"，例如唱一首歌，或表演一段口技等，中途便戛然而止，然后"车站就要到了，没有表演完的节目等下次各位来时接着再表演吧"等结尾，然后直接进入对游客的祝福、致谢等项目。

② 表达友谊之情。

③ 显现风趣与幽默，让游客笑着踏上回家的路。

④ 体现庄重谨慎。如果导游员接待的是一些较为重要的团体，在离别时往往要举行仪式或宴会，在这样的场合致欢送辞内容要全面，语言要规范。

⑤ 抒发真情实感。对于一些文化层次较高或主客关系特别融洽的团队，致辞时注意提高语言的文化品位，增加抒情意味是必要的。

3．欢迎辞、欢送辞范例

（1）地陪欢迎辞

各位团友，大家好！

我代表我们云南***旅行社，热诚欢迎诸位嘉宾来到神奇的云南、美丽的春城。我姓张，张学友的张，我的歌喉也可与天王媲美，路上我一定会给大家表演一番。大家该如何叫我呢？告诉你们，我最喜欢人家称我张导，怎样，听着都像张艺谋来了，多爽。我朋友说，还好我不姓夏，不然就要变成……"瞎导"了。为我们驾车的师傅姓安，安全的安，安师傅是我们公司车队的质量安全标兵，这次大家在昆明的旅游就由我和安师傅为大家服务。我非常高兴能为各位导游，我将竭尽全力为大家服务，并尽我所能把云南、昆明的基本情况和最美好的景观介绍给各位。各位在云南期间有什么需要我帮忙的，有什么要了解的，请不要客气，尽管提出来，我一定尽力去办。在此我也预祝大家在云南、昆明度过一段舒心、愉快的美好时光，交上更多的朋友。祝愿各位"满载而归"，心想事成。

各位在来云南之前是否了解过云南？对云南这样一个神奇的地方，一百个人有一百个想象！

（2）全陪欢迎辞

各位团友，大家好！欢迎大家参加我们***旅行社组织的这次海南双飞5天团（团队名称若讲得很流畅，会给游客一种专业，很值得信任的感觉）。

首先，我先介绍一下自己。我是这次行程的全陪导游，叫***，大家可以叫我阿*或**（不要称某小姐或某先生，显疏远。在这里还可以拿自己的名字开个小玩笑，以加深印象并活跃气氛）。现在我们有一件最重要的事，请大家拿出身份证，顺便检查一下有效期，特别是临时身份证，它的有效期特别短，要看一看回来那天会不会过期，然后把身份证交给我，我先要核对身份证和机票上的名单是否相符，等一会儿到机场由我用这些身份证给大家办理登机手续，然后连同登机卡一起发还大家。我在这儿顺便说一下，身份证一定要保管好，而且请随身携带，不要放入大的行李箱中，以免匆忙中被托运了，人就上不了飞机了。像我们这次去海南要是没了身份证就只能游水回来啦！

我作为大家的全陪，职责主要在于照顾大家这几天的食、住、行、游、购（景点讲解由地陪负责），解决旅途中遇到的麻烦，尽我最大的努力维护大家的利益，务求使大家在这一次的旅途中过得轻松愉快，我的任务就是要令大家玩得开心愉快，但同时我非常需要在座各位的合作和支持。俗话说："百年修得同船渡"，我觉得也可以说"百年修得同车行"，现在我们大家一起坐在这里，一起度过这几天的旅程，我觉得是好有缘分的，所以我希望在这几天的行程中，我们能够相处得愉快，同时也祝愿大家旅游愉快，玩得开心！这是我们公司赠送给大家的纪念品，有旅行袋、帽、团徽。公司发这个旅行袋的意思是祝愿大家"代代平安，满载而归"，大家回程时一般都会买些当地土特产带回来，这个袋到时就有大用处了。现在有的人如果本身带的包较小放不下去，可以打开公司这个大袋，把自己的小袋放进去，就还是一个袋，不会多出行李来了。

还有呢，希望大家佩戴好这个团徽，因为等会儿到了机场，人比较多，流动性大，大家戴了团徽以后，就能够互相认识，并且知道都是来自同一个地方，那样就不容易找不到人了，是不是？而且到了旅游景点进门时验票员看见这个团徽就知道是我们团队的，没有戴的就会被拦住查票，所以请大家佩戴好它，并且不要遗失了。另外这个团徽背后印有我们公司的总机电话号码，当您遇到什么问题可以及时打电话求助。

下面，我就来讲一讲大家最关心的行程……

（3）欢送辞

各位朋友，虽然舍不得，但还是不得不说再见了，感谢大家几天来对我工作的配合和给予我的支持和帮助，我自问是一个有责任心的人，但是在这次旅游过程中，还是有很多地方做得不到位……不用一一枚举了，大家不但理解我而且还十分支持我的工作，就是这些点点滴滴的小事情使我感动。也许我不是最好的导游，但是大家却是我遇见最好的客人，能和最好的客人一起度过这难忘的几天也是我导游生涯中最大的收获。

作为一个导游，虽然走的都是一些自己已经熟得不能再熟的景点，不过每次带不同的客人却能让我有不同的感受，在和大家初次见面的时候我曾说，相识即是缘，我们能同车而行即是修来的缘分；而现在我觉得不仅仅是所谓的缘了，而是一种幸运，能为最好的游客做导游是我的幸运。

我由衷地感谢大家对我的支持和配合。其实能和大家达成这种默契真的是很不容易，大家出来旅游，收获的是开心和快乐；而我作为导游带团，收获的则是友情和经历。我想这次我们都可以说是收获颇丰吧。也许大家登上飞机后，我们以后很难会有再见面的机会，不过我希望大家回去以后和自己的亲朋好友回忆自己此次游览感受时，不仅向他们介绍各位在**所游览过的景点，别忘了告诉他们，有一个导游小刘，那是我的朋友！

最后，预祝大家旅途愉快，以后若有机会，再来**会会您的朋友！

四、景区（点）实地导游讲解技巧

（一）实地导游讲解的注意事项

1. 景点讲解要精彩，景物介绍与知识讲解相配合

景点讲解是导游员的重头戏，也是游客较为看好的旅游产品之一。为此，讲解好景点，让游客高兴满意是极为重要的。导游员要在控制时间的基础上，有效运用各种导游技巧，突出重点，讲出新意。

景点讲解，导游员首先要根据服务对象的需求、文化层次，根据景点资料有针对性地选择好讲解内容，内容选择可长、可短，可深、可浅，可雅、可俗。讲解技巧上也是如此，不同的游客采用不同的讲解方法和技巧。

景点讲解，导游要有意识地"占领"最佳位置，面向游客面带笑容，既不要靠游客太近，也不要距游客太远，注意人际交往的"界阈"。导游与游客间的距离约 1 米为佳。导游员的语音大小高低根据当时的环境而定，手势的幅度不要过大，讲解的景点空间距离跨越也不要过大。

2. 讲解中要注意游客的反应，与游客适时沟通

景点讲解时导游员不能只顾"背书"，要注意游客的反应。如果发现游客对讲解内容无兴趣、不在意时，及时查找原因。游客不听讲解的原因较多，如疲劳太累，导游员讲解内容枯燥、语言不生动，还有导游员与游客交流的时间太少，游客忙于自己的事情或在考虑问题等。遇到游客对导游讲解兴趣降低、不愿听讲解时，导游员首先要控制住自己的情绪，分析原因，对症下药。游客自感疲劳太累，导游员要给予游客一定的休息时间，有时在旅途中也要引导游客抓紧时间注意休息，精简讲解内容；若是游客对导游员讲解有意见，导游员要及时调整讲解内容，既突出重点，又不啰唆，努力把导游词讲出新意和特色，以此来激发游客的联想和兴趣；若是游客的交流时间太少，那导游员在安排游览项目时要稍微放宽松些，给他们适当的交流时间；若游客正在忙于个人的事务以及考虑自己的问题时，导游员不要去打扰他们。

3. 讲解受到游客干扰时要冷静

导游员在景点讲解时会出现个别游客打扰讲解的现象，分析原因主要有：有个别游客喜欢在众人面前炫耀自己的学问；游客对导游员所讲的内容持有不同意见和观点；导游员所讲内容和知识确实存在问题；游客知道的内容要比导游员讲的多且更丰富。因此遇到游客干扰讲解时，导游员应冷静分析原因，不妨采用"先人后己"的办法，即可以先让那位游客暂时作为一名"讲解员"，游客讲解得不好也没关系，在他讲完后，由导游员给予补充，当然，要尽量肯定和赞赏游客讲得好、讲得合理和有特色的部分。如果游客的讲解确实精彩，导游员就要放下架子好好地向人家学习。若是游客对导游员所讲内容持有不同意见和观点，导游员在非原则问题上应求同存异，与游客个别地、友好地交流、探讨，取长补短。切记：旅游团队的核心和灵魂是导游员，如果导游员失去了应有的作用，那旅游团队也就失去了实际上的意义。导游员切忌让游客反客为主，自己要牢牢把握住整个旅游团队的主动权，让游客临时讲解的目的是缓和尴尬的场面，而不是被个别游客牵着鼻子走，更不能让他来控制整个团队。

4．讲解和游览相配合

旅游是一种审美活动，旅游者听导游员讲解可以欣赏到见不到的东西，但导游员的讲解不能取代游客的游览，游览过程中有时要娓娓而谈，有时则应让旅游者自我陶醉，并不是讲得越多越好。要做到以讲解为主，以赏景为辅，有导有游，导、游搭配。

导游员景点讲解要有张有弛，有缓有急，有松有紧，有取有舍，讲解要有节奏；讲解不能应付差事，不能为了赶时间而匆忙讲解，也不能为了打发时间，故意慢慢腾腾，让游客感到极端无聊。要做到行路时少讲些，讲快些，观赏时多讲些，讲慢些。至于何处该快，何处该慢，要根据游览点的具体环境而定。

5．讲解内容与讲解时机、地点相配合

景点讲解的时间、地点、内容、方式及技巧要有计划，要有选择。要根据季节、气候的变化灵活掌握，边看边讲，使印象更为深刻。时机与地点把握得好，能提高游客的观赏意识，增强游兴，获得较好的审美效果。具体要求导游员全面掌握游览景点的特色、游客心理变化、行车路线和速度以及日程安排等，选择最佳时机和适宜的地点，进行有条不紊的讲解。

（二）实地导游讲解的技巧及方法

不同的景点有不同的特色和重点，不同的游客有不同的旅游动机和知识需求，导游员应根据景点的主题及包含的内容、游客的兴趣、当时环境等要素，采用不同的讲解方法，以生动有趣的讲解性吸引游客的注意力。做到"正确、简练、清楚、生动、灵活"，具体有针对性的讲解方法及技巧如下所示。

1．知识性讲解的方法与技巧

（1）详细叙述并由此及彼法。详细叙述主要用于专业知识的讲解，其目的是使客人对景点中的某些专业知识方面的内容得到详细的了解。由此及彼则是对详细程度和内容的说明举例。通过详细叙述并由此及彼的讲解，展现在游客面前的不再是单一的平面画，而是一幅立体的画卷。

（2）专题讲授。主要是针对某些专业知识采用的讲解方法，可分为专场讲授和现场讲授两种。专场讲授是指在游客参观游览景点前，或游览结束后，导游员可选择合适的地点，就游客感兴趣的专业内容为游客作详细、系统的说明和介绍，条件允许时可准备一些声像辅助资料。现场讲授是指在参观游览景点时，导游员现场为游客讲解某一景物所涉及的专业知识。

（3）观点阐述。针对游览会遇到的疑难问题或有多种解释及答案的问题，如导游员可以提出自己独到的见解，这就是观点阐述法。使用这种方法，要求导游员必须具有丰富的专业知识，达到"专家"的学术水平。导游应在大量的事实及论据的基础上，以科学的态度，分析和讲出自己对这些内容和问题的见解。以"我认为……"、"我的看法是……"的方式去讲解。遇到有多种可能答案时，应该把各种可能的答案都向游客介绍，表明自己的观点，也可与游客探讨，不要轻易下结论。这样不仅会引起游客参观学习的浓厚兴趣，同时也会赢得游客对导游员的尊敬和信赖，从而加深游客与导游员的感情，促进导游工作的顺利开展。

（4）借花献佛。讲解一些专业性、技术性较强的内容时，可有意识地借用部分游客的力量丰富导游讲解内容。该法运用得当时，效果尤佳，运用的前提是导游员必须对游客的专业情况和声望有较深入的了解，并事先打好招呼，切忌安排不当，引起其他游客的不满。

2．艺术性讲解的方法及技巧

（1）描述讲解。就是运用具体形象和富有文采的语言对眼前的景物进行描绘，使其细微的特点显现于游客眼前。描述讲解应尽可能发挥导游员的创造能力和丰富的想象力，语言尽可能简洁明了、生动，同时要有创新性。在游客参观游览中，有些景物如果没有导游员的讲解和指点，普通游客很难发现其美之所在和唤起美的感受。例如游客在参观昆明大观楼长联时，如果没有导游员的指点，就很难领略"东镶神骏，西翥灵仪，北走蜿蜒，南翔缟素"的美景。

（2）对比衬托讲解。用游客熟知、知名度较高的事物、景点等，来对比讲解现实游览的景点，以突出它的地位和影响，说明其存在的重要性及安排游客参观的必要性。讲解时尽可能地熟悉并运用游客所熟知或其家乡的谚语、俗语、俚语、格言等来讲解相关景物，这样既增强了语言的生动性，又活跃了气氛，使游客感到亲切易于接受。

3．趣味性讲解

导游员讲解中可以采用虚实结合的方法，将典故、传说与景物介绍有机结合，即编织故事情节的导游手法。导游讲解故事化，可产生艺术感染力，使气氛变得轻松愉快。

这里的"实"是指景物的实体、实物、史实、艺术价值等。"虚"指的是与景点有关的民间传说、神话故事、趣闻轶事等。"虚"与"实"必须有机结合，以"实"为主，以"虚"为辅，并以"虚"加深"实"的存在。在中国，几乎每一个景点都有一个美丽的传说，如杭州西湖有"西湖明珠自天降，龙飞凤舞到钱塘"的传说。

在导游讲解中，虚实结合法运用得好可以增添游客的游兴。但在虚实结合法的使用过程中，切忌胡编乱造，无中生有。典故、传说等的运用必须以客观存在的事物为依托，以增强游客的可信程度。

4. 幽默讲解

（1）语义交叉。语义交叉就是用巧妙的比喻、比拟等手法使表面意义和其所暗示的带有一定双关性的内在意义构成交叉，使人在领悟真正含义后发出会心的微笑。如"……明天你们就要回家了，在离别之前，我将带各位去上海外滩拍个纪念照，和上海亲吻一下，不知各位意下如何？"用"亲吻"一词将上海人格化了，把这种人与人之间的亲密行为用在这里，也就有了几分幽默。

（2）移花接木。把某种场合中显得十分自然的词语移至另一种迥然不同的场合中，使之与新环境构成超过人正常设想和合理预想的种种矛盾，从而产生幽默效果。如带游客参观四川丰都"鬼城"时有导游员这样讲解："亡魂进入鬼国幽都必须持有'护照'，国籍、身份不明的亡魂是不准入境的。不过，这'护照'是阳间的叫法，在阴间则叫'路引'，以保证在黄泉路上畅通无阻……"这里将"护照"、"入境"这些现代名词移植进来，从而增添了讲解的幽默情趣。

（3）正题歪解。就是以一种轻松、调侃的态度，对一个问题故意进行主观臆断或歪曲的解释。如一批游客在游览云南香格里拉碧塔海时，见到沿途参天大树的树枝上挂有许多绿色的植物，就问那是什么？导游员幽默地说："树老了，那些是树的胡须。"过一会儿才说："那些是寄生植物——山上特有的草，也是制云南白药的原料之一。"值得注意的是，在导游讲解时，对游客的提问，首先用"歪解"调剂一下气氛是可以的，但不能用它作为正式回答客人提问的方法，不然就易陷入油滑而显得敷衍塞责，使游客产生不悦。

（4）一语双关。就是利用词语的谐音和多义性条件，有意使话语构成双重意义，使字面含义和实际含义产生不谐调。双关又分谐音双关和语义双关。谐音双关是利用词语的同音或近音条件构成双重意义，使字面意义和实际意义产生不谐调。语义双关是利用词语的多义性（本义和转义），使语句所表达的内容出现两种不同的解释，彼此之间产生双关。如一位导游在陪同一批中国台湾客人去工艺品商店购物途中，风趣地对客人们说："那里有许多古代美人的画。如果哪位先生看中了'西施'、'杨贵妃'或'林黛玉'，就大胆地说，不要不好意思，她们都会毫不犹豫地'嫁'给你。不过，已经有夫人的可要谨慎一点呀！""嫁"是语义双关。表面语义是"嫁"，其实质意义是"卖"。导游员故意将双重意义混为一谈，使人忍俊不禁。

（5）借题发挥。指为了活跃气氛，增加情趣，故意借题发挥把正经话说成俏皮话。如一位导游员在提醒即将离境的日本游客勿忘物品时说："请大家不要忘记所携带的行李物品，如果忘了，我得拎着送到日本去，不需感谢，只向你报销交通费就行了。交通费是够贵啊！"客人大笑之余，格外注意。

（6）自我解嘲。指在遇到无可奈何的情况时，以乐观的态度进行自我解嘲，使人获得精神上的满足。如当旅行车在一段坑坑洼洼的道路上行驶，游客中有人抱怨。这时，导游员说："请大家稍微放松一下，我们的汽车正在给大家做身体按摩运动，按摩时间大约为10分钟，不另收费。"这定会引得游客哄然大笑起来。

（7）仿拟套用。指将现成的词语改动个别词或字，制造一种新的词语，以造成不协调的矛盾。一位导游员在接待一批港澳游客时说："前几天，我接待了一批日本客人，他们说我是'民间外交家'，今天，我接待的你们都是中国人，看来我又成了'民间内交家'了。"

（8）颠倒语句。针对游客熟悉的某句格言、口号、定理或概念，用词序颠倒的反常手法，创造出耐人寻味的幽默意味。

（9）故意夸饰。指以事实为基础，为了畅发情意，故意言过其实，使人得到鲜明的印象，而又感到真切。如一个旅行团即将结束在青岛的旅游时，导游员说："你们即将离开青岛，青岛留给你们一样难忘的东西，它不在你的拎包里和口袋中，而在你们身上。请想一想，它是什么？"导游员停顿了一下，接着说："它就是你们被青岛的阳光晒黑了的皮肤，你们留下了友情，而把青岛的夏天带走了！"话音刚落，他就赢得了热烈的笑声和掌声。

导游员要注意以下幽默的禁忌：① 切勿取笑他人，导游员可以主动把自己作为笑的对象，"最可靠无误的幽默是把笑的目标对准自己"；② 要注意适合时宜，"出门观天色，进门看脸色"，相同内容在不同时间、地点，面对不同的游客效果差异是很大的；③ 幽默不要反复，俗话说"话说三遍狗也嫌"，相同的幽默不应重复；④ 自己不可先笑，在运用幽默时，导游员自己要摆出一副庄重的样子，切忌边讲边笑；⑤ 不可预先交底，有的导游员在讲笑话前喜欢说："现在我给大家讲个笑话，大家听了一定会笑得肚子疼的……"有了事先的交底，笑素会减半的；⑥ 不要当喜剧演员，导游讲解中的幽默要真实、自然，不搞耸人听闻，也不哗众取宠，更不能作戏；⑦ 要牢记坚决杜绝"黄色幽默"和"黑色幽默"。

5．故事法

为了使导游讲解更吸引人，讲故事不失为一种妙法。导游员在实地导游讲解时，特别在讲解文物古迹时，可采用说史的形式，使导游内容更为生动和丰富。

（三）发挥性讲解方法及技巧

1．触景生情。这是见物生情、借题发挥的一种导游讲解方法。触景生情法的第一层含义是导游员不能就事论事地介绍景物，而是要借题发挥，利用所见景物使游客产生联想；第二层含义是导游讲解的内容要与所见景物和谐统一，使其情景交融。触景生情讲解贵在发挥，导游员要自然、正确、切题地发挥。具体要求做到：见景说景、借景抒情、情景交融、寓理于景、寓教于景、制造联想。

2．点、线、面结合。所谓点，就是景点；所谓线，就是游览线路；所谓面，就是导游员能就某一方面的问题，以党的方针为依据，用自己的语言及游客所能接受的方式进行宣传。由于游客的旅游时间是有限的，而他们希望对旅游目的地有更多的了解。导游员在带领游客参观游览过程中，可以借助所参观的点、行进的线，进一步引申讲解游客感兴趣的问题。

（四）引导性讲解方法及技巧

1．问答。在导游讲解中，导游员应根据不同的情况，有意识地创造一些情境，提出一些问题，以引起游客的注意。有意识地创造一些情境，激起其欲知某事怎样的强烈愿望，使游客由被动听变成主动问。激起其欲知某事怎样的强烈愿望，使被讲解之景物在脑海中留下清晰而深刻的印象，同时也可使讲解过程生动活泼，融洽导游员和游客的关系。问答法主要有四种形式：

（1）自问自答。由导游员自己提出问题并做适当停顿，让游客猜想，但并不期待他们回答，这样只是为了吸引游客的注意力，促使游客思考，激起游客的兴趣，然后导游员才作简洁明了的回答或生动形象的介绍，给游客留下深刻印象。这种方法通常实用于较难的、客人回答不出来的问题。导游员使用这种方法是为了吸引游客的注意，问题的难度较大，接下来要讲解的内容是比较重要或关键的。

（2）我问客答。我问客答法要求导游员善于提问题，所提的问题游客不会毫无所知，但会有不同的答案。通常要回答的内容不会很难，只要导游稍加提示，客人就可以回答出来。所以导游员要诱导客人回答，但不要强迫回答，以免尴尬。游客的回答不论对错，导游员都不应打断，要给予鼓励，最后由导游员讲解。

（3）客问我答。导游员要欢迎游客提问，当游客提出某一问题时，表示他们对某一景物产生了兴趣，导游员对游客提出的问题即使是幼稚的、可笑的也不能笑话他们，更不能显出不耐烦，而是要善于有选择地将提问和讲解有机地结合起来。注意这时导游员要掌握主动权，不要让游客的提问干扰了导游员的讲解，打乱了导游员的安排，不能游客问什么就答什么，一般只回答一些与景点相关的问题。

（4）客问客答。当游客提出某一问题时，导游员不立即作出回答，而是把这个问题又转给其他的游客，让其他的游客来回答，这样能调动游客的积极性。导游员应鼓励游客参与讨论，活跃气氛。这时导游员充当的是导演的角色。

2．制造悬念法。导游讲解时常提出某些令人感兴趣的话题，但又故意引而不发，激起游客急于想知道答案的欲望，使其产生悬念的方法即为制造悬念法。通常是导游员先提出问题但不告之下文或暂不回答，让游客去思考、琢磨、判断，最后才讲出结果。制造悬念的方法有很多，如问答法、引而不发法、引人入胜法、分段讲解法等都可以产生制造悬念的效果。但是要注意的一点是制造悬念法不能运用过多，用多效果反而不好。

3．引而不发。"引而不发，跃如也"指的是教人射箭的要领。"引"就是指点要领，引入门径，使游客入门，"不发"就是在导游中不全盘托出，不一吐为快地说尽，而是给游客留有思索、回味、体味、欣赏的余地，启发游客，让他们自己寻找答案、自找余兴。

导游员的讲解不应表现为纯粹的单方面灌输，而应让游客也参与进来，让游客积极去思考、领悟，这样才能深层次地激发游客探索的兴趣。

（五）说明性讲解方法及技巧

1．类比法

以熟喻生，达到类比旁通的导游手法。用游客熟悉的事物与眼前的景物相比较，定会使游客感到亲切和便于理解，达到事半功倍的导游效果。类比法分为以下四种。

（1）同类相似类比。即将相似的两物进行比较，如将北京的工府井大街比作日本东京的银座、美国纽约的第五大街、法国巴黎的香榭丽舍人街；把上海的城隍庙比作日本东京的浅草；参观苏州时，可将其比作"东方威尼斯"（马可·波罗将苏州称为"东方威尼斯"）；讲到梁山伯与祝英台或《白蛇传》中的许仙和白娘子的故事时，可将其比作中国的罗密欧与朱丽叶。

（2）同类相异类比。即将两种风物比出规模、质量、风格、水平、价值等方面的不同，如在规模上可将唐代的长安城与东罗马帝国的首都君士坦丁堡相比，在价值上可将秦始皇皇陵地宫宝藏同古埃及第十八朝法老图坦卡蒙陵墓的宝藏相比；在宫殿建筑和皇家园林风格和艺术上，可将北京的故宫和巴黎附近的凡尔赛宫相比，还可将颐和园与凡尔赛宫花园相比。对同样的两种景物，如果要比较的是相同之处，则可以选择同类相似类比；如要比较的是不同之处则可选择同类相异类比。这两种方法可以同时使用，互相并不矛盾。

（3）时代之比。导游员在导游讲解时，可进行时代之比。以故宫的建设年代为例，第一种介绍说故宫建成于明永乐十八年，外国游客听了效果不会好，因为一般不会有几个外国游客知道这究竟是哪一年。第二种介绍说故宫建成于1420年，讲解的效果比第一种好一些，这样说起码了一个通用的时间概念，但仍给人历史久远的印象。第三种介绍说在哥伦布发现新大陆前72年，莎士比亚诞生前144年，中国人就建成了面前的宏伟建筑群，讲解效果最佳。第三种介绍不仅便于外国游客记住故宫的修建年代，留下深刻印象，还会使外国游客产生中国人了不起、中华文明历史悠久的感觉。

（4）换算。就是将抽象的数字换算成具体的事物，这样方便游客理解。例如导游在介绍故宫的时候如果直接说故宫的房间有九千九百九十九间半，这个数字太过于抽象，不太好理解，可以这样来做一个换算："如果让一个婴儿从出生的第一天开始每天晚上住一间的话，等全部房间都住完的话他已经 27 岁多了。"这样游客就会发出由衷的感叹。使用类比法，切忌做不相宜的比较，否则会惹游客耻笑。

2．分析说明

在实地讲解中，常遇到一些景物或现象要加以分析说明，以让游客真正了解所游览景物或事件。在分析说明中，导游员可借用科学研究上的一些说明方法，主要包括：通过比较、分析、综合、抽象、演绎与归纳进行逻辑说明；通过公开的统计数据进行数字说明，增强可信度；通过知识分析解释说明；成因说明；背景说明；依时间、空间顺序说明；把抽象的事物具体化。

（六）概括性讲解方法及技巧

1．概述法。就是用直截了当的语言，简明扼要地进行概述性介绍。

2．画龙点睛。用凝练的词句概括所游览景点的独特之处，给游客留下突出印象的导游手法。游客边听导游员讲解边观赏景物，既看到了"林"，又欣赏了"树"，一般都会有一番议论，导游员可以做适当总结，以简练的语言，甚至几个字来点出景物精华之所在。如上海的导游员曾用"大、洋、挤、全"四个字作为点睛之笔。云南的导游员用"美丽、富饶、古老、神奇"来赞美云南风光。对南京则可用"古、大、重、绿"四字来描述其风光特点。在使用该法时要注意不能为了突出特点而信口开河，胡编乱造，夸大其词。所讲内容要有根据，有权威性。

（七）重点性讲解方法及技巧

1．分段讲解。指将一处大的景点分为前后衔接的若干部分来分段讲解。程序为：在前往景点的途中或在景点入口处的示意图前，用概述法介绍景点，如历史沿革、占地面积、欣赏价值等，并介绍主要景观的名称，使游客对即将游览的景点有一个初步的印象，达到"见树先见林"的效果，使之有"一睹为快"的要求，到现场后顺次参观。讲解某一景区时，不要过多地涉及下一景区的景物，在快要到达时，适当提示下一个景区，目的是为了引起游客对下一景区的兴趣，并使导游讲解一环扣一环，环环扣人心弦。

2．突出重点。讲解中避免面面俱到，而是突出某一方面的讲解方法。讲解时应有的放矢，做到轻重搭配、详略得当、重点突出，所突出的内容有以下几点。

（1）针对景点。主要内容如下所示：

① 突出代表性。对游览大的景点，导游员必须做好周密的计划，确定重点景观。这些景观既要有自己的特征，又能概括全貌。到现场游览时，导游员主要讲解这些具有代表性的景观。

② 突出与众不同之处。同为佛教寺院，其历史、宗派、规模、结构、建筑艺术、供奉的佛像各不相同，导游员在讲解时应突出介绍其与众不同之处，以有效地吸引游客的注意力，避免产生雷同的感觉。

③ 突出"……之最"。面对某一景点，导游员可根据实际情况介绍这是世界（中国、某省、某市、某地）最大（最长、最古老、最高、最小）的……例如介绍洛阳的白马寺是中国最早的佛教寺院等。有时第二、第三也值得一提，如长江是世界第三大河……但一定要注意划定之最的范围，千万不能弄巧成拙。有时范围划定不同，比较的结果也不一样。如云南的抚仙湖是云南省第一深水湖，也是中国第二深水湖。

（2）针对游客。导游员在研究旅游团的资料时，要注意游客的职业和文化层次，以便在游览时重点讲解旅游团内大多数成员感兴趣的内容。投其所好的讲解方法往往能产生良好的效果。

导游讲解的方法及技巧很多，各种方法并不是独立的，而是相互渗透和联系的，既可以独立使用又可以几种一起使用。导游员在学习众家之长的同时，应结合自己的特点融会贯通，在实践中形成自己的导游风格，这样才能获得不同凡响的导游效果。

（八）导游讲解水平、技巧、艺术自测建议[①]

1. 声音的可闻度，即你的导游声音，无论在车上，或在景区、景点，大家是否都能听见。

2. 语音、语调有无变化，即声音有无节奏感，是否有抑、扬、顿、挫，有无美感。

3. 讲话用词是否准确。

4. 持麦克风的方式是否得当，声音经麦克风是否失真，是否清晰。

5. 出发时是否清点人数，清点方式是否得当；能否将今日要游览的项目和注意事项预告给游客。

6. 导游所提供的材料，特别是数据，是否准确可靠，有无出处。

7. 衣着是否整洁，证件、标志是否展示；能否给游客一种"训练有素"、"专业人员"之感。

8. 市容导游选择的讲解点是否得当，选"景"和讲"情"有否内在联系。

[①] 王连义. 导游技巧与艺术. 北京：旅游教育出版社，2002

9．对景点的文化内涵、育人作用，揭示得是否恰到好处。

10．用语可接受程度，是否用游客经常用的、容易理解的，而又喜闻乐见的语言。

11．游览车上所讲内容和车外所见景物有无内在的逻辑关系。

12．导游讲解时，是否一直面对游客，并适度地运用体态语言。

13．导游讲解时，是否面带笑容，声音悦耳，使游客产生愉快经历之感。

14．导游时是否运用导游的艺术语言，游客听后有无美感，语言是否具有生动、形象、富有表现力、口头语言这四大特色。

15．导游所用知识和信息是否平衡，即旅游团内各成员（涉及各专业）所关心的知识和信息是否都有所提供。

16．导游能否引起兴趣，言谈有无游客可接受的幽默感，讲解时，是否游客都在听。

17．导游语言艺术可否达到"言之有理"、"言之有据"、"言之有物"、"言之有情"、"言之有趣"、"言之有神"、"言之有礼"和"言之有喻"。

18．导游词是否有"针对性"，导游艺术和方法能否"运用而又无形"。

19．外语讲解是否清楚、准确、流畅，"达"、"雅"是否有时代感，海外导游内容，能否同国内情况对比进行。

20．每接一团是否发"征求意见表"，游客满意率可否达90%以上。

这20条可分为三部分，前7条是讲规范，着重检查自己的基本水平；中间6条是测导游技巧的；最后7条，是讲导游艺术全面提高的。

本章小结

在游客心目中，导游员是国家的代表、游客的朋友、"万事通"的导游艺术家，导游员应据此进行自我管理，掌握好各工作环节中人际关系处理的技巧，这样才能真正做好导游服务工作，令游客满意。导游讲解方法及技巧的掌握及运用是导游员的必修课。艺术和技巧仅从书本上是不能完全学到的，只有书本知识和实践结合，和创新相结合，不断学习、磨炼，才能学会、掌握导游技巧和艺术。

关键概念

导游艺术、讲解技巧

课堂讨论题

1. 导游艺术的内涵。
2. 途中导游的方法分析。
3. 讲解方法及技巧的运用。
4. 导游员自我心理调节的意义和途径。

复习思考题

1. 分析途中导游的注意事项。
2. 导游员怎样给客人留下美好的第一印象？
3. 在旅途中运用"聊天"法时有几个注意事项？
4. 在导游讲解中，常用的幽默方法有哪些？
5. 什么是突出重点法，如何运用？
6. 导游服务过程中，有时会因意外情况的发生而影响导游的情绪。导游员应该如何进行情绪的调节和控制？

实训

1. 模拟训练口头欢迎辞和欢送辞。
2. 指导学生有意识地收集笑话。

第三章 "六大要素"导游服务及讲解技巧

引 言

　　旅游活动主要涉及吃、住、行、游、购、娱六大要素。六大要素中"吃"是首要的，中国人讲究"民以食为天"，"吃"也是游客的重要旅游动机之一；"住"是旅游的保障，没有舒适的住的条件，旅游难以进行；"行"是关键，没有"行"就没有旅游；"游"是核心，游客出门目的在于游；"购"是游中乐趣，不仅购买时有快乐，日后欣赏起来，更是其乐无穷；"娱"是游中的消闲，娱乐休息好，才使旅游更完美，更有生气。导游员是整个旅游接待中最积极、最活跃、最典型并起着决定性作用的具有代表性的工作人员，在六大要素中导游服务是不可或缺的。

学习目标

1. 了解六大要素在游客旅游活动过程中的地位与作用。
2. 掌握导游员安排旅游活动的技巧和方法。
3. 六大要素讲解时熟练运用相关知识和资料。
4. 掌握并熟练运用六大要素讲解的技巧、途径和方法。
5. 能做到举一反三地进行六大要素的服务与导游讲解。

教学建议

1. 在教学中，首先注意本章节内容与其他相关课程的有机结合。
2. 教师要从理论上分析六大要素的地位作用，引申服务能力分析。
3. 知识讲授时注意课内讲授与课外知识的有机结合，指导学生学习、拓展和积累知识。
4. 用案例及实证分析，训练学生的服务及讲解技巧。
5. 重点在于教会学生针对游客的情况，灵活、有机地选取知识，创作书面导游词，指导学生进行口语导游讲解。
　　*学习"六大要素导游讲解技巧"时，注意与后续章节内容的衔接！

第一节 "吃"的服务与讲解

我国著名美学家刘纲纪说过:"在人类历史发展的过程中,饮食越来越成为一种文化现象。特别是当它同人与人之间的社会感情交流,同祭祀、庆典、亲友聚会等结合在一起的时候,饮食就更具有超生理情感的审美意义了。"美食对于游客来说是非常重要的一环,游客们首先要吃饱,这样才有足够的体力完成游程,同时要求吃好,吃得有品位、有文化。品尝美食是一项重要的旅游活动,各地饮食是当地重要的旅游资源。丰富的美食不仅能丰富游客的旅途生活,还能为游客增添"回家"后的"谈资"。

一、导游员在"吃"环节的作用

(一)协调与监督保障作用

游客的餐饮安排主要是由导游员根据游客与旅行社之间签订的合同所规定的内容和标准来安排的。当游客抵达餐厅后,导游员承担起代表游客与餐厅协商、沟通的作用。导游员有责任对餐厅的服务进行监督,内容包括用餐环境、饭菜质量、餐标、卫生状况等,以保障游客的权利与利益不受到侵害。

(二)"吃"的讲解

游客可以通过眼睛看、鼻子嗅、嘴巴品来了解饮食文化。在中国,几乎每一道菜都包含着一个动人的故事,每一道菜又有其特殊的做法、口味和功效,有的还包含了许多哲理,这些内容游客用眼、鼻、嘴是不能体察到的。此时就需要发挥耳朵的功能——听,听导游员讲解。这样,游客就能发挥全身的感觉器官全面了解我国博大精深的饮食文化,激发食欲,获得丰富营养和烹饪常识。这样有利于游客更全面地了解旅游目的地,完整地体验与领略旅游的乐趣。游客处于"吃"环节时,如果没有导游员的讲解,他所能得到的仅仅只是一种生理上的享受,若要上升到文化体验的高度,就必须有导游员精彩而耐人寻味的讲解。

二、旅游活动中"吃"的安排

从人类的需求看,吃的需求贯穿人类所有的需求层次,"人是铁,饭是钢,一顿不吃饿得慌",人要生存就必须要"吃"。人们对"吃"要求的发展轨迹是:有得吃——吃得饱——吃得好——吃得营养——吃出文化。

（一）游客与"吃"

游客到达旅游目的地后，都希望能吃得饱、吃得好、吃当地特色风味与小吃。"吃"在经历千百年的发展后都出现了鲜明的地方特色，与当地自然环境、居民有密切的关系。饮食不仅自身成为一种文化，同时它又涉及多种文化、相当广泛的自然及社会科学，是地域文化中最容易被游客"发现"并能直接"体验"的一种文化。

在全程旅游活动中，饮食极为重要，只有吃得饱，才有精力去旅游；只有吃得好，才能游得好；只有吃得干净，吃得卫生，才能游得愉快，游得顺利。

（二）"吃"的安排技巧

1. 在充分分析游客的客源地、民族、宗教信仰、年龄、身体条件等后，根据旅行社与游客签订的合同或约定的内容和标准为游客订餐

导游员在安排游客用餐时，一定要向餐厅工作人员讲清游客的口味要求及餐饮标准。安排用餐时，要注意地方风味与游客的习惯饮食有机搭配。风味虽然有特色，却不一定符合游客的口味。要跟游客讲清用餐的要求，哪些是免费的，哪些是需要游客自己现付的，而且必须在用餐前向游客交代清楚，以免带来不必要的麻烦。

2. 向游客介绍旅游目的地的特色餐食并突出文化内涵

游客出门旅游都希望能品尝当地的风味，导游员要不失时机地向游客介绍当地的美食。中国的饮食文化享誉全球，有烹饪王国的美誉。导游员向游客讲解介绍美食时，要注意中国菜中所包含的文化内涵，从色、香、味、型、器、意六方面讲解介绍，引导游客正确欣赏和品尝中国美食。

3. 向游客介绍特色风味及食用程序、方法

导游员向游客介绍各种当地的特色风味，可选择在来餐厅的路上，或在游览中涉及相关饮食问题时，适时向游客介绍。在餐厅品尝风味时一定要讲清吃法和吃的程序，让游客真正体验到特色美食之"美味"，避免出现意外，让游客受到伤害。

4. 掌握旅途中饮食安排的技巧

（1）不要过多地在旅途中改变平日的饮食习惯，坚持饮食荤素搭配，提醒游客多吃水果，以利消化。

（2）注意饮食卫生，一定要吃得干净，防止"病从口入"。导游员要安排游客到定点餐厅或正规的大餐厅用餐，这样卫生才能有保障。在转移途中，或在边远地区及民族地区，有些风味菜式只能到小饭店中才能尝到纯正的风味，在这种情况下，导游员应尽到自己的职责，到厨房去监督好卫生问题，如果发现厨房卫生状况差（如生熟食品乱放、

地上污水横流等），则应放弃在此用餐，切记安全第一。

（3）精心选择及安排用餐地点和吃的内容，注意饮食平衡。游客餐饮安排要避免饥一顿、饱一顿。在途中提醒游客多饮水，保持体内水分。

（4）注意饮食的多样性，以增强游客的食欲，保证饮食就是保证体力。

（5）各地名吃一定要"品"，量不可过大，要注意游客日常饮食习惯和消化能力。如江浙一带游客不喜吃辣椒，到了四川、云南或贵州旅游时，当地的风味几乎都带有辣椒，导游员在安排品尝风味食品时，一定要提醒餐厅减少辣椒的用量，也要提醒游客不宜过食。

（6）提醒游客不要勉强吃自己不喜欢吃的东西。虽然有人主张"舍命吃名品"，但有些食品从原料上就有自己一向忌口的食物，不可勉强，记住英国谚语："你的佳肴，他人的毒药"（One man's meat is another man's poison）。

（7）各地都有风味小吃，特别是特产瓜果、生猛海鲜等，这些当地人吃得津津有味的东西，游客并不一定能享受，这里确实有个服不服水土的问题，应提醒游客特别注意。

5. 乘飞机前的饮食安排

（1）忌吃得过饱。高空的条件可会使食物在体内产生大量气体，吃得过饱，一方面加重心脏和血液循环的负担，另一方面可引起恶心、呕吐、晕机等"飞行病"。

（2）忌食用多纤维和容易产生气体的食物。人体在 5 000 米高空，体内的气体较在地面时增加两倍，如果进食此类食物，飞行时就会加重胸闷腹胀的感觉。

（3）忌食太油腻和含大量动物蛋白质的食物。因为这些食物尽管进食不多，但其在胃内难以排空，飞行在空中，同样会使胃肠膨胀。乘飞机的旅客，由于高度、气温、气压等因素的改变，飞行时人体需要消耗较高的热量。所以，饮食中要注意摄取高热量的食品，才能保障健康。导游员最好安排游客在上飞机前 1～1.5 小时完成用餐。

三、导游员的餐饮服务程序

提前订餐，并落实相关事宜（包括用餐的时间、地点、人数、标准、形式、游客的饮食习惯及特殊要求等）——向游客介绍用餐餐厅及特别注意事项（酒水问题、加菜问题、时间要求、特色饮食的吃法等）——引导游客进入餐厅（向引座员讲清游客的情况，入境旅游团则要把领班或餐厅主管介绍给领队）——协助安排游客入座——介绍餐厅设施——约定出发时间——告之领队自己的用餐地点——客人用餐过程中巡视游客用餐情况（介绍菜肴、监督餐厅服务及菜肴质量等）——与餐厅结账——带领游客离开餐厅。

四、"吃"的讲解技巧

（一）相关知识及能力的准备

1. 导游员要全面了解中国饮食文化

中国美食驰名中外，品尝享受中国的佳肴美味是游客出门旅游的一项重要内容。一次风味美食，一次成功的中国式宴席，其中包括为餐厅服务的美术工艺，为饮食活动服务的音乐、礼节、仪式、厨师的烹饪技艺、职业道德修养等，几乎包含了中国美食中美学的全面内容。对于外国游客，从某种意义上说，一次中国美食活动，可以看成是全面了解和欣赏中国文化的突破口。

2. 掌握中国美食菜肴的特点及欣赏途径，引导游客审美

讲解要绘声绘色，让游客有津津有味之感。导游员在为游客提供用餐服务，特别是吃风味餐或出席宴会时，一要讲清用餐须知及标准；二要指导游客如何吃，并讲清吃的习俗；三要介绍菜肴、"吃"的过程及习俗，向游客展示中国博大精深的饮食文化，引导游客从色、香、味、型、器、意等方面综合体验美食的综合美。

3. 掌握中国各大菜系的特点及基本的制作方法

中国地域广大，由于自然条件及历史文化等因素的差异，不同地区形成独具特色的饮食特色，创立了不同的菜系，每个菜系具有独特的原料、工艺和口味特色。在大菜系下还有亚系及地方差别。导游在介绍当地饮食及文化时，要善于抓住典型特征，理论分析与实证相结合，注意适当结合传说故事。

4. 掌握地方饮食的特色

讲解饮食与地方民俗的结合情况，注意与客源地饮食文化的比较分析。

5. 要熟悉服务对象具体的饮食习惯和要求

不同地区的游客其口味差别是较大的，不同年龄段的游客对食品的喜好也有所不同。因此，在介绍当地特产美食时要有针对性，同时要兼顾游客的宗教信仰等对饮食的要求。

6. 对"吃"的讲解要合时宜

灵活运用导游讲解方法，同时要合时宜。通常介绍"吃"是在去往餐厅的路途中，或由于某种特殊事物引发而讲，不能为了讲"吃"而讲"吃"，特别是游客刚用完餐，没有任何胃口的情况下，游客对导游员所介绍的"吃"是不会留下深刻印象的。

（二）讲解途径与技巧

1. 菜肴审美讲解

中国菜系众多，具体菜式特色各异，但菜肴的审美和体验是有共性的。为使游客获

得美的感受，导游员讲解中国饮食，特别是中国菜肴时可从以下几个方面讲解。

（1）"色"。颜色的选择，主要依靠原料本色，也可人工染色。配色协调，如同绿叶而附"红花"。如讲解什锦拼盘：鲜红的番茄，嫩绿的生菜，乳白的芦笋，配上生脆的黄瓜，撒上一层生洋葱丝，犹如一幅肃静的田园风景画，给人以柔和、舒适的雅趣。讲解"桂鱼戏水"：金黄色的鱼身高高地竖起，上面淋上用虾红、青豆、番茄调制成的沙司，色彩丰富，形象逼真，简直让你不忍动它。"色"让游客的眼睛得到享受——饱眼福。

（2）"香"。再好看的菜，没有香气就不成为佳肴。天然的原料香、肉香、青菜香、花香等，都能使人受到陶冶。"香"让游客的鼻子得到熏陶——饱鼻福。

（3）"味"。味与香联系紧密，"五味调和百味香"这句俗语道出了味与香的内在统一关系。中国"五味"与阴阳五行说有哲理上的内在联系。五味指酸、甜、苦、辣、咸。而事实上，在饮食中单一的味一般是不存在的，绝大部分是复合味，即以某种味的倾向性为主，同时具有各种味感。例如，甜菜以甜为主，往往微带酸味、苦味（以百合、莲子、橘瓣烧成的甜菜即如此）。四川苦瓜以苦为主，苦中带咸。扬州红烧鱼可谓最讲究者，其佐料加至二十多种：葱、姜、糖、油、酒、盐、醋、酱等，无所不包，其丰富达到了一般菜难以涉及的程度，细细品味，方感其妙无穷。"味"让游客的嘴得到享受——饱口福。

（4）"型"。中国菜点十分讲究造型，其工艺性表现在刀工和火候的掌握上。如拼盘中的"四拼"、"八拼"、"孔雀"，热菜中的"龙凤呈祥"、"龙虎斗"、"金鱼"、"彩蝶"，还有萝卜雕花、西瓜盅，以及各种糕点等，都首先给人以栩栩如生的美妙形象。"型"让游客再饱眼福。

（5）"质"。"饮食之道，所尚在质"是古人美食的亲身感受。这里所谓质，无疑包括营养卫生质量、烹调技术因素等，但最主要的则是质地，即以触感亦口感为对象的松、软、脆、嫩、酥、滑、爽等方面的内涵，"质"让游客再饱口福。

（6）"器"。美食与美器的和谐统一，是中国传统烹饪艺术的一个重要组成部分。中国菜不仅讲究菜肴本身的色、香、味，一道可口的菜肴，还要能满足人们的整体视觉享受，菜肴的"型"必须有相应的"器"搭配才能使其保持完美。器皿对菜肴的色也起到补充和发挥作用，有些器皿对菜肴"味"的形成与保存起到了关键的作用。餐具是菜点造型的有机组成部分。对餐具的使用，不仅要求与菜肴的形式和内容协调一致，还应尽可能地与进食者的审美心理、与宴会主题、与宴会环境以及与服务人员的服饰风格取得协调。我国常见的菜食器皿有：单色盘、几何形纹盘、象形盘等，美食与美器的搭配有相应的要求：菜肴与器皿在色彩纹饰上要和谐；菜肴与器皿在形态上要和谐；菜肴和器皿在空间上要和谐；菜肴掌故与器皿图案要和谐；一席菜食器皿上的搭配要和谐。例如椭圆形盘用以装鱼，盆用以盛汤，粉彩瓷器用以配富丽堂皇的菜点造型，青花瓷器用以配清淡幽雅的菜点造型，云纹配龙形，水纹配鱼形等。

（7）"名"，即菜肴的名称。中国饮食文化中，除讲究菜的用料、刀工、火候等技术外，一个名菜往往有一个特殊的名字，这些菜名有的直接讲出菜肴的味，如"鱼香肉丝"。有的既包含传说，又间接说明了制作方法，如"叫花鸡"；还有的让人琢磨不透，如"佛跳墙"等。导游员在导游讲解中，应灵活借用特色鲜明的菜名，向游客介绍历史悠久的中国饮食文化——饱耳福。

（8）"意"，即中国菜点的意境。中国饮食文化源远流长，但这种实现多在主题明确的正规宴会之中。例如文人雅集的潇洒风流，丧宴的肃穆悲凉……这些意境的实现都要求菜点的品种、命名、烹法等各方面严密配合，围绕主题，实现意境。典型例子如《四喜全席》中的四喜双拼、四喜双炒、四全大菜、四全花卢等。

总之，中国菜点的内容、形式、范围是十分广阔的，它实质上是一种以品味为媒介、多角多元的中国文化艺术的综合欣赏。对中国菜点的品味和欣赏，必须具备较全面的文化素养，方能深入地体味其中无穷的意味。导游员要指导旅游者成为美食家，同时也要启发他们成为饮食文化的欣赏者。

2. 菜肴的特色讲解

（1）讲原料。选料是中国厨师的首要技艺，是做好一道中国菜的基础。在具体讲解一道菜时，首先要介绍原料。中国烹饪所用原料十分丰富，主要可分为：主料、配料、辅料和调料等。而选料的指导思想是"精"、"细"二字，所谓孔子所说"食不厌精、脍不厌细"。选料时还要考虑原料的品种、产地、季节和生长期，以鲜嫩、质优为佳，并注意选料的部位。

（2）讲刀工和火候。刀工是制作菜肴的一个重要环节，刀工的好坏直接影响到菜肴的色、形、味。火候是烹饪中最重要的事，是形成菜肴风味特色的关键之一，掌握火候是厨师的一门绝技。火候掌握得恰当适宜，是保证菜肴色、香、味、型、营养等的关键。

（3）讲烹饪方法。烹饪方法是我国烹饪技艺的核心，其实质主要是对热能的运用。火力的大小、强弱、时间的长短及不同的运用方法，产生了许多不同的加热效果，从而形成了丰富多彩的烹饪方法，如炸、炒、熘、爆、炖、烹、煸、煮、焖、烤、烧、烩、煎、涮、蒸、煲、煨等，同时也包括用于凉菜制作的卤、腌、拌、炝等。

（4）讲调味、讲营养。调味也是烹调的一种重要技艺，"五味调和百味香"。中国菜的调味手法有基本调味、定型调味和辅助调味三种。不同的菜系有不同的调味体系。中国菜在菜肴的选料和搭配上十分讲究菜肴的营养搭配，特别讲究食疗和饮食对身体的影响。不同的季节和不同身体条件的人食用的菜肴是有所不同的，即使是同一原料，季节不同、地域不同，烹制的方法也有较大的差异。

3．讲解民俗风情——"风味里面有风情"

俗话说："民以食为天，食以味为先"。由于各地物产、气候、习俗和传统不同，不同地方的口味有很大的差异，又形成了各自的特色。在旅游过程中，游客十分关心当地的地方风味。风味的菜点都要来自某乡某地民间，把当地与风味有关的风俗民情介绍给饮食者，会使"风味"更有"风味"。所谓风味，就是按照地源地域或以当地传统工艺及土特产品为原料制作的菜点，形成了独具特色的风味流派。

"食风味，识风情"，这是导游员引导游客把单纯的"吃"提高到"文化艺术的欣赏"层次必不可少的努力。高明的导游，在进行风味饮食活动的同时，还常常调动文学艺术的手段，如吟诗、对联、讲菜名传说，乃至弹唱，将风味餐饮引向更高的水平，把"食美"和"神美"的双重美好印象，深深印在旅游者的心坎上。

4．讲"吃"的程序

一次宴会也是一曲美妙的乐章。宴席或风味餐，在旅游活动的节目表上是个重要的节目，可以说食者是观众，供食者是演员。由于中国菜点的千变万化，宴席主题与意境的形形色色，上菜程序实际上是不固定的。这里我们仅从不固定程序中抽出一般程式，并从中窥察中国宴席菜点品尝中的时空节奏韵律的艺术之美。这一般性的程序被专家们概括为五道起承转合的程序：

第一道程序是品尝冷菜。从口味上讲，冷菜的特点是冷，可供长时间品尝，口味不变，从生理即腹胃承受力上讲，开始也不宜猛刺激。因此，冷菜便于慢慢品尝，相当于音乐戏剧的序曲部分，节奏缓慢。这一阶段，如是大型宴会，则可安排宾主致辞；小型便宴，也便于交流感情，国宴则更应于品尝之前演奏国歌。

第二道程序是品尝热炒。由此开始，便是初入高潮，因为热菜不宜冷吃，品尝频率加快。热菜又分炒菜、烧菜等。炒菜作为热菜中的先锋，将宴席推入第一高潮，口味也由冷菜的以淡为主渐而入浓。

第三道程序是品尝烧菜。口味皆更浓，节奏也更快，宴席进入第二高潮。第一高潮过后，正规宴席有时由服务员递上手巾，由宾客擦擦脸手，算是一个小小间隙过渡，为进入最高潮做好准备。

第四道程序是品尝头菜。头菜又称主菜，是一场宴席中最重要的菜。头菜的品种皆根据宴席主题或宾客需要等具体情况而定，或烧或烩，或蒸或扒，常见的有烧鸭、什锦火锅、海参蹄筋等，民间婚宴在上头菜时，由新婚夫妇向来宾敬酒，宾客欢呼腾跃，气氛达到最高潮。一般中餐西吃的宴席在上主菜时由服务员用中、外语言介绍菜点特色以及有关的传说故事，宾客群情振奋，争相照相留影。进入品尝时则一抢而空，宴席进入最高潮。

第五道程序是甜菜、清汤、果点，宴席进入尾声。口味甜淡平和，余味无穷。

如果将这五道程序用音乐关系程式来表示，可大致相当于这样的节奏程式：冷菜（序曲）—热菜（初入高潮）—烧菜（第二高潮）—主菜（最高潮）—甜菜、清汤、果点（尾声）。在这样的节奏中，配上适当的音乐、礼仪、游戏（如传统宴席中的酒曲、酒令、击鼓传花）等，尤其是服务员的服务手法，主旋律之外又有副旋律的和声，就形成了一首优美动听的民族乐章。

第二节　"住"的服务与讲解

一、"住"的重要性

一个人一生中睡眠的时间几乎要占去三分之一，睡眠在旅游者的旅行生活中极为重要，睡不好觉，休息不好，就不可能"游"好，而"住"是睡眠的保障。饭店不仅是游客睡觉的地方，也是休息、娱乐和欣赏当地文化的场所。"住"对旅游者极为重要，对游客来说，它应该是个异国他乡的生活博物馆。

饭店被列为旅游业三大要素之一，它是一个国家、地区旅游业发展水平和接待能力的重要标志。现代旅游旅馆（饭店）不仅需要较高舒适度、高效能的服务设施，而且还要求有高度审美效果的室内外环境。一个好的饭店，不仅有供游客吃、住、娱、购、健身等方面的设施，还应该有自己的"拳头产品"——某项独具特色的服务项目来赢得旅客的喜爱，如风味餐厅、特色娱乐健身服务、热情服务等。

二、"住"的安排和服务程序

（一）饭店的选择

人类从古至今，对自己居住的场所是十分重视和讲究的。饭店对游客虽只是个暂时的居所，对游客的影响却较大。旅行社及导游员要根据旅游合同或约定的标准，根据游客的兴趣和要求选择适合的居住场所——饭店。对于普通游客来说，"住"只是旅游活动中的一项活动，不需要"摆阔气"而影响其他旅游活动的开支。就下榻饭店而言，从直观的角度看，游客需要的是卫生、安全、安静、舒适，设备不一定要齐全豪华，但一定要让游客睡得好，保证有充足的睡眠才能保证第二天精力充沛，使旅游游览的活动顺利进行。

旅行社及导游员在为服务对象选择居住场所时的选择依据包括：旅游者年龄、性别、兴趣爱好及合同服务等级等，同时要别具情调，让游客获得真正的享受。通常游客都有猎奇的心理，他们希望住进有浓郁民族风情特色或有独特服务项目的旅馆。如我国内蒙古草原上的蒙古包、云南少数民族的小竹楼、安徽南部的古代民居等对国外旅游者都很有吸引力。因为这些旅游者体察到异国他乡的又一个民族的生活风采,从中会增长见识,受到启迪。

(二)服务程序

1. 旅行社预订酒店及房间

旅游团或旅游者抵达前,旅行社采购部要根据游客的需要及旅游合同规定的内容为游客预订好饭店。预订时要向饭店通报相关信息:人数及名单,性别,房间的数量、规格、特殊要求(如住单间或套房、房间朝向、楼层、房间是否需要提供果盘等)、入住时间、退房时间、早餐安排、导游员姓名、结算方式等。

2. 导游员核实游客下榻饭店的基本情况

在接到接团任务后,导游员应与采购部人员及时联系,了解游客的订房情况,并与手中的接待计划核实,保证旅行社所预订的饭店能满足游客的要求。同时注意客房数量,若出现自然单间要及时与旅行社联系,做好相应的准备,保证游客抵达后有合乎合同标准又能满足游客特殊需要的住房。

3. 了解游客下榻饭店的基本情况

主要包括地理位置、星级标准、设施设备、服务项目、周边环境等。

4. 游客抵达后协助办理相关手续

在入住酒店的过程中,地方导游员要协助领队(或全陪、或游客)办理入住手续,让游客在最短时间内入住。同时提醒游客入住的注意事项。具体要求:导游员要记住领队或全陪、重点游客的房间号;协助分发"店徽"或饭店"名片",避免游客自由活动走失;介绍饭店的基本情况,如周边环境、有无毗邻的公园、商场等;交通条件;房间数目、建筑年代、服务项目及服务设施(如商务中心、外币兑换处、医务室、商店等);娱乐设施及分布;餐厅的位置及餐食特色;住宿设备及客房提供商品的付费情况等;提醒游客注意阅读客房内的服务指南;安全注意事项;个人贵重物品的保管等。

5. 协助处理游客与饭店之间出现的问题和纠纷,维护游客的合法权益,同时要注意维护旅游业的声誉和利益

三、"住"的导游讲解

(一)学会介绍星级饭店

有水平地、艺术地、突出特点地介绍有关星级饭店的知识,是导游水平的体现,是导游员必备的能力。我国星级饭店的"星级"标准基本沿用的是国际标准。导游员在向游客介绍下榻饭店时，要根据游客的知识水平和兴趣、根据游客所关心的内容来介绍。

有经验的导游员，在首次导游的时候，就先提一下准备入住的酒店位置、星级标准、服务水平，让游客到达后就吃一颗"定心丸"。导游员讲解介绍饭店一般包括：饭店名称（一定要让游客记住饭店的名称）、星级、规模、设施设备条件（根据游客的需要介绍）、饭店位置、交通状况（含周边交通条件，教会游客如何使用各种交通工具和注意事项），饭店周围的商业及娱乐设施等内容。导游员在实事求是地讲解介绍过程中，要突出游客所下榻饭店的特点，要让游客感到下榻该饭店是旅行社为他们精心准备的，他们所享受的是同级标准中最好的服务，是当地同等档次最有特色的饭店。

我国旅游涉外饭店划分为五个星级，即一星级、二星级、三星级、四星级、五星级。星级越高，表示饭店档次越高。星级的划分以饭店的建筑、装饰、设施设备及管理、服务水平为依据，具体的评定办法按照国家旅游局颁布的设施设备评定标准、设施设备的维修保养评定标准、清洁卫生评定标准、宾客意见评定标准等五项标准执行。旅游涉外饭店的建筑、附属设施和运行管理应符合消防、安全、卫生、环境保护现行的国家有关法规和标准。

（二）向游客介绍所下榻饭店的特色服务

同样的星级饭店，在服务过程中都会有自己特色的服务，这也是饭店业在发展竞争中所必需的。导游员在带领游客入住前，要对所下榻饭店的特色有个基本了解，并相继地向游客介绍。通常情况下，旅游饭店的特色主要表现在建筑装饰、周边环境、客房布局与装饰、特色餐饮、服务水平与质量、娱乐项目、企业文化特色等方面。导游员要根据游客的具体情况有选择地向游客介绍饭店，让游客全面了解整个饭店，相应提高游客对整个旅游产品质量的感知程度，进而加深对旅游目的地的印象。

（三）不同饭店讲解要点提示

老饭店——历史悠久，牌子响亮，服务规范，是身份的象征。

新饭店——设备齐全，装潢考究，虽不知名但住起来实惠、舒适。

闹市区——交通方便，商铺集中，夜生活丰富，自由活动好去处。

僻静区——闹中取静，环境幽雅，空气清新，休闲度假的最好选择。

其他，如早餐品种丰富、有异国情调、有民族风格、依山傍水、风景独特等都可以算是饭店的优越条件。接内宾团时，甚至连电视频道较多都可以作为卖点。

（四）通过对饭店的介绍，引申介绍当地旅游业的发展

导游服务的任务之一是有意识地进行宣传。旅游饭店的建设数量和服务质量是当地

旅游业发展的标志之一。通过对下榻饭店的介绍,运用对比、联想等导游讲解方法,介绍当地旅游业的发展,从心理上满足游客对旅游目的地求新、求安全的心理需要。对维护旅游目的地形象和旅游想象促销起到催化剂的作用。

(五)注重饭店人文之美的介绍,使游客获得身心双重享受

我国许多旅游城市和旅游区的饭店引入了当地民居建筑的风格,在装饰上体现地方特色和民族特色,使饭店本身就成为了审美对象,满足游客猎奇的心理。典型的如拉萨饭店,它成功地动用建筑符号,不但使用了藏式的柱头、柱身、小亭、窗楣等地方建筑形式语言,时而写实,时而夸张,时而具体,时而抽象,还以厚实的体块,起伏错落的总体造型与高原群山、雄伟的布达拉宫遥相对应,从而达到建筑空间环境唤起地方历史、文化含义的高深境界。建筑是凝固的音乐,拉萨饭店就像一首演奏在世界屋脊之地的粗犷、豪放、雄浑、有浓厚的西藏地方音韵节律的现代新奏鸣曲。

(六)讲解示范——抵达饭店前的讲解

……

各位游客,为了让大家在此次旅游活动中愉快舒心,我们旅行社特地为大家安排了我们这儿最有特色的、服务最好的一家饭店供各位下榻休息。

我们将要下榻的饭店叫**饭店,各位一定听说过了吧,该饭店是四星级酒店,有着科学的管理、先进的设施和优质的服务,是旅游者来旅游时的首选饭店。酒店坐落在*****,地处市中心繁华地带,交通十分便利。酒店内的设施配备齐全,中西餐厅 24 小时营业,大堂前厅设有商务中心、外汇兑换处及酒吧。酒店每个房间都配有自费消费物品,您如在酒店内有了消费后,请在离开酒店前,主动去前台结账,酒店受理运通、长城、牡丹等信用卡。

大家进入酒店房间后,请认真检查一下房间中所提供的必需物品是不是齐全,设备是不是处于完好状态,如果有什么问题,请及时与我联络,我就在酒店的大堂等候大家。

好,酒店到了,请大家带上自己的物品,下车在大堂里稍微等候一下,我和领队先生去办理一下手续……

第三节 "行"的服务与讲解

一、"行"与旅游活动

从广义上讲,旅游产品不仅指游客在旅游目的地消费的所有产品,而且还包括往返于目的地途中所消费的产品。交通是影响旅游活动的关键性因素，也是构成旅游产品的重要因素之一。

"行"能完成从居住地到旅游目的地，以及目的地之间和旅游景点之间的空间位移，达到外出旅行游览之目的。"行"是旅游之关键，没有"行"也可以说就没有旅游。"行"是很具体的，是通过乘坐不同的交通工具实现的。行的方式很多，如乘飞机、火车、汽车、船及骑马、骑骆驼等。但作为游客，最终最方便的还免不了要迈开自己的双脚。

二、"行"与导游服务

根据国际惯例，无论乘坐何种交通工具，导游员都要第一个下，最后一个上，这样便于照顾好游客。在具体导游服务中其指导员则是"安全第一、注意礼让"。在实际导游中，作为全程陪同，要注意做好转移途中的服务工作。

（一）乘飞机与导游服务

坐飞机时，导游员一般应当最后上机，这样可以确保全团都顺利登上飞机；导游员应选择坐在团员中间靠走道的位置，以便照料自己的团员；下飞机时，应当先下，全陪导游员要负责与前来迎接的地陪联系。若游客为海外旅游团队，要注意与领队的协作。

整个乘机过程中的导游服务要点如下。

1. 拿到机票后，要检查一下票面，并了解其乘机注意事项，认真核对票面信息，如机场名称、游客姓名、航班号、起飞时间、订座情况等，导游员一定要在规定的时间把游客送到机场。按导游服务规范的要求，国内航班要提前90分钟抵达机场，送出境航班则要提前120分钟抵达机场。

2. 到机场办理登机手续，地陪协助全陪或领队办理登机手续；提醒游客托运行李的注意事项；提醒游客带好身份证、登机牌等；提醒游客过安检时的注意事项，通过安全检查，在候机厅等候上机，全陪提醒有晕机经历者，做好预防工作。

3. 上机后，听从机上服务员安排，全陪协助游客尽快找到自己的座位，安放好随身携带的行李，再次提醒乘机的注意事项，请游客仔细听服务员介绍安全知识。在飞机上如有游客出现晕机反应，可请机上乘务员协助处理，发生问题要及时与乘务员联系。

4. 到达时，听从空乘人员安排，按顺序下机，提醒大家千万别忘取自己的行李，如果行李出现损坏现象，要及时报告，按相关规定和程序处理。

5. 与前来迎接的地陪核对"暗号"，与地陪合作，引导游客乘坐目的地旅行社的旅游车。

（二）乘火车、轮船的服务与技巧

1．乘火车旅行

火车是国内旅游的主要交通工具之一。与乘坐飞机相比，乘坐火车的速度相对慢一些，但乘火车旅游，可以欣赏途中景色，特别是田园风光，这是乘飞机达不到的。特别是中短途旅游，其价格相对于飞机要便宜一些。

乘火车时，导游员要尽力把自己安排在位于游客中间的包房和床位、席位，要经常走动一下，体现关照每一位游客。在分配包房时，注意游客之间的关系，千万别把一家人、夫妻、情侣分配在两个包房中。整个乘车过程中，导游要注意下列技巧。

（1）导游员拿到火车票后，要检查票面，千万别乘错车次，并按导游服务程序的规定带领游客提前抵达火车站。

（2）到车站，听广播和服务员召唤，千万别误了车次，如遇排队，导游领头靠前，请领队或团长负责其后，以便前后照料。

（3）上车后，找好铺位和席位，找不到时可请服务员协助。提醒游客遵守铁路规定，安排好游客的车上生活，提醒游客常活动一下身体，防止不适。

（4）在途中，特别是夜间旅行，导游员首先树立安全观念，一定要提醒游客注意安全，保管好自己的行李物品。

（5）长途旅行游客容易疲倦，导游员可与领队或团长合作，组织一些有益的活动，抓住机会与游客建立良好的关系。

（6）对途中所经过地区，特别是途径风光秀美的地区时，导游员应适时地指导游客观赏并作简要的介绍。

（7）注意车上广播，关照大家早些做好下车准备。

（8）注意与目的地导游的"接头"。

2．乘轮船旅行

受到自然条件的限制，旅行中选择乘轮船旅行的情况较为少见，在我国主要为长江航线和沿海航线。

乘船旅行最大的特点是慢，导游员要安排好包房或铺位，组织好旅行途中的娱乐活动。沿江旅行注意引导讲解沿途的风光（如长江三峡，乘坐游船本身就是重要的旅游项目）；乘坐海轮注意提醒游客避免晕船。

（三）乘坐旅游车的导游服务

在旅游目的地，游客的旅游活动主要是乘坐旅游车前往各个游览参观点。在目的地的旅游车上，为游客提供服务的主要是地方陪同导游员。其服务内容主要包括：

1．导游员应站在车门的靠近车头一侧，迎接和协助游客上车，同时注意对游客进行"察言观色"，做好提醒工作，注意导游员第一个下、最后一个上。

2．根据旅游团的实际情况，协助领队或全陪安排座位。

3．礼貌地清点人数。

4．向游客问候（若是第一天接到游客，要致欢迎辞；若是入境第一站，还要提醒游客调整时间）。

5．途中导游讲解（具体要求见本节第三部分内容）。

6．调节游客情绪。

7．与司机的合作，协助司机做好安全行车工作。

8．与全陪、领队的合作。

9．下车前提醒游客相关注意事项。

（四）乘坐其他特殊交通工具的服务

在实际导游服务过程中，有部分景区（点）会向游客提供景区内特殊的交通工具，有的是为方便游客，减少游客体力消耗而设的，有的本身可作为一个旅游项目。在旅游景区，特殊的交通工具主要有：缆车、索道、电瓶车、滑竿及各种畜力交通工具（马、马车等）。

导游员在带领游客游览过程中要注意，若是接待计划中已有的项目，要不折不扣地执行，但一定要提前向游客交代相关的注意事项，切记"安全第一"。

若是计划中没有的，要向客人说清相关费用问题，对有安全隐患的交通工具要婉言阻止游客乘坐。同时提醒游客"安全第一"。

三、旅途中的讲解服务

游客"行"的过程中，可乘坐不同的交通工具，对导游员讲解的要求也不同。乘坐飞机或火车、轮船进行长途旅行时，导游员的主要工作是做好生活及安全方面的服务工作。由于此时导游员与游客是真正的"零"距离接触，适时地、有目的地与游客进行交谈，了解游客基本情况和需求，回答游客的一些"闲散"问题，抓住机会进行宣传，通过"聊天"产生"缩距"效应。

导游员"行"的导游讲解主要集中在旅游目的地的中、短途的旅行，即游客从机场或车站、码头到下榻饭店；从下榻饭店到游览参观景点及返程；从景区（点）到用餐地点、再返回下榻饭店；从一个景区到另一个景区。因此我们把车上导游讲解分为：途中讲解和市容导游两类。

（一）途中导游服务与讲解对导游员的要求

导游员应熟知沿途情况，做到见什么讲什么，哪怕是一花一树、一幢建筑物、一个街心花园、一个自由市场，都应加以简短介绍，使新来乍到的游客增加兴趣。外国游客就怕中国导游员"当哑巴"，一言不发。一位日本游客曾说过，哪怕是一件小事物，他们也想知道。导游员不要认为自己司空见惯了的平常事不值一谈。中国人习以为常的事，对外国游客来说却是很新鲜的，往往很想知道。这并不奇怪，毕竟彼此是生活在不同国度里，生活环境和生活习惯都不同，所以才需要开展国际交往，加强互相了解。这就对导游讲解赋予了深层的含义。

（二）途中服务程序及讲解技巧

途中讲解包括去程和返程，按常规，返程应尽可能不走回头路，但由于景点分布和道路的实际情况以及时间等方面的原因，游览的行车路线有时必须走回头路。

1. 前往景点途中的服务与讲解

（1）核实清点人数。

（2）问候游客，预报天气，提醒游客衣物、鞋袜及雨具等方面的注意事项，如今天的天气略带凉意，请各位注意增减衣服，以保持健康。这里气候比较干燥，希望大家平时多饮水、饮茶、多吃水果。

（3）重申当日的活动安排，具体内容包括将参观景点的名称、位置、途中所需时间、用餐安排等。

（4）介绍国内外重要新闻（具体内容根据游客的实际情况和游览期间的情况灵活选择）。

（5）对当天所要游览景点作概述性讲解，引发游客的游兴，但不需讲解太深，引起兴趣即可，可利用制造悬念法。

（6）途中风光讲解。行进途中，导游员可根据旅游车的行进路线、速度，有机地选择车窗外的景物引导游客观赏，同时进行引申讲解介绍当地的自然地理、风土民情、历史典故等内容，加深游客对旅游目的地的了解，也为景点的参观游览作知识的铺垫。途中讲解客人的注意力较为集中，是导游进行宣传介绍的最佳机会，导游员应该根据游客的兴趣爱好、情绪有机选择讲解内容，灵活运用不同的导游讲解方法，吸引游客的注意力，引导游客参与。

（7）注意调节游客的情绪，在途中讲解过程中，特别是路途较长时，导游员的讲解要注意劳逸结合，在讲解中穿插一些有趣的故事和典故，为游客准备一些图片、光碟、音乐 CD 等作为导游讲解服务的辅助材料，这样一方面可以避免讲解的单调，激发游兴，一方面也可减少导游员途中服务的体力消耗，把精力投入到实地游览阶段。途中导游员还可以为游客唱歌，教游客讲方言、唱民歌，做游戏、猜谜等。但要注意，导游员不得为迎合个别游客而讲一些低级、庸俗的内容，这与导游员的职业道德是相违背的，会降低导游员在游客心目中的形象，严重的会导致游客的投诉。

（8）即将抵达景点前，要根据前面对景点的讲解，进行有机呼应。提醒游客游览注意事项，介绍游览重点和要点等。

2．返程途中的服务与讲解

（1）回顾当天的活动，回答游客的问题，对景点作相应的补充介绍，运用画龙点睛的方法适时总结，为游览留下深刻印象。

（2）风光导游。

（3）根据沿途的情况和路途的长短，可适当安排游客休息。

（4）宣布次日活动安排。

（5）提醒回饭店后的注意事项。

（三）市容讲解

城市是游客的集散中心，也是旅游目的地的代表和象征。由于普通游客旅游活动的时间安排较为紧张，人们都希望在最短的时间内游览最多的景点。但通常情况是，旅游行程安排较为紧张，游客往往没有太多的时间了解城市、游览市容。因此导游员要利用旅游车穿越城区的机会，尽可能多地向游客介绍旅游目的地城市。

在进行市容导游前，要求导游员全面了解所要介绍的城市，熟悉旅游车所行进的主要街道及周边的主要景物。了解每一个重要景物及建筑所能引申的历史文化内涵及其所包容的城市特性，做好充分准备，灵活运用导游讲解方法为游客进行市容导游。在市容导游讲解中，常用的导游讲法有联想法、借景生情法、突出重点法、虚实结合法、对比法等。主要讲解内容建议如下：

（1）城市概况。包括城市的位置、地理环境、气候与植被、人口和民族、面积和行政区域、历史沿革、重大历史事件、城市规划与特色、经济发展与特色产业、著名古迹名胜、特色饮食、特产等。

（2）沿途导游讲解，即对旅游车行驶所见景物即兴讲解。注意导游讲解应与旅游车的行进同步。

（3）沿途典型、重点标志建筑或景观讲解。

第四节 "游"的服务与讲解

一、"游"的地位及游与导游员的关系

（一）游客与"游"

旅游说到底是寻求美、探索美、欣赏美、享受美的过程，是领悟大自然、接受先人信息的过程，"游"是旅游活动的核心。游客外出旅游，都希望"游"得好，通过"游"而受教益、获取知识、领略异地他乡情趣，感受异域的文化等。在游览景点时游客不要仅仅"看热闹"，还希望学会"看门道"。

（二）"游"与导游员

要让游客"游"得好，导游员要了解中国，特别要把握自己所导游区域景点何处最美，最值得看；景观有何特点；还需要同各方配合，使旅游活动安排得好，安全、舒适、美满、艺术，永远难忘。

二、导游员带领游客"游"的技巧

（一）掌握并灵活运用丰富的知识，既当"杂家"又要成为"专家"

在带领游客参观游览前，导游员要掌握大量与所游览参观景区景点相关的知识，至少从下面六方面具体把握。

（1）历史背景。就是景点何时所建，当时的历史条件是什么，社会状况如何。我国大量的旅游资源有其产生发展的特殊历史背景，而这些背景有助于人们了解景区景点。

（2）景点用途。就是在当时为何而建，是为纪念名人，还是为欣赏风光？是当时的宫殿，还是大人物的府宅？是为保护文物，还是为教育后人？如此等等。在实际导游服务中，导游员可用历史史实点出景点、景物之真，引导游客探中华古老文化之博、深，寻历史之谜，发思古之幽情。

（3）景点特色。就是景点的独到之处，建筑结构、布局有何特点，风光山水有何奇趣，如北京颐和园中的"园中园"——谐趣园内便有水趣、桥趣等"八趣"，了解这些，便于探索其中美的内涵。

（4）景点地位。就是景点在世界上是否属于"人类共同文化遗产"，在国内、省内、

市内处于何地位，是国家哪一类的文物保护单位。

（5）景点价值。就是历史价值、文物价值、旅游价值、欣赏价值，如果再了解一下景点接待人数情况，就更好了。

（6）名人评论。就是要了解历史名人、世界名人、国家领导人、著名文人、社会名流参观后有何评论，从这些评论中，我们能受到什么启迪，以此来加深对景点的理解。

（二）合理调节游客的体力

旅游活动是一项消耗体力的活动。游客必须保持充沛的体力，才能保证游览活动的顺利进行，达到游客预期的旅游目的，满足游客的旅游动机。在调节游客体能方面，导游员要注意调节游客的生理状态，做到松弛、运动、休息和睡眠的有机整合。具体要求如下：

（1）合理订餐，提醒游客增加营养，补充身体所需要的维生素。通过有效的服务，让游客保持心理和精神上的活力。导游员要及时指导游客"补充能量"，合理地使用"能量"，以保证顺利地行完自己的旅程。

（2）安排好游览节奏，要让游客感到游览时的步行就像做一次长距离的散步，使其觉得轻松自如。带领游客观景时注意，要慢步观境，停步观景。在游览占地面积较大的景区时可以放慢脚步，对一些重要景物就得停下脚步，让游客看个仔细。边走边看，会造成眼、脚分离，容易失去协调，摔跌碰撞。但停步时间不宜过长，否则就像"发动机"熄火后再发动，既困难又造成较大的内耗。

（3）如果游览景点需要登山，而登山道是石阶或较宽的路面时，导游员应带领游客走成"S"形，把陡坡变成缓坡；下山时应前脚掌先着地，走成横斜步，防止滑跌坠倒。导游员要注意：每个人的身体素质和精神状态都不一样，各人应有适应自己的行路经验和方法。导游员要注意观察游客的情况，及时作出调整。但是，控制的速度，将它稳定在轻松自如的档次上，却是导游员带领游客步行游览时的一个原则。每个旅游者身上都有一部"发动机"，导游员要及时提醒他们像机车善于控制油门一样来控制自己的能量，特别是登山或较长途的步行时，导游员可根据自己所熟悉路程的情况，指导游客该减速时减速，该加油门时加大油门，以保证一路畅通地到达目的地。

（三）选择合理的工作位置

导游工作是一项"面子"工作，导游员直接面对游客。在其服务过程中，起引导和示范的作用。导游员在实际工作中，一定要认真选择好自己的工作位置。

1. 游览行进时各位导游员的位置

在景区（点）游览时，导游员因职能的不同，应分别处于不同的位置，即地陪要在团队的前面，起引导游览及讲解的作用，全陪在队伍的末尾，照顾游客，防止游客走失，领队要在团队的中间，照顾游客，避免游客走失或发生意外事件等。

2．参观、会见、座谈时导游的位置

当旅游者参观一些单位，或与有关方会见、座谈时参观，导游员要根据参观单位的实际，分清自己是主角还是配角，如果有专业翻译，自己要做好配合工作。如果没有专业翻译，自己要做好专业准备等。这就要求导游员首先要有外语知识，事先要做语言方面的准备，要知道专门名词如何翻译。其次，对参观的工厂、学校和其他机构的基本情况也要有所了解，否则，外语再好，也难以讲解得好。再次，必须具有礼节、礼貌方面的知识。在参观、会见、座谈这种场合，导游员要明确自己充当的角色变了。在这种场合，主人是中方有关单位出面接待的负责人，客人是旅游者，导游员是主客之间的介绍人。在讲解过程中，应注意既不能喧宾夺主，也不能取代客人，而是要协调主客间的关系，促进交流。为此有时要为主人解释，有时又要为客人说话，如何掌握好分寸，这其中颇有学问。

3．景点游览时的讲解位置

在做景点的讲解时，导游员要熟悉各景物的观赏角度，不同的景物有不同的观赏方式和特殊的观赏位置。更有甚者，同一景物由于观赏时间和角度的不同，它所展示的景观形态会有较大的差异，因此导游员在引导游客游览、为游客进行景物讲解时一定要选择好最佳的观景位置。在讲解时选择好自己的站位，最佳位置——说话时面对所有游客，便于为游客指示景物，同时不能遮挡游客的视线。

（四）给游客摄影留下时间

在实际的导游工作中，当导游员带领游客游览景点时，每一位游客都希望不仅把美景留在记忆中，更希望把独特的景观"留到自己的相册中"。

实际生活中，游客重游同一景区（点）的机会不多，特别是海外游客，也许一生中就来一次，因此，游客都希望能留影作纪念。同时，游客回家后，都希望有机会向亲朋好友介绍自己的游览经历，这时，对照照片是最好的一种介绍方式，通过让亲朋好友看照片，也可让游客感到一种满足。因此，导游员在带领游客游览景区（点）时，不仅要通过精彩的讲解让游客获得知识与娱乐，同时，在游览过程中，一定要注意，引导观赏与讲解的有机结合，要留出时间让游客自己去体味。同时，要用摄影家的眼光，指导游客拍照留念。要留出足够的时间，让每一位游客都能拍到满意的照片。但同时要注意，不能因拍照而影响了正常的游览活动。对个别的摄影爱好者，一定要多加注意，避免他们长时间逗留而影响整个旅游团队的行程。同时导游员应适当掌握一些摄影常识，能指导游客选景、取景，把最美的景致留在游客的影像资料中，这同样起到了宣传和"扩散"

作用。必要时导游员还应充当摄影师的角色，为游客摄影、摄像留念。

（五）引导游客正确观景审美

旅游活动是一项寻觅美、欣赏美、享受美的综合性审美活动，游客总希望在短短的旅游期间获得最大的美的享受，总希望借助导游员的知识和经验达到所期望的审美目的。导游员讲解应尽可能地满足不同层次及需求的游客的审美追求，这是导游服务的中心任务，具体要求如下。

1．有针对性地传递审美信息

信息是当今时代最为时髦的术语之一。作为旅游审美对象的自然景观与人文景观，也可以被视为一种信息，一种实际观赏效果的审美信息。

在旅游审美活动中，由于个人在文化修养、审美能力以及经验阅历等方面的差异，以及对文化的陌生和语言的障碍等诸因素的存在，旅游审美信息往往通过传递者（如一位掌握传递艺术的导游员）传递给旅游者。在大多数情况下，对人生地不熟的游客来说，要想获得高层次的审美感受，就有赖于导游传递信息的艺术。帮助游客在欣赏自然和人文景观时，理解、感悟其中的奥妙和精髓是导游员的责任。

作为旅游审美信息的传递者，导游员必须懂得什么是美，知道美在何处，还要善于通过讲解向游客正确传递审美信息，帮助他们获得真正美的享受。

由于人类生活的自然和社会环境的差异，加之社会意识形态等方面因素的影响，不同国家、不同民族、生活在不同地域上的人们对美的看法是有一定差异的，而人们的审美情趣和审美素养又是可以变的，它随着人的年龄、受教育程度、见识等变化而产生变化。如果导游员能够充分了解游客所在国家或地区的审美观和对景物的审美标准，根据各自的特点和相互间的差异进行有针对性的讲解，这样的导游方法在层次上就会大大提高，也会得到游客的认可。导游员首先要学会用服务对象的眼光去看待景观，同时又要教会游客用"主人"的审美观去看待事物。

2．激发游客想象思维

旅游审美可以说是一种想象的过程。山水等自然景物原本是无意义的物质的组合，却因为人的想象而变得有意义、有美感。没有人的想象的参与，任何山、水、草木都将失去旅游价值。想象思维是审美感受的枢纽。

（1）了解游客的想象形式

导游员首先应了解旅游审美想象形式。想象是认知过程中的高级阶段，是指运用大脑已有的表象形成或创造新事物新形象的过程。游客是带着想象游览的，其想象形式有：
① 相似想象，即是指由事物之间在属性上的相似而产生的想象，它分为外部特征相似想

象和内在性质相似想象。如"磨盘山"、"乌龟石"等属于前者，而看到竹子产生高风亮节的想象，看到长城联想到豪杰好汉等属于后者。② 对比想象，凡是形状上或性质上相对的事物放到一起对比都会引起人们的审美想象，如高与低、大与小、动与静、刚与柔、繁与简、阴与阳、美与丑的对比。中国古典园林艺术、桂林山水等的美都与山水相济的对比有关。

（2）掌握激发游客审美想象的策略

① 利用原型激发想象。如三峡边的"神女峰"、黄山的"猴子观海"、"迎客松"等都是利用原型开展联想的结果。

② 增加想象内容。一段历史、一个传说或一个神话都有利于想象的产生。如陕西武则天无字碑、云南石林阿诗玛等景点借助历史传说吸引了众多游人。

③ 增加神秘性内容。地球上有许多未解之谜，如古代文明金字塔、玛雅古文化、原始地带等都因其神秘性能够激发旅游者丰富的想象。

④ 满足游客的多样性需要。重点推介某旅游产品能满足人们娱乐、健身、学习、探险等方面的需要，也能激发旅游者的想象力。

有了想象的参与，旅游就不再是浮光掠影、走马观花。通过想象，游客能够深刻理解游览的意义和内容。

3．注意调节游客情绪

旅游期间，游客往往处于既兴奋又紧张的状态之中。紧张感容易使人疲劳，影响游兴，兴奋感能促使人探求、寻觅美。调节游客的情绪，保持、提高他们的游兴是导游员的一项重要工作，是旅游获得成功的基本保证。人们对景观的评价，从某种意义上说与观赏者的心情有直接的关系。对导游员的具体要求有以下几点。

（1）要善于观察游客情绪

导游员要善于从言谈、举止、表情的变化去了解和观察游客的情绪变化。在一般情况下，导游员应面向游客讲解，这样一方面使人感到亲切，另一方面容易及时发现他们的情绪变化：是心不在焉或因听不懂而皱眉，还是兴奋、愉快。游客的积极情绪是导游工作的有利条件，也是导游工作成功的标志之一。而游客的消极情绪则会影响他们的游览兴趣，也不利于导游员讲解。发现游客有焦急、不安、烦躁、不满等否定情绪后，要及时找出原因，采取措施来消除或调整其情绪。

（2）要掌握和运用好消除游客消极情绪的方法和途径

消除游客消极情绪，必须了解产生消极情绪的主、客观原因。对产生消极情绪的因素了解得越详细、越透彻，就越容易解决问题，导游员的工作就越主动。消除消极情绪的方法很多，导游员要根据不同情况采取不同方法。

① 补偿法。从物质上或精神上给予补偿，从而消除或弱化游客不满情绪的方法称为补偿法。

物质补偿法：在住宿、饮食、游览项目等方面若不符合协议书上注明的标准，应给予补偿，而且替代物一般应高于原标准。

精神补偿法：因某种原因无法满足游客的合理要求，导致他们不满时，导游员应诚恳地道歉，以求得游客的谅解，从而消除游客的消极情绪。在无可奈何的情况下，可让游客将不满情绪发泄出来之后，再设法向游客解释。

② 转移注意法。有意识地去调节游客的注意力，促使他们的注意力从一个对象转移到另一个对象。当旅游团内出现消极现象时，导游员应设法用新的、有趣的活动，新的事物或者幽默、风趣的语言、诱人的故事去吸引他们，从而转移他们的注意力，忘掉或暂时忘掉不愉快的事，恢复愉快的心情。

③ 口头分析法。对游客讲清楚造成其消极情绪的原委，并一分为二地分析事物的两面性及其与游客的得失关系。这种方法有时能消除游客的不满情绪，但如果表达方法和语气不当，又会带来不利后果。因此，采用口头分析法往往是不得已之举，不能滥用。

4. 懂得激发游客的游兴

人的兴趣具有能动的特点，存在转移性和变化性。即兴趣会随时转移，从对某种事物的兴趣转移到对另一种事物的兴趣；人对某一种事物的兴趣会产生或消失，其兴趣程度也可增可减。兴趣的这种能动性特点要求导游员在讲解过程中随时注意解决如下三个问题：

（1）如何使游客从无兴趣、兴趣低转变为有兴趣或增加兴趣强度？

（2）如何保持游客的游兴稳定和持久，并不断产生新的游兴？

（3）如何防止游客的游兴突然消失？

5. 掌握观景审美方法

导游员既要根据游客的审美情趣和时空条件作生动精彩的导游讲解，还要帮助游客用正确的方式方法去欣赏美景。

（1）动静结合法

任何风景都不是单一的、孤立的、不变的画面形象。景观是活泼的、生动的、多变的、连续的整体，随着观赏者的运动，空间形象美才逐渐展现在人的面前。游客漫步于景物之中，步移景换，从而使人获得空间进程的流动美。在某一特定的空间，观赏者停留片刻，通过联想来欣赏美、体验美，这就是静态观赏。这种观赏形式时间长、感受深，人们可以获得特殊的美的享受。例如浙江海宁县观看钱塘江大潮时，泰山观日出时，静态观赏让人遐想，令人陶醉。

至于何时动态观赏，何时静态观赏，应视具体情况而定。根据不同的景观和不同的时空条件，导游员要灵活运用，动静结合，努力使游客得到最大限度的美的享受。

（2）选择最适宜的观赏距离和角度

自然美景千姿百态、变幻无穷，有些奇景只有在一定距离和特定角度下才能领略其风姿。由于观赏角度的不同造成不同的景观，初来乍到的游客不经指点是领略不到这种奥妙无穷的自然美景的。因此，导游员必须十分熟悉所游览景观的情况，要适时地指导游客从最佳距离、最佳角度，以最佳方法去观赏风景。例如昆明以龙门石雕而闻名海内外的西山，在民族村、海埂看西山，西山显得高大雄伟；从龙门村逐级攀登，抬头仰望西山，西山又是那么险峻幽深；而到了滇池东岸观西山，西山则是一位仰卧于滇池之滨的睡美人。

（3）把握好观赏时机

观赏风景要掌握好季节、时间和气象的变化。大自然中的色彩美、线条美、形象美、音响美等随着光照、时令、气候的变化而有所不同。导游员要带领游客在最佳时机观赏美景，有的美景，例如佛光、海市蜃楼等景观，观赏时间只有几分钟，稍有疏忽就可能失之交臂，后悔莫及。

（4）调节好观赏节奏

观赏节奏应根据观赏内容、游客的具体情况（如年龄、体质、审美情趣、当时的情绪和体力等）以及具体的时空条件来确定并随时调整。

一般游客的审美目的是悦耳悦目，悦心悦意，如果游览活动安排得太紧，观赏速度太快，不仅使筋疲力尽的游客达不到观赏目的，还会损害他们的身心健康，甚至会影响旅游活动的顺利进行。因此，安排观景活动时，导游员要注意调节观赏节奏，劳逸结合，有张有弛，缓急相宜。

（六）向游客推荐好的附加项目

已确定行程的旅游团队，导游员不得擅自更改行程和改变既定游览项目。即使是由领队代表旅游团提出增加游览项目，必须向旅行社汇报，同时通知组团旅行社，经领导同意方可增加。

随着旅行社产品的多样化，特别是中国加入 WTO 后，旅游者在游览过程中，希望能有更多的自主选择权。更多的游客在抵达旅游目的地前，往往只有一个意向性的游览意见。在抵达目的地后，都有自由活动时间，这就要求导游员能根据实际情况适时地向游客推荐有意义的附加项目和景区。在向游客推荐新的附加项目时，必须经全体游客同意、经领队或全陪同意，必要时向旅行社报告。

向游客推荐附加游览项目时的注意事项：（1）不能推荐不健康的项目；（2）不能影响特别是减少合同上的游览、参观景点、项目和时间；（3）要如实介绍附加项目或景点的情况；（4）注意劳逸结合；（5）要绝对注意所加景点的安全性，并强调注意事项；（6）不要为加景点而欺骗游客；（7）不能给游客设陷阱；（8）要加真正有价值的项目；（9）要征得所有游客的同意；（10）要把费用情况如实地告诉游客；（11）不能强迫游客参加；（12）不能借推荐新项目而谋取私利；（13）新增加的项目，导游员同样必须提供优质的服务。

三、"游"的讲解要求及技巧

导游员要注意知识的拓展，根据游客的需要和所游览景点的实际特点，灵活运用导游讲解方法（关于具体景观的讲解介绍将在后面作详细分析）。

（一）突出游览景点中所包容的博大精深的文化内涵

在中国，无论是自然景观还是人文景观，都包含有独特的文化内涵。古人把自己的思想、感情、观念等溶入了名山大川，把古代科技成果及不同时期文化的精髓用古建筑承载下来，通过节日庆典再现古老文明的传承……人们在游览景点时，用自己的眼睛去看、去发现，用身心去体验，但游客要想真正领略其中的奥秘，现场唯一的途径就是聆听导游员的生动讲解。

（二）在"游"的导游讲解中，要充分发挥中国景观资源的育人作用

子曰："仁者乐山、智者乐水"，中国历史上许多政治家、思想家、诗人、作家、艺术家等，都曾以山水为师。中国历来讲究"师法自然"和"师法造化"，这充分体现了中国山水的育人作用。近年来，我国的许多景点都被列为"青少年爱国主义教育基地"。因此导游员在进行景点导游讲解中，要充分挖掘景点的育人内涵，在向游客提供"游"的导游讲解服务中，充分发挥景点的育人功能，相继对游客进行爱国主义、国际主义教育。

（三）注意展示独特的华夏文化，通过"游"景点，向游客"传递先人信息"

中国几千年来形成的哲学观、价值观，通过众多有形或无形的文化旅游资源向世人展示。我们祖先虽然给我们留下了一些文字材料，但那是死板、深奥的，普通人难以读到或读懂，外国人要读懂就更困难了。而蕴藏在景点、古建筑中的信息却是直观的，观赏古建筑或古文物，常常给游客某种启示。以中国古建筑为例，它所传递的信息是取之不尽、用之不竭的，而且，随着现代科学技术的不断提高，人们还将从中得到更多的信息和启迪，无论是导游员还是游客都将收益更大。

（四）在"游"景点的讲解中，要注意留给游客想象的空间

在讲解内容的取舍上要讲究艺术，切忌"一览无余"和"全盘托出"。留下值得游客回味的"遗憾"，为他或她再次重游奠定基础。

（五）具体讲解途径

（1）通过诠释景名，导出景点、景物的特色与内涵。

（2）从不同的角度介绍景点之胜。

（3）从艺术的规律讲解景点、景物之妙。

（4）借用文学素材讲解景点、景物之神。

（5）借用历史（含史实、典故、人物、事件等）讲解景点、景物之意。

第五节　"购"的服务与讲解

一、"购"与导游服务

（一）购物与旅游

购物是旅游活动六大要素中的一项，同时也是游客的旅游动机之一。旅游购物是旅游过程的延伸和物化，它对丰富旅游内容、提高旅游目的地形象、增加旅游收入、扩大社会效益都有极其重要的作用。在旅游业发达的国家，旅游收入中近 1/3 来自游客购物消费。我国目前这一比例还很低。作为导游员应当明确，协助"购物"是导游员的责任之一。做好"导购"工作可增加当地收入，对促进所在地的经济发展有一定作用。发展旅游购物品的生产和销售，可大大提高一个地区的资源综合利用水平，推动区域产业结构的调整。重视游客购物开发和市场的开拓，对于促进国内、国际旅游的发展，加速旅游目的地地区经济发展都有重要意义。

（二）"购"与导游员服务

在旅游活动中，游客每到一地，除参观游览景点品尝特色风味外，都希望能购买一些特色商品作纪念或回家后馈赠亲友。除少数游客是以购物为主要目的及动机外，大多数游客的购物行为只是一项附带活动。

作为导游员，在导游服务讲解过程中介绍当地的特产风物是其本职工作。在实际导游服务中，涉及旅游购物时要做到——思想重视、态度积极；熟悉商品、热情服务；了解对象、因势利导；掌握推销原则。

二、"购"的服务要求与技巧

（一）正确引导游客购物、遵循服务原则

导游员在工作中要正确处理好参观游览活动与购物之间的关系，绝不能因购物而影响了游客在景区（点）的游览活动，要严格执行旅游合同及旅游行程计划。若有安排计划外购物活动，必须征询领队及游客的意见，尊重游客合理而可能的要求。如果游客主动要求购物，导游员可在不影响游览行程的前提下，尽量予以安排。

在向游客提供购物服务时，导游员要遵循的服务原则是：既要让游客购物，更要让游客购物后称心满意。导游员的购物服务必须建立在游客"需要购物、愿意购物"的基础上。

（二）当顾问，不当推销员

事实上，购物是每个游客必不可少的一项活动。任何一个游客，都会以极大的兴趣，在异国他乡购买他们所喜爱的工艺品或名特产品。但是游客们往往缺乏对产品的了解，加上时间的仓促，如果没有导游当好顾问，是很难称心如意的。如果旅游者买了不称心的物品，回家后，会直接影响游客对旅游产品的形象。因此，当好旅游者的购物顾问，无疑是导游员在完成旅游产品过程中不可缺少的一道工序。我们强调当顾问，而不是当推销员，就是强调向旅游者客观介绍一些货真价实的旅游纪念品和名特产品。

导游员在为游客当购物顾问时要确定一个标准，那就是"三性兼备"，即具有纪念性、艺术性、实用性，客观地介绍产品的特性，把买卖关系建立在自觉自愿的基础上。同时，对旅游者感兴趣而又有疑问的地方交代清楚，不要使游客感到有劝购的压力，而要给予一种责任感，以便他下定"购"或"不购"的决心。

一般的旅游纪念品应具有以下特点：

（1）小——这是西方游客和大多数游人购物的第一注意点，首先"小"便于携带，要知道，旅游时行李是越小越轻越好的。"小"一般和精巧连在一起，一般在"小"件上，制作人都更下工夫，从而达到"小巧玲珑"。一般小件物品，都会引起人们的喜爱。

（2）土——就是有地方特色、民族特色，有点儿原始味道，能引起人们对往昔生活的回忆。

（3）巧——指物品的构思，构思是否巧妙，是否独特，是否有"创新"意识而不落俗套，是否让人一看，就有一番惊喜。

（4）异——指异地他乡的产品，平时很少见到，反映当地制作者的文化、思维和独特价值观。

（5）纪——就是纪念性，日后多年，一见此物，就想起当年旅游的状况。

除了注意以上五个特点外，还应注意：

（1）物品的文化内涵。

（2）物品的育人作用。

（3）物品的信息含量。

（4）物品的引人联想。

（5）物品的美妙程度。

（三）当顾问，也当监督员

随着改革开放形势的发展，我国商品市场也异常活跃起来，但同时也带来价格混乱及伪劣商品等弊病。特别是在许多旅游热点上，以高抬物价和以假乱真的手段来对待旅游者的现象不断发生。面对这种现实，导游就要当好购物监督。但是，这种监督员是未被工商部门认可、没有检查证的监督员，工作起来会有更多的困难和更复杂的情况。在为游客提供购物导游服务时的具体工作程序建议如下：

（1）帮助游客制定一个"购物计划"。在订计划之时，导游员应让游客对旅游购物品有个起码了解。

（2）帮助游客购"唯此地独有"的产品。旅游购物品在形式和内容上要具备新、奇、优、美、廉的特征，同时适当考虑实用性和便于携带。在精神上，能满足游客的纪念、欣赏、赠送和收藏等的精神需求。

（3）"传授"购物避免上当法，建议大家无论买什么东西，都要"主意自己拿"。在导游讲解中要提醒游客购物时要购买自己喜欢的物品，不要"从众"；买东西一定要商家开"发票"或"购物凭证"；贵重物品要有"保单"。

（四）导游员购物服务的注意事项

1. 在整个导游服务过程中，无论对景点讲解还是购物讲解，对待游客前后态度要一致，都应做到周到细致。导游讲解的态度及内容不能用对自己是否带来"好处"而有所区别。

2. 介绍特产要与相关景点知识的讲解相协调，不能因推销商品而讲解，更不应讲完就带游客购物，这样容易引起游客的误会和反感。引导购物，舆论先行。

3. 自己要掌握一些鉴别商品的知识，并适时教给游客。同时教给游客一些在购物过程中防骗的方法，给予诚信。在导游服务中导游员要通过自己丰厚的知识底蕴、灵活的讲解技巧、真诚的服务态度赢得游客的信任，这样才能做好购物服务工作。

4. 在讲解商品时，除介绍特色和优点外，别忘了要讲解产品的缺点。任何一件事物都不可能是十全十美的。在讲解特色商品时应实事求是地讲明商品的不足之处，这样不仅不会影响游客的购物欲望，相反容易赢得游客的信任。

5．拉近与游客的心理距离。在讲解介绍中有敏捷的反应，注意观察游客对自己讲解的好恶，灵活组织自己的导游词。

6．选择适宜的购物时间和地点。不要安排重复的购物点，带游客到信誉高的商店购物，同时提醒游客索要购物凭证。

7．不能因游客不购物而改变自己的服务态度。

8．正确处理游客购买到不满意商品的问题，协助游客做好商品的调换工作。

9．游客要求代为购买商品时，必须按旅行社的有关规定办理。

10．如果游客，特别是海外游客提出要购买古玩或仿古艺术品时，导游员要带游客到正规的文物商店购买，同时提醒游客，携带我国出口的文物，应向海关递交中国文物管理部门的鉴定证明，否则不允许携出，因此游客购物后务必保存好发票，不要将物品上的火漆印去掉（如果有的话），以便海关检查。

文物是社会历史发展进程中遗留于社会上或埋藏于地下的，由人类创造或与人类活动有关的一切有价值的物质遗存的总称。由于它是人类历史的物质遗存，所以它是历史的残迹，不能再生。文物一词在中国古代文献中早已出现，但作为历史文化遗存的专称来统一使用并载于法典，还是在中华人民共和国成立后的事情。

根据《中华人民共和国文物保护法》规定，在中华人民共和国境内，下列具有历史、艺术、科学价值的文物受国家保护。

第一，具有历史、艺术、科学价值的古文化遗址、古墓葬、石窟寺和石刻。

第二，与历史事件、革命运动和著名人物有关的具有重要纪念意义、教育意义和史料价值的建筑物、遗址、纪念物。

第三，历史上各时代珍贵的艺术品、工艺美术品。

第四，重要的革命文献资料以及具有历史、艺术、科学价值的手稿、古旧图书资料等。

第五，反映历史上各时代、各民族社会制度、社会生产、社会生活的代表性实物。

此外，具有科学价值的古脊椎动物化石和古人类化石也同文物一样受国家保护。

为研究和保存的方便，文物工作者对品类庞杂、内容广泛的文物资源进行分类，常用的分类方法有：时代分类法、存在形态分类法、质地分类法、使用功能分类法、属性分类法、来源分类法和价值分类法等。

建议：导游员在向游客介绍中国文物时，可根据具体讲解介绍的需要选用不同分类形式进行讲解。

三、"购"的导游讲解

（一）知识准备

中国地大物博，物产丰富，各地有各地不同的特产风物。中国又是一个历史悠久、民族众多的国家，在漫长的历史长河中，我们的祖先们创造了悠久的历史，也发明创造了众多的能反映不同的民族和地方文化特色的、艺术性特色鲜明的特产风物。

导游员要为游客做好购物服务，除通过对游客的分析、与游客的接触、交往了解游客的购物需求和动机外，更重要的就是全面了解旅游目的地的旅游商品，在导游讲解中向游客讲解介绍。在知识准备时，导游员应查看相关资料，多向专家请教。针对具体旅游购物品的知识要求主要包括：

（1）购物品的名称。如果有品牌的话，还应了解其品牌内涵；若有可能还应了解生产企业的基本情况。

（2）产地及生产要求。

（3）历史。中国的一些传统旅游商品都有着悠久的历史，在历史的长河中锤炼而成。如中国的丝绸刺绣产品等。

（4）文化承载与动人传说。在中国，无论吃的还是用的特色传统旅游商品，往往都附载有动人的传说故事，同时承载了不同时期人们的美好愿望和文化特色。如中国传统的陶瓷制品、玉器、绣品等。

（5）旅游商品的生产制作的基本过程和工艺特色。如中国传统的风筝的制作、功夫茶、普洱茶工艺特色等。

（6）既要掌握商品的优点，又要了解商品的缺陷。特别是向游客介绍食品和保健商品时，一定要实事求是，保健药品类最好请专家指导。

（7）掌握区别商品品质的基本方法。

（8）了解商品的保存方法和技巧。

（二）中国的著名"购买"实物分析

1. 工艺品类

典型的有中国象牙雕刻、扇子、景泰蓝、陶器、瓷器、玉雕、石雕、民间工艺品（剪纸、泥人、风筝等）、文房四宝（湖笔、徽墨、宣纸、端砚）等。

2. 主要旅游城市工艺纪念品

北京：翡翠、景泰蓝、字画、古董、皮革、金石印章等；上海：丝织品、茶具、珠宝、刺绣、地毯、中药等；天津：地毯、泥塑、木雕、风筝等；苏州：双面刺绣、檀香扇、真迹拓本、金银制品等；杭州：檀香扇、木制品、龙井茶等；南京：云锦、茶具、雨花石、南京板鸭等；无锡：丝绸、紫砂陶、泥塑等；扬州：漆器、首饰、剪纸等；广州：端溪砚、墨砚、中药等；长沙：瓷器、菊花石雕、刺绣等；桂林：水墨画、竹和柳枝制品等；昆明：铜（斑铜制品）、翡翠、刺绣、围棋等；成都：银制品、陶器、刺绣等；西安：碑林拓本、拓摹本，挂画等；兰州：夜光杯、骆驼毛织制品等；洛阳：仿唐三彩、宫灯等；青岛：啤酒、贝壳制品等；长春：玉石雕刻、羽毛画等。

3．其他具有中国特色的商品

（1）茶叶。中国茶文化内涵很深，导游员要不断积累知识，多看资料、向专家请教、自己多尝试。就知识掌握要求来分析，导游员应掌握以下几方面的知识：第一，茶叶的种植与栽培。在中国许多风光秀美的地区都盛产好茶，如杭州的西湖龙井、太湖的碧螺春、黄山毛峰、君山银针、武夷岩茶等。导游员要注意把茶与风光有机结合。第二，茶叶的分类及制作工艺。不同的茶叶品种不同，制作工艺也不相同，根据制作的不同及商业习惯，我们把茶叶分为绿茶、红茶、白茶、乌龙茶、紧压茶和花茶等。第三，茶叶的发酵与品质、营养成分、功效等。根据游客家乡的环境分析及茶叶功效的对比，同时分析不同地区人们的饮食习惯，向游客讲解茶叶常识。重点分析清楚绿茶、普洱茶、红茶、功夫茶等的区别与功效。第四，掌握中国名茶的名称、制作程序、口味特点等。中国名茶有：西湖龙井、太湖碧螺春、黄山毛峰、乌龙茶、铁观音、祁门红茶、普洱茶等。第五，茶与茶具（与中国陶瓷制品相结合）。第六，掌握不同茶叶的冲泡程序和方法，并与中国文化内涵相结合——茶艺、茶道。第七，掌握品茶的要素，即看、闻、品、心。第八，茶经与陆羽。第九，各地饮茶习俗（特别是民族地区的饮茶习俗）及习俗与地方文化的关系。例如云南白族的三道茶、佤族的烤茶、藏族的酥油茶等。第十，茶叶质量鉴别与茶叶购买常识。第十一，茶的趣事传闻。如茶叶的起源、茶马古道、茶与经济贸易、茶与生活、茶与禅、茶与名人、茶诗、茶歌等。

（2）酒。酒是中国传统的旅游商品，许多游客自身会喝酒，但对中国的酒及酒文化了解并不多。导游员应掌握中国酒文化、中国名酒分类、酒的酿造、中国与西方酒文化差异、品酒方法、名酒鉴别等方面的知识。表3-1为我国名酒中主要的香型及代表名酒。

表3-1 我国名酒中主要的香型及代表名酒

香　型	特　点	代　表　名　酒
酱香型	酱香突出、幽雅细致、酒体醇厚、回味悠长	贵州茅台、四川古蔺郎酒等
浓香型	窖香浓郁、绵柔甘洌、香味协调、尾净余长	泸州老窖特曲、五粮液、古井贡酒、全兴大曲、剑南春、洋河大曲等
清香型	清香纯正、口味协调、微甜绵长、余味爽净	陕西汾酒等

续表

香　型	特　　点	代 表 名 酒
米香型	蜜香清雅醇和、入口柔绵、落口爽冽、回味怡畅	桂林三花酒
其他香型	同时兼有两种或两种以上香型或其他香型	遵义董酒、陕西西凤酒

（3）丝绸织绣。丝绸是我国古代劳动人民的伟大创造，是中华民族贡献给人类的宝贵礼物。自古代就有皇帝的妃子嫘祖教民养蚕、缫丝、织绸、制衣的传说，甲骨文中就有桑、蚕、丝、帛等文字。汉代通过著名的丝绸之路将丝绸传入了中亚、西亚，再转运到欧洲、非洲。中国丝绸曾使外国的贵族们为之惊奇和倾倒，它在中国人民和世界各国人民之间铺设了友谊的桥梁。蚕丝纤细、光洁、柔软；耐热耐磨，耐酸耐碱，绝缘排湿，富有弹性，是最优越的纺织原料之一，被称为"纤维皇后"。蚕丝织成绸缎美丽多彩，从古到今都是高贵的织物。中国著名的丝绸、织品：三大名锦——云锦（产于南京）、宋锦（产于苏州）、蜀锦（产于四川成都）。四大名绣——苏绣、湘绣、蜀绣、粤绣。杭州的织锦、苏州的塔夫绸、潮汕抽纱、胶东花边、常熟捏绣、萧山花边等。织锦——壮锦、傣锦、苗锦、黎锦、侗锦、瑶锦、土家锦等。其他织品——蜡染、扎染等。

（三）导游讲解示范：玉中之王——翡翠

各位团友，大家好！

今天是各位到昆明游览的第二天了。我知道，各位游客都希望能购买到地方特色明显、美观、便于携带的纪念品，如果同时既具有文化内涵又具有保值功能的话就更受欢迎了。我说得对不对？

那云南有没有这样的商品呢？

有，而且很多，但最有特色的就是有"宝石皇后"、"玉石之王"美誉的翡翠。

说到玉石，在我们中国人心中，它不仅是一种"石头"，或者说是简单的珠宝，它是一种文化。中国素有"玉石之国"的美誉。玉文化是中华民族灿烂文化的重要组成部分，也是人类艺术史上的光辉成就。"除了玉，没有哪一项艺术品类可以延续如此绵长的时间，可以涵盖如此广阔的空间，具有如此大的生命力。"在人类历史上，用玉崇玉，把玉变成一种文化，融入其精神世界和传统文化的民族，只有中华民族。在汉字中，与玉有关的字多达214个。玉是被东方人神话了的物质。我国产玉石的地方很多，如广东有"信宜玉"，新疆有"和田玉"，辽宁有"岫岩玉"，河南有"独山玉"，陕西有"蓝田玉"，湖北、陕西、安徽有"绿松石"，宝岛台湾花莲县有古玉矿等。

在玉石中能称"玉石之王"的只有翡翠，然而翡翠作为中国玉文化的组成部分，却只有三四百年的时间，但其辉煌的历史足以令其他的玉石为之美慕，有比软玉有过之而不及的荣耀。

什么是翡翠呢？

翡翠是一种玉石，那翡翠之名因何而取呢？在中国古代，翡翠是一种鸟的名称，毛色十分美丽，通常有蓝、绿、红、棕等颜色。一般，雄鸟为红色，谓之"翡"；雌鸟为绿色，谓之"翠"。唐代著名诗人陈子昂曾在《感遇》一诗中写到"翡翠巢南海，雌雄珠树林……旖旎光首饰，葳蕤烂绵衾……"诗人赞美翡翠鸟是一种很美丽的宠物，其羽毛可以做首饰。

到了清代，翡翠鸟的羽毛被作为饰品进入宫廷，尤其是绿色的翠羽深受皇宫贵妃们的喜爱。她们将其插在头上作为发饰，故其制成的首饰名称都带有翠字——钿翠、珠翠等。与此同时，大量的缅甸玉通过进贡进入皇宫深院，为贵妃们所宠爱。由于其颜色也多为绿色、红色，且与翡翠鸟的羽毛色相同，故人们称这些缅甸玉为翡翠，渐渐地在中国民间传开了。从此，"翡翠"这一名词就由鸟禽名转为玉石的名称。

翡翠的英文名称为 jadeite，源于西班牙语 pridra deyiade，其意是指佩带在腰部的宝石，因为在 16 世纪，人们认为翡翠是一种能治腰痛和肾痛的宝石。在我们中华民族中，翡翠是继软玉之后，人们最为喜爱的玉石。人们赋予它神奇的文化内涵，构成了中华民族源远流长的玉文化，翡翠几乎成了现代人心目中神的化身、玉的代名词、希望和追求的动力。

翡翠在宝石家族中与钻石、红宝石、祖母绿一起被称为四大名宝石，在东方位居极顶。那翡翠产在哪里，又是怎样被发现的呢？

很多人都认为云南产翡翠，或认为翡翠产在云南的边陲重镇腾冲。其实不然，那这神奇之地在哪里呢？

有一个民间传说，太阳神带了三个"蛋"给自己的女儿，女儿带着出嫁，嫁到哪里，哪里就出产翡翠、宝石和黄金。太阳神的女儿嫁到哪里了呢？她带着三个蛋，嫁到了今天缅甸的勐拱一带。

据《缅甸史》记载，公元 1215 年，缅甸勐拱人珊尤帕受封为土司。传说他渡勐供河时，无意中在沙滩上发现了一块形状像鼓一样的玉石，惊喜之余，认为是一个好兆头，于是决定在附近修筑城池，并起名勐拱，意指鼓城。这块玉石就作为传世之宝为历代土司保存。这里就成为了玉石的开采之地。

翡翠的另一传说起于云南。据英国人伯琅氏所著一书中称，勐拱所产之玉石，实为 13 世纪中国云南的一驮夫所发现。据传，云南商贩沿着已有两千余年历史的西南丝绸之路与缅甸、印度（天竺）等国进行交往和贸易。一位云南驮夫为平衡马驮两边的重量，在返回腾冲（一说是保山）的途中，在今缅甸勐拱地区随手拾起路边的石头放在马驮上。回家后御下马驮时一看，途中捡的石头原来是翠绿色的，似乎可作为玉石，经初步打磨，果然碧绿可人。其后，驮夫又多次到产出石头的地方捡石头到腾冲加工。此事得以广为传播。吸引了更多的云南人去找绿石头，然后加工成成品，经过滇、粤传到沪等地。这种绿色的石头就是后来的翡翠。

勐拱现属缅甸克钦邦，素有"玉石之乡"的美称，市民大多从事玉石开采、加工和制作。勐拱又是琥珀和黄金的重要产地。

由于云南腾冲靠近密支那，有人认为腾冲出碧玉。据道光《云南通志·食货志》记载："自元代开滇以来，数百年间，产于北缅甸之珠宝玉器玛瑙琥珀之属，因交通发达，愈为内地人所注目，商人采玉，转贩各处，云南地当中介，为重要市场，故购买珠玉者，辄或疑云南为其产地。" 1885年，英国侵占缅甸，从此翡翠产于缅甸成为固定的说法。

目前，全世界仅有缅甸、日本、美国等地产出，但作为宝石级的翡翠原料仅产于缅甸。

说得这么热闹，我想大家一定还想知道翡翠是怎么形成的吧。

翡翠是在低温高压下形成的矿物集合体，其原生矿的围岩为蛇纹岩化的橄榄石，因此，国外的一些地质学家认为，翡翠是花岗岩类的岩脉、岩墙、岩株侵入到超镁铁质的蛇纹石化橄榄岩中，经双交代作用产生的，属气成热液交代型矿床。

通过前面的介绍，各位朋友对翡翠的来历和形成应该有了初步的了解。

"如果我想购买翡翠，如何判断其价值和真伪，在购买时要注意些什么问题？如何判断其好坏呢？"

这位朋友问得好，这也是每个想购买翡翠的游客所关心的问题。现在我就给各位介绍一点关于欣赏翡翠的常识。欣赏翡翠主要记住几个方面，即"色、种、水、瑕及工艺"。

（1）色。翡翠的颜色较多，常见的有：绿色、红色、黄色、紫色、灰色、白色等。颜色不同，特色也不同。通常所说的色则专指绿色。翡翠颜色的价值，以"浓、阳、正、和"的绿色为贵，在国际市场上享有"东方瑰宝"的美誉。大自然神秘的创造力使翡翠具有各种神奇的色彩：绿、黄绿、黄、红、紫、灰、黑、白等都有产出。绿色是其最美丽的色彩，尽管人们用很多修辞的方法，找出了如祖母绿色、阳俏绿色、秧苗绿色、苹果绿色等字眼，但仍无法将翡翠的绿色一一包含。在古代，人们喜爱苍色和黄色，那是因为苍色喻天、黄色像地，反映了古代人对广阔的苍穹和丰富的厚土的无限仰慕以及感谢之念。而现代人喜爱翡翠的绿色，是因为绿色犹如春天、生命，寓含了大自然勃勃的生机以及人们对美好生活的向往，在人们摆脱了对大地和苍穹的神秘感后，追求丰富的生活，昂然的生机，那是最自然的事。大自然造就的这种色彩的变化是中国人爱之不倦、为之沉迷的内在原因。

（2）种。"种"是翡翠的绿色与透明度的总称，也是翡翠结构与质地的表现形式，是评价翡翠优劣的一个极重要的标志。懂得欣赏翡翠的人，非常重视选择种好的翡翠，有的人似乎将种看得比颜色还重要，故有"外行看色，内行看种"之说。行内还有句话就是"种好遮三丑"，指的是有种的翡翠不但可使颜色浅的翡翠显得晶莹漂亮，而且可使不够均匀的颜色由于相互映照而显得均匀。质地细腻、致密、均匀透亮为好种；质地粗糙、结构松散、肉眼可辨颗粒者为次种。

传统上一般将翡翠分为老种、老新种和新种，也有的称为老坑种、旧坑种和新坑种。老种就是指那些结构致密、绿色纯正、分布均匀、质地细腻、透明度好、硬度大的一类翡翠；新种指翡翠的玉质疏松，透明度差，晶体颗粒较粗，肉眼能见翠性；老新种则介于二者之间。种的新老并不代表翡翠形成时间的早晚，而是反映了翡翠后期改造的完全与否。根据翡翠的色、透明度和质地等特征，也可将翡翠分为老坑（玻璃）种、冰种、芙蓉种、金丝种、干青种、花青种、豆种、油青种、马牙种等。

（3）水。翡翠的透明度俗称"水头"，透明度高的翡翠显得非常晶莹透亮，有种"水汪汪"的感觉，行话形象地称之为"水分足"，它能够将翡翠的绿色映照得更加美丽、滋润、令人陶醉。水头好的翡翠，其颜色是活的而且具有动感，这是因为光线进入翡翠之后无数的小晶体产生折射的结果。如果光线大部分不能透过翡翠的表面，翡翠的颜色就显得死板、呆滞、不吸引人，行话称之为"水不足"或"干"。透明度高，水透水亮为水头好。一般种好者则水头好。透明度差，不透亮为水头干。透明度是评价翡翠不可缺少的重要因素之一，它对翡翠颜色的表现有很大的影响。在一定的颜色条件下，透明度越高，颜色越美观，价值也就越高。相反，若翡翠自身的颜色很差，即使透明度很好，其价值也有限。此外，对于不同类型的翡翠饰品，透明度对颜色的影响也是不同的：如戒面、耳环和小件的首饰，翡翠的颜色就比透明度重要；而手镯、挂牌等大件的首饰，在某种情况下透明度就显得比颜色更为重要了。根据翡翠的透光程度，可以将翡翠的透明度大致分为透明、较透明、半透明、微透明和不透明五种类型。

（4）瑕。翡翠内部瑕疵的多少以及裂绺的发育程度，对翡翠原料来说影响其成材率，对翡翠制成品而言则影响其完美度。翡翠的瑕疵有"黑斑"、"白棉"、"云雾"、"筋柳"等，它们的成因比较复杂而且多样，一般有以下几种类型：

① 自身矿物颜色深浅分布不匀而引起的。
② 由共生矿物及蚀变矿物引起的，如长石角闪石、辉石和沸石等。
③ 次生矿物如褐铁矿等沿裂隙分布而成。

无裂无瑕为上品。具黑、脏、裂柳为次。自然界所产出的翡翠十全十美者甚少。

（5）工艺。设计精巧，做工精细，抛光认真为好。反之则为次。

国家技术监督局根据目前市场上所售的翡翠饰品，颁发了三类技术标准，即A、B、

C货。此标准并不代表翡翠的等级,现将翡翠的A、B、C货简略介绍如下。

① A货。翡翠A货(市场上也称为老玉)是指没有经过人工优化处理的天然翡翠,就是除了常规的雕琢研磨抛光程序外,不进行其他人为美化伪装的翡翠饰品,原来是什么样,成品还保持什么样,这样才能保证人们追求的珠宝玉器本质长久不变,也才能达到保值增值、润肤养颜、趋吉辟邪的作用。天然翡翠原料的制成品。其质地及颜色没有经过人为的改造,保持其天然的本质。此类饰品,随着佩戴的时间加长会更加水润光亮。高档的翡翠具有保值和投资性。在出售标志时可不必加注"天然或A货"字样。如标志为"翡翠手镯",其一定为天然或A货。

② B货。对底子脏、灰黑、水干、具绿色或深色的低档翡翠原料或半成品,进行人工化学、物理方法的处理,可增加其透明度,外观较好,又透又亮,同时能使原有的色更为好看。这种人工的强烈的腐蚀处理,破坏了翡翠的原始结构,使其变得疏松,因而多要充填有机胶加以粘固。这样就降低了本身质量,改变了翡翠原有的光学与物理性能。失去了它自身的真正价值。翡翠B货的缺点有三种:一是易碎易折,如互相轻碰发音短促无清脆声。二是老化褪色(时间一般为三至五年),老化后一文不值。三是优化过程使用"王水"等化学腐蚀剂,佩戴在身有害无益。目前市场上又出现了用水玻璃或有机硅取代环氧树脂做加固充填材料,让人更难识别了,但是它使翡翠本质遭到了破坏,无法弥补。

③ C货。是在B货的处理基础上再人为地将无色或淡色的翡翠加染成艳丽漂亮的色彩,所加颜色有红色或绿色。对于B、C货来说,国家标准已有明确规定,在所售的货物名称上必须标注"翡翠优化(处理)",否则就是以劣充真充好之欺诈行为。

因此各位在购买翡翠的过程中,最好到正规的商店购买,而且要看清货物的名称,注意识别。

如何判断翡翠的价值呢?

说到翡翠的价值与价格,关于"黄金有价玉无价"的说法几乎无人不知。对于消费者来说,买到一件翡翠成品,问张三,张三说值一千,问李四,李四说值六百,问十个人,十个人有十种不同的回答,于是"玉无价"就成了一种无奈的回答。对于商家来说,同一件翡翠成品,在十家店可能有十种价格。

在购买翡翠时,有购毛石和购买成品两种。购买毛石人们一般称之为赌石,专门从事玉石买卖的商人才参与赌石,赌石需要丰富的经验、资金,更重要的是运气,关于赌石的故事如果大家感兴趣的话,我以后会慢慢讲给大家听。现在我主要给各位介绍一点购买翡翠饰品和工艺品的情况。

在购买翡翠饰品、摆件时,首先了解翡翠的品质,购买A货;第二,分析翡翠的文化内涵，特别是玉器的纹饰含义，如佛保平安、葫芦代表有福有禄、竹子代表职位高升、豆英代表财运亨通、平安扣保平安、蟾蜍辟邪、天禄辟邪保禄……玉代表了人们的美好愿望；第三，要了解翡翠的鉴赏要诀，色、质、地等；第四，要看你的购买动机和用途；最后，还要看个人的喜好与"玉缘"。

在所有做首饰的材料中，玉与人最亲也最近。金钱是钱，钻石是价，而玉，是生命。信不信？握玉在手中，轻轻地抚摸再抚摸，就像抚摸自己光滑的肌肤柔软的心。你会发现玉是活的，有体温有心跳，有温润的水分，正和着你的思绪在共鸣。能够让玉常常贴着肌肤最好，玉不会辜负你丝丝缕缕的滋养，就像有灵性的鸽子，即使放飞也记得回家。经过你手的玉，必定会留住你生命的信息。

在漫长的历史进程中，人类把自己的理想情感和冲动反映在玉石翡翠上，而由此产生的雕刻艺术，通过千百年来的发展达到了博大精深，尽善尽美的境界。从华夏祖先的原始图腾崇拜到奴隶社会，封建社会视美玉为权力和财富、和平与吉祥的象征，从宗教道德标准到艺术美学价值，美玉翡翠被人们倾注了太多太多的文化品位。玉可比人，玉可喻事，玉可祭天地，玉可寄托思想，玉可保健辟邪，玉可增值保值。玉文化千百年来对中华民族的精神、意志、道德、哲理产生着巨大的影响，人们对玉的珍视达到了无比崇高的地步，由此产生了"君子比德于玉；君无故玉不离身"的古语。

翡翠是一种人们喜爱的石头，它光润、色泽鲜艳、美丽动人。它与其他玉石一起在中国历史的长河中构成了独特的文化；它不仅是一种美丽的石头，而且在人们的心目中还带有神秘的信仰和附托。更为甚者，它还带着强烈的政治经济色彩，在玉的精神中，深深地烙下了人类历史发展中政治经济文化发展的印痕。

可以说，由于翡翠加入玉石文化行列，使我们中华民族玉石文化内容更丰富，更博大精深，更能抚古思今之多彩，抚今而思古之悠远。由此推动着珠宝玉石文化的不断发展。

第六节 "娱"的服务与讲解

一、旅游活动中的"娱"

人们外出旅游，在参观游览风景区（点）获取知识和审美体验、品尝美食、购买特色商品、体验一种新的环境和氛围、了解当地风土民情的同时，游客们还有娱乐的需求与动机。通过观赏和参与娱乐活动及相关项目，游客不仅能获得新的体验、了解更多的异域文化，更重要的是通过娱乐和休闲真正放松自己。大部分游客都愿意了解和参加娱乐活动。例如许多外国游客到北京后愿意到老舍茶馆品茶听京戏，游客到达云南丽江后，都愿意聆听"东巴音乐"、看"丽水金沙",游客到达西双版纳都希望能体验泼水的乐趣……

娱乐活动分两种,即欣赏性活动和参与性活动。无论哪一种娱乐活动,导游员都应根据游客的要求和旅游活动计划的安排尽职尽责地为游客服务,使游客在娱乐中有所收获。

二、"娱"的安排——导游员在游客娱乐活动安排中的注意事项

1. 娱乐活动要与游览相结合,晚间活动要有"度"。"娱"实际是整个旅游中的消闲,所以,要在"娱"中休息好,保证第二天游客更有精神和体力,"游"得更好。游客外出旅游,"游"是活动的核心。

游客外出旅游的时间有限,通常白天会有一些参与性的娱乐项目,一般情况下,娱乐活动往往安排在游览活动结束之后。在为游客安排相关娱乐项目时(无论是计划内还是计划外),都要注意游客体力,安排娱乐项目以轻松愉快为主,可安排游客欣赏当地特有的戏曲、民歌等,时间不应太晚。提醒游客避免通宵玩扑克、打麻将。

2. 活动内容应突出地方文化特色,根据不同层次游客的要求,开展讲座、观看文艺演出等活动。导游员根据不同游客的特点和文化水准、游览动机,相机安排娱乐项目。例如针对外国游客,导游员可以为其安排"晚间讲座",这样既丰富了游客的晚间活动,又可提高导游员的知识水平,既可导游员自己讲,也可根据游客的要求,通过旅行社聘请相关专家做专题讲授。

导游员要对不同地区的娱乐项目有个全方位的了解,特别是全程陪同,要避免重复安排娱乐项目。一定要突出地方特色、民族特色,使娱乐项目真正起到"娱"的作用,同时可把娱乐项目作为游览活动的延伸和补充。例如在云南旅游,白天参观景点的过程中,结合景点导游介绍到了民族歌舞和婚庆娱乐的知识,游客并没有感性认识。晚间通过观看民族歌舞表演(最典型的为著名舞蹈家杨丽萍编导并主演的《云南映像》),通过对大型原生态民族歌舞的观赏,游客能具体感受到云南民族文化的博大精深,真正认识云南作为歌舞之乡的地位。

3. 劝阻游客到不健康的娱乐场所,对海外游客要讲清我国的相关法律、法规。

三、"娱"的服务与讲解

(一)欣赏性娱乐活动

1. 组织安排

欣赏性娱乐活动,主要以观赏表演为主,例如地方戏曲(北京的京戏、安徽的黄梅

戏、上海的沪剧、杭州等地的越剧、四川的川剧、河南的豫剧等）、历史性的歌舞（如仿唐乐舞等）、民族歌舞、民间娱乐表演（如武术、杂技、洞经音乐等）。导游员在具体服务中，要根据计划安排，坚守岗位、引导游客观看演出、熟悉演出场地、保证游客安全。

2. 导游服务与讲解

游客提出参加娱乐活动时，导游员可以为游客购票，与司机约好出发、停车地点和返回时间；全陪、地陪和领队相互配合避免游客走失；提醒游客集合的时间地点，交代游客如何避免走失。

由于在观看节目过程中不便于临场过多地讲解，而游客特别是外国游客对相关戏曲了解不多，为了让游客尽兴，从观看节目中了解中国历史文化和地方民族文化的精髓，导游员事先对有本地特色的表演和剧目的内容、特色有一个详尽的了解，同时还应把握观看节目的技巧，在恰当的时机向游客讲解介绍。通常是在前往观看节目的途中先作一个概述性的介绍；游客看完节目后，作总结性讲解，同时回答游客的相关问题。

（1）知识要求。主要有以下几点：

① 对于戏剧艺术——全面了解演出的剧目、剧种特点、历史背景、人物刻画、场景布局、服装道具、角色内涵、舞台文化、民俗风情、表演技巧、观看细节、故事情节等；

② 对于歌舞表演——历史进程、歌舞内涵、服装变化、动作要领、文化展示、歌舞来源、表达含义、表演程序、观赏途径、细节要点、舞台道具、肢体语言等；

③ 对于传统工艺的讲解——工艺名称、用料要求、历史发展、现实意义、文化价值、实用价值、艺术价值、操作工艺、制作程序、特色与地位、优点与不足、保存价值等。

导游员要不断积累，"杂家"与"专家"的结合才能向游客提供优质的导游讲解服务。

（2）导游讲解的要求。主要包括简明扼要，通俗易懂；突出要点，语言规范、形象；声情并茂，模拟"表演"。

（二）参与性娱乐活动的服务与讲解

1. 休闲娱乐活动的导游服务

这类活动的形式与内容较多，通常在游客时间较为充裕时安排，主要形式有：骑马、民族节庆活动参与、民族体育项目参与、垂钓等。这类活动较为休闲，在安排过程中导游员首先要向游客讲清注意事项，包括安全的保障、活动技巧、注意尊重民族习俗等。

导游讲解内容要求：全面了解游客所参与项目的注意事项；把握安全问题；项目的发展历史和特点；项目进程安排；活动的技巧；项目与当地民族、民俗的关系等。

2. 自娱活动

游客外出时，往往是一些相对熟知的朋友组合成团队，其中有同学、朋友、同事、亲友等，或由于旅游的缘分，来自各地的人们在游戏目的地相会成为"旅友"进而成为好朋友。在旅游期间，他们会通过自娱自乐的方式加深情感、增进友谊，使旅途更愉快。常见的游客自娱方式主要有聚餐和舞会。

在不影响正常旅游行程、不违背法律和相关规定的前提下，导游员应尽可能地协助游客安排相关事宜，在实际工作和导游讲解中，注意自己的身份，做到为大家服务，不卑不亢、有礼有节、把握分寸。

3．特种娱乐项目

随着旅游活动的深入开展，各种特色专项旅游项目逐步引起了游客们的重视，特别是一些以求奇和寻求特殊刺激为目的的游客，开始寻找一些能挑战自我的特色项目，探险旅游就是这群特殊游客所寻求的"娱乐"。

探险旅游活动类型多样，但由于在具体活动实施中，需要有特殊的装备和技术、技巧，不是普通导游和普通游客所能具备的。因此，关于特种旅游活动导游将有专门章节作分析论述。

本章小结

吃、住、行、游、购、娱六要素是旅行社组合旅游产品、导游员安排旅游活动、进行导游讲解服务中必须重视的方面，同时也是导游员提高自我工作技巧和艺术应当依据的六个方面。六大要素相互关联，只有做好六大要素的服务和讲解，才能真正令游客满意，同时认可旅行社和导游员的服务质量。

关键概念

吃、住、行、游、购、娱导游

课堂讨论题

1．对比分析导游员安排"吃、住、行、游、购、娱"活动技巧的异同。

2．如何根据当地的实际向游客讲解介绍特色饮食？

3．选择一篇导游词，分析导游讲解方法的运用情况。

4．是否该向游客提供购物服务，讨论购物服务的要求有哪些特点。

复习思考题

1. 如何灵活运用"吃"的讲解艺术和技巧？
2. 导游员在旅途中为游客安排餐饮时应注意哪些问题？
3. 讲解介绍饭店的主要内容有哪些？
4. 市容导游的要求和内容是什么？
5. 如何引导游客正确地观景审美？
6. 导游员在提供"游"的服务时，进行实地讲解应注意的主要问题有哪些？
7. 在向游客介绍特色商品时，针对所要介绍的商品，导游员应做好哪些方面的知识准备？（举例说明）
8. 欣赏性娱乐项目对导游的要求是什么？

实训

1. 教师安排一次就餐活动。可以安排在旅游专业实习餐厅，并请其他专业同学配合；提前把相关菜单发给学生，由学生进行现成讲解。
2. 在当地选择几家酒店，同学分小组分别进行调查和总结；回到学校后，在模拟导游实验中，选择小组代表进行模拟介绍和讲解；其他小组同学以游客的身份提问。
3. 安排一次实践教学，利用流动实验室（由大巴车改装），教师和学生积极配合，进行一次真正的当地"市容导游"。
4. 教师先让学生到旅游购物商店，了解当地旅游商品的销售情况，同时收集资料；回到模拟实验室进行模拟讲解（注意特别处理好"游"与"购"的关系）；组织学生讨论关于游客购物与导游回扣问题。
5. 组织学生观看一次当地具有代表性的文艺演出，总结分析、撰写特色导游词、实验室现场讲解分析。

下篇

典型旅游景观导游讲解

第四章　景观与景观导游

引　言

　　参观游览是旅游活动的核心内容，是导游服务，特别是导游讲解服务的核心。游客离开自己的居住地，来到目的地旅游，主要目的就是观赏各类景观，同时在观赏中获得美的体验和享受、获取日常不易接触到的知识和特色文化、参与特殊的活动项目，最终满足"新"、"奇"、"知"、"乐"、"自我实现"等旅游动机要求。这一切都有赖于导游员优质的服务和对旅游景观有针对性的、精彩的导游讲解服务。

学习目标

　　1. 熟悉旅游景观的基本含义和景观组合特点，为景观审美和讲解打下理论基础。
　　2. 了解自然和人文景观的审美要素和景观构景特点。
　　3. 掌握自然和人文景观导游讲解的基本要领和讲解要求。

教学建议

　　1. 本章内容以理论分析为主，因此教师在授课过程中，主要以课堂讲授为主，提高学生的理论分析能力和总结能力。
　　2. 本章是一个承前启后的章节，在授课中要同时注意知识的沟通和组合。
　　3. 在景观美学特征分析时，应准备相关的图像资料，尽可能运用演示法和启发思维法。

第一节　旅游景观概述

一、旅游景观含义及景观组合

（一）"景观"的含义

　　人们以各种方式感受景观，感受的差异性暗示了审美的不同取向。然而无论取向如何，美学研究的目的在于揭示美好风景的本质以及人们参与其中的方式。比较不同的景观构景机理，有助于我们超越自身的局限，达到深入审美效果。

"景观"一词在英文中最初是指留下了人类文明足迹的地区。17世纪，"景观"作为绘画术语从荷兰语中再次引入英语，意为描绘内陆自然风光的绘画。到18世纪，景观同园艺联系起来，因而具有了人文和设计语意。发展到18世纪时，景观一词已经具有自然和人文双重内涵。19世纪，地理学家洪堡首先将"景观"引入地理学，并将景观定义为一个地域的总体特征。目前，景观在西方称为风景画；在地理学中，景观一词被赋予特殊的学术性含义，是指地球表面各种地理现象的综合体。由于地理现象有两大类，一类是自然现象，另一类是人文现象，所以景观一般也分成两类，即自然景观和人文景观。

在旅游研究领域中，景观是指包括自然、人文在内的吸引物和现象的有规律组合形成的地域体。王兴中教授认为：旅游景观的概念，如果从感应——认知旅游行为的角度出发，其核心内容是旅游者通过视觉、听觉、嗅觉等感官对特定的旅游时间、空间内具有旅游意义的自然、人文复合物象和现象的感知景象。换句话说，旅游景观是指存在于旅游景区内的自然和人文多种因素有规律地组合起来的有形或无形的地域综合体，有自然旅游景观和人文旅游景观之分。

景观是游客观赏审美的主要内容，带领游客观景赏景、向游客讲解科学知识、传播文化精髓、引导游客娱乐与休闲是导游员的核心任务。要让游客真正实现旅游的动机，向游客提供高质量的导游服务，导游员必须做好景观的引导审美和导游讲解。要讲好景观，导游员要掌握一些旅游景观的理论常识，为实际的景观讲解打下坚实的基础。

（二）自然景观

1．基本概念

自然景观是由自然地理要素（包括土壤、植被、地貌、气候等）为主体构景要素，在特定区域内表现出来的时空美感组合体。正如美国地理学家马特勒所说："影响旅游活动场所的一切因素中，最重要的是自然因素。"自然景观被人们称为旅游的第一景观。

自然旅游景观有地层景观、地质构造景观、山石景观、水体景观、生物景观、天象景观、气象景观等多种组合形式。各种要素的巧妙组合，构成了千变万化的景象和环境，游客们称其为自然风景，这种"风景"具有美学和科学价值，具有旅游吸引功能和游览观赏价值。游客在旅游活动中，通过其视觉、听觉、嗅觉、味觉、触觉、联想等，通过理念的感知和综合分析，从而产生美感并获得精神和物质上的享受。

2．构景特征

（1）稳定性。自然旅游景观要素相互间的关系和功能在一定的干扰情况下不发生相应改变，或者受干扰后的自然旅游景观各要素可以自动恢复到原来状态的性能。这是因为自然地理景观的形成过程历时长、规模大，是人类社会的发展远远不能及的。自然旅游景观的稳定是有一定限度的，尤其空间尺度较小的自然旅游景观。

（2）天赋性。从发生学的角度上看，一切自然景观都是大自然长期发展变化的产物，是大自然的鬼斧神工雕造而成，具有天然赋存的特点，即天赋性，因而它是旅游的第一环境。

（3）区域性。自然景观都是在自然地理环境中经过自然界的"艺术设计"而表现出来的局部空间环境，与周围地理环境有十分密切的有机联系。因此某一特定区域的自然旅游景观是各自然构景要素的外在表现。如山脉集中分布的区域分布有广泛的地层景观、山岳景观；而平原集中分布区则多草原景观。我国风景的"南秀北雄"特征就反映了南北自然景观总的差异。

（4）组合性。不同的自然旅游景观的时空布局，是天然的有机组合。如不同的山水景观与动植物景观、气象气候景观的有机组合，形成风格迥异的旅游景区。各类自然旅游景观又相辅相成、互为依托，使组合而成的旅游景区更具有旅游吸引力。如安徽黄山的魅力在于云海、奇石、怪松的组合；河南云台山的旅游吸引力是由瀑布、山势、植被等共同体现的；云南大理旅游区的自然旅游景观以"风、花、雪、月"为特色。

（5）多样性。自然旅游景观类型复杂多样，如风景名山、急流险滩、高峰绝壁、高原湖泊等。自然景观的这种复杂多样性是由构成自然旅游景观的地理要素的多样性决定的。如构成自然景观的基础要素有：高原、山地、丘陵、平原、水域、岩石、地层剖面、地质构造、峡谷、洞穴等，其中仅构成水域的要素就有河流、湖泊、冰川、泉水、瀑布、水潭、溪流、海洋等八种。这些要素不同形式的组合与排列，形成了复杂多样的自然景观。

（6）科学性。自然景观各个要素之间所具有的各种复杂多样的因果关系和相互联系的特点，反映在自然景观的各个方面。因而自然景观的具体成因、特点和分布，都是有科学道理的。

（7）综合美。从旅游审美的角度上看，一切自然景观都具有自然属性特征的美。在自然景观美中，单一的自然景物，由于构景因素单调，一般来说，它的美是单调的；大多数自然景观美都是由多种构景因素组成的，它们相互配合，融为一体，并与周围环境相协调，所以体现出综合美。

3. 组合形式

自然景观的组合形式复杂多样，有地层景观、地质构造景观、地貌景观、山石景观、水体景观、生物景观、天象景观、气象景观等不同的组合形式。由于地理环境及地质历史时期地壳运动的差异，每一种组合形式又有不同的景观表现形式，承载了不同时期的地质历史事件。例如地质地貌景观又以褶皱、断裂、火山地热、山地形式表现在游客面前，水体景观主要由江河、湖泊、瀑布、涌泉、冰川等构成，这些景观向游客提供了观赏、审美品评的对象。

（三）人文景观

1．基本概念

人文景观，又称文化景观（culturall and scape），是居住于地球表面的某种文化集团为满足其需要，利用自然界所提供的材料，在自然景观的基础上，叠加上自己所创造的文化产品形成的，指整个人类生产、生活等活动所留下的具有观赏价值的艺术成就和文化结晶。人文旅游景观是人类对社会发展过程所创造的文化产品的美感展现，是一定的地理条件和社会环境中人类经济、军事和政治等各项文化活动的积淀与遗存，是人类的遗迹、痕迹、遗址，以及现代人们活动依然使用和创造的各种衣食住行场所和环境。人文景观有历史遗迹景观、宗教景观、园林景观、建筑景观、社会风情以及现代产业景观等，它们是人类历史的见证，在内容、形式、结构、格调等方面都具有历史特点，同时还表现出明显的地域性和民族性。它既包括有形的事物，同时也包括无形的精神，因此涉及面大、范围很广、类型也很多。

人文景观具有明显的时代性、民族性、地方性和高度的思想性、艺术性、活跃性，具有强有力的生命力。同自然旅游景观一样，人文景观可供人们游览、观赏、猎奇，更可以作为考古、教学和科学研究的对象。一个国家或地区独特的民族状况、历史发展、文化艺术以及物质文明、精神文明的内容等，都可以构成人文景观，因此，人文景观同样具有多种组合形式。

2．构景特征

（1）历史性。人文景观多是人类社会发展历史时期的生活事项和行为特征，其内容、形式、结构、格调、布局和风格无不带有深深的历史烙印。如万里长城是历史上我国各族人民抵御"外族"侵略而兴建的防守工程；丝绸之路反映了我国与西域各国进行经济往来物资交流的历史要求；古运河则反映了当时我国东部地区的经济发展和南粮北运的历史事实。人文景观的历史特点，成为现代旅游者了解历史和民族文化的一个窗口，对游客具有强烈的吸引力。

（2）民族性。由于不同民族具有不同的生产生活方式、不同的价值观，所以不同民族所创造的民居、服饰、礼仪、歌舞、生产工具、聚落等人文旅游景观必然要反映本民族的特色和意志。因而，人文旅游景观具有较强的民族色彩。如蒙古族的蒙古包、惠安女服饰、哈尼族的梯田等都体现了该民族的风格特色。也正是这种文化景观在地域上的民族差别，才使旅游业得以生生不息的发展。

（3）地域性。人文景观的地域性主要表现在两个方面：在民族限定的地域内人文旅游景观表现不同，如西北地区的清真寺，西南少数民族地区的竹楼，东南沿海地区客家人的土楼等；由于自然环境条件的差异，导致人文旅游景观的不同，如北京住四合院，陕北则住窑洞；四川喜辣，广州好甜。

（4）科学性。人们在自然界的基础上创造的文化景观具有严谨的科学性，这种科学性表现在地理环境与区域文化景观的和谐，如北方民居考虑干旱、风沙、强日照的影响，而多坐北朝南，而南方考虑气候湿润的影响，多建"干栏式"房屋。此外，人文景观的科学性还表现在工程和造型的合理性与艺术性的有机结合上，如宫殿建筑群的主从、高低、造型、色彩等方面都十分和谐。

（5）继承性与流变性。人文景观的发展是随文化的发展、变迁而发展的。文化是一种历史现象。每一社会都有与它相适应的文化，并随其生产发展而发展。而文化的发展有它历史的连续性，物质生产的连续性是文化历史连续的基础。

同时文化的发展又是一个变化的过程。随着社会的发展，各种文化也在相互融合、交叉，因此从文化发展中产生的人文景观同样也在不断地变化。

（6）垄断性。人文景观是在特定的地理环境和特定历史时期形成的。就其自身文化和观赏价值看，由于地域不同、民族不同、传统文化不同，使各国、各地区的人文景观具有自身的独特性，也即具有垄断性。例如，中国的长城、兵马俑、北京故宫，埃及的金字塔等。

导游员要认真挖掘每一个人工景观的人文内涵，选其精华向游客讲解。

3．组合形式

在不同的地理环境背景下，在不同的历史长河中，人类创造了灿烂的、辉煌的文化景观，并不断地积淀下来，集聚起来，留给后人观赏。任何人文景观的形成脱离不开地理环境的影响，都是经过实践的积累逐渐形成的，都处于不断地发展革新过程中。

人文景观是在人类生产、生活的过程中，积极主动地改造利用自然而形成的景观，包括建筑、城市、村寨、园林、陵墓、遗址等可触、可视的物质旅游景观，同时也包含山水文学艺术作品、民风民俗、民间传说、戏曲、社会风情、少数民族文化等抽象的非物质人文旅游景观。非物质的人文景观大多凌驾于物质景观基础之上，或与物质景观相重合。但无论如何，二者都是不可缺少的。无论是有型的景观还是附载于有形景物上的、无形的人文精神对游客同样具有吸引力，而后者的审美体验必须要有导游员的帮助。

二、旅游景观构景

（一）自然景观构景

1．地质、地貌成景

今天地球上千姿百态的形态，是地球内动力和外动力作用的结果。地球的内动力，是地球内能积累与释放引起的地壳构造运动和岩浆活动等。地球内动力，不仅促成地表基本起伏，而且还决定着外动力的作用性质与程度。因此，地球内动力对自然旅游景观的形成具有一定的控制作用。不同的内动力作用可以形成不同类型的景观，如火山作用形成火山地貌和地热景观，构造运动形成若干断陷湖泊、断块山、峡谷等自然旅游景观，地层作用形成的岩石及地层中的化石等。这些地球内力作用形成的景观都是重要的旅游资源。外动力作用，是在太阳能和重力的影响下，产生的冰川、流水、海浪和风等动力作用。外动力主要起削凸填凹、塑造各种中小地貌形态的作用。

在地貌形成与发展的过程中，地球的内动力作用与外动力作用贯穿始终，但其作用强度因地质、地理条件的不同而不同。当山地处于从弱到强的上升阶段时，虽然伴以从弱到强的外动力剥蚀作用，但外动力不足以抵消内动力的上升，致使山地高度增大，岩石被裸露，发育成各种构造地貌，如高山、断层、峡谷等。当山地上升减弱或趋于稳定时，外动力转而占相对优势，山地被剥蚀而降低，发育成各种外动力地貌，如流水地貌、冰川地貌等。

地貌按其形态可分为山地、丘陵、高原、平原、盆地等。按地貌成因可分为构造地貌和外动力地貌，其中构造地貌有大地构造地貌和地质构造地貌之分；外动力地貌有重力地貌、流水地貌、岩溶地貌、风沙地貌、黄土地貌、冰川地貌和海岸地貌等不同外力作用形成的地貌类型。

地质、地貌的具体成景作用包括：

（1）大地构造成景。主要由于地球内力作用所构成的景观，例如岩石圈的张裂、火山活动、地震、板块运动等作用。

（2）地质构造成景。主要包括山体成景、断层成景、节理成景等成景作用。

（3）地球外力成景。地球外力作用类型多样，主要包括重力作用、流水作用、喀斯特作用、冰川作用、风沙作用和潮汐作用等。

2. 气象、气候成景

气象是指包围地球的大气层经常产生的各种物理现象和物理过程。由于地球表面各处受太阳辐射不尽相同，从而造成大气温度、密度和压力的差异，并由此产生上升下降的对流和大气环流，形成各种不同的物理状态和现象，即各种气象特征。气候是地球表面的某一个区域内多年气象变化规律的综合，是自然地理系统的重要组成部分，是由大气温度、大气湿度、风速等要素共同体现的。其形成与大气过程、动力过程以及下垫面因素密切相关。不同的气候特征可以表现出不同的体感效应，如舒适凉爽的春秋天、炎热的夏季、寒冷的冬季。人们经常可以感受到的气象现象有：云、雨、风、霜、雪、露、雷鸣、闪电、冷、热、干、湿、虹、霓等；另有一些罕见的、稀奇的气象现象，如极光、佛光、蜃景、虹霓等。每一种气象现象都有其特殊的形成过程。

3．生物成景

生物是自然界最具活力的因素之一，包括动物、植物、微生物。无论是植物、动物、还是微生物，都经历了难以计数的地内与地外各种灾变事件的洗礼而得到发展和进化直至形成今天这个多姿多彩的生物圈。

在各类生物中，最能吸引游客、给人印象最深刻的是植物。它既有美化环境、装饰山水、分隔空间、塑造意境的群体造景功能，又有以古、稀、奇、秀、色、相等个性特点招引游人的独特功能。动物造景比植物更灵活，种类更多也更复杂，有生活习性、形体特征、兽声鸟语、色彩神态、珍稀物种、营养理疗等多种造景因素。习性与形体主要是指动物的生活习性和体态特征，每一种动物都有自己特有的生活习性和生态环境。

4．水体成景

水体造景以形成观赏型景观为特征，突出体现了水体的美学价值。游人通过观赏水体景观以获得美感和愉快感。观赏型水体景观的美学特征具体体现为形态、声响、色彩、影像四个方面。

地球上的水体分布有各种各样的形态和姿态。海洋、湖泊表现为环形、片状风貌，江河、涧溪则以径流、带状和弯曲状运动展其风采，而瀑布、泉水则以上下运动显其风韵。在不同的动力和重力作用下，不同的水体便会产生其特有的声音，形成不同的声响美。

水，其本质是无色透明的液体，但各种色彩可以通过水的反射、折射或吸收作用产生特殊效应，同时也可以融入、混入某些色素物质，而显现出五彩色调，进而构成水体的色彩美。大海由于海水吸收光谱的作用而成为蓝色，有时在蓝天的映衬下则反映为湛蓝。世界上有很多海、湖、河的名称来历与其颜色有很大关系，如我国的黄海、黄河因黄土泥沙使其混浊呈现出黄色而得名。中东地区的红海，乃是大量藻类死后变成红褐色而命名。"蓝色的多瑙河"与波罗的海的蓝色与水草效应有关。黑海则因水中缺乏氧气淤积了大量黄铁矿微粒的泥质沉淀物而成黑色。

当无色透明的水体与环绕水体的景物相近或相邻时，在水面上便会映射出景物倒影或影像，使水体呈现影像美。如青山绿水、小桥流水、水中望月、水中倒影等，都是水体所呈现的影像美的体现。

（二）人文景观构景

1．历史遗迹成景

历史遗迹是人类文明活动的踪迹，它反映不同历史时期的文化和事件，是旅游者凭吊古人的媒介。作为旅游资源，若保存完好、历史意义深远，旅游价值甚高。具体包括：古人类遗址、陵墓、古城等成景类型。

2．建筑成景

建筑是文化景观中最具有说服力和代表性的因素之一。世界各地的人们都在各种各样的生活和生产活动中创造了具有本民族地域特色的建筑文化。建筑成为了历史文化的重要承载体。具体内容包括：古代建筑成景、大型工程成景和民居成景、园林成景等类型。

3．宗教成景

宗教是人类社会发展到一定阶段的一种意识形态，是人类历史长期普遍存在的社会现象。世界各国各地区的宗教建筑保存较为完善，往往体现着时代的建筑艺术高峰，宗教艺术成就及宗教活动对游客都有较强的吸引力。

4．文化艺术成景

文化艺术是人类文明的重要组成部分，包括音乐、诗词、小说、散文、游记、神话传说、戏剧、舞蹈、绘画、书法、雕塑、碑记、楹联、工艺品、电影、电视等。

文化艺术将各类景观的特色加以描绘、点化，给游客留下深刻的印象，让游客未见真实面目，早已神往。文学艺术的渲染能够大大提高旅游目的地的知名度，增加旅游地的感知环境。文化艺术本身就是旅游资源，它与其他资源景观相互交融，能激发游客的美感，有较强的感染力。

5．社会风尚成景

几乎每个民族都有着自身与众不同的风俗习惯。社会风尚是一个地区民族在特定的自然和社会环境下，在生产、生活和社会中所表现的风俗习惯，它以民俗风情为主体，反映社会风貌、社会教育，能使游客获得与众不同的感受，满足其猎奇心理。其景观构成主要有民风民族成景、饮食文化成景以及民间特种工艺品景观等。

6．现代人造吸引物成景

随着现代旅游业的发展，游客对景观的需求也在不断地产生新变化。在科学技术高度发展的今天，人们可以通过不同的手段和方法，创造性地建设一些具有特殊吸引功能的景观。代表性的有人造公园、主题公园及娱乐场所、农业旅游和工业旅游地等。

第二节　景观赏析与导游

一、景观类型

了解景观的类型，有助于导游员掌握和选取有价值的信息，灵活组织导游讲解内容。

（一）自然景观的类型

1．依据开发利用情况划分

（1）原始自然景观

原始自然景观指以纯自然美为基本特征的景观，这类景观大都分布在我国的西部和边远地区。原始自然美之所以原始，是因为它们深藏于崇山峻岭之中，交通不便，人烟稀少，不易发现，因此历史上人为干扰较少，才使其原始风貌保持至今。像珠穆朗玛峰奇景、东北的林海雪原、四川的稻城亚丁、西藏的雅鲁藏布江大峡谷以及边远地区的自然保护区等，都属于原始自然景观。

（2）人文点缀自然景观

人文点缀自然景观指主要分布在我国东部经济较发达地区的自然景观，这类景观大都经过了人类的加工。但这些加工都保持了自然美的原形，只是根据自然景物的特点，合理布局一些人文构筑物。这些人文构筑物，不仅没有破坏自然美，反而使自然美的个性更加突出。如列入《世界遗产名录》的黄山、峨眉山、泰山、武夷山、庐山、青城山等都属于人文点缀自然景观。

2．根据构景要素及景观特征划分

（1）地质地貌景观

地质地貌景观包括一些特殊的地貌类型和地质景观。其中对游客吸引力较大的是山岳景观。地质地貌景观是其他类型景观形成的本底，有较高的游览价值，深受游客的欢迎。

（2）水体景观

水体景观主要包括地球表面的各种液态及固态水体景观。液态水体的景观组合包括江河、湖泊、流泉、飞瀑和海洋；固态水体景观主要指各类冰川。

（3）生物景观

生物景观包括动物和植物景观。

（4）气候和气象景观

气候往往作为区域景观的背景景观而存在，而天象景观则直接作为游客观赏的对象。同时短暂的天气对游人的出行有较大影响。

（5）宇宙天体类景观

宇宙中的天体，如太阳、月亮等与地球息息相关，它们不仅成为地球上诸多景观形成的诱因，同时本身也是地球人类观赏的对象。从古至今，关于天体的传说故事不胜枚举，它们与地球文明和人类文化有着不解之缘。

（二）人文景观的类型

1．从资源的角度划分

从资源的角度划分，人文景观可以分为以下六种基本类型。

（1）历史类

历史类人文景观主要包括古人类遗址、古建筑、古代伟大工程、古城镇、石窟岩画等。

（2）民族民俗类

民族民俗类景观主要包括民族风情、民族建筑、社会风尚、传统节庆、起居服饰、特种工艺品等。

（3）宗教类

宗教类人文景观主要包括各类宗教胜地、宗教建筑、宗教文化现象等。

（4）园林类

园林类人文景观主要包括各式庭园，典型的如苏州园林等。

（5）文化娱乐类

文化娱乐类人文景观包括动物园、植物园、游乐场所、狩猎场所、文化体育设施等。

（6）购物类

购物类人文景观主要包括大型购物场所，特别是有纪念意义的商业设施，比较有名的有北京的王府井步行街、上海南京路等。

2．从游览、导游的角度划分

从游览、导游的角度划分，人文景观可以分为民族民俗类、古代建筑类、历史古迹类、宗教文化与艺术类、古典园林类等几大类。

二、景观的赏析

（一）自然景观美所包含的美与景观赏析

1．自然景观美

（1）形式美

自然景观的美，首先表现在形式上，包括视觉美、听觉美、嗅觉美、味觉美等。对自然景观的形体、线条、色彩，观之能令人产生视觉美；对风声、雨声、涛声、瀑布声、流泉声、鸟鸣声等大自然发出的各种自然声响，听之能令人产生听觉美；对植物花卉散发出的各种气味，嗅之能令人感到嗅觉美；对植物果实或某些山林特产，尝之能令人感到味觉美；对自然景观，触之能令人产生十分惬意的触觉美。一句话，能给人以感官上的愉悦、心理上的惬意的任何景观的具体形式，都属于形式美的范畴。

（2）文化美

自然景观的美，同时体现在独特的内容上，这就是具体的物象所表现出来的人类文明程度，这种程度越高，物象的审美价值就越大。许多风景区的名称如九华山、张家界、黄山、华山，许多景点的名称如神女峰、老人山、姐妹峰、望夫岩，一些风景区内的历史掌故、传说，如登封嵩阳书院的"汉武帝封将军柏"的传说故事等，无不蕴含着前人的主观理解和审美情感。它们都是人类文化发展的产物，包含着一定的社会生活，因而它们不仅在形式上给人以美的愉悦，而且在内容上给人以智的启迪，即文化思想的教育和道德情操的熏染，所以它们同时具有文化美。

（3）象征美

自然景观的美可以通过某些物体形象和意境表现出象征意义或象征美。象征是一种寓意或隐喻，如莲花象征高洁，竹子象征刚直、虚心，苍松象征刚强、长寿……象征美或寓意美处在自然景观美的最高层次。

导游员的任务就是要在认识和掌握自然景观美的基础上，遵循形式美——文化美——象征美的思路去进行审美活动。

2．自然景观美的赏析

自然景观欣赏是一个渐进的过程。作为导游员在带领游客游览自然景区时必须注意到景观美的特点，引导游客渐进地对自然景物进行赏析。

自然景观的外在美，对于普通游客来说基本可以通过自己的视觉感受到。但不同的游客由于自身条件的差异，对景观的深层次了解及文化内涵的延伸程度是不同的。从中国古代人们对山的审视及所得到的启迪来看也证实了这一点。我国古人好山，但山之于其感受不同。孔子登山发出"仁者乐山，智者乐水"的感叹，孔子之山是陶养万物的仁者之山；庄周之山是渊默沉浅的善性之山；一代枭雄曹操之山是闪烁着精神光辉之山；陶渊明之山是归隐之山；王维笔下的山是空灵之山……

在旅游过程中，人们不仅希望通过游览积极休息、陶冶情操获得精神的享受和身体的恢复，同时也希望获取一定的科学知识。每一类自然景观所包含的科学知识是极为丰富的。这些知识游客通过自己的眼睛是不可能看出来的。例如，山岳的成因、年代；河流的源头、水量；植物的种属与特色；气候与气象的变化及影响因素等。这些就必须通过导游员来进行有针对性的介绍。

（二）人文景观包含的美与景观赏析

1．人文景观美

（1）协调美

人文景观的美不是孤单的、单纯的，它与其他景观的有机配合、与自身的各种景观形式的合理协调，构成了丰富多彩的表现形态，形成了与众不同的艺术魅力。

（2）统一美

首先人文景观是整体统一的。以中国古建筑为例，人文景观是由各式各样的单体组成的一个整体，人们在观景审美的过程中，既可以以单体作为审美对象，赏析单体的特色及文化内涵，而单体组成一个整体后，就成了整体景观不可分割的一部分。

其次，人文景观的形式与内容是统一的。大部分人文景观都有其实用的功能，其形式美的基础上包含着意蕴美和象征美，其形式和内容是高度统一的。

（3）艺术美

人文景观的艺术美主要表现在其造型美、装饰美、表现美等方面。在对人文景观审美的过程中，要注意各类艺术美的表现形式和内在含义及象征意义。

（4）创造美

人文景观无一不凝结着劳动人民的聪明智慧，体现人类在生产、生活和艺术实践中的无穷创造力。人文景观创造美主要体现在以下几方面：适应环境、突出个性、追求美化和攀比心理等方面。

2．人文景观的赏析

人文景观是千百年来劳动人民智慧的结晶，因此在人文景观的赏析过程中，除了对其显性的形象直接赏析外，更多地要对其中的文化内涵、历史价值等隐性因素进行准确而深刻的揭示。

三、景观导游

（一）总体要求

导游员如果自己不具备基本的专业水平、思想水平、文化水平和审美水平，那么无论什么自然景观都难以被发现并欣赏到它的美。导游员要不断提高自己的专业、思想、文化和审美水平，才能领略到自然景观的隽永，正确引导旅游者发现和欣赏自然美景。

1．掌握游览程序

（1）根据景观特点、游客构成、时间要求正确选景——游览的准备阶段。

（2）运用导游技巧、选好适合的位置引导游客观景（角度、距离等）——游览的初级阶段。

（3）把握时间、调整游客情绪，运用科学、精彩、流畅、幽默的语言讲景——游览的高潮阶段。

（4）留下时间让游客体味，适时引导游客赏景——游览的享受阶段。

（5）在适宜的场合，把握心理学要领，引领游客忆景——游览的升华阶段。

2．精练讲解内容与方法

导游员讲解景观，首先要在如何吸引游客上下工夫，提高导游讲解服务质量。导游员在进行景观导游讲解时要做到：内容新鲜、思想深刻、语言流畅、生动幽默。

（1）向游客传达游客乐于接受和愿意接受的有效信息

在游览中如果游客没有接受导游所讲授的信息，导游员讲得再多、再卖力，也是在做无效功，其结果是事倍功半。因此，导游员在带领游客参观游览景区（点）时，必须根据游客当时的情况（多方面因素，如客源地、游客的受教育程度、年龄、游客的身份、旅游的动机、当天游览活动的程序、游客所购买的整个旅游产品的基本内容、游客的身体状况等）和景观的特色，选择有效信息，同时配合适合的讲解技巧和方法为游客进行导游讲解。

（2）讲解内容和形式要统一

讲解技巧和方法的运用必须在基本丰富知识的基础上才能灵活运用，因此，在导游员为游客解说景观前，必须掌握所参观游览的景观知识（"杂"与"专"的结合）。如果一个导游员已具备了丰富的知识，甚至达到了"专家"水平，但却不知如何运用技巧，一味向游客灌输大量的知识，特别是口语表达欠佳时，导游讲解就不能吸引游客，这样的导游讲解服务是失败的，游客不喜欢课堂填鸭式的讲解，因为"上课"与"旅游"有着本质的区别。同样，一名导游员有着极佳的口才，说话圆润动听，但是所讲内容肤浅单薄、陈旧、没有新鲜感，再加之内容错误连篇，则游客也不愿意听，导游讲解服务同样失败。

3．要善于发现、捕捉、抓准游客的兴趣点

在带领游客参观游览并讲解介绍景观时，由于导游服务工作的特殊性，作为导游员，在不违反国家和地方的法律、法规和相关管理规定，以及导游员管理条例和导游员职业道德、行为规范的前提下，游客对什么感兴趣，导游员就应讲什么。只有贴近游客兴趣爱好的导游讲解才是最有可能受到游客欢迎的讲解，也才是游客认可的高质量的导游讲解服务。导游讲解，无论是内容还是方法与技巧，都忌千篇一律。

（二）自然景观导游

1．对导游员的基本要求和讲解要领

（1）熟悉路线。以自然景观为主体的旅游风景区一般面积都较大，为了不破坏自然景物游览线路往往较为隐秘，导游员必须熟悉并掌握最佳游览线路，避免走回头路，线路安排不能断径绝路。如果是自己不熟悉的景区，最好自己提前去踩线。带领游客到达景区后，应在导游示意图前讲清行走路径。

（2）掌握必要的自然科学知识。导游员必须相对全面地掌握与自然景观相关的科学常识，主要包括：地质地貌学、水文学、植物动物学、气象气候学、生态学、天文学等常识。

（3）掌握相关的文学知识。中国古代大量的文学作品都与山水有关。要提升自然景观区游览的品位，导游员必须提高自己的文学修养，适时地引入著名的山水诗、词、文，让游客真正体验到中国的山水文化精髓。

（4）熟悉相关的延伸文化常识。山水在中国往往作为不同景观的本底，在此基础上产生了不同的文化类型。在中国，自然山水与文化是密不可分、相辅相成的。

（5）掌握自然景观的观景方法。在带领游客游览过程中，要根据不同的景观特点，静态观赏与动态观赏有机结合，积极引导游客游览。同时由自然景观外在美的共显特征，在游览过程中要注意"导"与"游"的有机结合。在观赏过程中注意观赏的距离、角度、时间。

（6）灵活运用导游方法。不同的景物、不同的游客要使用不同的导游方法，要因时、因地、因人而异，贵在灵活。

2．景观讲解要求

导游员在进行自然景观导游的讲解中，可以凭借自然景观本身所固有的形态特征对游客感官的刺激完成审美过程的介绍，对不同类型的自然景观突出不同的特色，采用不同的导游讲解方法。

（1）要注意形象讲解与审美引导相结合、科学知识的传播与传统文化相结合、突出个性体现哲学思想、注意景观的变化与人文延伸的力量。

（2）要全面调动自己和游客的各种感觉器官，用特殊的导游语言，启发游客产生联想，进而获得精神上的享受。

（3）要通过对自然景观天然赋存特点的介绍，提醒人们注意保护生态环境和自然景观。

（4）要注意景观的地域对比，灵活运用导游讲解方法，吸引游客的注意力。

（5）要讲究科学性和知识性，并注意措辞的准确和语言的生动。

（6）注意知识的融合，用画家和文学家的眼光去审视自然景观，分清层次，引导游客"审读"和"享受"自然景观之美（具体景观讲解将在接下来的几章中体现）。

（三）人文景观导游

1．对导游员的要求

（1）把握人文景观的历史特征，讲解中突出时代特征。由于人文景观具有明显的时代性和地域性，是人类在其历史发展进程中在改造、利用、适应自然的过程中所创造的。

因此，在导游讲解过程中，必须突出它的时代性。

（2）紧扣"人与环境"的主题。现今保留下来的人文景观，往往都是人类所创造的精品，是人与自然和谐发展的结晶。讲"古"论今，发挥人文景观的延续教育性。

（3）突出文化内涵。每一类型的人文景观都包含有博大精深的文化内涵，导游员在实际导游过程中必须把景观所包含的、游客不可能直观看到的内容，通过不同的导游技巧和方法传导给游客。

2．讲解技巧

（1）强化基础性知识。自然景观往往可以直观赏析，但人文景观却不能。要相对完整地了解一个人文景物，必须要有一定的文化底蕴。导游员自己一定要具备丰厚的文化基础知识。

（2）注重讲解的通俗性。人文景观的文化内涵博大精深，而游客旅游的目的并不是做学术的探索。因此导游员在实际导游过程中必须合理组织自己的语言，以满足游客的需要。

（3）有针对地讲解，做好充分的准备。游客的组成是极为复杂的，由于文化的差异，导游员在实际导游之前，必须对游客的文化基础作全面的分析，找出文化的差异，有机地根据游客的实际情况，自己创作新颖导游词。

（4）灵活运用导游讲解方法。导游员要根据所讲授景点的特色和游客的情况，因时、因地、因人、因景而异地选择适合的导游讲解方法。

（5）突出景物的思想特征。导游讲解任务之一就是教育，导游员在讲解中要能客观地介绍历史，并恰当地结合现实，做到借地发挥，有的放矢，把人文景观的学术价值、思想价值充分地展现在游客面前，使游客的思想得到升华。

（6）把握人文景观的审美特征、分析审美的心理差异，引导审美。人文景观具有特殊的协调美、统一美、艺术美和创造美。导游员要把文化景观中所包容的内容介绍给游客，以地理的、历史的、文化的和发展的眼光看问题，充分了解旅游目的地与客源地的审美文化差异性，有针对性地为游客讲解、引导游客审美。

3．人文景观讲解要求

（1）注重其人文景观产生发展的历史背景，在讲解中要深入浅出，抓住要领。不需要作长篇大论的理论分析，否则游客，特别是外国游客是难以理解的。

（2）在知识准备过程中，要把自然地理知识和文化常识有机结合起来。

（3）对所要介绍的景物要全面了解，同时要能与类似的典型景观或景物进行对比，例如介绍大理三塔中千寻塔的形状时，应与西安小雁塔对比，首先证明它们同为唐塔，但其造型有明显的区别，进而显示了文化景观的地域特点。

（4）要注意历史的继承性。在讲解特色鲜明的人文景观，如讲解中国古建筑景观时，导游员要通过细微之处如斗拱、彩画等，讲清文化继承之所在，同时又要介绍时代特征。

（5）通过垄断性的介绍，向游客介绍文物的价值所在，同时进行文物保护和爱国主义、国际主义教育。

本章小结

景观是旅游审美主体的主要审美对象，是文化的主要承载物，是导游员讲解的核心，是风景区的核心组成要素，是旅游目的地旅游形象的核心。因此景观的审美及导游讲解在整个旅游活动中占有非常重要的地位。同时景观的组成又是千差万别的，不同的地域有不同的景观，在不同的自然环境下又孕育有不同的文化，而游客的需求和文化基础又是变幻莫测的，因此景观的审美与导游讲解是导游讲解服务的重点和难点。

关键概念

景观、自然、人文、审美、景观组合

课堂讨论题

1. 景观的组合与导游讲解方法的运用。
2. 景观要素与知识的准备。

复习思考题

1. 什么是景观，其含义是什么？如何分类？
2. 自然景观和人文景观美学特色对比分析。
3. 游客游览活动的基本程序是什么？
4. 导游员如何导游讲解好自然景观？
5. 导游员如何导游讲解好人文景观？

第五章　山水景观导游——带游客"游山玩水"

引　言

　　子曰"仁者乐山，智者乐水"，水与山密不可分，宋代画家郭熙认为："山以水为脉，故山得水而活"。水光与山色融为一体，方能相映成趣，使景色增辉。一般意义上老百姓所称旅游就是出门看"风景"，这"风景"主要指山水风光。如何体现山水本质，让游客在"游山玩水"过程中获得知识的提升、美的享受、精神的愉悦是导游服务，特别是导游讲解的重要任务。在导游服务中，导游员必须掌握好地质、地貌、水文等方面的科学知识，把握游览程序、方式及导游讲解的内涵及技能。

学习目标

　　1. 掌握相关地质、地貌、水文科学的基本常识（包括基本概念、景观成因、类型、特征、组合和美学基础等），为讲解打下扎实的知识基础，并能灵活运用于导游讲解服务中。

　　2. 掌握组织游客"游山玩水"的基本程序和游览要求。

　　3. 掌握不同山岳、特殊地貌、各类水域、水体景观的讲解程序，能结合景观选取主要内容，编写导游词、合理运用导游方法和讲解技巧。

教学建议

　　1. 由于地质、地貌及水域类景观涉及大量的地质、地貌和水文学常识，因此，教师在授课过程中，有选择地讲授并引导学生自学地质、地貌、水文等相关学科知识，与其他课程如《旅游地理学》、《旅游资源学》等配合，为学生打下扎实的讲解基础。

　　2. 授课过程中，选取适宜的图像资料，强化直观教学，有选择地进行案例教学和实地模拟教学。

　　3. 准备相关资料，指导学生编制计划的设计安排，创作编写当地山水景观导游词（书面和口语）。

第一节　地质、地貌及山岳知识

　　游客"游"山，需要体味各类地质地貌景观的韵味，了解它们所记录的地球历史和所承载的文化气息。要满足游客的需求，导游员必须掌握相关的地质地貌科学常识，了解构景要素、美学特征，运用导游讲解技巧有针对性地为游客讲解，满足游客游山观景之目的。

一、地质、地貌景观概述

（一）基本概念

　　现阶段我们生活的地球是地球全部运动和发展过程中的一个阶段，它既受到地球自身发展的作用而引起的变化，又受到地球以外的力量作用而引起的变化。在地球漫长的演变进程史中，经历了大陆分离与合并，海洋诞生和消亡，山地与高原隆起，岩浆活动，岩石形成与演变等巨大的"沧海桑田"变化，"塑造"了地球的表面，这些变化的过程形迹形成了各种地文景观，对游客产生了吸引力。直接影响和控制地文景观形成的因素有岩石、地层、地质构造、地质运动等。

　　地球的外层有气、液、固三大圈，其中固体地壳是由许多具有大小和形态的三度空间岩石及矿床的实体所构成，这种实体在地学上称为地质体（geological body）。由于这些地质体拥有各自独特的三维空间格局及造型功能，所以它们产生了特殊的观赏吸引力。地质体本身，如独特壮观的地质构造，体现地球史的地质剖面，神秘的化石，各种神奇的、体现地球本身及大自然鬼斧神工的火山、地震遗迹、五光十色的岩石矿物以及以地质体为骨架和基础的各种地貌、水体景观等都具有较高的科研及观赏作用，对游客具有较大的吸引力。我们把具有科学考查和观赏价值的地质体（构造、岩性、地层、矿床等）形成的景观统称为地质景观资源，它是一个地区风景总特征的基础。

　　地貌是地球表面形态。地表在地球内外引力的作用下，造就了千姿百态的形态与结构，其形态多种多样，有大陆、有海洋、有高大的山脉和山地、有低矮的丘陵，有极目无限的平原，还有地势高寒的高原和四面环山的盆地。地貌是自然地理的基本要素之一，它与自然界的其他要素，如气候、水文、土壤、植被等密切联系，相互制约。在所有地貌类型中，山地是地貌的基本骨架。中国的地形骨架和平面格局，就是由一系列不同走向的山脉所构成。

　　东西走向的山脉：北有天山—阴山—燕山；中有昆仑山—秦岭—大别山；南有南岭。

　　东北—西南走向的山脉在东部地区有三列：西列包括大兴安岭、太行山、巫山、武陵山、雪峰山等（中国第二、三级阶梯的分界线）；中间一列包括长白山、辽东丘陵、山东丘陵和闽浙一带的丘陵山地；最东一列为台湾山脉。

西北—东南走向的山脉，主要分布在我国的西部，如阿尔泰山、祁连山、喀拉昆仑山等。位于我国西藏自治区与尼泊尔、印度等国边境上的喜马拉雅山脉向南凸出呈圆弧形，是世界上最年轻、最雄伟的山脉之一，其最高峰珠穆朗玛峰是世界最高峰。

（二）地貌景观的形成机理概析

地球的岩石圈在这漫长地球演化发展进程中时刻发生着变化，变化主要包括成分、结构、构造直至地球表面的形态等。这种使岩石圈（或地壳）发生变化的作用就是地质作用，使它发生变化的力量叫地质营力。科学家根据地质作用的速度把地质作用分为两类。一类是突发的或灾变性的地质作用，如火山、地震和海啸、山崩或雪崩、山洪和泥石流等。另一类是极缓慢而安静的地质作用，常不易被人们觉察，如湖泊沉积作用，地表的沉陷，海岸的变迁等。

1．影响地貌形成的营力分析

（1）地球内营力

内力作用由地球内部的能，主要是重力能和放射性元素蜕变产生的热能所引起，或者说，内力作用就是要通过各种方式和手段，或是突变，或是渐变，来释放地球内部积累起来的能量，如表5-1所示。

表5-1　地球内力作用的主要类型

岩浆作用	喷出作用、侵入作用
变质作用	接触变质作用、区域变质作用、动力变质作用等
构造运动	水平运动、垂直运动、地震、岩石圈的板块运动等

地球内部的热能、重力能以及地球旋转能等都会引起地壳运动，这种运动必然引起地质构造变动。经过亿万年漫长的地质演变，地球表面形成了高山、深谷、断崖、阶地、平原等地貌。地壳运动中的强烈上升、一般抬升和地壳下沉等都会影响到山体的形成。

（2）地球外营力

地壳运动的结果只是构造了山体的骨架，真正使山体成为可以游览的名胜还有着多种外部因素。如表5-2所列的外力作用类型，无一不对地球的表面起到"塑造"作用。

表5-2　地球表面外力作用的主要类型

风化作用	物理（机械）风化作用
	化学风化作用
	生物风化作用

续表

剥蚀作用	方式：机械、化学、生物剥蚀作用
	营力：地面流水（片流、洪流、河流）、地下水、湖泊、海洋、冰川、风力的剥蚀作用
搬运作用	方式：机械、化学、生物搬运作用
	营力：地面流水（片流、洪流、河流）、地下水、湖泊、海洋、冰川、风力的搬运作用
沉积作用	方式：机械、化学、生物沉积作用
	营力：地面流水（片流、洪流、河流）、地下水、湖泊、海洋、冰川、风力的沉积作用
成岩作用	压实作用、胶结作用、再结晶作用

2．导游员应了解的相关地学名词

断层：当地壳运动挤压力或拉张力的加强，超过了岩层所承受的强度极限时，岩石最脆弱的部位便突然破裂，破裂两侧的岩块发生显著的相互位移和错动现象叫断层，又称断裂。

褶曲：是指地壳运动时水平岩层受到挤压而产生的一系列波状弯曲，称为褶皱，其中每个弯曲称为褶曲。

变质作用：是指在地下特定的地质环境中，由于物理和化学条件的改变，使原来的岩石基本上在固体状态下发生物质成分与结构构造的变化，从而形成新的岩石的作用过程。

地层：是指在地壳发展过程中形成的各种成层和非成层岩石的总称。从岩性上讲，地层包括各种沉积岩、岩浆岩和变质岩；从时代上讲，地层有老有新，具有时间的概念。

地质遗迹：是指在地球演化的漫长地质历史时期中，由于内外动力的地质作用而形成、发展并保存下来的珍贵的、不可再生的地质自然遗产。

地质作用：是指由于受到某种能量的作用，会使地表形态、内部物质组成及结构和构造等不断发生变化，地质学把自然界引起这种变化的各种作用称为"地质作用"。

风化作用：是指在地表或近地表的环境下，由于气温、大气、水及生物等因素作用，使地壳或岩石圈的岩石和矿物在原地遭到分解或破坏的过程。

沉积作用：是指由水、风等各种营力搬运的物质，由于介质动能减小或条件发生改变以及在生物的作用下，在新的场所堆积下来的作用。

成岩作用：是指使松散沉积物固结形成沉积岩石的作用。

（三）地质地貌景观类型

1．地质景观类型

地质景观在形成过程中，由于受到区域构造骨架、局部构造变形、岩性条件、火山作用、水文地质环境、地表流水作用、海蚀作用、冰川和风的作用等因素的影响，形成不同的地表景观形态和不同的地质景观。

（1）地质构造景观

地质构造景观主要受地球内力作用所致。从规模上可划分为三级：

第一级，陆海构造。地球所具有的大规模构造运动形成的大陆与海洋景观。一级地质构造景观宏观性强，规模大，观赏手段特殊，如可乘航天飞机观赏。碍于技术、经济等方面的因素，目前人们只可借助于卫星摄影、摄像、模型制作来进行观赏。因此，此类观赏多有幻想性、探索性。

第二级，大地构造。涉及地壳运动形成的山地、平原、盆地和高原。

第三级，地质构造景观。如小规模山岭、褶皱和断裂等。三级景观可进行亲临常规观赏，不必借助特种工具。

（2）地层剖面景观

地层剖面，又称地质断面，指沿某一方向，显示一定深度内地质构造实际情况的实际（或推断）切面。地质剖面具有科学考察价值和科普知识教育，二者结合，使之具有专业旅游意义。世界上保存有许多完整的地质剖面。如我国的第一个国际地层剖面——云南昆阳寒武系剖面。此剖面据地质年代划分，为距今 6 亿年前的寒武纪地层，约占整个地球发展史的80%以上。确立此地层对研究这个时期地质发展史、探索生命起源以及与生物有关的矿产形成有重要意义，在科学研究及地学旅游方面均有较大的开发保护价值。

（3）岩石、矿物景观

岩石是地壳中由地质作用所形成的，由矿物组成并按一定的结构、构造构成的地质体，主要是造岩元素所构成的矿物天然集合体，少数为玻璃质物质，有的是多种矿物的组合体。按性质可分为：花岗岩、流纹岩、石灰岩、石英砂岩、片岩、页岩、变质岩等。由于构成物质的差异，不同岩石构成的景观有较大差异，有较高的观赏价值。

矿物岩石中有一部分可作为"石料"，经过人为加工而作为人们观赏及收藏的对象，典型如大理石等装饰材料。另外还有一些可作为微观观赏的对象，同时具有较强的装饰性、较高的收藏价值，既可作为观赏资源又可作为旅游商品，如各类宝石，包括金刚石、玛瑙、玉石，各色宝石水晶等。

（4）典型的冰川活动遗迹景观

主要指由于冰川作用所形成的一些景观类型，如角峰、刃脊、冰窟、冰斗、冰桌、羊脊石等。

（5）火山、地震遗迹景观

火山遗迹景观的形成是由喷出熔岩的性质、喷发强度、喷发次数以及原始地面形态所决定的。火山同其他山相比，缺少脉络层次，但具有山形圆、拔地而起、点点分布、排列成阵、错落有致的特色。国内外有许多以火山喷发景象和火山活动遗留物为景点的旅游胜地。例如，美国夏威夷的拉韦厄火山、意大利的斯特朗博利火山，其岩浆定期喷出，景象异常壮观。日本富士山是一座高大的休眠火山，为世界著名旅游胜地之一。我国有著名的黑龙江五大连池、云南的腾冲火山等。

地震遗迹景观是一种独特的地质景观，其实质为破坏性的地震作用，以突然爆发的形式造成的自然遗迹景观。震迹景观除自然震迹外，还包括人类改造震迹而形成的震后建设新貌及各种纪念性的地震标志，如地震纪念塔、碑、展览馆等。震迹景观是人们并不乐意创立的一种景观资源，但它的利用效应是任何其他旅游景观无法替代的。震迹景观作为景点，是以地震科学考察为主，即通过参观、考察获得有关地震的知识，如地震的起因、破坏规律、建筑物的防震、抗震措施等。震迹景观资源从其类型可分为：陷落型，如琼州海底村庄；现代建筑遗址型，如唐山地震后所留下的各种地震遗迹，错动的树行、各楼馆遗址；古建筑遗址型；河流堰塞型；山地构造断裂型。

（6）海蚀和海积遗迹景观

由于海岸的沉降和隆起，形成各式各样的古海岸遗迹。这些遗址不仅具有指示环境的古地理学意义，而且是发展观赏性旅游的重要场所。如山东成山头的海蚀崖，青岛"石老人"等。

（7）古人类文化地质遗址景观

在人类发展进化的历史过程中，人类的祖先留下了许多现场洞穴、窑址、文化层、灰烬层、古人类骨骼化石和使用工具等历史地质遗址和遗迹。这些古遗址、遗迹不仅对研究人类进化、历史发展等有较高价值，而且对游人也颇具吸引力，如中国北京山顶洞等。还有各地层中所保存的古生物化石，如恐龙化石等，云南禄丰地区就属于此类地区。

2．地质旅游资源类型

《中国旅游地质资源图说明书》将地质旅游资源分为35种，为人们进行地质旅游资源的研究提供了一份较完整的参考：（1）重要地质剖面；（2）重要化石产地；（3）有特殊价值的矿物、岩石、矿床产地；（4）重要的地质构造遗迹；（5）古人类遗址；（6）溶洞；（7）碳酸盐岩峰、峰林地质景观；（8）碳酸盐岩山岳丘陵地质景观；（9）高山钙化地质景观；（10）砂岩峰林地质景观；（11）土林地质景观；（12）丹霞地质景观；（13）沙漠地质景观；（14）雅丹地质景观；（15）花岗岩山岳丘陵地质景观；（16）火山及熔岩地质景观；（17）变质岩山岳丘陵地质景观；（18）海岸地质景观；（19）现代山岳冰川地质景观及登山地；（20）古冰川遗迹；（21）冻融地质景观；（22）峡谷；（23）瀑布；（24）河流地质景观；（25）温泉及地热地质景观；（26）具有特殊意义的泉；（27）地震遗迹；（28）崩坡、滑坡、泥石流遗迹；（29）陨石坠落遗址；（30）重要古代水利工程；（31）古采矿、古冶炼遗址；（32）古烧瓷遗址；（33）石窟、岩画及摩崖石刻；（34）其他地质景观；（35）多种地质景观。

3．地貌景观类型

地貌景观按其规模可分为大尺度、中尺度和小尺度三个层次。在人们的旅游活动过程中，都要跨越一定尺度的地貌单元。其景观类型，从景观特征来看，大众尺度范围可把地貌分为盆地、平原、高原、山地等景观类型。对具有观赏性的地貌（特殊地貌景观）景观，根据成因可划分为以下几类。

（1）冰川地貌景观

主要由冰川的侵蚀和堆积作用形成的对旅游者有吸引力的地貌景观。其类型分为现代冰川地貌和冰川遗迹。具有观赏性的冰川景观类型特征多种多样，目前现代冰川旅游景观主要分布在高纬度和高山寒冷地区，如我国的青藏高原等地。而冰川遗迹地貌景观分布则较广，典型的如我国四川的贡嘎山、江西庐山、浙江天目山等。

（2）风沙地貌景观

风沙地貌是指在干旱或内陆地区由于强风、流沙和间歇性地表水等因素造成的风化、侵蚀和堆积地貌。风沙地貌对旅游者较具吸引力的景观有风蚀洼地等各种景观，典型的如我国的罗布泊地区。

（3）流水地貌景观

由地表水的侵蚀、搬运和堆积作用而造成的地貌为流水地貌，对旅游者吸引度最大的是峡谷。峡谷景观常以"雄伟、险秀、寂静、隐蔽"的特色为旅游者所向往。其雄伟表现在大山连绵，高陡出众，峡谷夹其间，可谓气势磅礴。我国黄土高原奇特的地表景观，也属流水作用所形成的地貌类型，其中尺度的塬、梁、峁等景观对游客同样具有强烈的视觉冲击力和心灵的震撼力。

（4）喀斯特景观

喀斯特（karst）本是南斯拉夫西北部伊斯特里亚半岛石灰岩高原的地名。19世纪中叶，一些德国和奥地利学者，尤其是南斯拉夫学者在研究喀斯特高原上奇特的地貌时，均采用karst一词，以后喀斯特逐渐成为地学上的通用术语。凡是发生在可溶性岩石地区的地貌，都称为喀斯特地貌，在我国又叫岩溶地貌，是水对可溶性岩石以化学溶蚀作用为主，以流水冲蚀、潜蚀和机械崩塌作用为辅的破坏和改造作用的结果。也就是说，地下水、地表水对可溶性岩石，进行溶解、沉淀、流水侵蚀、重力崩塌与堆积等作用，而造成岩石破坏或重塑，从而形成具有一定观赏价值的各种地上和地下的岩溶景观。喀斯特作用中的化学溶蚀过程：

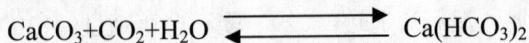

$$CaCO_3+CO_2+H_2O \rightleftharpoons Ca(HCO_3)_2$$

世界上许多岩溶地区多成为旅游胜地，其作为旅游资源具有很高的吸引度。岩溶景观有地上、地下景观之分。地上岩溶景观最具代表性的如风光"甲天下"的桂林山水，号称"天下第一奇观"的云南路南石林。地下岩溶景观如被誉为中国第一洞的贵州织金洞，位于桂林、贵州、云南各地的溶洞等。

（5）海岸地貌景观

在海岸地带受风浪、沿岸海流、潮汐和生物的作用，在地壳构造运动、岩性以及入海河流等的影响下所形成的对旅游者有吸引力的地貌，包括海蚀地貌和海积地貌。此类型旅游资源不仅能供游人观光游览，更重要的能为游人提供 3S 旅游环境（阳光 Sun、海洋 Sea、沙滩 Sand）。典型的如地中海沿岸的黄金海岸、中国的北戴河等。

（6）丹霞地貌景观

丹霞地貌指中生代侏罗纪至新生代第三纪形成的红砂岩地层（以红色粗、中粒碎屑沉积的厚层岩为主），在近期地壳运动间歇抬升作用下，受流水切割与侵蚀形成的独特丘陵地貌，相对高度常在 200 米以内。它具有顶平、坡陡、麓缓的形态，常显奇、险、秀、美的丹崖赤壁和千姿百态的造型，有很高的游览与观赏价值。典型的如福建武夷山、广东丹霞山、云南老君山等。

二、山岳景观概述

山，是地球发展过程中留下的遗物。陆地上海拔高度在 500 米以上，相对高度在 200 米以上的，具有明显山顶、山坡和山麓组成的隆起的高地，统称为山。如果是山峰、山岭和山谷组成的地区，就称为山地，山地是对众多山的总称。山地本身即为一种地貌类型。

（一）景观特征与旅游功能

1. 景观特征

山地由于所处地理位置的不同，所经历的地质历史的不同，地壳运动影响的差异，岩层产状、断裂影响后产生的节理、断层的发育程度、褶皱的发生情况等因素各有特色，加之各种外力作用的千差万别，使得不同的山体呈现有不同的景观，对游客产生了巨大的吸引力。山早已成为人们外出旅游的首选目的地。

山地景观是地貌景观中重要的组成部分。作为一种中等尺度旅游景观，其景观特征主要表现为：陆地表面相对高差较大，坡度较陡，一般海拔在 500 米以上，按位置由上向下分为山顶、山坡、山麓三部分。山顶是山的最高部分，有平顶、圆顶和尖顶。山坡是山顶至山麓的斜坡，有直形坡、凹形坡、凸形坡和阶梯状坡。在水平方位上山脊和山谷交替出现，景观变化较大。山麓是山的最下部，下接平原和谷地，有明显的转折。

山地由于其地势高、体量大、范围广，多可独立成为旅游区。山景垂直变化大，气候多样，景色丰富，植被保存较好，给人以探胜、寻幽、避暑、攀登和滑雪之利，在不同时间，山会给人以不同的感受：春见山容，夏见山气，秋见山情，冬见山骨；晓山高，夜山低，晴山近，雨山远。

从美学的角度来看，山岳一般具有雄、高、重、幽、秀、险、奇、峻等特点，游人观赏可获得多种美感，是人们领略美学艺术的集结点，是赏美、育美的理想之地，是人类"共享空间"的乐园。山地自古就是美的风景区和游览胜地。

我国是一个多山的国家，我们的祖先对山有着特殊的感情。古代许多诗人、文学家对我国的山川都有过无数的讴歌称颂，典型的如明代文学家杨慎在《艺林伐山》中描写的："玲珑剔透，桂林之山也。参差窈窕，巴蜀之山也。绵延庞魄，河北之山也。俊峭巧丽，江南之山也"。除美育功能外，山地还有其他一些对旅游者具有吸引力的功能。

2. 功能

山地一般空气清新、森林蓊郁、花草丛生，较多地保留着大自然的风貌，有助于健身、健心，康复精神元气。目前世界上兴起的"森林旅游"、"森林浴"，其旅游对象就是环境优美的山地旅游资源。其次，山地可提供人们作为登山探险的基地。登山是锻炼体魄，磨砺意志的最佳健身旅游活动之一。人们在登山的同时还可领略许多山地所独具的旅游项目，如观奇峰异石，流泉飞瀑；观云赏雾，观日升落；登山滑雪，避热纳凉，科学考察，狩猎观鸟，冰川观光等。再者，山地旅游资源不仅有自然观光的功能，而且有丰富的文化旅游内容。山地区域内分布有大量闻名遐迩的寺庙、宫观、古城垣，有寨堡、古战场遗址、摩崖题刻及造像等，可进行历史、文化、宗教、科学考察等多方面的旅游活动。

（二）山的分类

1. 按海拔高度划分

按海拔高度可分为极高山（海拔高度大于 5 000 米，相对高度均在 1 000 米以上的山地）、高山（海拔高度在 3 500～5 000 米，相对高度在 200～1 000 米的山地）、中山（海拔高度在 1 000～3 500 米，相对高度在 200～1 000 米的山地）和低山（海拔高度在 500～1 000 米，相对高度在 200～1 000 米的山地）。

2. 按成因划分

按成因分为构造山、侵蚀山和堆积山。其中高大的可称"山岳"，呈条形脊状延伸的可称"山岭"或"山脉"。它以明显的山顶和山坡及较小的山顶面积区别于高原，又以较大的高度区别于丘陵。一般把山岳和丘陵通称为山。

3. 根据旅游功能划分

（1）登山山体

主要指为体育登山活动开放的高大山峰。此类山地海拔较高，有许多是终年积雪，适于人们进行登山和冰雪旅游。这类资源分布较广，如日本的富士山，俄罗斯的高加索山，东欧的喀尔巴阡山，南欧的阿尔卑斯山，美洲的安第斯山，中国的喜马拉雅山、喀喇昆仑山、天山、贡嘎山、四姑娘山等。

（2）"名山"

① 名山的概念。"名山"是中华民族五千年文明历史的产物之一，是从千千万万的普通山岳中挑选出来的。山岳中那些以具有美感的、典型的山岳自然景观为主体，同时还渗透着人文景观美，环境优美、能启迪人类智慧、净化人们心灵的山地空间综合体才能成为"名山"。

名山下有基岩、地层，表有地貌形态、土壤、植被、流水和人类文明遗迹，上至天空中的雨、雾、风、云、日、月光辉等，多种因素在特定的名山空间之内，相互交映而形成种种有形、有声、有色、动静结合、赏心悦目的优美景观。

② 景观组合。名山景观是山岳景观的典型代表，不仅具有种种形象、形态、声乐等美的空间上的交融和谐，而且还展示了时间上的变化，既留下地球发展过程中亿万年极慢的节奏和旋律，如地声运动，还时刻进行着瞬息万变、节奏极快的"演出"，如流云、飞瀑等，体现出了形象美、色彩美、动态美、听觉美等自然景观。

名山作为一种重要的旅游资源，具有极强的美学价值、历史文化价值、科学价值和经济价值。名山是一份具有美学、科学、历史、文化、经济等多种价值的宝贵遗产，是上承几千年、下传千万代的"传家宝"。

③ 名山分类。具体如下所示：

- 历史文化名山。此类名山是在历史过程中，由于社会的、经济的、文化的、军事的、民族的因素而形成的。可分为传说中的名山，如"三山五岳"中的三山（蓬莱、瀛州、方丈），此类名山能激发人们的想象力；古代历史文化名山，如中国著名的"五岳"，中岳嵩山、东岳泰山、西岳华山、北岳恒山、南岳衡山，此类名山能激发游人思古之悠情，丰富人们的历史文化知识；近代历史名山，如井冈山等，此类名山能使人获得丰富的革命历史知识，是人们缅怀革命先辈们的场所。

- 宗教名山。在历史发展过程中，由于宗教的因素而形成的名山。在中国较有影响的佛、道两教，在其教义、教规的发展中，都讲求一种修炼，都需要找一处远离尘世、山水幽静的场所出家修行。如我国土生土长的道教，道家对自然的崇尚和返璞归真的追求，使名山胜水成了道士们崇奉和向往的去处，他们选择清净优美之处建立宫观，修身养性，采药炼丹，以寻求得道成仙，并把这些地方称之为神仙居所，由此形成了十六洞天、三十六小洞天和七十二福地以及十洲三岛等一大批道教名山，最有影响的有武当山、崂山、青城山、龙虎山四大道教名山等。随着佛教在中国的传播，特别是禅宗佛教兴起之后，逐渐选择风景秀丽的清静名山建造巨刹，供僧侣修持和信徒礼佛，于是"天下名山僧占多"。随之，兴起了"四大道场"：五台山、峨眉山、普陀山、九华山。目前我国各地有一些著名的宗教名山，均已成为各地著名的风景名胜区。

- 风景名山。以优美的自然景观，优美的山岳环境，奇特的地貌岩石造型，丰富的色彩，茂密的森林，神奇的云雾变化等为景观来吸引旅游者的山体。如中国著名的名山：黄山、三清山、武陵山、千山等。
- 疗养型山地。由于自然环境优美、地理位置的优越而成为避暑、疗养地的山岳。如中国著名的避暑胜地庐山、天目山等。
- 特殊景观名山。指一些成因较为特殊的山地，如中国黑龙江的五大连池火山等。
- 城郊名山。主要指位于主要城市郊区的一些中小型山体，由于位置较为特殊，离客源地近，尽管景观价值不太高，但对旅游者却有较大吸引力，如北京郊区的香山、昆明的西山等。

4. 根据组成山体的主要岩石划分

（1）花岗岩山地

花岗岩是由地球内部岩浆侵入近地表处冷凝而成，属岩浆岩中的侵入岩，其中含三种矿物质：石英与长石最多，另有黑云母或角闪石。岩石中矿物结晶都是良好的镶嵌结构，所以岩性固结坚硬抗蚀，基本上不透水。花岗岩所形成的山体造型丰富、质坚形朴，以球状风化、浑圆的外表、"风动石"、圆形岩体露头和"碧海金沙"为其典型景观特征。我国典型的花岗岩山体有：泰山、华山、衡山、天柱山、黄山、三清山、九华山、普陀山、天台山、崂山、千山等。山体景观特征是：主峰明显、群峰簇拥、峭拔危立、雄伟险峻。

（2）石灰岩、白云岩山地（喀斯特山）

由于石灰岩是一种可溶性沉积岩石。在喀斯特作用下，形成"千峰耸立，亭亭如竹笋玉立"的景观特征，其造型精巧细腻。由于受自然条件的限制，喀斯特山地的分布具有一定的地带性。我国的桂林、广东肇庆七星岩、云南石林、四川黄龙—九寨沟等为此类山地。恒山岩层为古老的寒武纪奥陶系石灰岩，虽然岩溶发育并不显著，仍可归为岩溶山地。山地景观特征是：山地高度不大、石峰林立或孤峰突起，造型丰富。

（3）红砂岩山地（丹霞山地）

丹霞山地是在红色砂砾岩地区发育而成的。目前我国发现的丹霞地貌有350多处，其中广东的丹霞山、江西龙虎山、四川青城山、福建武夷山等已列入国家重点风景名胜区。山体景观特点是：丹山碧水、精巧玲珑。

（4）其他岩石构成的山地

① 火山流纹岩山地，典型代表为位于浙江乐清县的雁荡山，致密坚硬的火山流纹岩，

在外力作用下，形成丰富多彩的造型地貌和变幻造型的地貌景观，有我国造型地貌博物馆之美誉。

②熔岩山地，以黑龙江五大连池火山为代表的"火山"，历史上多次喷发，岩浆喷发的场面跃然如初，被誉为"火山地貌博物馆"。

③砂岩山地，以张家界为代表的武陵源景区，形成独特的砂岩峰林地貌。其景观特征是：奇峰林立、造型生动、沟谷纵横、植被茂密。

④变质岩山地。无论是火成岩或沉积岩，由于所处地质环境的改变或物理化学条件的变化，会使其原有岩石的矿物成分或结构产生改变，是为变质作用。变质岩对山体景观有一定的塑造作用，同时其本身可作为游客山地旅游过程中的一个微观观赏对象。在我国山地中有典型变质岩的有大理石与大理苍山；古老的片麻岩见证了泰山的古老；千枚岩、变质石英砂岩等构成了梵净山的奇特风光。

（三）山体景观的美学特征

山体景观相对于其他一些自然景观和人文景观而言，有着其自身的基本特征。由于山体有一定的海拔高度，相对平原，其地貌给人以雄伟高大的感觉；由于山体在地壳运动中产生断层，形成了悬崖峭壁，其景象给人以险峻之感觉；众多的名山大岳在历史的长河中产生和流传着众多的事件和故事，从而积淀了深厚的文化。我国数以万计的大大小小山中真正成为著名旅游景区的不过百余座，它们有着共同的基本特征。

1. 高大雄伟

人们一提到"山"，总是不由自主地联想到气势雄伟、山体巍峨的景象。成语中有"气吞山河"、"山摇地动"、"有眼不识泰山"等，无不描述着山的高大雄伟。而杜甫在《望岳》中对泰山的赞叹"会当凌绝顶，一览众山小"，更是歌颂了这一气势磅礴的名山名景。

2. 险峻神秘

险峻是山体景观的又一重要特征，由于险峻使得一些山体显得神秘。以华山为例，华山位于陕西省华阴市内，为五岳中的西岳，华山主峰海拔2 160米。华山之险居五岳之首，有"自古华山一条路"的说法。这座山处处是悬崖峭壁，山路险峻，很多人将去游华山视为探险；也有不少人慕名而来，但登到险处胆战心惊，半途而返。华山之险是其特色，它的引人之处也就在这个"险"字上。而神话故事《宝莲灯》中的"劈山救母"和"玉女峰"浪漫的传说故事，以及著名的电影《智取华山》均给奇险的西岳华山增添了一种诱人的人文氛围，蒙上了一层神秘的面纱。

3. 文化丰富

文化往往是一座山的灵魂、一座山的精神，山因文化而扬名，文化因山而传世。有名山之祖、五岳之尊美誉的东岳泰山，著名的海天佛国普陀山，奇秀甲天下山的江西庐山，被誉为"神仙窟宅"的崂山等，这些山体无一不体现着其丰厚的文化内涵和传世的神韵。

第二节　山地及特殊地貌景观游览与导游讲解

导游员带领游客"游山"过程中，除提供导游服务质量标准中所规定的和合同要求的相关生活服务外，主要的服务内容就是组织游览和导游讲解。

一、游山服务

（一）制定合理的游览路线

山地游览活动是点、线、面相结合的游览。在游览中导游员首先要把握整座山体的游览要素，根据游客的预定游览时间，在充分分析旅游团队组成情况和游客身体状况等因素后，选取最具代表性和最具特色的景点、景区及各类景观要素，合理组织游客的行进路线。路线设计时尽量做到不走回头路，景观观赏有张有弛，行进速度有急有缓，步行与特种交通工具的交替使用，既要安排好单体景点的定点观赏，同时还要兼顾游客对整座山体的精神与文化的体验过程，合理安排食宿，全程游览路线的设计安排以保障游客的安全为前提。

（二）引导游客游览

同为山地，山景因山而异。山地景色因构成山体的岩石性质的内外力作用（特别是局部小构造）、位置、海拔及相对高度的、季节变换等因素的差异，呈现不同的景色。山岳的每一个景点都有其自身特点，一座山有多少特点就会有多少风景景点。但是在众多景点中往往只有少数几个最具代表性，并能代表整座山体的总特征。对于这样的景点，导游员应引导游客重点观赏并详细讲解。在引导游览时，导游员要根据山地实际，灵活选择观景的方法，引导游客审美，注意观赏的细节。

导游员在引导游客游览过程中，要注意提醒游客景观的细部差异（因为大中尺度的景观差异游客自己能够辨别），以体现导游员对景点的熟悉程度及对游客的关心和服务的态度。

（三）选择游览观景的角度、位置和时间

"游山"首先感遇的是山的气势和形态。"峰峦须远眺"，观山景必须有一定的距离和恰当的位置，才能看清山之势、山之容。观山之形态，游人站在不同的角度和处在不

同的时辰会看到不同的造型。苏东坡的"横看成岭侧成峰，远近高低各不同"就已道出了观山的要领。山岳之峰，即山峰是某个突起的山头；岭，则是由许多相接的山峰向一个方向延伸的条状地形。任何山峰和山岭都不是孤立的，都有自己的来龙去脉。人们把成排成序并向一个方向延伸的无数峰峦称为山脉。两条以上平行或断续相接的山脉组成山系。"丘壑主近视"，丘指低矮的丘陵或小山，它体量小，远望则无趣，只有走近它才能观其面目。山中的沟壑谷涧常构成险景，因此必须亲临其境才能领略险景之情趣。

导游员在带领游客"游山"之前，应查看一下该山的地理位置，参阅相关资料，弄清该山的来龙去脉是大有好处的。同时，在登山途中，不要只顾赶路，以免错过远眺山势、观看奇壮之景的机会。在游览中，导游员应结合导游讲解，引导游客在不同的位置、不同的角度全面地"看山"，体会山之脉、山之骨、山之神。

（四）游览中注意多景物的配合

"山以云为衣"，没有云烟薄雾衬托的山显得乏味。山景由于自然气象的烘托，时刻都处在变化之中，从而使山景呈现出千姿百态、气象万千的景色。烟云积聚于山间可成"云海"。云海是山中一大奇观，在一些山地区域，由于雨量充沛、水汽蒸腾，低层水汽凝集成云。游人身置山中，可见时沉时浮、时飞时停的云雾，云雾壮如大海之波涛，人称"云海"。

植被为山之肌肤，各色植被的生长使山显出了生机，使山色更浓。从黄山"四绝"——怪石、奇松、云海、温泉中我们不难看出云海、植物、温泉等相关景物在构成山岳整体形象中的地位和作用。因此导游员在引导游客游览山体时，要注意引导游客观赏、体味各类景物的配合，让游客真正获得综合美的享受。

（五）适时登顶

"名山奇景在绝顶"，登绝顶是游山的最高潮。登临绝顶，人会有一种胜利者的喜悦，能启迪人的心灵；"站得高，看得远"，山岳绝顶之奇观是在其他任何位置看不到的；登临绝顶可观日出，日落奇景，有些绝顶之上还可见到"佛光"、"佛灯"等奇观。古人之"登高则志远，临水则志清"、"会当凌绝顶，一览众山小"等诗句已对人们登临山之绝顶的意蕴作了极佳的描述。导游员在组织游客游览山地时，应带游客适时登顶。

（六）结合现场讲解，引导游客审美

导游员作为游览活动的领导者，必须拥有一双洒脱的眼睛，能欣赏山之真美，还要能体会游山的真乐。更重要的是他还必须把各种"美"和"乐"传导给他的服务对象——不同的游客。

1．引导游客观山之形，体验形象美

所谓山体形象美，是指山岳自然景观总体形态和空间形式美。山体有不同的造型，形成不同的景观。从不同的距离、不同的视角、不同的方式去观赏，看到的景色迥然不同。郭熙在《林泉高致》中概括"山有三远：自山下而仰山巅，谓之高远；自山前而窥山后，谓之深远；自近山而望远山，谓之平远"。

山体景观形象美可以概括为"雄、奇、险、秀、幽、奥、旷"等形象特征。

导游员引导游客品赏山地自然景观时，要抓住构景要素的本质特点，联系不同的地质地理条件，在引导游客认知的同时进行具有针对性的特色导游讲解。对自然景观的直观美的审视，人与人之间差距不大，导游员需适时给予游客提示或指点。

每座山基本都具有雄、奇、险、秀、幽、奥、旷等基本形象特征，按照自然节律和韵律组成一个丰富多彩的美的空间综合体。各种美的特征不是孤立的，它们彼此联系，处在一种动态的变化之中，各种美的要素犹如音符，可以任意组合。导游员就是要帮助游客认识这些音符，引导游客奏出动人的乐章。

2．引导游客看山之色，饱览色彩美

色是物的基本属性之一，凡是物有其形也必有其色。与形象相比，色彩对人的感官更具有刺激性。一年四季的交替和阴、晴、雨、雪等天气现象则构成了山岳景观色彩的宏观变化。山岳自然景观中，色彩比较稳定的是岩石和土壤，最引人瞩目的色彩，莫过于缤纷的鲜花，众多的名山都盛产花卉。色彩变化最快的是色彩绚丽的云霞，水、云、雨、雪等与山体相结合，形成不同的景致，有的成为游客直接观赏的对象。

导游员在带领游客游山观景的过程中，要根据山色的变化，引导游客用自己的眼睛去看，用心去体验。对山色的讲解介绍要提前，因为如霞光等色彩的变化是瞬息万变的。不同的色彩能引人不同的遐想，导游员应见机行事、积极引导。

3．引导游客体验山之境，感受动态美

"态"乃景观的形态。山岳自然景观的动态美，主要由流水、飞瀑、浮云等要素构成。流水和瀑布所体现的动态美有相对的稳定性。云烟是很不稳定的因素，但也有一定的规律，科学地分析山地小气候特点，就能掌握其一般的变化规律。导游员应掌握各类动态美的变化规律，主动引导游客赏美。

4．引导游客闻山之声，享受听觉美

形象、色彩、动态美是游客在游览名山时获得的视觉美。当人们登临山岳时，大自然还会给游客送来天籁之音，让人们感受听觉之美。导游员在引导游客欣赏山体景观时，还要时时提醒游客处处关注声音美。不同的名山有不同的"音源"。泉水叮咚、林海松涛、雨打芭蕉、幽林鸟语、寂静夜虫鸣等，在特定的环境条件下，都能给游客音乐般的享受，让游人忘却烦恼。声音的效果有时会成为某些旅游景观的特色，杭州九溪十八涧的美，正如清代学者俞樾在对联中所写："重重叠叠山，曲曲环环路；叮叮咚咚泉，高高下下树。"对于久居闹市、长期生活在噪声环境中的游客来说，在名山中欣赏大自然演奏的天然交响乐，是一种极大的享受。在具体安排山岳游览活动时，导游员在时间、条件允许的情况下，要积极主动安排游客避开旅游高峰，充分享受听觉之美。

5. 引导游客嗅山之气，领略嗅觉美

游览山岳，游客不仅可以通过眼、耳接受美的信息，还能通过鼻子感受美的存在。山岳中森林植被茂密，其间富含负氧离子的洁净空气散发着独特的气息；泥土、树木花草散发着自然的香气。特别是清晨或雨后，自然的气息更浓，这自然的气息能振奋人的精神，对于游客恢复身体的疲劳大有益处。

嗅觉美是山岳综合美的一个组成部分，只有让游客通过身体的所有感觉器官，全方位地去感受山岳之美，才能让游客真正体验到游山的乐趣所在。现代人外出旅游的主要目的之一就是休闲与体验。因此，导游员在引导游客游山的过程中，不可忽视引导游客领略嗅觉之美。

6. 启发游客探求山岳科学及山所承载的人文内涵

组成山体的岩石及山体包含的各种地质地貌形迹记录了地球的历史，通过各种奇特的自然景观向人们"讲述"着地质地貌等自然科学内涵。这种"讲述"普通游客要想"看懂"、"听懂"，需要导游员来做"翻译"。

自古以来，中国人爱山、敬山、崇山、朝山，对山有着特殊的感情。山成为了人们精神的寄托；山又是中国古代文人文学创作的源泉；佛教、道教的兴盛，又为山岳注入了宗教文化的内涵，"天下名山僧占多"成为中国名山的一大特色。俗话说"山不在高，有仙则灵"，山承载了中国丰富的民间传说和故事，使得中国众多山岳充满了神秘感。因此有人说，游览中国名山，就似阅读中国文化历史书籍。山体所承载的科学和人文内涵，普通游客仅通过游览观赏是难以探求和发现的。这部分的内容，需要导游员的讲解来得以实现。

二、山岳游览的导游讲解

（一）导游讲解途径

山是以自然奇观为主体吸引物的山体，导游在实际讲解过程中可根据游客的游览情趣，选择从不同的角度进行导游讲解。

1. 从地质角度导游讲解

要求导游员全面了解所游览山岳的地质、地貌基础知识。此种导游讲解带有较强的科普性。科普知识在导游讲解中所占比例不是固定的，导游员在讲解时要注意因人（游客的动机、修养、求知欲、当时的身体状况、情绪等）、因时、因地、因景而异。在讲解时，要灵活运用导游方法，相关科学常识要取舍得当。

2．按山地景观在旅游业中所起的作用导游

根据不同山地景观资源的旅游功能，突出重点，灵活运用导游方法。在讲解中主要突出所游览山岳的景观特色，可运用比拟手法，以游为主，注重娱乐与休闲。

3．从文化的角度导游

中国名山为文化提供了生存和发展的空间，文化塑造了中国名山。游览中国山岳离不开文化，中国名山所承载的文化内容齐全，类型多样，主要包括了中华传统历史文化、宗教文化、文学艺术等。其表现形式有：传说故事、名人行迹、碑碣艺术、摩崖石刻、诗词歌赋、建筑书法、寺观庙堂等。有些文化现象是看不见、摸不着的，文化的传播需要依靠导游员生动、有效的讲解。导游员在山岳游览的导游讲解中，必须突出其文化特色。要注意灵活运用借景生情和虚实结合法，向游客生动展示不同的山岳所承载的文化内涵。

4．从美学特征导游

对于普通的山岳，或以游览休闲为主体功能的山地，则应该从美学特征的角度进行导游。下面以黄山为例，介绍导游员的角度。

（1）从地质角度导游

位置：黄山位于安徽省的南部，跨越四县——歙县、黟县、太平和修宁。黄山在秦朝（公元前221—207年）时叫做黟山，在公元747年（唐朝天宝六年）时才改名为黄山。

成因：一亿多年前的地球地壳运动使得黄山崛起于地面，后来历经第四纪冰川的侵蚀作用，慢慢地就变成了今天这个样子。黄山宏伟、庄严、风光迷人，为著名的风景区。

景观特点：154平方公里的面积上群峰耸立，多山峰的名字是名如其形，"莲花"、"光明顶"和"天都"是其中最主要的三个，海拔都在1 800米以上。这些山峰都是花岗岩体，通常是由竖直接合点连接。侵蚀和断裂促使这些岩石变成巨大的石柱，形成了高峰和深谷。天阴时这些高山隐现在雾霭中，如虚幻一般，天晴时则尽展其威严与壮丽。

（2）从美学特征导游

黄山的颜色和形态随四季的更替而不断变化。春天，盛开的鲜花色彩缤纷，点缀着四处的山坡；夏天，您可以看到青绿的山峰一座连一座，泉水在欢乐地汩汩流着；秋天把整个黄山装扮成红、紫相间的世界，正是枫树火红的季节；冬天则把群山变成一个冰与雾的世界，到处是银枝银石。

（3）按山地景观在旅游业中所起的作用导游

自古以来就一直有许多游客来到黄山，探求其神秘、惊叹其美景。人们渐渐地总结出黄山的四大特征和吸引力：奇松、怪石、云海和温泉。其实，黄山上也到处可见花岗岩，尤其是在以下几个景区：温泉、玉屏楼、西海、北海、云谷寺和松谷庵。黄山作为一座著名的中国名山，在以安徽一线为主题的旅游线路中起着画龙点睛的作用，是整个旅游讲解的重点所在。

（4）从文化的角度导游

黄山有着悠久的历史，古代的书籍、诗歌、绘画和雕刻都是很好的证明。李白并非歌颂黄山的唯一诗人，唐代诗人贾岛（公元779—843年）和杜荀鹤（公元846—907年）也曾来此吟诗作赋。在唐以后的各个朝代中不断有人游览黄山，在诗中表达他们的赞美之情。明朝伟大的地理学家和旅行家徐霞客（公元1586—1641年）专门写了两本关于黄山的游记，清朝的西安派大画家渐江和石涛（公元1642—1718年）在身后留下了许多幅关于黄山的画。已经去世的地理学家李四光在其专著《安徽黄山上的第四纪冰川现象》中总结了他个人对黄山的考察成果。一代又一代人的题词随处可见："千姿百态黄山云"、"刺天峰"、"清凉世界"、"奇美"和"独具魅力的风景"，这些仅仅是其中的几个而已。这些诗一般的词汇配上优美的书法不仅仅是装饰品，本身就是一道迷人的风景。

（二）讲解程序及技巧

1．基本程序

熟悉所游览山岳的景观及科普、文化知识、相关传说故事，准备一些幽默故事（登山要消耗体力，为使游客不感觉疲倦，需要娱乐和幽默）→分析游客（客源地、年龄、性格、受教育程度、旅游习惯、身体状况、旅游动机、整体组合等）→设计路线，并根据路线撰写导游讲解提纲→开始游览：准备工作及提醒讲解，提醒游客注意游览山岳的注意事项、进行安全讲解→总体概况讲解→游览→途中介绍、重点景观讲解→停留时的深层次讲解→娱乐→游览讲解→归纳总结。

2．灵活运用讲解方法

山岳游览的导游讲解基本按游览路线进行分段讲解，在讲解中，对于能代表整个山岳总体地貌特征的景点或景观要运用突出重点的方式讲解；对于瞬息万变的景观，如云雾、日出等要提前提示讲解，提醒游客注意；行进过程中注意"导"与"游"的有机结合，运动过程中以游客"看、听、嗅"为主，逗留休息时以游客讲解为主，讲解中要能充分运用联想、对比等方法。对于科普常识可运用课堂讲解法，传说故事用虚实结合法。在游览中为了解游客的需求可运用问答法、提示法。

3．具体讲解技巧

（1）山岳景观的导游讲解应体现力量与刚毅

山体联想到力量，以大山比喻力量。地壳的运动使得一些山体断层削壁、岩石嶙峋，显得险峻刚毅。"壁立千仞，无欲则刚"，山者，刚毅、沉静、果敢、稳固、坚韧不拔。在西方，人们总是喜欢把阿尔卑斯山和英雄拿破仑联系在一起，在美国的拉什莫尔峰，人们把历史上最受尊敬的四位美国总统——华盛顿、林肯、杰弗逊、罗斯福的头像，镌刻在山体上。山，成了英雄品格的象征，成了伟大力量的象征。因此在山岳导游讲解中，导游员在语言的运用上要体现力量与刚毅。

（2）讲解用语要恰如其分

导游员在山地景观的导游中，如能把那些惟妙惟肖、生动鲜明的象形景观，恰如其分地介绍给游客，将会为游客的审美过程增添更多的情趣。

清代魏源在游赏五岳后曾道："泰山如坐，嵩山如卧，华山如立，恒山如行，唯独衡山如飞。"他在这里生动地描绘出五岳山体的象形美，显得生动形象，活灵活现。有许多名山干脆就是直接以其形状而命名，如河南省形如雄鸡报晓的鸡公山；浙江省雁荡山的灵峰，犹如一对情深意浓的新婚夫妇，故又称夫妻峰；庐山有酷似五位老人并坐的五老峰；还有长江三峡岸边耸立着的著名的神女峰等。这些特殊形状的山体，已经构成了对旅游者强大的吸引力。

（3）不要把自己的观点强加给游客

不同的人对于山有不同的情感，孔子之山是"仁者之山"、曹操之山是"威武之山"、王维之山是"空山"、陶渊明之山是"归隐之山"、李白之山是"灵山"、苏轼之山为"多情之山"……导游山体景观，重点要引导游客细致入微地观察，启发游客广阔丰富的联想，在对观赏对象形象的认可中得到发现美的快感。旅游者的认可，不是盲目的，每个人心中有自己的"山"。例如，对于山岳形状的理解，游客往往在探究面前的山体形状时，在"像"与"不像"的问题上，显得非常执著。导游员的讲解，不能仅仅是按照自己的看法去讲，这样，容易使游客产生强加于人的感觉。要尽量避免这种一厢情愿的做法，引导游客自己去寻求答案。

（4）讲解中充分体现和展示中华文化的意蕴

悠久的历史文化积淀使得中国名山由单纯的自然景物升华为"人文山水"，中国名山都有丰厚的文化积淀。山水一直以来是中国文化的精髓与魂魄。古人之精神化为山水之精神，山水在古人的生活中承载了多样形态的文化功能。山的祭礼、山与宗教、山与儒教、山与神话、山与搜神、山与游历、山与探险、塞山与戍边、山与归隐文化等，"山"在中国文化中具有多元功能。中国的山山水水并不只是自然的山水，而是几千年传统文化的积淀，这是与世界上其他国家的山水所不同的独特之处。

导游员在导游讲解中，要善于把握山岳的文化特色，充分收集材料，并将其与游览景观紧密联系，在文化内涵展示、诗词歌赋的引用、传说故事的引证时，注意依托具体的客观事物，以增强真实性和可信度。

（5）讲解中应隐含精神的激发

名山与宗教文化结合的表现是：儒家思想，登高望远可以振奋斗志，激扬意气；佛教称，徒步登攀能够显示尘世沧桑的苦难；道教认为，心与物游足以体验主体意志的自由。中国人常以山寄托自己的情怀，这在古诗词中有较多的记载，如杜甫的"会当凌绝顶，一览众山小"；柳宗元的"心凝形释，与万化冥合"；王维的"空山新雨后，天气晚来秋"……这些都是人们因山峦景观之美而升华为精神享受的形象记录。

三、特殊地貌景观导游

（一）对导游员的基本要求

1. 能根据景观特征辨别和判断不同的地貌景观。

2. 既要掌握不同地貌景观的成因机理，又能用简明扼要的语言向不同的游客讲解介绍。

3. 根据不同的地貌景观，结合旅游文学作品向游客讲解，引导游客产生审美联想。

4. 整体讲解与典型景物讲解相结合，注意点、线、面的结合。

5. 因时、因地、因人而异，选择导游讲解方法，灵活组织导游语言。

（二）讲解要求

1. 讲解的科学性，要有科学依据。

2. 地貌知识讲解与美学赏析相结合。在讲解地貌知识时，要注意引导游客对特种地貌景观的审美，把景观审美与地学知识传播有机结合。

3. 挖掘地貌景观中承载的人文要素，根据游客需要设计游览线路。

4. 导游讲解与游客自己欣赏相结合。

（三）中国著名特殊地貌导游讲解示范

1. 喀斯特景观导游——昆明石林

（1）石林的地位：石林是 1982 年国务院批准的首批国家级重点风景名胜区之一，是世界最典型的喀斯特地貌景观，范围达 350 平方公里，素有"造型地貌天然博物馆"之称，是中国的四大自然景观之一。

（2）位置：位于云南省昆明市所属石林彝族自治县境内，距昆明市区 83 公里。

（3）石林的特点：一是发育面积广，目前已被严格保护的石林景观面积达 350 平方公里。二是石林演化历史长而复杂，研究表明，在晚二叠纪玄武岩喷发前，石林地区就已有包括石牙、石柱、洼地等喀斯特的发育。玄武岩和凝灰岩的沉积，使本区裸露的和覆盖的喀斯特同时发育，到第三纪时云南高原的强烈抬升和断陷盆地的形成，使一部分石林和石芽景观再次受到红色沉积的覆盖。第四纪温暖潮湿气候和地壳不断上升的影响，使裸露的石林景观持续发育，使被剥露的石林景观又不断受到改造。三是石林县石林的景观奇特、千姿百态、雄伟壮观，特别是那些剥露改造型石林，成为今日石林的典型代表。它们已成为中国文学、艺术和园林制作的灵感源泉。因此，正如国际洞穴协会前主席、加拿大皇家学会院士 D.C.福特教授所说："在看了中国的石林县石林、桂林塔状喀斯特和广西大化七百弄峰丛洼地，就了解了整个宏观喀斯特地貌。"四是石林县石林地区保存了大量的古人类化石和石器，有 6000 年以前彝族的摩崖象形文化。优美和独特的自然环境创造了彝族人民豪爽奔放、热情好客的风俗和以大三弦、阿细跳月为代表的中国独特彝族撒尼文化。

（4）成因：据科学鉴定，这里在二亿七千年前是一片汪洋大海，海底逐渐形成石灰岩沉积区，经过地壳运动，海底上升形成陆地，亿万年来，经过大自然长期的雨蚀和风化，有的石灰岩被溶蚀、沉淀，有的崩塌、陷落，有的堆积，约在 200 万年前即形成这千百万座拔地而起的石峰、石柱、石笋、石芽，远望犹如莽莽丛林的大片危岩石柱。在明末清初，人们就把它称为"石林"。

（5）景点简介：大小石林、乃古石林、芝云洞、长湖、大叠水瀑布、月湖（尚未开发）、奇风洞（尚未开发）7 个区域景区组成了石林风景名胜区，重点介绍大小石林景区。

大石林游览线路：大门（石林导游、石碑）——石林湖（水与石林、出水观音、五棵树村等）——狮子池——狮子亭（游路上海拔最高的地方：1 778.6 米）——青牛戏水——石屏风（大鹏展翅、"抑景"）——桂花林（人工种植）——朱德题刻（字："群峰壁立，千嶂叠翠"）——"海底世界"——鳄鱼头（成因：石峰倒塌）——石林胜境（"石林"题刻与龙云、周钟岳、张维翰题"天下第一奇观"等）——千钧一发（景观与字意）——"刀山火海"（典型剑状喀斯特，可导出成因）——且住为佳（土下溶蚀）——"无欲则刚"（中国的藏头句"壁立千仞"）——剑锋池（成因与水源，二洞一石即剑锋石）——极狭通人（含义）——仰天俯地——古藤（喀斯特区植被）——双鸟渡食（玉鸟？母爱？）——象踞石台——千年龟（寿？）——石钟（成因分析）——天然歌厅——老鼠吃火腿——望峰亭（历史 1931 年、1971 年，游路景观回顾）——……——后可分三条游路——外围石林——莲花池——小石林……

（6）民族风情：一个彝县有五乡美誉——岩溶之乡、歌舞之乡、摔跤之乡、绘画之乡、烟草之乡。彝族的族称，撒尼人的名称、服饰、居住形式、节日、饮食、习俗、歌舞等也是重要的民族风情。

（7）景点的对比评价：在中国的海南、浙江、福建、贵州、四川、湖南、广西及云南其他地区均有类似于石林县石林景观的分布；在法国、西班牙、土耳其、坦桑尼亚、巴西、澳大利亚、新西兰、巴布亚新内几、马来西亚、菲律宾、马达加斯加、越南等国均有剑状喀斯特和类石林的发育，特别是马达加斯加的安卡拉那、波马拉哈的井割景观，覆盖面积大，雄伟壮观，马来西亚穆鲁雨林中的剑状喀斯特形态壮观奇特，它们都是大自然长期刻蚀加工的杰作。然而，由于种种原因，它们的可入性、科学性、美学性和与人类社会、文化的进步的关联性均不可与中国石林县石林并驾齐驱。

2. 风沙地貌景观（雅丹地貌）

（1）位置：在玉门关西北边八十余公里的地方，有一大片雅丹地貌，长约十五公里，似乎一点也看不出来风沙吹着的痕迹。

（2）景观特点：远看，犹如一座建筑风格十分典雅别致的大城市，雅丹地貌高低不同，方圆参差，错落有致，布局有序，而且形成一条条宽阔笔直的大马路，如同巧夺天工的建筑师精心修筑一样，若不亲临，实难相信大自然竟有如此造化。近看，每个雅丹地貌都各具形态，千奇百怪；有的像座塔，有的像宫殿，有的像麦垛，有的像或立或卧的各种动物形态，有的像大海中乘风破浪的船队，有相当一部分宛如少数民族游牧居住的圆顶毡房。多姿多彩的雅丹地貌不仅让人赏心悦目，更使人浮想联翩，引起梦幻般的思绪。这又不能不使人们惊奇，大自然的创造与人类的现实生活有着惊人的相似。

这些雅丹地貌土质坚硬，呈浅红色，与青色的戈壁滩形成强烈的对比，在蓝天白云的映衬下格外引人注目。千百年来虽经风吹雨淋，烈日暴晒，但至今英姿不变，或许随着历史的变迁，这些雅丹地貌会变得越来越俊美秀丽。

3. 火山地貌景观——黑龙江五大连池景区

（1）地位：五大连池位于黑龙江省北部，是国务院 1983 年公布的第一批全国重点风景名胜区，为国家级自然保护区，是中国旅游名胜风景区"四十佳"之一，是国家级"地质公园"。

（2）位置：东经 126°00'~126°20'，北纬 48°34'~48°48'。平均海拔高度为 250~300 米，属寒温带大陆性气候，本区夏季较炎热，最高日温可达 34℃，多见于 6~7 月份；冬季较冷，气温一般在-20℃左右，最低日温可达-36℃。年日照时数在 2 100~2 850 小时，年平均降水量在 500 毫米。

（3）景观特点：五大连池早在不同时期先后爆发过 14 座火山，早期火山距今已有 130 万年，近期喷发的火山也有 280 年的历史，目前仍保留着完好的火山爆发时的壮观遗迹，素有"火山公园"、"天然火山博物馆"之美誉，是火山地质科学考察和研究基地。最后一次火山爆发是发生在 1719—1721 年间，火山熔岩阻塞了当时的河流，形成了五个串珠样的自然湖泊——火山堰塞湖，故得名"五大连池"。

第三节　水域水体景观导游

一、导游讲解的基础——关于水

（一）水、水体

水是自然界最活跃的物质之一，它不仅存在于大气、土壤和岩石中，地球表面 3/4 也是由水所覆盖的。在生物的各种组成成分中，水也占有较高的比例，成年人体内也含有 65% 的水分。

水，从科学的角度讲，是由两个氢原子和一个氧原子结合而成的最简单的氢氧化合物。在地球上，由于受地形和气候等自然因素的综合影响，水以不同的状态形式存在于自然界，主要包括：气态，如水蒸气、云雾等形式；液态，这是水的主要存在状态，常见的液态水包括雨、露、泉水、湖水、江河水、海洋水等形式；固态，其存在形式主要有雪、霜、雾凇、冰、冰川等。

水体是指以相对稳定的陆地为边界的水域，是河流、湖泊、沼泽、水库、地下水和海洋的总称。水体也称水环境，包括水以及其中的溶解物、水生生物和底泥等，它们共同构成完整的生态系统或完整的自然综合体，不同的水体有不同的水文特征，也相应具有不同的自净能力。从水体存在的区域看，可将其划分为水域和水系。水体成为旅游资源应具有两方面的条件：一是水体的卫生环境质量，二是水体自身的优美度。水体的卫生质量简称水质，是指包括在水中微量化学元素和生物在内的各种物质的总和。而对水质的判断，一是感官判断，二是仪器分析。水的优美度包括形态美、色彩美、美丽光影、声音美、奇趣美等。

（二）水域称谓

1. 海洋

根据海洋所处的地理位置及其水文特征的不同，海洋又可分为洋、海、海湾和海峡。

（1）洋，是世界大洋中远离大陆，深度大，面积广，不受大陆影响，具有较稳定的理化特性和独立的潮汐系统以及强大洋流系统的水域。

（2）海，是靠近大陆，深度浅，面积小，兼受洋陆影响，具有不稳定的理化特征，潮汐现象明显，并有独立海洋系统的水域。

（3）海湾，是海洋伸入大陆的部分，其深度和宽度向大陆方向逐渐减小。

（4）海峡，是连通海洋与海洋的狭窄的天然水道。

2．河流

一种天然的地表水流，地表水在重力作用下，经常（或间接）沿着陆地表面上的线形凹地流动，称为河流。

每条河流都有河源和河口。河源是指河流的发源地，不同的河流河源的情况不同，确定较大河流的河源须先确定干流，一般取长度最长或水量最大的作为干流，有时也按习惯确定。河口是河流的终点，即河流流注海洋、河流、湖泊或沼泽的地方。在干燥的沙漠区，有些河流的水消耗于蒸发和渗透，最后消失在沙漠中，这种河流称为瞎尾河。除河源和河口之外，每一条河流还可分为上、中、下游三段。各段的特点是：上游比降大，多瀑布急滩，流速大，流量小，冲刷占优势，河槽多为基岩或砾石。中游比降和流速减小，流量加大，冲刷淤积都不严重，河槽多为粗砂。下游比降与流速更小，流量更大，淤积占优势，多浅滩或沙洲，河槽多细沙或淤泥。河流的上、中、下游的划分不是绝对的，由于划分的根据不一，有的着重地貌特征（如河槽纵比降及冲淤情况等），有的着重水文特征（如流速、流量等），也有的综合考虑多种因素，因此，同一条河流，上、中、下游常有不同的划分。在一定集水区内，大大小小的河流构成脉络相通的系统称为水系。

3．湖泊

湖盆蓄水后称为湖泊，为大陆上天然洼地中蓄积停滞的或流动缓慢的水体。湖泊的形态是多种多样的，它对湖水性质、湖水运动、湖泊演化、水生生物等都有　定影响。湖泊形态的特征主要是指湖泊的形状、长度、宽度、岸线长度、面积、深度、容积、底坡等。陆地上的湖泊多样而复杂，依据不同的目的和指标，可将湖泊划分为不同的类型。

（1）按湖盆（湖盆是陆地上蓄水的洼地，湖盆的形成是湖泊发生、演变的先决条件）的成因，可将湖泊划分为：

——自然湖盆。自然湖盆是在内外力相互作用下形成的。以内力作用为主形成的湖盆，称为内力湖盆；以外力作用为主形成的湖盆，称为外力湖盆。

内力湖盆又可分为：构造湖盆、火口湖盆和堰塞湖盆等；外力湖盆依据外力作用的不同，又可分为：河成湖盆、风成湖盆、冰（川）成湖盆、溶蚀湖盆、河海成湖盆等。

——人工湖盆。指人类修建而成的湖盆，即水库和蓄水池。

（2）按湖水的进出情况划分：

——按湖泊的水源补给条件可分为：有源湖（有地表水注入补给）和无源湖（无河流补给，主要靠大气降水补给）。

——按湖泊的排泄条件划分为：外流湖、吞吐湖和闭口湖。

（3）按湖泊含盐度划分，分为三类：淡水湖（含盐度小于1.0‰）、微咸湖（含盐度在1.0‰～24.7‰之间）；咸水湖（含盐度大于24.7‰）。

4. 沼泽

沼泽是地表经常过湿或具有停滞的、微弱流动的水分，其上生长着沼泽植物，并有泥炭的形成和累积的地段。国内外对沼泽的概念一直没有完全统一。目前从生态系统保护的角度，人们重新审视沼泽及其作用，研究人赋予了它一个新名称——湿地。它具有独特的景观特征，而且对于地球生态系统的保护发挥着极为重要的作用，科学家们称其为"地球的肺"。

5. 冰川

冰川是陆地上重要的水体之一，它是由固态降水积累演化成的，能自行流动的天然冰体。冰川的累积和消融，积极参与了水分循环，强烈地影响着地表的演化过程。冰川的冰是一种浅蓝而透明的、具有塑性的可流动的多晶冰体。冰川分为海洋性冰川和大陆性冰川两大类。

海洋性冰川主要发育在降水充沛的海洋性气候地区，其雪线分布低，冰舌尾端下伸也很低，可达森林带，冰面消融强度大，冰川进退变化幅度也大，冰蚀作用明显。

大陆性冰川主要发育在降水稀少的大陆性气候地区。冰川流动缓慢，冰舌高居在森林带以上，冰舌尾端进退幅度较小，侵蚀作用也较小。

6. 地下水

存蓄于岩石、土壤空隙（孔隙、裂隙、溶隙）中的水，统称地下水。地下水的天然露头称为泉。泉是地下水的重要排泄方式之一。当含水层或含水通道出露于地表时，地下水便涌出成泉。

二、水与旅游

"没有水，便没有生命"。水不仅在人们生活饮用、工农业生产和舟楫交通上居于不可缺少的地位，同时水还能美化、绿化环境，改良气候。水供给人们游泳、滑雪、划水、疗养、品茗，水给人们以特殊和高尚的自然享受。

（一）水的造景功能

水是自然界主要的构景要素之一，它既搭建了造景育景的舞台，是塑造其他风景的"雕塑家"，同时还是诸多自然、人文景物不可缺少的背景和借景本原。

1. 独立成景

水域风光数量多、质量高、景观美。有些水域占地面积广，景观独特，以其固有的"水态、水色……"独立成景。以水为主的自然景点之美，不但在于各种水体类型本身，更在于各种水体与其他造景因素的相互配合。例如著名的太湖景区、杭州西湖、黄果树瀑布等，其景区名称得益于水景。

2．与地形、地貌、动植物、气候等因素配合成景

（1）水景与地形、地貌协调配合，成就知名山水景区

水与地形的配合，形成了绿水青山交相辉映的绝妙风景。北宋画家郭熙曾言："山得水而活，水得山而媚。"从观赏角度看，我国有许多旅游观光胜地，都是以水所具有的秀丽、幽曲等特征显示景观的柔性，同山地的雄伟、险峻所显示的刚性相结合而成为旅游观光胜地，例如长江三峡、漓江、黄果树、九寨沟、壶口巨形飞瀑等知名景区。

（2）水域与动植物结合，向游客展示地球和谐的环境

动植物的生长离不开水，水域与动植物有机结合的区域，显示出地球的勃勃生机，往往成为深受游客青睐的度假、休闲、体验、观光旅游区。在我国典型的有：杭州西湖、四川九寨沟、"四面荷花三面柳，一城山色半城湖"的济南大明湖等。

水生生物的展示离不开水，典型的如各类水族馆。

（3）水域配合当地特有的天气、气候条件，向游客展示的是变幻的景致

水在大气中的不同状态，形成了雾、云、雨、雪、凇等天气现象。大气中的水汽对阳光的反射、散射、漫射等作用，形成了天空中奇幻的景致，配合其他自然和人文景观，就构成了对游客具有强烈吸引力的景观，有的甚至成为标志性景观。典型的如杭州西湖的"曲院风荷"、"平湖秋月"、"断桥残雪"分别是水与夏、秋、冬四季所组合而成的名景。"落霞与孤鹜齐飞，秋水共长天一色"向人们展示的是气象、动物、季节、水域、水体共同构成的奇妙景致。

在特定的环境条件下，在特殊的季节里，还有更为壮观的现象，典型的如浙江海宁的钱塘潮、峨眉山的金顶佛光等，没有不同状态下的水，这些奇景是不会存在的。凡是美景，皆源于相互配合。

3．水为人文景观的布置创造了条件

水与人文因素中的历史文化和现代建设成就的配合，形成了许多富有文化内涵的景观。

（1）水与历史文化

水环境和水域分布成为古人选择居住地的首要条件。人类先民择水而居，人类早期文化的产生和分布在相当程度上是以河流的分布为主体的，从世界文明古国的分布和发展来看：如果没有尼罗河的存在，沙漠大陆非洲不可能产生根植于"绿色走廊"之上的古埃及；如果没有两河的浇灌，美索布达米亚平原绝不是苦苦寻觅安居乐业之地的苏美尔人的驻足之处；如果没有印度河、恒河的水利，次大陆不可能产生发达的农耕；而如果没有黄河，华夏祖先至多只能成为蒙昧的游牧部落。虽然水不是人类文化产生的唯一条件，但由于人类早期的社会活动是以农耕为主的基本生存生产，因此无论从哪些方面讲，对于水的依赖都是不可替代的。

在中国，通常情况下，只要有大面积水域存在的地方，往往成为人口稠密区，在人类发展进化的过程中不断地与水发生着各种紧密的联系，在此进程中创造了丰厚的文化。因此在水域区承载了大量的历史文化信息，而这些信息仅靠眼睛是看不到的。

（2）水与中国园林

中国园林艺术刻意模仿自然山水格局，在小地域范围内营造具有高山、大川意境的人工生态环境，在世界园林中独具一格，被称为"自然山水式"园林。中国园林被公认为"世界园林之母"。这种荣誉不能不与中国山水有关，因为中国自然山水意境就是中国园林艺术的灵感之所在。

（3）水与现代建设成就因素的配合

水与现代建设成就因素的配合，是指新中国成立以来，特别是指改革开放以来，我国在开发江河防治水害中所取得的重大建设成就，既是建筑工程，又是旅游资源；它们既点缀了原有的水体景观，又丰富了原有的水体景观，成为新奇的旅游资源。

在水与现代建设成就因素的配合，莫过于世纪工程——长江三峡工程。三峡工程是世界上施工期最长、建筑规模最大的水利工程。三峡水电站是世界上最大的水电站，三峡工程泄洪闸是世界上泄洪能力最强的泄洪闸，三峡水库不但具有可以发电、灌溉、航运、养殖、防洪等多方面的效益，还可以为旅游带来更大、更多的社会效益和经济效益。

4．为旅游文学、艺术的创作提供了源泉

水对文学、艺术、绘画等中国文化发展具有深远意义。中国文学中有游记文学，更有以南朝谢灵运为起始的山水诗，为后人传诵和模仿，长盛不衰。中国传统绘画中有大量的作品以山水作为题材，画家们用各种手法描绘祖国的大好河山，使"山水画"一词几乎成了"中国画"的代名词。

导游员在带领游客"玩水"的过程中，无论是引导观赏、体验，还是导游讲解，导游员都应把不同的知识有机融合，突出水在其中的地位和作用，寻找诸要素与水的关联，在文化的发展历程中，突出水的内涵，使游客全方位体验和感受到"水"。在讲解中要根据游客所游览观赏对象的文化承载，挖掘出根植于水域或水体之中的文化，通过不同的讲解方法，向游客讲解介绍。

（二）水文化的展示

水为万物之源，大自然的奇观美景离不开水，人类的文明进程离不开水，社会文化的发展、多元文化的形成同样离不开水。而水自身也成为了一种独特的、具有较强旅游吸引力的文化。关于"水文化"，吴殿廷教授在他的《水体景观旅游开发规划实务》[①]中

---

① 吴殿廷. 水体景观旅游开发规划实务. 北京：中国旅游出版社，2003

总结到：水是人类生活中接触最多、应用最广、须臾不能离开的物质，所以人们对水的感触最多。久旱逢甘霖、春雨贵如油，表达的是人们对水的渴望；洪水猛兽、水患无情，表达的是人们对水的憎恶；相濡以沫、鱼水深情，说的是感情至深；覆水难收、落花流水，则表现出几多无奈。

水是有形的，因它无处不在；

水是无形的，变化万千不可捉摸；

水是刚毅的，因可水滴石穿；

水是温柔的，恰如中国古代之贤妻良母；

水是纯洁的，既可以水为净，也应以水为镜，以水为鉴；

水是浪漫的，载着童子、诗人、画家云游梦幻天国；

水是生命的源泉，孕育所有生机，包括人类，而且构成人身之主体；

水博大精深，既用宽阔温暖的胸膛包容人间万象，又用豪迈奔放的气概荡涤世间污浊。

在中国的《辞海》中关于水的词条，仅首字为水者即达 400 多个；中国文学、历史书籍中，关于水，涉及水的成语、俚语、俗语数不胜数。仁者乐山，智者乐水，水确实构成一种文化现象。

广义水文化：水科学+水文学+水艺术。

狭义水文化：水文学+水艺术=成语、俗语、典故、传说、音乐、美术、电影、电视……

在旅游中，特别是在旅游景观的塑造与景观承载文化的特色分析，水与旅游产品、水与旅游活动、水与游客、水与导游服务、水与导游员等有着密不可分的联系。

1. 水文化的拓展

水文化在其形成发展过程中，隐含了河流文化、湖泊文化、海洋文化、泉文化、桥文化、舟船文化、SPA 文化、建筑文化等。如再与中国人的具体生活特点联系起来，水文化可以进一步引申出酒文化、茶文化、汤文化、粥文化、龙文化等。

宇航员在外太空回眸地球，所看到的是一颗蓝色星球——这蓝色就是地球上的水体。水是地球的标识。可以说在宇宙中，由蔚蓝色大洋为主体构成的球外观色彩，成为了宇宙之中地球形象识别系统的显性标志。地球与水是永恒的主题，是人们的水文化，亦可谓博大精深。

2. 水中哲理

水除了给人类以饮用、舟楫、灌溉等方面的恩惠外，还具有许多精神方面的价值和特质。千百年来，中华民族在认识水、治理水、开发水、保护水和欣赏水的过程中，留下了丰富的精神产品，领悟出许多充满智慧的哲思，奠定了中华水文化的深厚底蕴。

管子说："水者何也，万物之本原，诸生之宗室也。"

孔子说："逝者如斯夫，不舍昼夜。"又说："仁者乐山，智者乐水。"

老子说："上善若水，水善利万物而不争，处众人之所恶，故几于道。"

庄子说："水静则明烛须眉。平中准，大匠取法焉。"

……

这些充满智慧的语言，从不同侧面道出了水中蕴含的哲理。从一定意义上讲，水是中华民族精神生活的源泉。造物钟神秀、地灵乃人杰。在水域之滨，走出了无数的先贤。面对变幻莫测的水景，前人留下了不朽的诗文。著名诗人屈原从长江三峡之滨的秭归走来，留下千古绝唱，最后又回归于水域之中——投身汨罗江。司马迁来自黄河之滨，其足迹踏遍神州，写下了不朽之作《史记》，死后归葬东临黄河、西枕梁山的芝川镇南山岗。

曹操征战归来，途经碣石，当他面对大海之时，心潮如海水般澎湃，诗性勃发，写下了著名诗篇《观沧海》："东临碣石，以观沧海。水何澹澹，山岛竦峙。……"在这里，大海成为了一代枭雄诗人理想的象征，在景物描写中展示出曹操的胸怀。"白日依山尽，黄河入海流。欲穷千里目，更上一层楼"，唐代诗人王之涣在山西永济县登鹳雀楼时，观楼下滚滚黄河东流水有感而作，极富哲理的人文精神，在滚滚东流水的启迪下，凝聚在诗里，同时沉积在景观之中。没有洞庭湖及湖畔岳阳楼，范仲淹"先天下之忧而忧，后天下之乐而乐"之名句由何而生？"柔情似水"、"滴水穿石"，古老的谚语，道出了水的个性——柔而不弱，柔能克刚。"饮水思源"引申出中华民族"不忘本"和"知恩图报"的人格特质。

3．水承年华，以水喻情

人喜以物喻情，借物抒情，而水对人们情感的影响是极大的。"君不见黄河之水天上来，奔流到海不复回！君不见高堂明镜悲白发，朝如青丝暮成雪！人生得意须尽欢，莫使金樽空对月。"在李白的诗句中，以水对年华，表现了一种悲观的解脱。梁启超面对大海立下宏愿"世界无穷原无尽，海天寥拓立多时"，表达进取的人生态度。

水是柔弱的、透明的，是生活中不可缺少的。而由于存在状态的不同，水又变幻莫测、难以琢磨。因此自古人们皆喜以水来比喻人间的悲欢情感，以水作为爱情媒介与乐章。"所谓伊人，在水一方"、"我住江之头，君住江之尾。日日思君不见君，共饮长江水"、"花自飘零水自流，一种相思，两处闲愁"。

三、"玩"水与水体景观导游讲解

水在人们的心目中，能给人以不同的启迪，水体景观有其独特的"形"与特定的"意"的统一。在进行水体景观导游时，应以水域及水体为物质载体，多从文化的角度为游客进行讲解，深刻挖掘水体中所蕴含的力量、温柔、纯洁、无私等内涵，通过传神的语言和丰富的导游方法，把不同层次的信息传达给游客。讲解中突出所观赏水域或水体所蕴含的文化内涵。同时注意有针对性地引导、启发游客展开思维、想象的翅膀，达到人景相融的境界。

（一）"玩水"（水景游览）的前提——水的美学特征分析

1．形态美

水有不同的存在水域，从美学角度分析水的状态，海洋、江河、流泉、瀑布以动态为主，湖泊则多以静态为主；当然由于受到地形和季节的影响，不同的水域同样会呈现动中有静、静中有动的特点。而水域和水体的形态美是水景吸引力构成中的主要因素之一，游客通过眼睛可以直接感受这种美。水的形态美，往往不是单纯的，水与不同的条件结合，表现出不同形态的水，展示出不同的魅力，导游员要掌握这些能够直接刺激人感官而使游客体验到的美，积极引导游客通过不同的感官直接感受水之形态美。

2．倒影美

由于水是无色的透明体，在光线的作用下，万物倒入皆成影，水犹如一面镜子，以水为镜，古已有之。山石树木，蓝天白云，飞禽走兽，乃至人的活动都会在水中形成倒影，从而形成水上水下，岸边桥头，实物虚影的相互辉映，构成奇趣无穷的画面。如李白在《峨眉山月歌》中写的"峨眉山月半轮秋，影入平羌江水流"，就是描写了诗人看到峨眉山的上空半轮秋月，倒映在流动不息的平羌江上的意境，幽雅宁静。导游员在引导游览中，要注意寻找最佳位置，提醒并引导游客观赏，并将倒影美的特色传达给游客。

3．声音美

水流动、涌动就会发出各种声音，通过声音的传递，使人感受到它的存在。水在不同水域的运动中，往往发出各种不同的声音：如泉水的叮咚声、溪流的潺潺声、瀑布的轰鸣声、海啸的雷鸣声等，清浊徐疾，各有节奏。声音能让游人在旅游过程中获得重要的乐趣，不同的水声能诱发游客不同的游兴和遐想。而有的声音在游览过程中是要尽可能避免的，如海啸、洪水奔泻等声音是不能让游客身临其境去"品位"的。

4．色彩美

水是透明的，这种无色透明的液体在静止积聚时可以呈现出绚丽的色彩来。当光线透入水中，通过水分子的选择吸收和散射，水就会出现不同的颜色，给人以色彩美的享受。如渤海、黄海呈黄色，东海呈蓝色，南海呈深蓝色，黄河呈黄色，黑龙江呈黑褐色，鸭绿江呈鸭绿色，九寨沟的五彩池、五花海和火花海等则呈现出多种色彩。而水最常见的颜色是蓝色和绿色。蓝色代表宁静，蔚蓝的大海使人感动，若与蓝色的天空交相辉映，则形成"秋水共长天一色"的景象，蓝色是永恒而深远的。绿色是生命之色，面对如"湿润碧玉"的水面，游人自会感到舒畅和温和。水色与水体的质量、成分；与太阳的照射角度、天气状况等多种因素有关，导游员要引导游客赏水色，需要选择好时间和观赏位置，同时对色彩的成因及文化承载作引申讲解。

5. 光泽美

水体在光线的作用下，能产生光学现象。水体在日光、月光和灯光的作用下呈现出来的各种光学景象是非常美妙神奇的，令人赏心悦目。光泽是流动的，是"活"的，朝霞与夕阳照在水面上，会显出红、黄的光波，十五的圆月映在水中，月光、水光交融，产生一种虚幻境界。著名的"水光潋滟晴方好"，就是描写西湖晴空中湖水光泽美的绝句。西湖的三潭印月现象，就是月光、烛光、水光的交相辉映，形成"天上月一轮，水中影成三"的美丽景色；宋代范仲淹称洞庭湖景色是"上下天光，一碧万顷"；而丽江古城中的万家灯火让本已浪漫的"小桥流水"再添万种风情。光泽之美需要水与光的巧妙配合，而水体的光泽美是有时间性和季节性的，因此导游员应掌握不同水域景区的水、光配合情况，适时引导游览、讲解介绍。

6. 水味美

水是人体不可缺少的，人每天都要喝水，因此在诸多景物中，水是能用"舌头"体验的景物之一。水是无色、透明、无味的液体，未被污染的江河湖海水质清冽甘甜，往往含有丰富的微量元素，如青岛崂山矿泉水、杭州虎跑泉水、济南的趵突泉等均为甘甜醇厚的泉水，成为酿酒、泡茶和饮料加工的理想水源。水能与其他物产配合，更深层次地体现出水味，形成特色延伸文化，如茶文化、酒文化、食文化等。在特定景区，导游员可向游客介绍水体的特色水味及引申文化，有条件的情况下，应让游客亲身体验。如品饮甘泉、品茶赏艺等。同时注意，在野外，要阻止游客喝不洁之水。

7. 奇特美

水体的最后一个造景功能是奇特美，这是自然界的一些奇特现象造成的。如安徽寿县的"喊泉"，其涌泉量与人声音大小成正比；四川广元的"含羞泉"，一遇震动，泉水便似害羞的姑娘，悄然隐去，待安静后泉水复出。云南大理有"蝴蝶泉"，其他地方还有"笑泉"、"水火泉"、"色泉"等都是因奇特现象而成趣景的。奇特的水景美需导游员的引导观赏，导游员在导游讲解中，要突出"奇"，可能的情况下要讲清科学成因，进行科普宣传和教育，注意引导游客亲身体验。

8. 娱乐、体验美

水不仅可看、可赏、可饮，还可浴、可垂钓。海滨浴场、温泉天地、特定的河湖区域，都能提供游客与水直接"亲近"的机会，使人感受娱乐，体验人与自然的和谐，同时特殊的水域区，由于有特殊的水——温泉，还能使游客享受"斯巴"康体娱乐，以及治疗一些慢性疾病，如庐山温泉、五大连池药泉等，都是我国著名的矿泉理疗康复旅游区。一些溪流、潭沼还能供人垂钓，让人修养身心、磨炼意志，体验收获的乐趣。

（二）"玩水"（水景游览）的基础——水景基本特点及基本类型

1. 水景的基本特点

（1）旷野与激荡

"旷"一般是指视野广阔开朗的景观。"野"，《辞海》释义：野是旷远之处。野是天然美、朴素美的一种意境。"念去去千里烟波，暮霭沉沉楚天阔。"（柳永《雨霖铃》）"衔远山，吞长江，浩浩荡荡，横无际涯。"（范仲淹《岳阳楼记》）都描述了水体景观"旷野"的特点。

水体由于自身的特征，形成了千姿百态、千变万化的景观。咆哮的潮水、激荡的海浪，给人以荡气回肠之感，临水而观令人激情澎湃；飞落的瀑布，雨雾凌空飞洒，晴空下彩虹映衬，水声远传。

（2）静谧而秀媚

旷野与激荡让人感受到的是古朴与粗犷，这只是水景特点的一种表现。静静的湖面、深深的海洋，更多地流露静谧娴雅的格调；从涓涓的溪流、妩媚的湖面、清澈的泉水中游客体验到的是秀媚。静谧是成熟、幽美和高雅；秀媚是清新、妩媚和淡雅。

（3）力量与温柔的统一体

水勇往直前、执著，显示出一种无与伦比的力量，就像一位刚毅的男子汉；在显示力量的同时，水又尽显妩媚之气，甜美而安逸，犹如娴静、温柔的少女。水中蕴含着深厚的人文精神。

（4）纯洁与无私的承载物

"以水为净"是人们的共识，在人们的心目中，纯洁是水的基本特征，水"清澈见底"、"露珠晶莹"等，都显示出水的纯洁。

无私是人们赋予水的人格化特征。水不仅提供了人们观赏的形态，同时又是人类生存的基础资源，为人们提供了生活的保障。

2. 水景的基本类型

水域风光的分类方式较多，本书以2003年国家颁布的《旅游资源分类、调查与评价》（国家标准 GB/T 18972—2003）为标准，依据旅游资源的性状，即现存状况、形态、特性、特征进行分类，归纳成表5-3。

表5-3　水域景观基本类型一览表

主 要 类 型	基 本 景 观 类 型
河段	观光游憩河段、暗河河段、古河道段落
湖泊与池沼	观光游憩湖区、沼泽与湿地、潭池
瀑布	悬瀑、跌水
泉	冷泉、地热与温泉
河口与海面	观光游憩海域、涌潮现象、击浪现象
冰雪地	冰川观光地、长年积雪地

（三）"玩水"（水景游览）的途径

1. 水域景观的外观赏析

（1）观水面

在具体游览水域景观时，人们首先看到的是水面，水面指水体的表面形态。人们在规划设计水景时经常要考虑岸线的处理，笔直的岸线给人以刚强感，蜿蜒的岸线给人以柔美感。水面是构成水域景观的基本和主要的要素，因此在观赏水景时，我们总是以水面的大小、形态、色彩等作为参照去赏析水域风光。由于不同的游览水域的面积不同，因此，针对不同面积的水域，观水面的方法也不同。同时注意，纯天然水域景观与人工水域景观的构景要素、美学特性及立意等方面有一定的区别。

① 水面较小时，导游员要引导游客从细微之处开始观赏，特别是一些人工的水体配景，一般水域面积不大，导游员在引导游客游览时，应逐步让游客"以小见大"，注意水景与其他景物的有机搭配和协调。

② 水面较大时，要学会以大见小。例如在海岸旅游时既要眺望海天一色的远景，更要关注海岸周边的景色，如礁石、植被、沙滩、海水甚至航行在海上的轮船。事实上旅游者在欣赏景色时自然而然是这样做的。

（2）看水色

水色指水体的颜色，纯净的水体是无色透明的，但深水常呈蓝色。溪谷的上层流水水层薄而干净，水体透明无色，清澈见底。瀑布和跌水水珠飞溅，在阳光反射下呈白色。生物活动和人类影响可以形成特殊的水色，腐殖质可使水体染至灰黑色；而富营养湖由于藻类生长，常呈绿色。色彩最容易使人产生联想，不同的色彩蕴含有不同的寓意。

（3）听水声

对水景的赏析也雷同山岳景观，不仅要用眼看，还应用耳听。水声指水流产生的声音，瀑布、激流和潮汐可以产生咆哮或奔腾的声音；小溪流则发出潺潺声；波涛形成磅磲声。水声的差别反映了水的不同动态特征，也增加了水的动态感。

（4）识水态

水态指水体的状态，在冬季寒冷的时候水体可以结冰，此时水体是固体态；其他季节水体是液体态。液态水景又可分为静态和动态，一平如镜是静态，涟漪和微波是微静态，激流和瀑布是急动态。水态对水景有直接的影响。水态有动、静之别，水体的本质是流动的活体，水体的"动"是绝对的，而"静"是相对的。在水景观赏中我们经常可以看到瀑布的"动"和深潭的"静"，江河的"动"和湖泊的"静"，海潮的"动"和海面的"静"，我们在水景的动静之间享受美感，在动静之间体验自然。

（5）赏水光

水光指在光的作用下形成的反射、折射现象，是水体景观的特有美学特征之一。

（6）嗅水味

水味指水体的气味，纯净水为无色无味的液体。当水体含腐殖质时有霉味，含泥质时呈泥土味，含矿物盐时有咸味。天然水的味道反映了水中生物的繁殖程度和腐败程度。水味是评价水质的一个标准，对水景质量起着间接的影响。

（7）查水质

水质是否污染，有时并非一望而知，但它的祸害却显而易见。如海水含有细菌、养分和其他污染物，会使游泳者感到不适，亦会导致海洋生物污染或死亡，并使海水散发难闻的气味。

（8）测透明度

纯净水呈透明状，一般而言，透明度越大则水景越佳。在水域景观的赏析中通常是根据上述的几个方面综合考察的，有时由于水体的侧重不同，外观欣赏的标准也各有不同。

2．"亲近"水

现代旅游活动明显的趋势之一就是参与、体验。水域、水体本身就能提供人们开展参与、体验活动。

（1）直接地亲近自然

在游览过程中，导游员应在充分了解所游览区域的基本情况，在合适的季节，适时组织游客开展一些轻松愉快的"戏水"活动，如在云南西双版纳旅游时组织游客参加泼水活动；池塘、小溪边喂鱼、垂钓等。

（2）康体疗养

在参观游览特色温泉区时，导游员除引导游客观赏泉水奇观外，在时间和条件允许的情况下，可以让游客沐浴温泉，消乏解困。如在云南腾冲的热海景区，人们不仅能看到各种不同类型的奇特温泉，还能在"浴谷"中尽情享受"SPA"（水疗）的乐趣。

（3）水体的引申体验

结合水域景区的其他资源，引导游客"品茗"，延伸讲解中国悠久的茶文化。游客在西湖游览，不仅观赏西湖秀美风光，还能体验"西湖双绝"——虎跑泉水泡龙井茶；在饱览洞庭湖美景时，应到君山品尝君山银针茶；泛舟太湖，不能不问"碧螺春"。

3．内在意蕴的体验和导游讲解

导游员在带领游客游览水景时，在引导游客用感官区感受自然美景时，还须抓住机会，引导游客进行深层的人文精神的体验。导游员自身通过对知识的整理，针对所游览景区进行内涵延伸讲解。在具体导游讲解中注意做到以下几点。

（1）以水寄情，游水抒情

在我国人们总是把水和人的悲欢离合联系起来，"问君能有几多愁，恰似一江春水向东流"（唐·李煜《虞美人》），借长江之水流露无限感伤怨愁。所以在水体景观游览中，导游可借水景抒发自己的情感，使讲解充满人情味，并富有激情；同时也要引导游客在游览中把旅游和景物自然地结合，使旅游活动丰富而充满人情。

（2）以水寓意，观水体验

水体之美在于其永远的流动，水流运动给人带来生生不息的美感，人们常以水来寓意和比照某些事物和情感。"流水不腐，户枢不蠹"，"行云流水"，"流水无情"等无一例外地以水寓意；而"高山流水"的故事更是广为流传，以流水比喻美妙的乐曲，以及借指知音和知己，使人们面对水景自然而生愉悦亲切之感。导游员在导游服务中应注意借鉴引导，赋予水域、水体"生命"，激发游客的游兴和灵感。

（3）以水寓理，观景升华

水与人类生活乃至文化历史形成了一种不解之缘。流淌在东方的两条大河——黄河与长江，滋润了蕴藉深厚的中原文化和绚烂多姿的楚文化。先哲们以水论事、以水喻理、以水明志的精辟论见，堪称华夏文化的思想宝藏。子在川上曰："逝者如斯夫！不舍昼夜"，表达的是生命易逝、年华不再的慨叹心理。唐·李白不满现实所发出的"抽刀断水水更流，举杯消愁愁更愁"，表露的显然是如水流般的长恨情绪。

四、导游讲解基本要求

（一）灵活运用导游方法

在导游讲解中，由于水本身所具有的个性特点及在特定区域积聚后所呈现的景观的差异，再由于人为因素的影响，导致水体景观的游览过程中凸现明显的个性要求。

由于水体所具有的旅游多功能型，对于游客来讲，导致其选择以水域为其旅游目的地的因素是综合复杂的；不同的水域承载不同的文化，而游客文化层次又是多样的，因此，导游员在实际导游讲解时，必须充分掌握作为游客旅游目的地的水域景观的特色，在充分分析游客考虑与动机的基础上，制定有效的旅游行程与计划；同时进行信息的收集和整理，准备好导游讲解词，备足相关的知识和内容；根据所收集的信息资料和备讲内容，结合游客的组成状况和动机分析，选择好适宜的讲解方法，并灵活运用。

（二）全面了解水体的风格与差异

1. 水体类型不同，美的风格不同

直观地看，海洋浩瀚无际，碧波万顷，怒潮澎湃，深邃奥妙；流泉、溪涧、小湖，则多给人以秀丽、幽美之感；江河大湖常介于两者之间，江河虽有"孤帆远影碧空尽"的意境，但终不及海洋带给人们的意境真切与强烈。

2. 同一水体类型，但因各自组合条件不同，其美的意境也不同

以河流为例，无论黄河、长江、珠江等江河，虽然皆有源头和入海口，但由于受各自地貌、气候、植被等自然地理环境条件的影响，其各自的水文特点不同，故各条江河，均各有其特色，如宋代范成大的《初入巫峡》中写道："束江崖欲合，漱石水多漩。卓午三竿日，中间一罅天"，长江在这里显得很险峻；唐朝诗人王之涣在《登鹳雀楼》中描述"白日依山尽，黄河入海流。欲穷千里目，更上一层楼。"成为描写黄河壮阔场面的千古绝唱。即使同一条江河，因地段不同，所造景致也不同，如长江三峡中瞿塘雄、巫峡秀、西陵险，美的具体内容是有差异的。其他如海洋、流泉、瀑布也均无例外。

（三）从景观类型讲解其特征、从景观配合讲解其特色，因地制宜突出个性

不同的水体由于其存在状态的不同，表现出来的景观特征不同，即使是同一水体类型由于所处地域环境的差异，各自然地理因素组合的不同，相同类型的水体景观表现出来的特征也存在差异。在导游讲解中，导游员要根据具体水体景观的特点来把握好它的特征，突出景观的个性。讲解建议：海洋景观——突出海滨的伟岸、辽阔；江河景观——景色多姿、类型丰富；湖泊景观——大湖泊的旷畅，小湖泊的清秀，高山之巅湖泊的神秘、奥妙、幽静、清澈；泉水景观——奇特、多功能及转换性；瀑布景观——三态变化：形态、声态、色态。

（四）从时代变迁讲解其作用

不同类型的水体景观，不但要联系除水以外的各种自然造景因素，还应从时代变迁讲解其作用，恰如其分地反映其内在的、本质的联系。从历史的和现实的状况加以分析，从而揭示其历史文化内涵，丰富原有水体景观，成为旅游者新奇的旅游对象。

从时代变迁讲解江河湖海的作用，可使旅游者全面地了解有关人文造景因素，诸如政治、经济、军事、交通、文化、宗教、民俗等方面的内容。只有将其实际情况正确运用到讲解中去，才能丰富讲解内容和文化底蕴，体现人与自然的完美结合、和谐统一，从而将导游工作开展得有声有色。

以水为主的自然景点之美，不但在于各种水体类型本身，更在于各种水体与其他造景因素的相互配合上，其中包括同自然因素中的地貌、植物、动物、天气和气候等的配合，也包括同人文因素中的各种建筑等因素的配合，还包括同历史文化和现实建设成就的配合。

（五）从水的旅游效用，讲人与自然的协调

水对于人类的重要性是不言而喻的，水体景观作为自然景观资源的重要组成部分，在旅游中发挥着巨大的效用。导游员在具体讲解水体景观时，务必介绍水体的旅游效用。水体的主要旅游效用包括以下几个。

1. 医疗的效用

产生医疗作用的天然水主要有矿泉、温泉、海水等。矿泉中含有多种化学成分，再加上一些泉水温度较高，就会产生较强的医疗作用。海水则通过与周围良好的空气、阳光结合，加之海水中所含的特种矿物质，对人体的体能恢复和解除一些慢性疾病有良好的疗效。

2. 品茗酿造的效用

良好的水源是品茗酿造的必要条件，而茶、酒是我国重要的旅游商品。有好茶还要有好水；酿好酒离不开好水。

3. 休闲效用

游客外出旅游的目的之一是休闲娱乐，而水体能提供游泳、泛舟划船、垂钓滑水、潜水冲浪等活动多是人们乐于接受的休闲活动，不同的活动适合不同年龄阶段游客的需要。

4. 交通效用

水上交通具有双重功效，既是交通工具，同时又是游览项目。乘游船可避免路途中的颠簸，更重要的是，它能使游人身置"图画"美景中。

五、不同类型水体景观导游讲解

（一）线状景观——河流导游讲解

江河是由一定区域的地表水（雨水、冰雪融水）和地下水补给，并沿着狭长的谷槽流动的水体。较小的称为溪、涧，较大的称为江、河。江河的旅游价值首先在于观光。

这种价值是江河水体与两岸流水地貌恰当组合而成。

由于河流分布极为广泛，在地球上不同温度带的江河其景色不同，同一江河的不同地段其景色也不同。因此在实际游览导游中，导游员的游览与讲解要根据不同的景观特点及具体的景点分布和景物的构成，结合多种讲解方法进行游览引导和导游讲解。

1．不同温度带河流的景观特色

位于北回归线以南热带季风区的河流，河流虽短，却有热带季雨林景观，所谓椰林风光、雨林奇观便是其代表景观。

亚热带季风区江河，具有亚热带常绿阔叶林景观，如长江因其流量大、汛期长、植被丰、湖泊多、农业富，而成为一条"黄金旅游路线"。

暖温带流河，如黄河，主要地处落叶阔叶林地带，虽然流量少、泥沙多、植被稀，但它是中华民族主要的文明发祥地之一，所以，黄河旅游路线是展示我国古老灿烂文化的一条最佳旅游路线。

中温带以松花江、鸭绿江为代表，它流量大、植被丰，具有山清水秀的风景特色。寒温带以黑龙江北段为代表，暖季水漫漫，冬季成冰带，具有典型的林海雪原的北国风光特色。

2．同一河流不同河段的景观特色

一条巨川，其上、中、下游各段因地貌地势差异而景色不同。由于河流的线状特点，具体讲解程序及讲解方法建议如下。

河流概况介绍

具体内容要求：明确讲解的中心主题思想，确定分布区及目的地所处的地理位置，旅游目的——具体游览河段的讲解。

① 介绍河流的形成与特色——从源头开始。导游员带领游客游河时，可以河源为切入点，向游客讲解介绍。一般河流的源头多在构造上升区。河流之路较长的必然会有宽谷与狭谷相间。当河段以地壳上升为主，则出现峡谷，上升愈强，峡谷愈深，常有陡崖、急流、跌水、怪石等险峻景色以及幽深美妙的意境。当河段以地壳沉降为主，则水势平稳缓慢，沉降愈强，河曲发育愈好，常有牛轭湖、沼泽湿地相间的帆影渔歌景色。各河段又因地壳运动差异，有不同级数的阶地与岸边高度不等的丘陵地，具有不同的成景条件。河流在出口处也因地壳沉降幅度的不同以及泥沙沉积物的多少，有三角港或各种三角洲，形成不同的景物。河流自源头至河口，总的地形变化趋势一致，但有分段特征与河流的地方特色，成因条件亦随之不同。

② 导游讲解内容。如下所示：

具体讲解内容应包括 { 水域景观特色（以导游引导为主，注意选择好观赏的位置和角度、主要可运用分段讲解和突出重点的讲解方法）

科学道理的解释（根据游客组成把握好讲解的深度，灵活运用讲解方法，以概述为主）

美学观赏性讲解（从所游览河段的美学要素入手讲解，以审美引导为主，讲解为辅）

从水与其他自然要素的配合讲解（启发游客综合赏景，在讲解中注意运用对比讲解、突出重点、问答等方法讲解）

从水与人文要素的配合讲解，突出人文精神和文化内涵（注意要以客观景物为依托，采用虚实结合、对比、联想等多种方法）

（二）面状水域（湖泊）导游讲解

1. 概述性导游

概念——湖泊是在自然地理因素综合作用下形成的，地球的内力作用和外力作用都可以形成湖盆。湖盆的积水部分叫湖泊，湖泊的体积大小不一，大的如内陆咸海，小的如池塘。

分布与发育规律——湖泊的分布没有地带性规律可循，也不受海拔的限制，它们既可以分布在地球表面任何一个地理或气候区域，如热带、温带和寒带；也可以发育在低海拔的滨海平原和低地，或在高海拔的高原、盆地。总之，凡是地面上排水不良的洼地都可以储水而发育成湖泊。

旅游价值——湖泊旅游资源的价值，一方面留存于自然的山清水秀、湖光山色、烟波浩淼之中；另一方面融于湖泊周围的人文建筑、人文景观之中。

2. 科普性导游——从成因开始

湖泊类型多种多样，从成因来看可分为：由地壳运动产生断裂凹陷形成构造湖，其中以断层湖最为常见，如云南昆明之滇池；火山口及熔岩高原的喷口可以形成火口湖，典型的如长白山天池，云南腾冲大龙潭火口湖等；冰川作用形成冰蚀（碛）湖，我国西藏地区的诸多湖泊，如帕桑错、布托错等；山崩、熔岩流或冰川阻塞河谷可形成堰塞湖，如我国东北的镜泊湖、五大连池、藏东南的易贡错、古乡错等；干旱地区风蚀盆地积水可形成风蚀湖；浅水海湾或海港被沙堤或沙嘴分开形成泻湖，典型的如杭州西湖；石灰岩地区由岩溶作用形成的溶蚀洼地或岩溶漏斗积水而成岩溶湖，如贵州省的宁草海、织金县的八步湖、云南中甸的纳帕海、丽江拉石坝海等；河流自行裁弯取直后分割可形成牛轭湖，如著名的北洋淀；人类经济活动所建造的湖泊——人工湖，大的叫水库，小的称堰塘。

按盐分高低还可把湖泊分为淡水湖、微咸水湖、咸水湖、盐湖等。

以湖泊的景观地形、位置、形成来分类，可将湖泊分为平原湖、半山区湖、丘陵湖、高山峡谷湖、高原湖、城市湖等。

3．湖泊景观观赏与导游讲解

人们常用"湖光山色"来形容自然风光的幽美谧静，妩媚诱人。一个风景区有了秀丽的湖光，山色更加增辉，有了山清水秀，绿水环绕，湖光波影，岸边垂柳，自然风光才能够绚丽多姿，生气盎然。湖泊是水文旅游资源中一个重要的组成部分。它们有的身居高山，银峰环抱；有的静卧原野，烟波浩淼。它们像一颗颗光彩夺目的蓝色宝石，镶嵌在世界各地，给秀丽的大自然增添了无限的风采。湖泊景观讲解的三要素：湖形、湖影、湖色。

4．文化承载的讲解

平坝淡水湖泊区往往是人口集聚区，它孕育了文明，见证了历史。在讲解湖泊景观时，不可缺少地要进行文化的深入。在讲解中，要与周围的人文景物相配合，尽可能地采用名人效益和诗词歌赋借用法，积极引入民间故事和传说烘托讲解的效应，例如，在讲解杭州西湖时，必然要讲解西湖十景，而每一景必然引出一段故事，一些名人，例如白居易、苏轼、岳飞等。

（三）点状水域景观导游讲解

1．瀑布

（1）科普讲解

形成——瀑布是河流的一部分，当河水自河床跌坎或悬崖处倾泻而下时，便形成瀑布；瀑布的成因是多种多样的。有的是地层抬升、断裂或沉降凹陷而成；有的是火山爆发、熔岩流堰塞河道而成；有的是山体崩塌，泥石流滑动，堵塞河床，形成了堆石土坝而成；有的是地层岩石软硬不一，长期流水浸蚀，使河床断裂面发生明显的高差变化所致；有的是泉水从山中涌出，越过断崖山洞，飞流直下的结果；此外，冰川的侵蚀和堆积等也可以形成小型的瀑布。这些成因中最主要的还是因流水对河底软硬岩层侵蚀差别所形成的瀑布，在软硬岩层的出露处，硬质岩层突露于易侵蚀的软质岩层之上成为陡崖，水流便从这里陡落成为瀑布。

河水经过河床，有时沿着几处梯级下泻，便形成多级瀑布。我国著名的黄果树瀑布群，发育在石灰岩构成的悬岩上，主瀑高 67 米，宽约 84 米，就是因构成河床岩石性质的差异，在河流的侵蚀作用下而形成的。自然界的瀑布随地区年内降水状况而不同。既有降水丰沛地区的常年瀑布；也有只在雨季呈现，而在少雨或干旱时消失的间歇性瀑布；还有多雨季节气势壮观，随着雨季衰退而泻流有所逊色的节律性变化的瀑布。

（2）瀑布观赏与导游讲解

① 导游讲解时必须交代的三个数据：落差、宽度和水量。

② 游览与讲解的程序：构成瀑布景观的四大要素：一是造瀑层，即河谷中突然形成急坡地段的坚硬岩层，这个坚硬岩层就是造瀑层。如黄果树瀑布的造瀑层是石灰岩，壶口瀑布的造瀑层是厚层绿色坚硬砂岩，吊水楼瀑布的造瀑层是玄武岩。二是从造瀑层倾泻下来的水体，亦即瀑布。三是瀑下深潭，一般瀑下有潭，基本结构是一瀑一潭、瀑潭交错分布，形成瀑潭景观。四是瀑前峡谷，它是造瀑层被侵蚀后退的产物，表示瀑布位置仍在向后面移动；峡谷一般不太长，但很幽深狭窄。

③ 观景与审美引导。瀑布是山水结合，别具风格（形、声、动三态）的旅游资源，它的最大特点是山水完美结合、融为一体。它常常形成千岩竞秀、万峰争流、飞泻千仞，银花四溅，蔚为壮观的旅游胜地，自古就为无数人所折服。瀑布与青山、深潭、白云、蓝天、文物、古迹相结合，组成一幅幅动态的图画。

瀑布的三态变化：一是瀑布形态，其形态或飞流急泻，或喷珠溅玉。有喷洒百米以上的飞瀑，也有巨涛滚滚的瀑浪，形态万千，各有特色，给人以雄、奇、险、壮之美感。二是瀑布声态，或轰鸣之声，或巨雷之声，令人未见瀑布先闻其声，具有"先声夺人"之趣。三是瀑布色态，即瀑布下落时形成的各种颜色。瀑布一般呈白色，文人笔下多描写为白练、白绢、白纱、堆雪、素练、银河等，如李白的"日照香炉生紫烟，遥看瀑布挂前川。飞流直下三千尺，疑是银河落九天"。当瀑布的三态变化同周围的山石、峰洞、树林、花草、白云、蓝天乃至人文景观等条件协调结合时，常形成千岩竞秀、万壑争流、美若仙境的奇妙景观。

④ 瀑布旅游功能及人文精神的引申讲解。瀑布以其宏大的造型、磅礴的气概、咆哮的巨响、洁白的色态吸引勇敢者去进取，促进弱者去锻炼，开拓沉思者的胸怀，给人以勇敢、坚定、果断、健美等品质的陶冶。

2．泉

（1）科普导游——从成因和成分开始

泉是地下水的天然露头。当潜水面为地面切断时，地下水即可出露于地面，此种渗出的水常称为渗出水。如果渗出的水源源不断地流走，又具有固定的出口，在地质上就叫泉。泉水中具有特种化学成分和气体成分，矿化度在 1 克/升以上，对人类肌体显示良好生物生理作用的叫矿泉。常见的矿泉有：氡泉、氢泉、硅酸泉、碳酸泉等。

泉水中水温高于当地年平均气温的泉称温泉。据其水温高低又可分为沸泉、热泉、温泉三种。有的矿泉又是温泉，但温泉并非都是矿泉，矿泉也并非全为温泉。

泉，既可供旅游者饮用，又作为水源，为河流和湖泊的补给者。矿泉是优良的泉水旅游资源，既是河、湖之源，又可供饮用和戏水、观赏，还具有治病、防病的功效，这在我国已具有悠久的历史和丰富的经验。

（2）景观导游

泉水是造景育景的重要条件，常给人带来幽雅、秀丽的景色。泉水还可转化为溪、涧、河、湖，造就出更大的风景场地和丰富多彩的风景特色。

（3）引申文化导游——泉与文化

——名泉与茶

中国盛产好茶，而好茶的产地往往在名山之中，名湖之滨。好茶需要有好水，这里所说好水即经多层过滤的含有对人体有益的水，不同的茶，由于自身特色及制作工艺的不同，对水的要求也不相同。

——温泉与康体

凡是泉温超过当地年平均气温的泉水，叫做温泉。温泉成因较多，多数温泉是由下渗的雨水和地表水，沿着岩石空隙和断裂处循环至地表深处，受地热烘烤增温后，再出露地表而成；有的是因地壳运动（如火山、断层活动），地下岩浆体在向上部地层侵入地表过程中，水气、二氧化碳以及某些矿物元素沿着断裂上升，出露地表而成为温泉；有些地壳运动强烈活动地区，在岩浆侵入地表过程中，地下的高温热水发生汽化，在冲破覆盖表层时，造成水热爆炸现象（其水温达 170℃）。无论是何种原因形成的温泉，在高温和高矿化条件下，水中均含有一定数量的特殊化学成分，故温泉一般是矿泉。

——泉与酒

"泉井酒醇"为世人所公认。

（四）海岸带导游讲解

海岸是什么？通俗地说，海岸是临接海水的陆地部分。进一步说，海岸是海岸线上很狭窄的那一带陆地。海岸是把陆地与海洋分开同时又把陆地与海洋连接起来的海陆之间最亮丽的一道风景线。但是，它不是一条海洋与陆地固定不变的分界线，而是在潮汐、波浪等因素作用下，每天都在发生变动的一个地带。海岸形成于遥远的地质时代，当地球形成，海洋出现，海岸也就诞生了。蜿蜒曲折的海岸线经历了漫长的沧桑变化，才形成今天的模样。海岸地貌形态千姿百态，海岸类型多种多样。站在海岸，遥望浩瀚无垠、波涛汹涌的海洋，无论何人都会为那雄伟壮丽的景观而惊叹。沿海航行，以观海岸，更是气象万千。

海岸还是人类繁衍、生活，从事劳动、生产的重要地区。自从有人类以来，人们就不断地开发海岸，使人类的足迹遍及全球海岸。根据海岸动态可分为堆积海岸和侵蚀性海岸；根据地质构造可划分为上升海岸和下降海岸；根据海岸组成物质的性质，可把海岸分为基岩海岸、砂砾质海岸、平原海岸、红树林海岸和珊瑚礁海岸等。

海洋是一个广阔的天地，是一个范围很大、内容丰富的统一整体。海岸带是海洋与陆地的接触带，处于水、陆、生物和大气相互作用之中。海岸带旅游指在海岸带以内包括海洋、海滨、海滩等进行观赏、游览、休息及各种海上娱乐活动。绚丽的海洋若与文化古迹、山水风景、娱乐设施相结合，便可构成旅游者最向往的游览、消遣和疗养地。有人把太阳（Sun）、海洋（Sea）、海滩（Sand）称为最吸引游客的"三 S"资源，誉为高尚的游乐场所，而同时具备三个 S 的就是海岸带。

海岸带旅游资源包括浅滩、沙滩、奇岩巨石、断崖绝壁海岸、众多的岛屿、海底景观、海洋生物以及海上观日出、海上观潮等海岸自然风光；又包括作为人文景观的灯塔、渔港、渔村、码头等，以海岸为旅游活动舞台的海水浴、帆船、游艇、舢板、冲浪、滑水、垂钓以及在海滩上拣蛤蜊、贝壳等活动。游人到了海滨会忘却工作中的烦恼、闹市中的喧哗，犹如走进了一个令人赏心悦目的美好天地。海滨气候温暖湿润、夏季凉爽，空气中含有碘及大量的负氧离子，空气清新，可促进人的血液循环，增进身体健康。现在以海滨疗养为中心的休养娱乐活动已风靡世界，海岸带旅游资源也越来越被世人所瞩目。

海岸带由三个基本单元组成：一是海岸，是指在平均高潮线以上的沿岸陆地部分；二是潮间带，是指介于平均高潮线和平均低潮线之间的地带；三是水下岸坡，是指平均低潮线以下的浅水部分。海岸带的旅游资源是在水、陆、气候、生物及多种人文因素的作用下产生的，特别是海水和陆地相接触地带的海岸、沙滩、岛屿等地，始终是海洋旅游的重中之重，因此，海洋旅游中十分重视海滨景观。

我国海岸的分布：钱塘江口以北，以泥沙质海岸为主，有利于开发游人休憩的海滨沙滩和海滨浴场。但个别地区如辽东半岛、山东半岛等地是基岩海滩。

我国著名的海岸带旅游区有：大连海湾；河北的北戴河、南戴河；山东的青岛、烟台、威海海滨；浙江普陀山海滨；福建厦门海滨；广东的汕头；海南岛的天涯海角；台湾的基隆等。

本章小结

旅游山岳及水景是游客的首选旅游目的地，在游览过程中，导游员的引导、指点、暗示、体现景观特色、内含科学知识，展示文化内涵的生动讲解对游客是极为重要的。没有导游员引导讲解，游览活动仅能停留在景物观光的皮毛上。导游员要带领游客"游山玩水"，讲解好山岳与水体景观，首先要对景观本身有一个概述性了解，再根据概述性的知识提示，在未来的工作中不断地充实自己，结合其他相关课程中学到的知识，运用导游技巧和讲解方法，全面、准确、灵活、有趣地为游客进行山岳与水体景观的导游讲解。做好其介绍讲解，能增强景观的自身美感，丰富游览情趣。

关键概念

地质地貌、山体山岳、水域水文化

课堂讨论题

1. 中国名山与中国文化的关系。
2. 自然景观与人文精神的承辅关系分析。
3. 分析地质地貌景观的形成机理，总结景观类型。
4. 导游员在山岳景观导游中如何引导游客审美？

复习思考题

1. 如何通过分析山水与旅游的关系，带游客欣赏山景、水景？
2. 分析导游讲解河流的基本程序和方法。
3. 分析水景景观的形成机理，总结景观类型。
4. 山岳导游讲解的途径和讲解方法分析。
5. 选择当地一处地质、地貌景观，或山岳，或水域创作一篇导游词。

实训

教师准备一个模拟旅游与团队的资料（包括客源地、人数、性别、年龄、职业等）和一份山岳资料，要求学生：

制定游览计划；

设计游览路线；

拟书面导游词；

导游语言训练及导游方法与技巧的运用；

实地导游讲解。

第六章 其他自然景观导游

引 言

　　影响旅游活动的自然环境要素中，除地质、地貌、水文外，生物、气象及天象等因素同样在旅游活动中发挥着重要的作用。生物景观、气候、气象及天象景观在游客外出旅游的过程中同样是重要的观赏体验对象，它们可独立成景，又是其他自然和人文景观发育的环境及背景条件，与其他自然人文要素一起组成了多样化的、多变的、丰富多彩的旅游景观。

学习目标

　　1. 掌握动植物景观的基本常识及类型、观赏内容及文化拓展，创作个性化导游词，熟练地进行动植物景观导游讲解。
　　2. 掌握气候、气象及天象的基本常识，熟悉气象、天气及天象景观类型特征及与旅游的关系。
　　3. 掌握相关气候导游的要求，熟悉气象、天象景观的观赏途径，熟练地进行景观导游讲解。

教学建议

　　1. 教师在授课之前首先应向学生展示景观的影像资料，由学生总结出植物、动物及气候、天象等与旅游的关系。
　　2. 通过课堂教师讲授，引导学生学习掌握动植物、气象、气候条件的成景作用及景观特征。
　　3. 以模拟教学的方法，引导学生掌握动植物景观、气象景观和天象景观的观赏审美方法，掌握如何针对游客选择讲解的要点及文化延伸的讲解，并灵活运用方法讲解。
　　4. 学生在教师的指导下进行实际模拟训练。

第一节　动植物景观导游

一、生物景观概述

（一）生物景观与旅游

生物是地球表面有生命物体的总称，是自然界最具活力的因素之一，按性质可分为植物、动物和微生物三大类。无论是植物、动物，还是微生物，都经历了难以数计的地内与地外各种灾变事件的洗礼而得到发展和进化，直至形成今天这个多姿多彩的生物圈。生物的活动及其产物与人类经济文化生活有极为密切的关系，为人类提供衣、食、住、行、医药和工业原料，同时对自然环境的改造和保护也有重要作用。据统计，现今地球上被人们发现、记载和定名的生物约有 20×10^5 种，如此浩繁的生物种类，是地球上一项极为宝贵的财富。

随着社会的发展，人类旅游活动观赏利用的对象已不仅局限于山水风光，生物中有一部分已成为人类旅游开发利用的对象，它们以自身独有的美学观赏性吸引着旅游者，与地理环境中的地质、地貌、水文、气候等要素共同组成了自然旅游资源体系。

世界上生物种类繁多，日前旅游业所利用的只是其中一小部分，且主要为动植物，动植物是自然界中最活跃、最有生机的因素，其构成的生物景观对游客具有较大的吸引力。无论在自然景观区还是在人文或人造景观区，都不可避免地要涉及动、植物景观，因此它们是导游员带领游客游览观赏并进行导游讲解的主要对象之一。

（二）生物景观的特点

生物（动植物）旅游资源均为活的有机体，正常生活受到环境条件的制约，与其他自然景观相比较，有着特殊的旅游意义及景观特点。

1. 特殊的构景功能

地带性植被及栖息在内的动物，是各区域内最富有生气的自然风光组成部分，特别是植物景观构成山水风景的"肌肤"、风景区的"容貌"。一些特有的动植物成为了特定景区的象征和"代言人"。如在秦岭山地温带阔叶林中栖息的金丝猴、大熊猫，西双版纳的季风雨林中的孔雀、大象，藏区的牦牛、藏羚羊等。在导游服务中导游员应熟知旅游目的地特有的地带性、标志性动植物，在导游讲解中，有机地穿插相关知识，使游客对旅游目的地留下明显而深刻的印象，为发挥导游服务的"扩散"作用打下基础。

2．主要观赏对象

地带性动植物、奇花异草，珍禽异兽，可以使人扩展知识、扩大视野，引导人们探索大自然，可作为独立对象来吸引旅游者。

3．作为衬景

生物景观可作为其他自然和人文景观的景观背景，与其他景物有机配合，形成独具特色的地区景观。游览观赏不可能把各种景观分割开来，如西双版纳的竹楼。民俗只有是在热带雨林植被及动物的背景下，才能显出其独特的风姿。多数动植物，对其所在地的景色起着装点、打扮和辅助作用。动植物园也可作为旅游点的组成部分。导游员景区（点）和景物讲解介绍时，应注意环境的整体美学效应，讲清主体和陪衬景观的关联关系，使游客能全方位体味到旅游目的地的景观美及人文内涵。

4．可再生性

动植物在相当程度上便于更新、增减、替代、补充，能够应事、应时，根据需要更紧密地服务于旅游业，满足旅游者的观赏愿望。许多动植物，可通过人类的干预来改变它的数量、分布等。从旅游开发来看，为了能让人们在有限的时间和范围内看到尽可能多的动植物，同时也为研究的需要，人们建起了展示动植物的主题公园——植物园和动物园。

二、生物构景分析

（一）植物构景分析

世界植物种类繁多，其生长受气候及土壤等因素影响，分布具有明显的地带性。植物本身往往作为一个地区地带性的主要标志。世界各地都有其代表性的植物。游客抵达旅游目的地，第一印象就是当地的植物和植被。

1．植被和植物群落

多样性的植物群占据了地球表面巨大的面积，从炎热的赤道带到酷寒的极地寒带，不论是在陆地、高山，还是在江湖、海洋，都有植物分布。我们把地球表面自然界成群生长的种种植物群，称为植被。从景观学的角度，人们把植被称为风景的肌肤。而人类的作用也在影响着植物的分布，使得自然界形成了两大植被类型，即天然植被和人工植被。植被并不是各种植物杂乱无章的堆积。而是在一定地段的自然环境条件下，由一定的植物成分有规律的组合，进而构成植物群落。植物群落有一定的种类组合、结构和生产量，并在植物之间及植物和环境之间，构成一定的相互关系。

植物构成的可视景观包括森林景观、草原景观、花卉景观、植物工艺及古树名木等，其中森林景观最具代表性。森林以其浩大繁茂、翁郁苍翠、幽深神秘为特色，可以调节气候、防风固沙、保持水分、涵养水源、净化空气和维护自然生态平衡。同时具有探幽、探奇、探险、科考和特殊疗养等旅游功能，是旅游活动的重要景观地。

2．植物景观类型

从目前世界地表植被分布来看可分为：热带雨林、热带季雨林、稀树草原、照叶林、硬叶常绿林、夏绿林、针叶林、草原、荒漠植被、地衣苔藓等大类地带性植被。

（1）森林景观

森林景观有野生、原生森林景观和人工森林景观。森林景观以其浩大繁茂、翁郁苍翠、幽深神秘为特色，可开展探险、探奇、探幽、科学考察、开辟疗养地、健康旅游等。

（2）灌丛景观

主要由中生灌木组成的植物群落，有高寒灌丛、落叶灌丛、常绿灌丛几种主要类型。

（3）草原景观

草原是在温带半干旱气候下，由旱生或半旱生草本植物组成的植被类型。根据水热条件，草原又分为典型草原、荒漠化草原、草甸草原。

（4）荒漠

基质为各种贫瘠的荒漠土、盐土及光裸的沙丘和基岩。荒漠植物种类贫乏、稀疏且结构简单。建群植物是各种超旱生的半乔木、灌木、半灌木和小半灌木，主要为藜科、菊科、蒺藜科、豆科和麻黄、红砂和沙拐枣等。荒漠的主要类型有半乔木荒漠、灌木荒漠、半灌木与小半灌木荒漠、高寒荒漠等。

（5）草甸和草本沼泽

可分为草甸植被与沼泽植被两类。前者是异类生长在中度湿润条件下的多年生中生植被类型。它不同于具有湿生植被的沼泽和具有旱生植被的草原，可分为河漫滩草甸、大陆草甸和高山草甸三种类型，在我国广布于青藏高原东部温带山地和各地地下水接近地表的低平地或海滨。植物一般生长茂密，种类组成较丰富，主要是禾本科的拂子茅、芨芨草、赖草、莎草科的植物等。后者是湿生植物组成的群落，在中国以草本沼泽分布最普遍，出现于各地湖滨、河滩及大河三角洲的低洼处。尤在气候温湿或冷湿地区有大面积分布。东北三江平原和四川北部的若尔盖是中国两大著名的沼泽分布地区，主要是各种苔草沼泽，代表植物在三江平原是毛果苔草、乌拉苔草、塔头苔草和漂筏苔草等，在若尔盖主要是木里苔草，在西藏主要是各种大嵩草。

中国的地理位置、幅员、地质历史演变和地质时期气候变化是形成中国植物区系植物种类丰富的基本因素。据调查，目前我国有高等植物 32 000 多种，其中中国维管束植物共约 353 科，3 184 属，2.715 万多种，分别占世界科、属、种数的 56.9%、24.5%、11.4%。

就种数而言，仅次于世界上植物区系丰富的马来西亚植物区（约 4.5 万种）和巴西（约 4 万种），居世界第 3 位。从植物科属的大小（即其含有种数的多少）来看，现知世界种子植物中含有万种以上的 4 个特大科，在中国也都含有千种以上。另有 50 科在中国有 100～1 000 种，如蔷薇科、唇形科、杜鹃花科等，共有 1.97 万余种，约占全国种子植物 80% 以上，构成中国植物区系的基本骨干。中国植物种类繁多，起源古老，植被类型丰富多样，几乎包括世界上除了极地冻原以外所有主要植被类型，并有高原高寒植被。全国自然植被包括 29 个植被型、52 个亚型和 600 多个主要群系。中国还保留了一些被称为"化石植物"的物种，如珙桐、水杉等。

3．特种植物构景

（1）古树名木，我国植物栽培历史悠久，历史上或因名人手植，或因故事传说，或因形态别致而形成很多古树名木。这些古树名木多分布在著名的寺院、道观和名山，在风景区成为一道亮丽的风景，对游人亦有吸引之力。

（2）奇花异卉。我国奇花异卉品种繁多，常用于装点园林建筑的花木就有近千种，拥有名贵花卉近 600 种，约占世界的 3/4。古人早就开始用自然植被、奇花异卉装点美化自己的生活环境，花卉成为人们生活不可缺少的内容。我国栽培花卉的历史极为悠久，花卉名品众多。典型的有"四君子"——梅、兰、竹、菊；"花草四雅"——兰、菊、水仙、菖蒲；"园中三杰"——玫瑰、蔷薇、月季；云南八大名花——山茶花、杜鹃花、报春花、木兰花、百合花、兰花、龙胆、绿绒蒿。中华大地名花争艳，形成了众多的以赏花为主的风景点。

（3）佳果名茶。我国栽培瓜果的历史已有 5000 多年，目前的瓜果品种当以万计。这些佳果名茶往往成为吸引游客的主要因素之一。中国长江以北地区主要生产落叶果类，如梨、苹果、杏、葡萄、枣、栗、核桃等；长江以南以常绿果树为主，如柑橘、荔枝、龙眼、香蕉、菠萝、柚子、杨桃和椰子等。我国是茶叶的原产地之一，盛产名茶，许多名茶又和风景清幽的名胜联系在一起。如洞庭碧螺，产于风景如画的苏州太湖岛屿洞庭山上。杭州的龙井茶产于美丽的西子湖畔的狮峰、龙井、云栖、虎跑、梅坞等地，因此有"狮、龙、云、虎、梅"五品之称，被称为"无双品"。还有些名茶产于云雾缥缈的名山大岳，如黄山毛峰茶、武夷山岩茶、普陀山佛茶、庐山云雾茶等。

（二）动物构景分析

1．动物构景

动物往往与植物共存。动物构景比植物更灵活、复杂，有生活习性、形体特征、兽声鸟语、色彩神态、珍稀物种、营养理疗等多种造景因素。习性与形体主要是指动物的生活习性和体态特征，每一种动物都有自己特有的生活习性和生态环境。

2．动物的分类

动物有野生和家养两大类，每一大类又包括许许多多无脊椎动物和脊椎动物。这些动物都具备观赏特点，成为旅游活动中不可缺少的客体对象。

世界上动物种类繁多，大范围可分为热带动物，如猩猩、大象、各种猴类、蛇类、孔雀及非洲羚羊、狮、豹等；亚热带动物，如各种爬行类动物，以及不需冬眠，但繁殖上有明显季节性的各类动物，如猴类、牛、羊等；温带动物，如刺猬、棕熊、东北虎、貂类，各种有蹄类及穴居啮齿类动物，如骆驼、野驴等；寒带动物，动物种类少，多季节性迁移动物，地带性动物如北极熊、海豹等；另还有大量水生动物。由于地壳的演化、海洋阻隔，及古地理环境的变化和局部自然环境影响，某些动物的分布有明显的特殊性和地域性。如大洋洲的新西兰及其附近岛屿上的动物至今仍保存着原始古老特色：哺乳动物缺乏，多数鸟没有翅膀，未发现蛇。澳大利亚大陆上的低等哺乳动物，如鸭嘴兽、大袋鼠等，其他大陆均没有。斑马、长颈鹿、鸵鸟等只见于非洲大陆。熊猫、金丝猴等也只出现于我国四川中北部和秦岭山地局部环境中，朱鹮只见于我国陕西西洋县局部地方。我国是一个动物资源极为非富的国家。虽然我国面积仅占世界陆地的6.5%，但陆生脊椎动物约有2 000多种，占世界全部总数的10%；兽类420种；鸟类1 166种，占世界的15.3%；两栖爬行类510种，占世界总数的8%。

3．动物景观主要类型

（1）特殊动物群景观。主要是指由于特殊的地理环境的影响，而集中分布、大量存在的区域性动物类型。例如蛇岛、龟岛、珊瑚岛、蝴蝶谷等。这些特殊动物景观群不仅是旅游者猎奇的主要对象，其分布区域同时也是科学考察旅游的好场所。

（2）动物园景观。包括综合性动物园和专门性动物园，其旅游功能表现为观赏、科学研究、驯化表演和保护性培养等。

（3）典型观赏类型。主要有以下几种：

① 奇鱼。世界上共有鱼类两万余种，我国有两千余种。但真正具有观赏性的鱼类只有两部分，一部分是自然界中形状奇、习性奇的鱼类，另一部分是人工培育的观赏鱼。前者多分布于海洋、湖泊、河流、泉塘中，如游弋于海洋中的箭鱼、锯鳐、电鳗、射水鱼、爆火鱼等都是生性奇特的鱼类。后者经人工长期培育，如金鱼，是由鲫鱼演化所成，一般体短而肥，尾鳍四叶，颜色有红、橙、紫、蓝、古铜、墨、银白、五花、透明等，主要品种分为文种、龙种、蛋种三类。

② 奇异的两栖爬行类。具有观赏价值的动物主要有蟾、蛙、鲵、象龟、蛇、蟒等。其中我国的扬子鳄属于体形较小的一种，它出现于侏罗纪，今天仍见于长江下游各地，被誉为动物的"活化石"，皖南宣城有中国最大的扬子鳄养殖场，已向游人开放。大鲵俗

称娃娃鱼，是我国珍稀的爬行类动物，主要产于南方各省，它具有奇异的生活习性，叫声颇似婴儿哭啼，很具有观赏价值。

③ 奇鸟。鸟的奇形、奇色、奇声、奇怪的习性是赏鸟旅游者的基本吸引源。全世界有鸟类 8 000 余种，其中仅美洲就有 4 500 余种。我国是世界上多鸟之国，计有 81 科、1 186 种（包括亚种达 2 145 种），占世界鸟类总数的 14%，比欧洲、北美洲等都多，其中雉科占世界的 20%，画眉科占 75%，鹤类占 60%。

观形鸟：我国有观赏鸟百余种，其中体态优美娇秀者有丹顶鹤、芙蓉鸟（金丝雀）等。丹顶鹤在我国历史上称为仙鹤，体长可达 1.2 米，头顶上羽毛呈朱红色，嘴长，呈淡绿灰色，故有"白羽黑翎、丹顶绿喙"之说。正是由于它身姿秀丽，又修颈长脚，多为画家所瞩目。又因为它举动优雅，行止有节，或引颈高鸣，或展翅作舞，亦常为诗人所赞颂。

观色鸟：如中国的红嘴相思鸟、黄鹂、绣眼、孔雀、阿苏儿等，都是五颜六色、艳丽无比的观色鸟类。

听鸣鸟：如我国的画眉、百灵、鹦鹉、鹩哥等。画眉鸣声嘹亮，悦耳动听，并能仿效很多鸟类的鸣声，深受人们的喜爱。八哥是我国华南常见的鸣鸟，它也善仿他鸟音调，甚至能效人言，故多用来饲养作为听鸣叫的观赏鸟类。

④ 奇兽。从娱乐、观赏角度可以获得兽类不同的旅游价值。

从形体来看：动物中有体形巨大的蓝鲸，最大者长 33 米、重 150 吨。有体形小得可怜的陆之兽鼩鼱，从鼻尖到尾巴根只有 5～5.2 厘米。在我国，鹿中"巨人"是驼鹿，身长可达 2 米，腿长达 1 米。世界上最大的灵长类是大猩猩，最大的猴子是狒狒，最大的虎是东北虎，最大的蝙蝠是狐蝠，最大的啮齿类动物是水豚。

从色彩来看：色彩是产生观赏感的重要因子。海南省的坡鹿，样子极像一位千金小姐，容貌出众，生性娇怯，背部有一条黑褐色的条带，其下点缀着若干平行排列的白斑。我国特产动物金丝猴，吻部突出，脸部蓝色，鼻孔朝天，眼睛四周有一白圈，周身披有金红、赤褐、银灰色的绒毛和长毛。

从鸣声来看：哺乳动物有许多"歌唱家"，如在我国海南和云南的长臂猿，每当晨星初落或天刚破晓时，这里的热带雨林深处，便会传来"喂—喂—喂，哈—哈—哈"的啼声，音调高亢而嘹亮。

从动作来看：有些动物是出名的"表演家"，其动作很受人们欢迎。如大象的鼻子，兼有味觉、触觉，能拿、能吸、能卷，还会通过哞叫、咆哮、吼叫、呼咻声，以及搧耳朵、舞鼻、拍打同伙的头与肩等方式来传递信息。

从性情来看：动物的凶猛善斗常给人神秘感，如我国一类保护动物野马，性格勇猛，不堪驾驭，遇到狼群异常凶悍；盘羊和青羊，爬山履险本领高强，能在绝壁上来去自如，也能从万丈悬崖上纵跳而下。羚牛性情暴烈，行动神速，碗口粗树木可被它一撞即倒。另外猛虎、雄狮等食肉类动物，在人们的心目中往往具有威慑感和神秘感。

三、植物景观导游讲解

在游览过程中，无论是在野外景区，还是在城市，人们都会看到许多自己不认识，或从未见过的植物，由于好奇心，游人向导游员提出一些植物方面的问题，导游员应对游览中可能遇见的各种动植物作全面的了解，具体包括：名称（包括学名和俗名）、分布、特性、价值（如环保价值、绿化价值或特有的药用价值等）、外观特点、象征寓意等。

（一）导游员的指示要求

植物景观具有极高的观赏价值，其中蕴藏了形态美、色彩美、动态美、声音美、嗅觉美和寓意美等多种审美要素。导游员在导游植物景观时，注意引导审美与导游讲解相结合。在具体讲解中应注意：

（1）导游员要掌握观赏植物景观的要领，了解不同植物的习性，选择最佳的观赏时间和角度。

（2）掌握观赏植物的程序，不同的植被、植物景观观赏程序有所不同。

（3）进行科普导游讲解，引导并教会游客认识植物。

（4）讲不同植物的作用和功能，如装饰功能、造景功能、修身保健功能等。

（5）进行文化寓意的引申讲解，对比不同文化环境下对植物所赋予的不同人文精神，教会游客识"花语"。

（6）通过对植物景观的导游讲解，进行保护生态环境的宣传，寓"教"于乐，寓"知"于游，寓"情"于娱。

（7）外观观赏突出形态、色彩，通过植物的"体味"让游客感受回归自然的乐趣，内涵讲解突出性能与寓意。

（8）植物药用价值介绍，讲解中国源远流长的中医中药知识。

（二）植物观赏与导游讲解

在各类生物中，最能吸引游客、给人印象最深刻的是植物。它既有美化环境、装饰山水、分隔空间、塑造意境的群体造景功能；又有以古、稀、奇、秀、色、香等个性特点招引游人的独特功能。一般来说，凡是风景秀丽、知名度高的自然风景旅游地，其植物群体造景功能都得到了充分发挥。如"峨眉天下秀"的秀、"青城天下幽"的幽等，无不与葱茏茂密的植物有关。

植物造景除了古树名木的吸引魅力外，还有一些植物已经成为游客经常追求的精神愉悦，如茫茫大草原，使人胸怀开阔，产生无限遐想和凝思；竹林深处，宁谧而清静，有一种超凡脱俗之感慨；百花争艳，使人体味到人生生命的活力和对美好生活的憧憬……

植物种类繁多，植物的构景要素较多，常以其"幽"、"翠"、"形"、"色"、"香"、"古"、"奇"及保健作用——"森林浴"，对旅游者产生吸引力。不同的植物有不同的审美重点，但综合起来对于不同植物的观赏审美及导游讲解可总结归纳如下。

（1）观花为主的植物——导游员要引导游客：观花色、看花型、欣花姿、嗅花香、品花韵、讲花语。

（2）观果为主的植物——导游员引导游客：看果实，想劳动的艰辛；嗅果香，益智提神；采摘果实，体验劳动的乐趣；品尝佳果，讲营养，养身修体，体验丰收成果。在采摘果实时，导游员要根据果园的要求提醒游客注意的事项；在游客品尝果实时同样要进行安全提示，如注意卫生、不同水果的果性及对身体的影响，过敏的可能情况等。

（3）观叶植物——植物叶形状、色彩各异，有常绿的，有落叶的，有针叶，有单叶、复叶或叶片分裂，或叶序多变，或叶形奇异，或叶色绚丽，典型的如枫叶、槭树科植物叶、冬青科植物叶等。在讲解中可运用对比法，吸引游客的注意力，突出所观赏叶子的特殊性。

导游员根据游览地域的不同，引导游客对植物进行细部观赏，以科普导游讲解和知识引申为主，重点介绍其象征意义。

（4）观树形植物——树木以其树形挺拔雄健、冠齐叶碧、婀娜多姿而吸引旅游者。典型的如望天树、大榕树、水杉、冷杉、柳树、香槐及竹类植物等。导游员要注意观赏的距离和角度，重点根据不同的树形及生长条件的差别，借用文学作品，讲解寓意之美。

（5）藤本观赏植物——常见的藤本植物有猕猴桃、鸳鸯藤、紫藤、爬山虎等。藤本植物造型奇特，有不同的功能。导游员引导游客观其型、探其"源"，讲藤的功能及对其他植物的影响，引导娱乐。

（6）水生观赏植物——观形、品意、饱口福。水生植物由于生长环境的特殊性（如莲花、芦苇、菖蒲、慈菇等）。在游览过程中容易被游客所忽略，因此导游员在游览中要注意提醒游客注意观赏。

（7）植物科学观赏。按植物界的进化类群布置的栽培植物，观赏其全部，可以大体了解植物界系统进化的梗概和脉络，专为教学和科普观赏服务。

（8）植物与习俗关系的分析与导游讲解。由于文化和生活方式的影响，世界各地形成了许多用花的习俗。在中国同样存在用花的习俗，而且不同民族和不同地区有着各自的习俗。以汉族为例，在用花时，要注意花的名称、花形，特别注重花色，一般红花代表喜庆、白色花代表哀悼、黄色花被视为皇家和佛教色彩；不同节气用花有所不同。

（9）植物工艺景观讲解。植物工艺景观有三种含义：① 木制物的雕刻，如木刻、木雕、根雕艺术；② 在其他的材料上雕刻植物和花卉，或剪贴、绘制、制作的花卉；③ 花木造型，即根据人们的意愿将花木修剪成不同的形状，供人们欣赏。导游员在带领游客游览人文景观，特别是参观游览古建筑时，必不可少地要涉及植物工艺景观的讲解。

各类植物资源不仅可以作为直接观赏的对象，同时还是人们餐桌上的美味佳肴。在中国传统文化中，各类动植物还具有内在的文化含义。在中国古建筑装饰和各类绘画作品中，人们通过各种动植物的装饰来寄托自己的各种美好愿望。

四、动物景观导游

（一）动物景观的特点及导游要领

1. 动物景观的特点

（1）奇特性。即动物的形态、生态、习性、繁殖和迁移、活动等方面的奇异性、逗乐性。

（2）珍稀性。世界上许多动物是特有的、稀少的，甚至是濒于灭绝的。这些动物往往成为游客所关注的对象，如两栖类中，分布于武夷山的"角怪"，峨眉山的"弹琴蛙"，亚热带山区的娃娃鱼；鸟类中的褐马鸡、朱鹮、丹顶鹤、黑颈鹤、黄腹角雉、天鹅、鸳鸯、绿孔雀等；兽类中的大熊猫、金丝猴、长臂猿、白唇鹿、东北虎、白暨豚、野马、野牛、犀牛、野象、四不象、梅花鹿、羚牛等，都是具有观赏价值的动物，同时也具有保护价值。

（3）药用性。这是动物资源的一部分功能，许多动物全身是宝，是著名的中药材，如虎骨、麝香等。在介绍动物药用功效时，导游员必须相应介绍我国关于野生动物保护的相关法律、法规，提醒游客自觉保护、爱护动物。

（4）表演性。在人工饲养的条件下，某些动物会模仿人类的动作或在驯养员的指挥下做一些技艺表演。在动物主题公园内基本都有类似的表演，常见的有大象表演、猴子杂耍、训熊、赛马、斗鸡等。

（5）宗教与寓意性。在不同国家和不同民族地区，由于宗教的原因，人们把某些动物奉为神灵。

（6）观赏的特定距离要求。动物，特别是野生动物是不可能近距离接触的，即使是人工建造的野生动物园，游客也不可能与动物进行零距离的接触。

2. 导游与导游讲解要领

（1）安全与保护第一。无论在野外还是动物园，无论是看人工饲养的动物还是看真正的野生动物，由于动物本身具有的特性，导游员都要注意提醒游客与动物保持一定的距离，一方面保护游客自身的安全，同时也保护动物。

（2）科普讲解与动物保护教育有机结合。动物是人类的朋友，但大多数游客对动物的情况知之甚少，特别是关于野生动物保护的有关条例了解更少。导游员应在掌握相关政策法规的基础上，在讲解介绍的同时，做一个野生动物保护法的义务宣传员。

（3）突出珍稀性。动物的发展是一个进化的过程，动物的生存需要特定的地理环境条件。由于多方面因素的影响，部分野生动物已濒临灭绝。导游员在导游讲解中要突出动物的珍稀性，在讲解动物时还应该介绍动物的生存环境和生态平衡的知识。

（4）寓意与内涵相结合。动物与植物一样，在生存发展的过程中与人类结下了不解之缘。在中国，十二生肖的出现与运用，就蕴含了人与动物的比拟关联关系，在中国的成语中，常见到动物名称的出现。传说故事、戏剧诗歌等文学作品中，同样常出现动物。因此导游员在向游客提供动物景观讲解服务时，在充分了解动物习性的基础上，根据游客的具体情况，有针对性地进行文化延伸性讲解。导游讲解的人文主题可包括：动物与人类起源；动物与生活、图腾崇拜与动物；宗教文化与动物、动物与神话；动物与诗歌；动物与医药；动物与爱情等。可以借鉴传说、故事、诗歌、小说等丰富讲解内容。

（二）动物景观观赏与导游讲解

1. 观形讲态

动物体形千奇百怪，各具特色，特别是一些珍禽猛兽体形奇异，为人所罕见或不易直观。典型的如虎，其形体雄伟，给人以王者气概，在我国人们观赏的对象有体形高大雄伟的东北虎，又有体形小巧灵活的华南虎；狮，乃是非洲大陆的猛兽，雄狮体形高大，毛色壮观；其他形体特异、观赏价值较高的还有非洲体态典雅华贵的长颈鹿，"沙漠之舟"骆驼，形体巨大的河马；世界上唯一的长鼻动物——大象；还有尾巴似马而非马、角似鹿而非鹿、蹄似牛而非牛、颈似骆驼而非骆驼的"四不象"麋鹿；美国阿拉斯加陆地上最大的食肉动物棕熊等。

2. 赏色讲意

色彩是产生观赏感的重要因子，也是人们观赏动物的主要内容。世界各类动物色彩斑斓，有一些就是以其色彩绚烂来吸引旅游者的。典型的如金丝猴、坡鹿、黑叶猴，各种白色动物，如丹顶鹤、孔雀、鸳鸯、鹦鹉等。

3．表演与娱乐

许多动物不仅体形特异，色彩美观，而且动作也可爱逗人。典型的如大象表演，蛇类、猴子戏跳，大熊猫表演，孔雀开屏，树熊玩赏等。

4．听声动物

动物中有许多"歌唱家"，其声音颇为旅游者欣赏。典型的如鸟鸣，八哥学话，我国峨眉山的弹琴蛙的叫声，狼吼，猿啼等。

5．动物科学观赏

主要指按动物进化系统和区系类群布设展示的动物，除一般观赏外，还可进行教学观赏和科普观赏。

五、自然保护区与旅游

（一）自然保护区概念

自然保护区是为了保护各种重要的生态系统及其环境，拯救濒于灭绝的物种，保护自然历史遗产而划定的进行保护和管理的特殊地域的总称。

狭义的自然保护区是指必须在生态学上具有典型性、代表性的自然环境综合体作为国家宝贵的自然和文化遗产永久地保存下来，并把它作为科学研究的基地，如研究大自然的变迁和发展规律以及人类活动对自然环境的影响，探索保护、利用和改造环境的途径，其功能以科研和保存生态系统的天然"本底"为主，一般不对外开放。广义的自然保护区是指具有特殊意义和价值的，由国家划定的加以特殊保护的自然环境客体的总称，它包括了自然保护区和风景名胜区。

（二）自然保护区的功能

自然保护区建立后，不仅对于保护濒危生物种质和群落及地质剖面起着重要作用，同时为科研提供了基地，也对旅游活动提供了极佳的场所。有些自然保护区全部或其中的一部分本身就是风景名胜区。如美国的黄石国家公园是世界上最大的公园，也是美国最大、设立最早的国家公园，园内富有湖光、山色、悬崖、峡谷、喷泉、瀑布诸胜，是人们"回归自然"旅游的最佳目的地之一。我国典型的如庐山森林公园、九寨沟、西双版纳、武夷山、重庆的缙云山、天山天池、黑龙江的五大连池等自然保护区都同时又是风景名胜区。

目前世界上自然保护区的数量和占地面积还在不断地增加，不仅国家和政府建立了自然保护区，一些国家的私人团体和个人也开始建立自然保护区。自然保护区与旅游的关系也越来越密切，只要人们正确处理好保护与开发利用的关系，科学地利用自然保护区资源，就能为旅游事业的发展提供更多的环境优良、景观独特的自然保护区。自然保护区这个名词不仅已为大众所熟知，并且几乎变成一个国家文明与进步的象征。

（三）我国自然保护区的主要类型

1. 生物型自然保护区。分为植物类、动物类和混合类自然保护区。在中国自然保护区中数量最多，所占比例最大。动物方面，有保护扬子鳄、东北虎、大熊猫、金丝猴、坡鹿、朱鹮等濒临灭绝的珍稀动物的自然保护区。植物方面，有红松、龙脑香科的标志树种、水杉、银杉等珍稀植物的自然保护区。

2. 综合型自然保护区。即以保护完整的自然景观为目的的保护区。长白山自然保护区在这一类中最为著名，其山体高大雄伟壮观，原始森林面貌整齐，生态系统较多样而又完整，垂直带谱递嬗鲜明，植物区系丰富而独特。

3. 自然风景型自然保护区。此类自然保护区以亚热带为最多，如西天目山、庐山、鼎湖山、缙云山及九寨沟等。

4. 自然历史遗迹型自然保护区。包括古生物遗迹自然保护区和地质作用遗迹自然保护区两类。前者如山东山旺村所保存的生物化石，后者如黑龙江五大连池的火山地貌。中国自然保护区自建立以来，对挽救、保护生物种质和群落及地质剖面发挥了积极的作用，同时在开展科研和教学等方面也起了一定作用。

（四）自然保护区游览与导游讲解

在四大类的自然保护区中，适宜开展一定规模活动的主要是自然风景性自然保护区，在中国这类自然保护区主要为山岳景观区，因此在实际导游及导游讲解中，可按照山岳景观导游讲解的方法和途径来进行。在导游讲解介绍过程中，突出"保护"二字，提醒游客自觉保护景区环境，遵守保护区的相关规定。

生物型、综合型自然保护区开展旅游活动，国家有相关的政策法规，不宜开展大规模"人海"旅游战术。在国家级自然保护区游览，对路线有严格的规定，对人员数量也有严格的规定，而保护区的核心区，游客是不能进入的。这样的保护区为游客提供导游服务，在实际工作中，应以"向导"为主，实际讲解是综合性的，以科普导游讲解为主，讲解内容涉及面较广，要求导游员能灵活运用各种地质、地貌、水文、气象、动物、植物等各方面常识；要求导游员不仅懂得一般意义上的导游技能和方法，还要求导游员掌握野外生存和特殊救护技能。

第二节　气候、气象景观导游

一、气候、气象概述

（一）相关概念

气候是在太阳辐射、下垫面和大气环流的影响下形成的天气的多年综合状况，是长年（一般指至少 30 年或更长的记录年代）天气特征的综合，包括其平均状况及极端变化。气候因空间范围的不同而分为大气候、中气候与小气候。

人们把大气中各种物理现象和过程统称为气象。大气层在不停地运动变化着，发生着各种不同的物理变化，汽、热、风、云、干、湿、雨、雪、霜、雾、凇、雷、电、光等，都是大气中各种物理过程的结果。

气象、气候旅游资源并非指气象、气候的全部，而是指具有能满足人们正常的生理需求和特殊的心理需求功能的气象景观和气候条件。

气象景观包括吸引旅游者的各种大气物理现象及其过程，如云海、雾凇、佛光等。

气候旅游资源一方面指能吸引旅游者的宜人气候条件，另一方面指以气候为背景，与其他景物要素结合共同形成的具有吸引力的某　地区的整体环境景观，所以又称气候旅游资源为"背景旅游资源"。气象、气候要素中一些灾害性的天气现象，典型的如严寒、台风、冰雹等，不仅不能形成旅游资源，反而会阻碍旅游活动，破坏自然美景。

（二）气象、气候与旅游

1. 气象、气候看作旅游吸引物的特点

大气中的冷、热、干、温、风、云、雨、雪、霜、雾、雷、电、光等各种物理现象和物理过程所构成的景观，与其他自然景观相比，有着以下显著的特征。

（1）多变性

大气中的物理现象和过程往往是瞬息万变、变幻无穷的。典型的如一日内冷、暖、阴、晴的变化。刚刚是倾盆大雨，即时就晴空万里，这些变化常常影响着景色的色彩、风采和明快度，给旅游者以不同的美感和多变感。

（2）广异性和差异性

在同一地方，若为同一气团控制，则这一地区几乎同时出现同一气候类型，或在同一纬度地区气候较为相似。但由于下垫面及大气环流地理位置等的影响，各地气候又出现明显差异，因此地球上的气候千差万别。

（3）速变性

气象要素中的雾、雨、电、光等要素变化极为迅速，典型景象如宝光、蜃景、日出、霞光、夕照等都是瞬间出现、瞬间即可消失的气象景观，旅游者只有把握时机，才能观赏到佳景。

（4）背景和借景性

气候旅游资源作为构成某一地区地理环境和景观的主要因素，对其他旅游资源的影响起到很重要的作用。因此，许多自然及人文景观的观赏都必须借助于一定的气候背景。如观赏西双版纳的植被景观、民族风情都必须有热带气候作为背景。许多气象景观的出现常常要与其他一些旅游资源相配合，要借助于其他景观为背景。如高山云海、海上日出，沙漠蜃景、名山佛光等。

（5）地域性

各种气象景观的出现都有一定的地域性，一些特殊景象必须在特定地点才可显现，如吉林雾凇、峨眉佛光、江南烟雨、大理"下关风"等。

（6）时间性和季节性

不同的气象景观要素在一年内所出现的时间各不相同，有明显的季节变化。如冰雪景观只出现于冬季，而蜃景和宝光景一般见于中午或下午，而日出、霞光等景时间性更强。

（7）背景性、立体性和层次性

气候旅游资源随地理纬度和海拔高度的变化，常出现立体和层次的变化。

（8）节律性和导向性

由于气候的形成受多种因素的影响，气候在年际、月际、日夜之间均有着规律性变化。旅游随气候变化同样出现淡季、旺季的节律变化，客流出现导向性规律变化。

中国气候的总特点是季风气候显著，气候类型复杂多样，地域分异明显，冬季南北温差大，夏季南北温差小。东半部具有大范围的季风气候，即冬季盛行大陆季风，寒冷干燥；夏季盛行海洋季风，湿热多雨；青藏高原海拔高，面积大，形成独特的高寒气候。西北地区则因僻处内陆，为海洋季风势力所不及，具有西风带内陆干旱气候。影响中国气候的因素最主要者为地理纬度和太阳辐射、海陆位置和洋流、地形及大气环流。这四者又相互影响、相互制约。

2．气象、气候旅游功能分析

气象、气候既是一种自然旅游资源，对旅游者产生吸引力，同时它又是开展旅游活动的必要条件。它们不仅能直接造景、育景，而且还影响地貌、水文、生物和各种人文旅游景观。

（1）气象、气候的地域差异决定地域景观和旅游资源分布的地域差异

气象、气候是自然地理环境的主导要素之一，是地表千差万别的自然景观形成的主导因素。从人类对自然的依附而言，气候也是决定人类文明和社会地域景观特征的主要因素之一。因此，气候的地域差异性及其分布规律，会造成自然地域景观及人文地域景观的差异性，并决定自然地域景观和人文地域景观的分布规律。例如各地不同的建筑，对气候的感应最明显。民族服饰和身体修饰是民族文化中最易被人觉察、最具表现力的文化特征，这首先是对气候条件的智慧选择。

（2）影响自然景观的季相变化

我国由于主要地处亚热带和温带，四季更替明显，相应影响其他景观的季相变化，使同一风景区在不同的季节有各不相同的景致。

（3）气候条件是旅游区开发的基础条件之一

在旅游区进行开发规划时，必须详细研究当地的气候特点及气候条件，开发相应的旅游项目和设施。海滨浴场需要晴天日数多，盛夏 2 周以上，水温 23℃～25℃，气温在 24℃～27℃为宜。避暑胜地主要考虑夏季气温，8 月气温在 15℃～25℃为好。冬季气温较高，2 月平均气温在 7℃以上的地方，可以开发为避寒旅游区。登山活动则要求风和日丽，气温适宜等。

（4）气象、气候条件影响客流的时间变化和空间变化

气象、气候条件影响从事旅游的人以及旅游者的空间行为，是旅游客流空间分布差异和旅游业旺、淡季交替的主要原因之一。气候条件优越并且持续时间长的地区也相应成为热点、热线地区。

（5）天气还会影响景物的观赏和游客的心绪，从而影响到旅游的质量

如观日出、日落、彩霞、极光、海市蜃楼等观赏项目，要依赖天气的具体状况。如观日出、日落时需无云无雾、能见度最佳。观极光要夜空晴朗。观宝光要有薄雾和适度水汽条件，观海市蜃楼需要西天有云，水汽浓重等。而实际中，由于天气条件状况的非稳定性，一些景观难以展现，游客常常不能如愿以偿。

（6）气候、气象要素直接影响人体，进而影响到游客的旅游活动

常见的人体直接感受到的气候、气象要素主要包括：气温、湿度、降水、风、气压、太阳辐射、臭氧含量等。这些要素直接作用于人体，在不同的气候要素组合下，人体会有不同的生理感受和身体的反应，进而影响到心理状态，而最直接的即是影响到游客衣着、鞋袜、用具等。因此游客对旅游目的地的气候条件极为关心。游客在选择旅游目的地时，除特殊旅游活动外，通常都选择各类要素组合较好的地区。气候直接作用和影响人们的旅游活动的主要表现为：对旅游时间选择的影响（人们外出旅游，一般选择最有利的气候条件，如选择气温在 17.6℃左右，湿度为 70%～75%，以免引起中暑、感冒、

气闷、口干舌燥的发生。同时也要选择最有利于景观观赏的气候条件，如观日出、赏枫叶、看雾凇等）；对旅游路线选择的影响；影响到旅游活动中饮食的准备和更换；影响到旅游服装的准备和更换；影响到旅游项目的调整；影响旅游商品的组织供应；影响到旅游活动中医疗和药物的准备；影响到旅游交通和工具的选择等。

（三）影响一个地区气候的主要因素分析

1．地理纬度和太阳辐射

地球上特定的区域或点都有其固定的地理纬度和经度。不同的纬度所得到的太阳辐射不同，而太阳辐射是影响一个地区气候的主要因素。

2．海陆位置

特定区域由于距离海洋的远近不同，结合风向（大气环流），影响到了气候、气象的另一个主要要素——降水。

3．下垫面

（1）海拔高度。由于受大气影响，科学家们已测算出，海拔每升高 100 米，气温将下降 $0.5℃\sim0.7℃$，因此随着海拔高度的升高，气温将下降。由于大气层保温作用降低，导致随着海拔高度的升高，气温的日较差将增大。

（2）地形地貌。不同的地形和地貌条件下，各种气候、气象要素同样也会发生变化，形成特定区域的"小气候"。如高原气候、沙漠气候、湖滨气候、草原气候、迎风坡气候、峡谷气候等。

4．大气环流

不同的大气环流，对特定区域的气候同样有较大影响。例如西风带、副热带高气压带等对我国气候的变化有较大的影响。

二、特殊气象景观观赏及导游

（一）观赏及导游要求

1．引导观赏

特殊气象景观，是只有在特定的气象、气候条件下才能出现的奇妙景观，需要有其他自然和人文景观的奇妙配合，才能进行的审美、娱乐活动和体育活动，才能满足艺术创造的需求，是旅游者追求的特有的娱乐享受。

由于特殊气象景观形成的特殊条件，观赏此类景观受到时间、地点等因素的限制。因此导游员为游客提供导游服务时，在游览路线设计时就应充分考虑到可能出现的景观，提前做好准备和对游客的提醒工作，以免游客在游览过程中错过美景而产生遗憾，甚至遗憾终身。

2．导游讲解

由于气候、气象类景观的景观特点与其他景观有较大差异，在导游中有其审美行为的特殊性，因此，导游员在实际导游过程中，需要对各类特殊气象景观的成因交代清楚，对其美学特征及出现的时间做好引导讲解，注意景观的引申和文化的介入。

具体程序建议如下：

（1）了解旅游目的地气象、气候景观的类型及分布。

（2）查阅收集资料。

（3）有机组合游览路线。

（4）精确的时间安排。

（5）选择最佳观测点。

（6）讲解服务：根据景观特点和游客的具体需要，有机选择讲解内容。在讲解中进行综合讲解也可突出某一重点。

——科普类：以成因为导线，把气候、气象的原委用简练的语言向游客交代清楚，为游客审美打下基础，也进行了科普知识的普及。

——审美类：以景观的美学观赏要素为起点，结合景观成景机理，向游客讲解气象、气候景观所承载的美之所在，让游客在游览中体验大自然特殊美。

——娱乐类：部分景观可以让游客进行娱乐性游览活动，如滑雪、溜冰等。

（二）特殊气象景观的美学特征

1．形象美

自然界的天象景观变化万千，其形象也无穷无尽，体现了造化的神奇。云海、雾霭，碧海之上的日出破晓，体现了一种雄大之美；夜空之中的月色，沉寂之中的一抹流星，又体现了一种阴柔之美；如梦如幻的"佛光"，亦真亦幻的"海市蜃楼"，又给人一种奇特之美。另外，薄雾淡云、细雨濛濛又给大地罩上了一层忧伤的韵味。

2．色彩美

天象景观的色彩主要由烟岚云霞和阳光构成。当太阳光穿过大气层的时候，在不同时间和地点，光线受到大气中水汽及各种尘埃物质的散射、反射、漫射等作用的影响，加之大气的过滤，天空中就会出现色彩缤纷的朝霞、映霞、彩云、雾霭，使天空呈现出多种色彩。这些色彩令人神往和陶醉。"朝辞白帝彩云间，千里江陵一日还"，"日出江花红胜火，春来江水绿如蓝"，李白笔下的三峡与白居易笔下的江南，正是对此生动的写照。

3．动态美

天象景观的动态美，主要包括烟岚、云雾的飘动及日月的升降。行云飘烟，从深谷里冉冉升起，峰峦似乎是在虚无缥缈的轻纱帷幄之中，游人身临其境，犹如到了传说中的仙境。日月升降没落，让人似乎也感受到了生命的轮回，岁月的沧桑。黄山的云海，峨眉的秋风，无不如此。

4. 朦胧美

天象景观是朦胧美最好的体现。透过云雾看风景，云雾中的景物若隐若现，模样模糊，虚虚实实，令观者捉摸不定，于是产生幽邃、神秘、玄妙之感，引起观者许多遐想，这就是朦胧美所致。我国古代诗歌中也不难找到对这种朦胧美的描写。王维的"江流天地外，山色有无中"就是一种朦胧的美态。而苏轼的"山色空蒙雨亦奇"也是一种朦胧美的体现。

5. 神秘美

气象景观瞬息万变，发生在名山或海滨地的气象景观，往往引人遐想，结合宗教文化的影响及深化传说故事，会使游客产生无限的遐想，在游览过程中产生神秘的美。

导游员在导游讲解气候、气象景观的过程中，经常根据其特有的审美特征，掌握正确的审美方法，激发旅游者的审美情趣，寻觅美，欣赏美，享受美，引导游客从一般的以生理快感为特征的"悦耳悦目"的审美体验，上升到以精神愉悦为特征的"悦心悦意"的审美层次，最后到以道德和理性审美为特征的"悦志悦神"的至高境界。

（三）典型天象景观导游

1. 常见的气候、气象景观导游

（1）云、雾、雨奇景

——分布：云、雾、雨所构成的气象奇观是温暖湿润地区或暖湿季节出现的气象奇观。在中、高山山岳地区景观最为发育、最为典型。

——景观特色：云、雾（气温下降时，空气中所含的水蒸气凝结成小水点，浮在接近地面的空气中叫雾）时聚时散，时飘时停，时浓时淡，时厚时薄，给人以遐思和美的感受。淡云、薄雾、细雨好似奇妙的轻纱，赋予大自然一种朦胧美。透过云、雾、雨观看风景时，其中景物若隐若现、模模糊糊、虚虚实实，令人捉摸不定，于是产生恍入仙境般的虚幻、神秘美感，让人思绪绵绵。宋代画家郭熙曾言："山无云则不秀"、"山欲高，尽出之则不高，烟霞锁其腰则高矣。水欲远，尽出之则不远，掩映断其脉则远矣"。云、雾、雨成为我国许多风景名胜区的重要景观。

——典型景区：黄山、泰山、峨眉山、齐云山、阿里山的云海，大理苍山名景之"玉带云"和"望夫云"；雾在特定的地点与其他自然条件相配合，也可以组成耐人寻味的景色。如在山区云雾积聚，急剧流动，都会形成瞬息万变，引人入胜的云雾奇观。典型雾景有"草堂烟雾"（关中八景之一）、"柳州凝雾"等；"江南烟雨"（我国江南，雨期较长，常常细雨如丝呈烟雾状态，配合以山林小景，小桥流水，炊烟缭绕，其意境耐人寻味）、济南"鹊华烟雨"、贵州毕节"南山雨雾"、羊城"双桥烟雨"、河南鸡公山"云头观雨"、峨眉"洪椿晓雨"等都是雨景佳景所在。

（2）冰与雪

——主要分布地域：冰、雪奇景是寒冷季节或高寒气候区才能见到的气象景观，是以纯洁的白色和借助于其他因素（如地形、树木、建筑房屋等）所构成。

——景观特色：冰雪景观造型生动、婀娜多姿，给人磁石般的吸引力，以至于能化解人们对寒冷气候的不适应。特别是当冰雪与绿树交相辉映时，景致更为诱人。

——典型景区：我国川西海螺沟、东北的林海雪原以及许多风景名胜区内由雪景构成的壮丽景观，如燕山八景之一的"西山晴雪"，九华山的"平冈积雪"，台湾的"玉山积雪"，干山龙宗寺的"象山积雪"，西湖的"断桥残雪"等。

——特种运用：冰雪在适当地形条件的配合下，是开展冬季"白色旅游"的重要旅游资源。滑雪是规模最大的户外体育运动。滑雪场地要求分布在降雪量大，干雪保留时间长，又有适宜地形的地区。我国适于开展冰雪运动的旅游资源主要分布在东北三省、内蒙古自治区的东北部及我国的西部地区。

（3）雾凇、雨凇

——形成：雾凇，又称"树挂"，是雾气在低于0℃的附着物（树枝、电线、景物等）上直接凝华而成的白色而松软的凝结物。它形成的有利条件是潮湿、低温。我国高寒山区和东北地区的冬季出现较多。

雨凇是与雾凇类似的景观。它是在寒冷的季节，雨滴或毛毛雨滴落在物体上很快冻结起来的透明或半透明的冰层（由过冷雨滴或毛毛雨降落到0℃以下的地物上迅速冻结而成的均匀而透明的冰层）。其产生必须要在近地层里有温度向上逆增的条件。雨凇密度小时为混浊而无光泽的冰层；密度大时，则为透明的冰层。在我国雨凇分布一般为南方较北方多，潮湿地区较干旱地区多，山区比平原多。

——形态观赏：雾凇以白色、不透明的小冰粒集聚包裹在附着物的外围，呈絮状。雾凇与冰雪不同，其美感不表现为覆盖地物的宏观造型，而是保持一切原有附着物形态的造型。因此，形态更加婀娜多姿，特别是垂挂在河边的垂柳上，风姿绰约，浪漫无限。

——雾凇景观：我国最著名的雾凇景观出现在吉林市松花江下游的滨江两岸。这里由于气温低，多偏南风，空气湿度大，以及受丰满水电站轮机叶片搅动和池水增温的影响，江水永不冻结，还不断地冒出团团白气。常常在江滨行道树上结成洁白、晶莹的雾凇奇观。"吉林树挂"每年出现60余天，以中国四大自然奇观之一的盛名而享誉海内外。一年一度的"雾凇节"吸引了大批游人。

——著名雨凇景观：庐山的雨凇也很出奇，到冬季风和日暖时，这里遍山的常绿松柏竹杉就覆盖了银装，人们称它为"玻璃世界"，此景与云海、日出等合称为"天象六景"。峨眉山、九华山也都是雨凇多发地。

（4）旭日、夕阳

——成因与观赏：日出、日落的壮丽景观，不是产生于太阳本来的视形状和东升西降的视运动，而是由于大气折射作用所产生的蒙气差的突变，所造成的硕大、椭圆的太阳光盘和跃然而出没的动态。两者形成的时间不同，但美妙的情景是相似的。观赏日出、日落的壮丽景观是人们旅游活动中极为动人的一个项目。

——著名景观分布：泰山、黄山、庐山、华山、峨眉山、九华山、崂山及海滨能观赏到日出、日落的壮景。"旭日东升"是泰山四大奇观之一。古今到泰山观日峰的观日者络绎不绝。而观日落则以庐山的天池亭最佳。我国许多风景胜地也以日出、日落景观命名。著名的有：济南的"江波晚照"，羊城的"红陵旭日"，九华山的"天台晓日"，西湖的"雷峰夕照"等。

——重要提示：观日出一定要把握时间，须在日出、日落前到达观日点。

（5）风

风是空气相对于地面的运动、气象变化的主要因素之一，但也可直接造景。不过这种景看不见，摸不着，既无形象，又无色彩。但旅游者可以通过感官感受其美。凡作为景观，一般以"秋风"、"春风"、"松风"、"微风"、"和风"、"煦风"等为赏景标志。如峨眉山的"白水秋风"，浙江海盐的"茶磨松风"，大理的"下关风"等。

2. 大气中光与影的奇景

（1）霞

——形成及色彩：霞是斜射的阳光被大气微粒散射之后，剩余的色光映照在天空和云层上所呈现的色彩，多出现在日出、日落的时候。由于大气微粒对长波光散射的强度低，所以，朝霞、晚霞多呈红、黄、橙等颜色，云量越大，红色越浓。霞光是阳光穿过云雾射出的色彩缤纷的光芒。当朝霞和晚霞与周围其他景物交相辉映时，常构成一幅幅壮丽的图画。这种美妙常令人为之倾倒而流连忘返。

——景观特点：霞和霞光多出现在日出或日落时，常与山地、水气、云雾等相伴随，在特定的地区才可看到，成为瞬息变化的光景之一。

——景观及分布：我国许多风景区内都有这样的景致，如泰山岱顶的"晚霞夕照"，浙江东钱湖的"霞屿锁岚"，贵州毕节的"东壁照霞"等。

（2）霞景中的特例——"佛光"

佛光即宝光，出现的原理与雨后天空上的彩虹相同，是太阳光通过雾区时，雾中的小水滴对光线的折射和衍射作用而产生的大气光学现象。宝光产生的条件是空气潮湿、薄雾弥漫的清晨和黄昏，天空中晴朗无风，阳光、云层和人体（或物体）三者同处于倾斜 45°的一条直线上。当人背太阳而立时，在太阳相对方向上的云屏雾墙上可能出现围绕人影的彩色光环，这就是"宝光"。佛光出现的次数、光环美丽的程度，因雾日的多少，空气湿度的大小而不同。

我国的峨眉山、庐山、泰山、黄山都有佛光观景点，乃至乘坐飞入云层上空的飞机也会观看到这种现象，但以峨眉山"金顶佛光"最为著名。峨眉山之所以著名，是由于此处云雾天数最多，湿度条件最高，风速最小，因此，佛光现象出现的次数最多，色彩也最鲜艳。据有关资料表明，泰山一年中可看到七八次佛光，而峨眉山金顶每年可出现七八十次。

"佛光"是一种自然现象，中国学者魏福平教授认为：佛光是日光在传播过程中，经过障碍物的边缘或空隙间产生的展衍现象，即衍射作用而形成的。当云层较厚时，日光在射透云层后，会受到云层深处的水滴或冰晶的反射。这种反射在穿过云雾表面时，在微小的水滴边缘产生的衍射现象，有一部分光束会偏离原来的放射方向，其偏离的角度与水滴直径成反比，而与各色光的波长成正比。于是，不同的单色光就逐渐扩散开来，在人们的眼前，出现一个彩色的光环。为什么会形成环形的光反应，而且与同样形成环的彩虹又不一样呢？这是因为只有位于某个"光锥"面的单色光，才能为人的肉眼所见到，而且自己所站的位置，即"光锥"的视夹角大约为 9°，而彩虹的视夹角达 84°。同时光在衍射时，光波愈短其偏离的角度就愈大，所以佛光色彩的层次分布，一般呈紫色在外，红色在内，愈接近中心部位，色彩的能辨程度就逐渐减弱，到了光环中心就像一面发光的彩色玻璃镜。再由于衍射和漫反射的复杂作用，佛光的色相往往不像彩虹那样清晰分明，而是像水彩画那样湿润地融合在一起。又为什么只能看到自己的身影呢？主要原因是：虽然云层中的水滴和冰晶点很多，但人们各自所见的光环，只是各自眼睛所视为顶点的那个光锥面的水滴或冰晶点的作用的结果。就如同各自对照着一面小圆镜，自然照见的也就是各自的身影了。至于出现影随人动，人去环空的景象，则是佛光中"摄身光"的原理，至今尚无科学解释，还需要学者们深入研究、探讨。

（3）蜃景

——景观的形成：蜃景，又称"海市蜃楼"，也是大气中由于光线的折射而形成的又一种气象景观。在无风和微风的日子里，空气层结构较稳定，气温在垂直方向上的剧烈变化，使空气密度在垂直方向上出现很大差异，从而引起远处的光线通过不同密度的空气层发生折射或反射，于是在空中或地面显现出远方的景象。若底层空气密度大，则为上现蜃景，即远处景物影像呈倒像，倒立于地面；反之则是下现蜃楼，即远处的景物影像呈正像，直立于空中。此外还有倾现或更复杂的蜃景。

——景观特点：蜃景随空气流动和空气密度而变化，更增添了奇幻的色彩。这种现象多出现在夏季沿海或沙漠地区，在山区也时有发生。早上常出现上现蜃楼，中午或下午出现下现蜃楼。我国山东蓬莱海边常看见上现蜃楼。海上蜃楼奇观，古人早已觉察，因不能作出科学解释，便附会为蛟龙一类的"蜃"，吐气为楼构成海上神仙住所的传说。因而得名"海市蜃楼"。

（4）极光

极光是太阳发出的高速带电粒子激发高层空气分子或原子形成的发光现象，这些带电微粒因受地球磁场作用折向南北两极附近，分别形成"北极光"和"南极光"。北极光出现的区域大体上是通过阿拉斯加北部、加拿大北部、冰岛南部、挪威北部、新地岛南部和西伯利亚群岛南部的一个环状地带。

（5）虹霓

虹霓是天空中的小水珠经日光照射发生折射和反射作用而形成的弧形彩带。虹的特征是由外圈到内圈依次呈现红、橙、黄、绿、蓝、靛、紫，出现在和太阳相对的方向。霓有时和虹同时出现，其成因与虹相同，只是在水珠中的反射比形成虹时多了一次，彩带排列的顺序和虹正好相反，颜色比虹淡，实际上是虹的再反映现象。

由于虹霓的产生受纬度、地形、水文等地理条件的影响较小，所以许多地方都可以看到。一般是下午或傍晚时分出现。夏天雨后，空气蒸腾，最易形成虹霓。另外在一些水流高差大的瀑布附近，由于水汽如喷雾状，在阳光照射下，也可以形成小型的虹霓景观。

第三节　天体及天象景观导游

一、地球与太阳

（一）地球——宇宙中的一颗行星

地球是宇宙中一颗极为普通的有生命现象的行星，地球的物质活动必然受到宇宙中其他宇宙星体的影响。地球上许多自然现象，诸如潮汐、日升日落、各种天气现象都起因于太阳系中各天体间的相互关系。宇宙中的各种天体对于地球上的人来说，既神秘又亲切。许多宇宙现象及天体都已成了地球人观赏的对象，随着人类科学技术、宇航技术的发展，到其他星体上旅游将不再是人类的幻想。尽管目前人类没能直接到各星体上做旅游开发，但宇宙作为一种旅游资源却是客观存在的。

（二）太阳——宇宙中的一颗恒星

宇宙是地球上其他自然景观资源形成的根源。地球作为太阳系的一颗行星，与太阳有着密切的关系，可以说没有太阳，地球上就不可能有生命存在，万物生长靠太阳。太阳对地球上自然旅游资源的形成、发展和演变起着关键的作用。地球上的生物、气候、水文、地貌等自然要素，在其形成过程中无不打下了太阳的烙印。没有太阳就没有万千气象、没有茂密的森林、烂漫的山花、可爱的动物、日升日落、潮起潮落。正是太阳和月球对地球的引力作用才形成我国著名的钱塘江大潮的宏伟景观。

二、宇宙天体的旅游功能

（一）神话传说的本源与依托

在世界各国的文化发展中，产生了许多美好的神话传说，这些神话传说许多都成了旅游景点的一个有机组成部分，没有这些神话传说，旅游景区和景物将减色且失去其活力。而浩如烟海的神话传说和故事中，有不少内容都取材于宇宙天体。如希腊神话中大部分就取材于星座，用故事和神话的形式讲述了各星座的形状、名称、成因及其奥秘，如大熊座、人马座、射手座、牧羊座等，而这些传说中的人物（奥林匹亚山上的诸神）又与地球上的各景观有关。

中国神话传说中与天上诸星关系密切的为数不少。每当人们抬头看到银河，观测到织女星、牛郎星就会想到优美的牛郎织女的传说；当人们举头望明月时，人们不禁会问：嫦娥、吴刚还在否？我国土生土长的宗教——道教中的诸多神灵都与天上的星星有关，如太白金星、二十八星宿、北斗星等，这些引人入胜的神话传说通过《西游记》得以在大众中普及而家喻户晓。

各种各样与宇宙天体有关的神话与传说故事又都在一定程度上与一些景观相结合，这样宇宙天体也就成为了地球上旅游文化资源的一部分，丰富和活化了旅游文化。

（二）观赏的对象

许多宇宙天体及其运动直接就可作为观赏及研究的对象，典型的如太阳、月球、牛郎星、织女星、北斗星、金星，各类慧星、流星、陨石。同时与割裂宇宙天体相关的宇宙现象如五星或九星连珠，日食、月食、黑洞等都可直接作为观赏对象。现在人们还可借助各种天文仪器来对各种天体及天体运动进行观赏研究。一些特殊宇宙现象较为罕见，而且出现又有一定地域性，如日全食、哈雷彗星等，一旦经天文学家测出，人们都将涌向最佳观测点去观赏。

（三）作为其他地球景观的背景或借景对象

太阳和月亮这两个宇宙天体是地球上诸多自然和人文景观的背景和借景对象。典型的如"旭日东升"，没有太阳，日出的主要对象就不存在了，"平湖秋月"、"三潭映月"、"天函宝月"（云南昆明安宁曹溪寺），都必须借月方能成景。

（四）未来人类的直接旅游目的地

随着现代高科技的发展，宇航事业的突飞猛进，人类到其他星球上旅游已不再是天方夜谭。人类宇航员的足迹早已踏上了月球，在不久的将来旅游者的足迹也将踏上月球，月球之旅即将成为现实。若再把时间推远，人类的足迹将踏上太阳系的其他行星，乃至于跨出太阳系遨游整个宇宙。

三、天体及天象景观导游

在实际游览活动中，除了非常典型的天象景观，如日食等景观外，一般情况下天体及天象景观往往与其他景观和景物共生出现。因此导游员在实际导游服务特别是导游讲解服务中，要注意主动寻找和发现隐藏于其他景物、景象中的天体和天象景观，在游览中穿插讲解相关景观。同时导游员要充分了解与天体和天象相关的神话和传说故事，根据具体景区和景点的具体情况，把神话、传说有机结合，有选择地为导游讲解介绍。这样可以提高游客的游兴，加深游客对景物的印象。

导游员在讲解中要注意以客观事实为依托，神话、传说的讲解要适时，内容要积极、健康、向上；在讲解中以天文科学常识为基础，进行必要的天文科学知识的讲授与传播。

本章小结

动植物景观、气候、气象宇宙天体景观，同样是吸引物的重要组成部分。但由于这些资源在形成、发展及成景的过程中有其个性，因此在实际导游过程中，导游员应根据不同的景观类型，有针对性地进行导游服务和讲解。

关键概念

生物景观、植物导游、动物景观导游、气象、气候导游、天体与天象

课堂讨论题

1．动植物景观游览、讲解中的注意事项。
2．分析当地的气候特点、成因及气候特点对游客旅游活动的影响。
3．讨论你所见过的天象景观。

复习思考题

1．生物景观的特点及讲解要求。
2．气象、气候作为旅游吸引物的特点及气象、气候旅游功能分析。
3．特殊气象景观的美学特征。
4．宇宙天体的旅游功能。
5．影响一个地区气候的主要因素分析。

实训

1．参观一座植物园或动物园，教师引导，学生记录资料，创作一篇书面导游词，实地讲解。
2．引导学生分析当地天气与气候成因与特点，指导学生创作一篇介绍当地气候与天气的导游词，并进行口语讲解。

第七章 中国传统古建筑游览与导游

引 言

　　中国古建筑是中华民族灿烂文化的重要组成部分，是中国文化的有型载体，是中国古代各个时代、各族人民创造的文明程度的光辉标志，其发展不仅非常充分、十分成熟，而且数量繁盛，种类齐全，琳琅满目。在中国，无论是走进古老的宫殿，还是漫步在悠闲的园林；无论是登临中国名山，还是徜徉在宁静的小镇；无论在繁华的都市，还是在边疆村寨；……只要有人的地方就有建筑，游客无论走到哪里都能见到中国古建筑的身影。在中国旅游离不开古建筑。对于普通游客来说，要了解中国历史就应该从中国古建筑开始。

学习目标

　　1. 了解中国古建筑发展沿革、艺术特征及文化承载。
　　2. 掌握中国古建筑的游览方法及程序，灵活运用知识，熟练进行古建筑导游。
　　3. 掌握中国古典园林及古镇民居的游览程序、方法及技巧，能够进行导游讲解。
　　4. 了解宗教与旅游的关系，掌握中国宗教建筑的基本常识，掌握寺观导游的程序、方法及技巧。

教学建议

　　1. 以文化内涵为重点，分析中国古建筑的特征，为导游实践做好素质和基础常识的准备。
　　2. 结合图文声像资料，教会学生游览赏析、讲解古建筑和古典园林。
　　3. 以案例法，教师准备资料，带领学生参观并实际模拟导游讲解一座古建筑，一座佛教寺院或道教宫观、一座园林或一幢典型民居。

第一节 中国传统古建筑概况

一、建筑与中国传统古建筑

"建筑，是以居住为基本目的，以技术为基本要素同时兼具艺术因子的一种特殊的文化。"建筑，在英语中原意为"巨大的工艺"。历来古典美学家总是把建筑、绘画与雕塑称为三大造型艺术或第三大空间艺术，其中建筑尤受推崇。中国古汉语中，建筑等同于"营造"或"营建"、"兴建"等，包括规划、设计和施工的全过程。"建筑"一词只是今人的叫法，古代是没有的，罗哲文先生指出中国"建筑"一词是由日语转译而来。

1. 中国传统古建筑

在现代建筑技术传入中国前所建造的建筑统称中国古建筑。中国古建筑是技术与艺术的综合，而与旅游有关的是中国传统建筑中具有审美价值的特征形式和风格。

自先秦至19世纪中叶以前，中国古建筑基本上是一个封闭的、独立的体系，两千多年间风格变化不大，通称为中国古代建筑艺术。19世纪中叶以后，随着社会性质的改变，西方建筑的大量输入，中国建筑与世界建筑有了较多的接触和交流，建筑风格发生了急剧变化，通称为中国近现代建筑艺术。

中国古代建筑艺术在封建社会中发展成熟，它以汉族木结构建筑为主体，也包括各少数民族的优秀建筑，是世界上延续历史最长、分布地域最广、风格非常鲜明的一个独特的艺术体系。中国古代建筑对于日本、朝鲜和越南的古代建筑有直接影响，17世纪以后，也对欧洲产生过影响。

2. 中国古建筑的历史沿革

从原始社会至汉代是中国古建筑体系的形成时期。在商代，已经有了较为成熟的夯土技术，建造了规模宏大的宫室和陵墓；周至春秋时期，瓦的出现与使用，解决了屋顶防水问题，是中国古建筑的一个重要进步。战国时期出现了砖和彩画。秦汉时期，木构架结构技术已日渐完善，其主要结构方法——抬梁式和穿斗式已发展成熟。东汉时期出现了全部石造的建筑物。

魏晋南北朝是中国古建筑体系的发展时期，在建筑材料与技术方面都有了较大的发展；隋唐是中国古建筑体系的成熟时期，其建筑特点是，单体建筑的屋面坡度平缓，出檐深远，斗拱比例较大，柱子较粗壮，多用板门和直棂，风格庄重朴实；宋朝是中国古建筑体系的大转变时期，其建筑规模一般比唐朝小，但比唐朝建筑更为秀丽、绚烂且富于变化，出现了专业建筑文献《营造法式》；元代是中国古建筑体系的又一发展时期，使用辽代所创的"减柱法"已成为各类建筑的共同特点，梁架结构又有了新的创造，许多大构件多用自然弯材稍加砍削而成，形成当时建筑结构的主要特征；明清时期是中国古建筑体系发展的最后一个高峰时期，官式建筑已经高度标准化、定型化，清朝于1723年颁布了《工部工程做法则例》，统一了官式建筑的模数和用料标准，简化了构造方法。

二、中国传统古代建筑艺术特征

（一）重视环境整体经营

从春秋战国开始，中国就有了建筑环境整体经营的观念。换一种说法就是中国古建筑非常注意和讲究建筑风水。中国的堪舆学说起源很早，除去迷信的外衣，绝大多数是讲求环境与建筑的关系。古代城市都注重将城市本体与周围环境统一经营。中国著名的古都长安（今陕西西安）、洛阳（北魏）、建康（今江苏南京）、北京（明清）等著名都城，其经营范围都远远超过城墙以内；即使一般的府、州、县城，也将郊区包容在城市整体环境中统一布局。重要的风景名胜，如五岳五镇、佛道名山、邑郊园林等，都把环境经营放在首位；帝王陵区，更是着重风水地理，这些地方的建筑大多是靠环境来显示其艺术的魅力。

（二）单体形象融于群体序列

中国古代的单体建筑形式比较简单，大部分是定型化的式样，孤立的单体建筑不构成完整的艺术形象，建筑的艺术效果主要依靠群体序列来取得。一座殿宇，在序列中作为陪衬时，形体不会太大，形象也可能比较平淡，但若作为主体，则可能很高大。例如明清北京宫殿中单体建筑的式样并不多，但通过不同的空间序列转换，各个单体建筑才显示了自身在整体中的独立性格。

（三）构造技术与艺术形象统一

中国古代建筑的木结构体系适应性很强，这个体系以四柱二梁二枋构成一个称为间的基本框架，间可以左右相连，也可以前后相接，又可以上下相叠，还可以错落组合，或加以变通而成八角、六角、圆形、扇形或其他形状。屋顶构架有抬梁式和穿斗式两种。抬梁式屋架：即柱子不直接承托檩条，而是柱子承托承梁，由梁或梁上的短柱承托檩条。这种结构多见于北方民居和南北方的官式建筑，是中国古代木构架的主流。穿斗式屋架：即柱子直接承托檩条，柱子之间用枋子相连，以加强柱子的稳定性。枋子不承重，所以和"梁"完全不同，称为"穿"。穿斗式屋架多见于南方民居。无论哪一种，都可以不改变构架体系而将屋面做出曲线，并在屋角做出翘角飞檐，还可以做出重檐、勾连、穿插、披搭等式样。单体建筑的艺术造型，主要依靠"间"的灵活搭配和式样众多的曲线屋顶表现出来。此外，木结构的构件便于雕刻彩绘，以增强建筑的艺术表现力。因此，中国古代建筑的造型美，很大程度上也表现为结构美。

（四）规格化与多样化统一

中国建筑以木结构为主，为便于构件的制作、安装和估工算料，必然走向构件规格化，也促使设计模式化。建筑的规格化，促使建筑风格趋于统一，也保证了各座建筑可以达到一定的艺术水平。规格化并不过于限制序列构成，所以单体建筑的规格化与群体序列的多样化可以并行不悖，作为一种空间艺术，显然这是进步的成熟现象。中国古代建筑单体似乎稍欠变化，但群体组合却又变化多端，原因就是规格化与多样化的高度统一。

（五）诗情画意的自然式园林

中国园林是中国古代建筑艺术的一项突出成就，也是世界各系园林中的重要典型。中国园林以自然为蓝本，摄取了自然美的精华，又注入了人的审美情趣，采取建筑空间构图的手法，使自然美典型化，变成园林美。其中所包含的情趣，就是诗情画意；所采用的空间构图手法，就是自由灵活、运动流畅的序列设计。中国园林讲究"巧于因借，精在体宜"，重视成景和得景的精微推求，以组织丰富的观赏画面。同时，还模拟自然山水，创造出叠山理水的特殊技艺，无论土山石山，或山水相连，都能使诗情画意更加深浓，趣味隽永。

（六）重视表现建筑的性格和象征含义

中国古代建筑艺术的政治伦理内容，要求它表现出鲜明的性格和特定的象征含义，为此而使用的手法很多。

（1）利用环境渲染出不同情调和气氛，使人从中获得多种审美感受。

（2）规定不同的建筑等级，包括体量、色彩、式样、装饰等，用以表现社会制度和建筑内容。

（3）尽量利用许多具象的附属艺术，直至匾联、碑刻的文字，来揭示、说明建筑的性格和内容。

（4）重要的建筑，如宫殿、坛庙、寺观等，还有特定的象征主题。

由于中国古建筑独特的艺术特征，要求导游员在带领游客游览参观中国古建筑和导游讲解时必须具备相当的知识，要求导游员有较高的审美情趣和文化素质。在古建筑导游讲解中，可以从遵循一定的程序模式，即建筑选址（建筑风水）→群体建筑→单体建筑→讲式样及体现的艺术特征→从规格看等级→体现生境、画境和意境→个性体现及各部件及装饰的象征意义。

三、中国传统古建筑与文化承载

传统古建筑是一个民族所创造的物质文化的重要组成部分。它综合地反映了某个特定历史时期该民族在科学技术和文化艺术上所达到的水平。中国传统古建筑有几千年源远流长的历史，形成了独具特色的体系和风格，有高度的工程技术水平和优美的艺术形式，是伟大的中华民族政治、经济、科技与艺术所曾经达到过的辉煌象征，是凝固的文化，是历史的见证，是最宝贵的科学、文化遗产。传统古建筑有着最丰富、最深邃的文化意蕴，中国古建筑的文化意蕴是中国传统文化的体现，是受儒家、道家、佛学、阴阳五行、风水、吉祥等诸说综合影响的反映，可归纳为"以大称威、以中为尊、礼制至上、祈吉为尚"十六个字。具体文化体现如下所示。

（一）儒家思想在古建筑中的体现

儒家所强调的亲疏等差上升为礼制仪典，成为大至国家、小至个人的准则规范，而礼制所强调的等级观念也必然反映在各种传统建筑物上。典型的如北京故宫建筑群对皇权至高无上的极度渲染，便是儒家崇"礼"，强调尊卑等级的极好注脚。儒家"三纲五常"、"男尊女卑"等伦理道德、上下等级观念的文化意蕴在普通民居中也随处可见。

（二）佛、道文化对建筑的影响

佛教自两汉传入中国后，其思想对中国各方面都产生了一定的影响，其思想观念在中国传统古建筑中得到体现。如承德外八庙的普宁寺，其曼荼罗式的建筑模式，即为佛教宇宙观的具体体现。还有如北京的智化寺，同样用黑色瓦顶，但却不同于宁波天一阁藏书楼的黑瓦。前者是取"降伏为黑"的佛教观点，寺取名"智化"，也是指"佛智"来渡化众生，取佛教之意。而天一阁的黑瓦则是取"引水克火"之意，两者是有区别的。

道教认为："道生一、一生二、二生三，三生万物。"（《老子》四十二章）《周易·系辞》："易有太极，是生两仪，两仪生四象，四象生八卦"，把太极、两仪（阴阳）、四象（金木水火）、八卦（乾、兑、离、震、巽、坎、艮、坤）都归源于道。这是道家对于宇宙生成的认识。在中国古建筑中，亦随处可见反映道家这种思想的文化寓意，如江西省三清山的建筑布局即是如此，雷神庙、天一水池、龙虎殿、函星池、王枯墓、詹碧云墓、演教殿、飞仙台八大建筑都围绕着中间丹井和丹炉，周边按八卦方位一一对应排列。这是由道教内丹学派取人体小宇宙对应于自然大宇宙，同步协调修炼"精气神"思想在建筑上的反映。

（三）阴阳五行学说是另一种对中国古建筑影响很大的文化

阴阳在古代是用来表示对立统一的一对事物，认为一切事物都应分为互相对立、互相依存的阴阳两面，如方位的上与下、前与后，数目中的奇数和偶数、正数和负数，均由两种属性所组成。它把上方、前方、奇数、正数归为"阳"，下方、后方、偶数、负数归为"阴"，认为在复杂的万物中，每种事物都包含着阴与阳的对立统一。五行学说认为金木水火土互相生克，循环不已，是构成世界循环运行的总规律。以北京故宫为例，外朝属阳，内廷属阴。外朝的主要宫殿布局采用奇数，三朝五门制即是如此。内廷建筑多用偶数，后廷的两宫六寝便是。另外，故宫的乾坤二宫在北，五行中属水，布置御花园以符合水生木的道理。同样，文华殿居东属木，对应青色，做成绿色的琉璃瓦，象征青年成长。

（四）风水理论对中国古建筑的影响

风水又称"堪舆"，是中国古代一套有关营造选址、处理建筑与周围环境关系的理论和方法。古人认为，理想的营造基址应左有流水，称为青龙；右有长道，叫做白虎；前有清池，谓之朱雀；后有丘峰，是为玄武。这样的风水格局最为吉利。风水理论既包括一些朴素辩证的环境科学内容，同时也掺杂有大量阴阳五行和宗教迷信思想。其核心是期望通过协调建筑与环境的关系来使建筑的主人及其家族得到福禄寿喜。中国古代上至皇帝下至黎民百姓都热衷于此。风水理论营造建筑基地的基本模式，是力求找到一块能"藏风纳气"的"穴"，即一般选择面南背北，后抱山丘前绕河流的地点来营造村落、城市、民居、墓地等。单体建筑开门、朝向、高低、装饰等方面在风水上也有诸多复杂多样的吉凶讲究。

（五）吉祥文化的意蕴

祈求吉利平安，企盼美好生活，是每个上至帝王、下至黎民所向往的。传统古建筑中出现的门神，彩画雕刻中的鱼跃龙门等图案，都是人们趋吉思想的体现。抽象的观念需要借助一定的形式才能表达出来。古建筑中常采用数字、方位、色彩、图像（雕塑）四种形式来体现。

（1）数字。数字方式的象征是指建筑中的各类尺度，大至城市，小至建筑构件，无所不在。数字可以象征等级、节气等，最典型的当数北京天坛祈年殿了。大殿用28根楠木大柱与36根枋桷衔接支撑。殿内中央4根龙井柱，代表四季。中间12根金柱象征12个月，外圈12根檐柱表示12个时辰；中外层相加24根，象征24个节气；三层相加28根，象征周天28星宿；再加柱顶8根童柱，代表36天罡。

（2）方位。方位是指建筑的朝向、内外、偏正、前后等空间方向和体位。居中、在中轴线上的建筑一般等级较高。而方位又与吉凶相关，常常用来表达宇宙观，紫禁城就是以乾清官、坤宁宫及东西六宫象征十二星辰拱卫日月的。

（3）色彩。色彩的选用也是常见的表现手法。色彩能表达等级观念，古建筑中，黄色等级最高，依次是红、绿、青、蓝、黑、灰、白等色，其选色需依主人的职位相应使用，皇家建筑要用黄色屋顶，而普通百姓只有灰瓦白墙了。色彩与宇宙的对应关系是"天玄地黄"，所以，当初北京天坛天地合祭用的祈年殿的三重檐屋顶用上青中黄下绿三色来象征天地万物。

（4）图像与雕塑。在古建筑中，最常见、最丰富、最直观的象征方式当属图像（雕塑）了。其中一类是图像自身的直接寓意，如麒麟象征吉祥；另一类靠谐音，如用"蝙蝠"象征"福"。图像还有等级之别，越级使用会招致杀身之祸。建筑中还有许多吉祥图案、吉祥物，如松、竹、鹿、鱼等，象征"吉庆有余"、"四季平安"，上自皇帝下至黎民无不喜爱。

四、中国古建筑的类型

（一）大类划分

中国古建筑种类齐全，自成体系，以大类而分有宫殿建筑、宗教建筑、坛庙建筑、陵墓建筑、住宅建筑、会馆建筑、书院建筑、桥梁建筑、水利建筑、城市与城防建筑、园林建筑等。

（二）单体建筑

以单体建筑样式而言，中国古建筑的类型真可谓是琳琅满目：宫、阙、殿、寝、楼、阁、亭、台、府、第、邸、庄、斋、厅、堂、室、寺、塔、庵、龛、庙、祠、观、藏、苑、囿、坞、舫、城、廊、雉、堞、陵、墓、丘、林，样式之多，举世无双。每一种建筑，根据功能等的不同还有细分。

五、古建筑审美

中国是个旅游大国，有着悠久的历史、灿烂的文化、美丽的山河，旅游资源非常丰富，其中，古建筑是一朵灿烂的奇葩。无论是从数量上讲，还是从成就而言，或是从其反映的文化意蕴而论，中国古建筑都能满足旅游的需要。在中国旅游，离不开古建筑、园林和民居。

自 1956 年国务院审定第一批全国重点文物保护单位以来，全国先后颁布的历史文物保护单位达 2 万多处,其中全国重点文物保护单位 750 处,省级文物保护单位 3 000 多处,历史文化名城 99 座,而绝大多数是古建筑。中国历史上曾有道教宫观约 1 万处、佛教寺院 5 万处。现存各类古塔 3 000 多座,石窟 100 多所。安徽歙县仅明代民舍就有 102 处、明代祠堂 27 处、明代石坊 41 座。至于散布在全国各地、各个景区的古建筑单体建筑如楼、台、亭、阁,更是不胜枚举,统计出来的结果无疑将是天文数字。

(一)建筑美的体现

建筑美主要体现在由形体、色彩、质感所组成的可视三维空间形象中。建筑是一个在三个向度(前后、左右、上下)展开的立体空间。建筑实用功能的实现,建筑视觉美感效应的取得,都依赖于这个三维向度的空间容量和体量。

1. 空间——建筑的主角

建筑的空间形象重在表现,而并不在模拟。建筑艺术的形象并不注重现实写真,不以真实客观地反映生活的本来面目为己任。建筑适当地运用空间组合、质地和色彩调补等手法,能给人以韵律和节奏的感觉。正如梁思成先生所总结的:"节奏和韵律是构成一座建筑物的艺术形象的重要因素"。建筑形象是社会人生的空间展开形式。因此,人类社会的群体性也会在建筑之美的构成中得到一定的体现,即注意单体建筑物与周边环境的协调统一的关系。

2. 体量—— 视觉的主题

在一个特定的景区中,建筑的体量一般比较大,具有强烈的视觉冲击力,不以人的意志为转移地映入眼帘,悦心悦意,诱发美感,因此成为人文景观的主体。

(二)古建筑审美的内容

1. 建筑实体实用功能的分析

建筑的使用功能是由人类的生存需要决定的,迄今为止人们仍然将住房看作是生活中必不可少的重要部分。任何一个古建筑,无论其装饰如何华丽、复杂,其最基本的功能仍为实用。因此,导游员在为游客导游讲解时,应把建筑体的实用功能分析透彻。

2. 建筑外观的观赏功能

任何一个建筑都是一个实体,有其存在的空间和体量,表现在建筑物的大小、结构、色彩及装饰等,这些都是游客可以通过视觉直接观赏到的。对此,导游的作用主要在于引导和提示。

3. 寓意象征美

寓意象征是中国古建筑特有的美学特征,这些内容游客仅用眼睛是不可能完全体会的。对此,就需要导游员的生动而适度的讲解,才能让游客在游览中国古建筑时做到赏

心悦目。导游员在为游客提供古建筑游览导游服务时，要注意引导游客审美，并发现建筑美中的文化内涵，而导游员自己首先要掌握古建筑的审美要领。

第二节　传统古建筑游览与导游讲解

一、古建筑群游览方法

（一）进行知识的"充电"

对导游员来说，带领游客游览中国传统古建筑前，应该对所要游览的古迹进行认真的追根摸底，对游览地的传统古建筑情况有足够的了解。导游员心目中要有个鲜明的线条，自己为自己造就一种"审美的期待心理"，并设计服务讲解技巧，把此"期待心理"传导给服务对象——游客。盲目地游览，必定会使游客毫无兴味，毫无收获。

（二）游览中必须分清主次

中国传统古建筑主次分明、重点突出、装饰纷呈、主题明确。在建筑群中重要的建筑都被排列在纵贯南北的中轴线上，次要建筑都排列在两侧，并保持严格的均衡对称和等级。按建筑的性质，传统建筑的各个部位都有一些装饰，使各部分建筑同中有异，各具特色。因此游览古建筑群，一般应沿着中轴线走，一个殿一个殿地由外往里走，其中正殿乃是游览的主要对象，应把它作为游览的重点。

（三）仔细品味各个主要部位装饰的含义

在游览过程中，可以多问几个为什么。询问将会把游者引入广阔的知识宝库。对导游来说如能了解问题、解说问题，就会使自己言之有物，言之有理，言之有趣，言之有神，也会使游客感到有浓厚的兴趣，有欢快喜悦的心情进入下一个旅游景点。

（四）把握下列要点

1. 分析氛围的意境（崇扬什么）。
2. 熟悉每个殿堂的物质与精神功能。
3. 准确领略各种陈设和装饰的含义。
4. 对各种艺术珍品如何评价，其价值所在。
5. 礼制与等级的体现。
6. 文化意蕴的内涵及表现途径、方法和手段。

二、传统建筑游览程序与讲解提示

（一）游览程序

1. 激发游客游兴——参观游览点历史沿革介绍

在开始游览前，导游员要用简练的语言，以突出重点的方法向游客介绍参观游览点的成因、价值（历史、文化、美学、旅游等价值），提升游客游览的期望值。

2. 位置介绍——中国古建筑环境分析

中国古建筑在设计时都十分注意周围的环境，对周围的山川形式、地理特点、气候条件、林木植被等，都要认真调查研究，以使建筑布局、形式、色调等与周围的环境相适应，从而构成一个大的环境空间。每一个参观点都有一个确定的地点和位置，导游员向游客说明游览点位置时，可借题发挥，介绍我国古老"风水"学说中积极的部分，在讲解时可以从地形、地貌、山脉分布、河流流向、河流径流量、风向、气候等方面为游客进行分析，切忌宣传封建迷信。中国古代建筑往往讲究风水、五行，装饰物讲究寓意，不同的建筑由于实用功能不同其风水格局也不同。

3. 讲解建筑布局与组合——游览路线和方式选择

中国古建筑以"间"为单位构成单体建筑，再以单体建筑组成庭院，进而以庭院为单元，以平面展开布局方式组成各种形式的组群。通过游览点建筑布局介绍，介绍游览路径和方式，向游客提出要求和注意事项，避免游客走错路而影响整个游览活动。

（二）建筑体讲解

1. 讲清名称

中国古典建筑的类别、名目是很多的。每一类别、每个名目都有自己的特定用途、功能和样式。导游员讲解中国古建筑，对不同古建筑的称谓必须规范。常见的古建筑之主要建筑式样名称及基本概念如下所示。

（1）宫。最早围起来的房子就叫宫，供祖宗牌位的庙也叫宫，只是到了秦代，"宫"才成为天子居所的专称。后世规格很高的寺、观也叫宫。

（2）阙。最早的阙只是宫门前两侧的方土台子。后来在台子上盖上圆的顶盖，观望四方，所以又叫观。

（3）寝。本是人们卧息的地方。古代韵王宫，前面是殿堂即朝宫，后面是帝王的居舍，叫寝（后妃住的也叫宫），所以古代有"前宫、后寝"的说法。陵墓也称为陵寝。

（4）廊。古代的堂，东西两侧的空位叫东序、西序，堂下的边屋都叫廊，又叫走廊、游廊。后来廊又变得多种多样，园林中的廊更是不可缺少的空间分隔和点缀风景的小品，又是交通联系的纽带。

（5）庑。厅堂下两侧的房子叫庑，大屋也叫庑，所以太和殿的四阿（四坡水）屋顶又叫庑殿式屋顶。

（6）宇。就是屋檐的边，所以有"上栋（栋就是堂顶的大梁）下宇"的说法。把屋檐反曲上去叫"反宇"。四方上下也谓之宇。

（7）间。中国古代建筑计量或者说构成房子规模的基本单位，就是两柱之间所夹的面幅，平常讲某殿堂面阔几间，进深几间就是这个意思。

2. 讲解等级划分

中国传统建筑，在用料、建筑形制、建筑方式、色彩的运用、装饰物的选用及布局等方面都有着明显的等级划分。

（1）基本构件及等级

① 台基。台基又称基座，系高出地面的建筑物底座。用以承托建筑物，并使其防潮、防腐，同时可弥补中国古建筑单体建筑不甚高大雄伟的缺陷。台基大致有四种：普通台基（用素土或碎砖三合土夯筑而成）；较高级台基（在普通台基边建栏杆）；更高级台基，即须弥座，又名金刚座；最高级台基，由几个须弥座相叠而成，常用于最高级建筑。

② 木头圆。常用松木或楠木制成圆形木头，置于石头为底的台上。

③ 开间。四根木头圆柱围成的空间称为"间"。建筑的迎面间数称为"开间"，或"面阔"。建筑的纵深间数称为"进深"。中国古代以奇数为吉祥数字，所以平面组合中绝大多数的开间为单数；而且开间越多，等级越高。

④ 大梁，即横梁，架于木头圆柱上的一根最主要的木头，以形成屋脊，是中国传统木结构建筑中的骨架构件之一。

⑤ 斗拱。斗拱是中国古代建筑特有的构件。方形木块叫斗，弓形短木叫工拱，斜置长木叫昂，总称斗拱，如图7-1所示。

⑥ 彩画，彩画原是为了木结构建筑物防潮、防腐、防蛀，后来才突出其装饰性，可分为三个等级：

a. 金龙和玺彩画。中国古建筑中彩画等级最高的一种，只有宫殿中主要建筑和显赫的庙堂才能使用，其整个彩画图案以各种姿态的龙为主题，图案上各种线条也多用金色。

图7-1 斗拱

b．旋子彩画。等级次于和玺彩画。其核心部分由龙和锦纹来填充。其"找头"部位则运用一种由花朵和旋纹组成的图案。这种彩画常用于宫殿中次要建筑和庙宇中，是彩画中用途最广的一种。旋子彩画中，本身等级的高低由用金多少、图案内容和颜色层次可分成七个级别。

c．苏式彩画。等级次于旋子彩画，由图案和绘画两部分组成，绘画部分多集中在弧形的包袱线内，绘画包括人物故事、山水、花鸟、鱼虫等。其等级由包袱退晕层次和用金多少来区别。苏式彩画常用于皇家园林中。

⑦ 屋顶与屋檐。中国传统建筑屋顶主要有：庑殿顶、歇山顶、悬山顶、硬山顶、攒尖顶、卷棚顶等，如图7-2所示。在几种屋顶中，以重檐庑殿顶、重檐歇山顶级别最高，其次为单檐庑殿顶、单檐歇山顶。

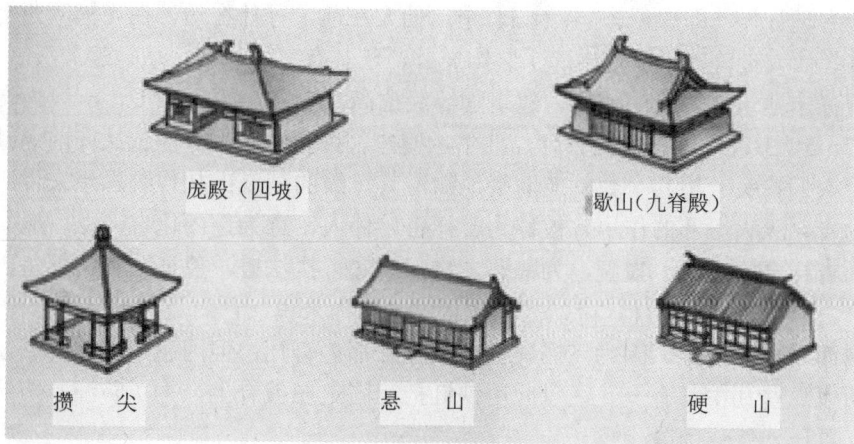

图7-2　中国传统建筑屋顶

资料来源：汝信. 全彩中国建筑艺术史. 银川：宁夏人民出版社，2002，47

⑧ 世界上独一无二的屋檐，它的形成并不是由意识形态决定的，而首先是建筑实用功能发展的结果。唐以前，我国古代木构建筑都是版筑土墙，因此，在黄河中下游地区，主要的问题是雨季的防雨，尤其是在木构架的基部要避免雨淋。于是建筑的发展一方面是抬高基部，形成高台建筑；另一方面是加大出檐，阴蔽基部。为此在西周时斗拱开始出现了，它有效地加大了出檐。但是，出檐深远，屋檐的重量就加大，特别是四个檐角更甚，于是出现了角梁，随着斗拱的缩小，角梁悬挑增大，促使老角梁断面加大，这样由于顺应角梁断面的增大和后尾托于金桁之下，于是形成了前端上翘的构造特点，角梁结构的发展使平直的屋檐线到转角处成为一条柔和向上的曲线，这种翼角结构也使屋顶

造型更加优美，消除了大屋檐给人的压抑感。从大屋顶的深远出檐、凹曲的屋面、反宇的檐部来看，它还起到了排泄雨水、遮蔽烈日、收纳阳光、改善通风等诸多功用。

⑨ 山墙。即房子两侧上部呈山尖形的墙面。

3. 讲解古建筑中的驱魔纳吉装饰

中国传统古建筑是工程技术与艺术美的综合体，尤其强调建筑的装饰，其中驱魔纳吉装饰占有独特的位置。中国古建筑上常见的趋吉装饰主要有：

（1）螭吻。在大殿正脊两端常有龙形的瓦饰，这就是螭吻。据说此乃源于避火，是一种镇火的装饰。

（2）仙人走兽。在宫殿建筑中，飞檐翘角上常塑有一个个小动物，这就是"仙人走兽"。它们有一定的排列次序，其次序是仙人、龙、凤、狮、天马、海马、狻猊、押鱼、獬豸、斗牛、行什（即猴子），共为 11 个。仙人在前，行什在后，在飞檐翘角上呈列队形式，这些仙人走兽在古建筑中除了装饰之外，还具有三大作用：从封建等级制度来说，它们具有标志建筑物等级的作用，建筑物等级愈高，它的个数就愈多，一般为奇数，如 11、9、7、5、3 等。递减时由行什、斗牛、獬豸、押鱼、狻猊……依次向前递减，减后不减前，人们抬头一望其个数就能清楚地知道其等级的高低；从传统思想来说，它们具有化凶为吉、灭火压邪的作用，被称为吉祥兽。仙人，意为逢凶化吉，龙、凤、天马、海马，为吉祥之物；狮、狻猊，为辟邪之物；獬豸，执法兽，象征公正；押鱼，灭火之物；斗牛，消灾之物；行什，降妖之物。从建筑结构来说，它们是为了保护木栓、铁钉，防漏防锈而采取的措施。因为飞檐翘角的戗脊上都盖有瓦，但因翘角上翘很高，瓦容易滑下，所以这些瓦中都有一孔，以此用铁钉把瓦固定在戗脊上，为了防漏、防锈，于是在钉之上再压一件装饰兽。

（3）藻井。在我国古建筑大殿内部，为了遮蔽梁以上的种种木构件，往往要设法铺上平整的天花板，然而往往在宫殿御座上方及寺庙佛座上方的天花板常做成上凹如覆斗，有方形、八角形、圆形等形状，内绘龙纹（明以前不饰龙纹）或菱、藕等水藻纹，这种建筑装饰就称作藻井，它最迟在汉朝就出现了。在天花板上为什么采用藻井作装饰呢？这有多种原因：其一，因上凹覆斗形的藻井形如华盖，所以可用此来显示帝王和佛的尊严，含有神圣、至高无上的意思；其二，雍容华贵中含有一种威严雄伟的气派；其三，命名为"藻井"，含有五行以水克火，预防火灾之意。

（4）悬鱼。在古建筑山墙人字形博风板正中处，往往挂有木雕的鱼形雕刻，其含义不是年年有余之意。鱼在这里象征水，它是古时的避火装饰，含有水压火之意，这与天安门城楼中的彩画采用红地绿草花纹的原意相似。另外，在明清建筑上的鱼形雀替和鱼形月梁等则意在退祟消灾，因为古人认为鱼具有驱鬼辟祟之功效。此外鱼还象征富裕、吉祥和美好。在古代墓葬中鱼常是导引登天之神灵。

悬鱼的其他含义——"悬鱼太守"：东汉时，羊续出任南阳郡太守。当时社会风气庸俗，奢靡成风，官府请客送礼、托关系办事的现象十分普遍。羊续下决心从自身做起，扭转这种坏风气。一天，郡丞送来一条鱼，他夸鱼味鲜美，还申明是自己打捞的，未花一分钱。羊续再三谢绝，郡丞还是不肯收回，羊续就只好先把鱼留下。但他并没有将鱼送进厨房，而是悬挂在房檐下，表示自己坚决不吃这条鱼。过了几天，郡丞又拎来了一条更大的鱼。羊续正色道："你是本郡地位仅次于太守的官员，怎么能带这个头呢？"不待郡丞辩解，羊续把他带到房檐下，让他看上次送的那条鱼还挂在那里，已经僵硬发臭了。郡丞无言以对，送礼作罢。羊续悬鱼拒礼一事使那些想送礼的大小官员及财主们不得不作了缩头乌龟，羊续也被百姓称为"悬鱼太守"。

（5）铺首。古时没有电铃，只好在门上设置敲门的门环，门环都有底座，称为铺首，汉代以后，铺首多用铜铸成，形状皆为凶猛威武的兽头，如虎、螭、狮等，它们怒目开颌、齿衔门环，令人惊惧畏怯、魂飞魄散，使其起到镇魔祛邪、镇守大门的作用。

（6）镜。镜历来被视为神奇之物，人们普遍相信镜能照妖，把它悬挂在门上或嵌在屋脊上，能起到驱魔辟邪的作用，这种镜子俗称"照妖镜"。照妖镜源于古代人们对镜子的崇拜（当时是铜镜），最早的照妖镜在汉代就已出现。为增强镜子的法力，有些照妖镜往往还配有阴阳八卦等图案和咒语。由于镜子在人们思想中具有这样的威力，人们又逐渐把它作为公正无私的象征，所以历代人小官府衙门公堂上都有"明镜高悬"的横匾。

（7）四灵。在宫殿装饰中，以"四灵"为最多，"四灵"即四个神灵之物——龙、凤、麟、龟，这一信仰早在秦汉已出现，一直延续至明、清。

● 龙

龙是想象中的神灵之物，是中华民族的象征。关于它的起源，至今众说纷纭。有人说，它起源于原始部落的图腾，考古发现的龙的形象，最原始的当推西安半坡仰韶文化遗址出土的陶壶龙纹，它是一种生活于水中的蛇状长鱼，这种鱼的头旁有类似于两耳的东西。在商代出土的铜器上发现，龙形又增加了两角，其中有的似乎还增加了一足。在周代的铜器纹饰或图画中，龙已经有了足。至汉代，在画像石中的龙，多数都有四足，可以这样说，它的形象基本上奠定了后代龙的基本模型。但必须注意，汉代画像中龙的形象常常是口中衔鱼，从这点说，原始龙是"水物"的观念是始终不变的。所以龙的形成，起初是现实中生活于水中的蛇状长鱼，在图腾崇拜中成为夏的图腾，后来这个部落并吞了以鸟兽鱼虫等作图腾的其他部落，于是将蛇添足，以后又不断地被加工、被神话，最后而成：蛇身、牛头、鹿角、狮鼻、鱼鳞、狗牙、马鬃、鹰爪这一形象。另外，必须说明，龙在西汉是四肢三爪，至南宋才增至四肢四爪，最后到明清才完成了五爪金龙的形象。也有人说，龙原来是远古时代类似恐龙的一种巨型爬行动物，何新在《诸神的起源》中认为龙的前身即鳄鱼；但也有人认为，龙是远古先民由霹雳雷电悟想出来的自然神。

在古代建筑上，龙纹装饰主要有九龙壁、华表、蟠龙金柱、御路石雕、雕龙宝座、雕龙屏风、望柱下的螭首、和玺彩画、藻井……由于龙在我国古代是镇魔驱邪、化凶为吉的祥瑞之物，人们对龙特别崇拜，但因龙象征帝王，所以人们不能任意以龙为饰，为此，在明代天顺年间（1457—1464年），进士李东阳创立了"龙生九子"之说，称"龙生九子"，实际上九子都不成龙，又各有所好，于是人们就大胆地以九子形象装饰在各个有关场所了。当然"龙生九子"之说还有一定积极意义，它深刻地批判了过去长期流传的"龙生龙，凤生凤"的血统论，寓含皇帝的儿子虽不一定能做皇帝，但他可以为人民做出力所能及的各种贡献之意。

● 凤

凤原是商的图腾标记，商周时每一件青铜器上都有它的形象，此时凤已作为至高无上的权力、意志、神威的象征。

在神话传说中，认为世界上只有一只凤凰，它可以整整存活五百年，临死时，凤凰采集芳香植物的树枝和香草，营造一个巢，然后点火自焚，在熊熊的烈火中获得再生。

凤凰为中国传说中的瑞鸟，是至真、至善、至美的神鸟，是百鸟之王，它与龙一起，共同构成了中国特有的龙凤文化。

● 麟

麒麟，也是想象中的一种灵兽，其形为鹿身，龙头，头上有独角，角上长肉球，全身披鳞甲，狮尾，马足。早在周代，我国就有了它的传说，秦汉时，它和龙、凤、龟并称为"四灵"，又为"四灵"之首。它被历代皇帝尊为灵物，它的出现被视为国之奇瑞，是太平盛世降临的象征，是皇威显赫、昭示清明的结果。

历史上的"西狩获麟"的故事是个典型的例子。在《春秋》中记载，鲁哀公十四年春天在西郊狩猎，捕得一只奇兽，但在同行中没有人能认识此兽，便派人请教孔子，孔子看了告诉他们，此是祥瑞之物——麒麟，但孔子十分哀伤，他流泪悲叹王室注定将亡，因为麒麟的出现本是祥瑞之兆，今不幸被打死，成了不祥之兆，此乃是王室将亡的预兆，因此孔子整理的《春秋》一书就以"西狩获麟"为结，搁笔而止。

麒麟一直被人们视为吉祥如意的象征，民间年画中常有"麒麟送子"的题材，在宫殿中有铜麒麟，在帝王陵前常有石麒麟。唐代，武则天在她母亲的墓前就置有一头高大威武的石麒麟，作为祥瑞之物。在南朝帝王陵墓前也有麒麟、天禄等石兽，根据其当时礼制，麒麟、天禄等神兽只准帝陵前应用，而臣僚墓前只能用石狮。因为天禄、麒麟是传说中的神兽，使用于帝陵前，以示皇帝上受天意，具有至高无上的权威尊严。

● 龟

龟，福大、命大、造化大，在四灵中是长寿之物。在民间俗信中，它具有卜凶吉、兆寿瑞、扬武威、镇邪恶、赐富贵等灵性。《尔雅》说，龟有 10 种，即神龟、灵龟、摄龟、宝龟、文龟、山龟、泽龟、水龟、火龟、筮龟。其中神龟和灵龟是天龟，寿命长达 5 000～10 000 年。四灵中的龙、凤、麟都是神话中的虚拟动物，自然界中并不存在，只有龟是唯一与人类关系密切、自然界实有的动物，因此，龟被神话，要比龙、凤、麟被神话的时间早得多，至少在殷商时期，就有神龟知人情、知吉凶和可以充当神与人之间媒介的信仰，殷时常用龟甲来进行占卜，巫师用烧红的木棍烧灼龟甲，使之发生爆裂而产生裂痕，然后据此兆象来判断祈求的凶吉。

（8）四方之神

四方之神即青龙、白虎、朱雀、玄武，它们是四方之护卫神。

四方之神的形成与"五行"学说、古天文学的发展是分不开的。最初的"五行"是指金、木、水、火、土五种自然物质，人们把它们看作是构成世界万物的本源，这还属于朴素的唯物观点，以后唯心的成分越来越大，"五行"创立者把周天二十八宿分成东、南、西、北四个区，这四个区又叫"四宫"，说是苍、赤、白、黑四帝的四座宫殿。古人认为任何事物都有一个"精"，如"火气"之精为日，"水气"之精为月，五行之精是五星，太阳之精是三足鸟，月亮之精是蟾蜍。为"四宫"配属的精就是青龙、白虎、朱雀、玄武。四方之神就这样出现了。该理论出现的时间一般认为在秦汉之际，最早也到不了春秋时代。比较"四灵"与"四方之神"后可以发现，"四方之神"中少了一个麒麟，多了一个白虎，朱雀多认为即是凤凰，玄武即是龟或龟蛇合体。

（9）石狮子

狮子古称狻猊（suan ni），《穆天子传》："狻猊、野马，走五百里。"《尔雅·注》："狻猊，狮子也，出西域。"狮子原产于中亚、西亚，东汉时传入中国。

石狮的造型主要是依据自然界的真狮。狮子传入中国后，经过历代艺人不断地继承和创新，其外形渐趋民族化，流传下来的狮子雕刻和实际的狮子相比已有很大变化，直到明清时期才基本完成其程式化的造型，成为现在看到的狮子形象。

从整体上看，狮子的组成主要包括头、躯干、四肢和尾巴。每一部分的刻画和安排都是别具匠心的。狮子的头部是体现其造型的重点。民间有"九斤狮子，十斤头"的说法，生动地夸张了狮子头部在整体造型中的重要地位。艺人们习惯比照人类的头部特征，用拟人化的表现手法来塑造狮子的头部形象。

眼睛是整只狮子的传神之处，所以对眼睛的刻画往往作艺术性的夸张处理，常见的有八字眼、倒八字眼和一字眼三种造型。八字眼向下弯曲，透出一副愁相，正应了民间

"凤喜狮子愁"的说法，倒八字眼向上竖起，显得雄俊挺拔，又称丹凤眼。一字眼则是两只眼睛一字相平，显出驯和忠厚的情态，温和中含有笑意，又称笑狮眼，是应用比较普遍的一种造型。

自然界的狮子嘴巴正面呈人字形，而中国的石狮口宽而方，张口时可一直延伸到耳朵下面。"狮子大开口"的俗语从一个侧面反映了这一特点。石狮口部的造型也有三种：一种是口的两边上翘，呈现笑意；一种是两边平直，呈现温顺之态；另外一种则是口的两边向下弯曲透出怒容或愁态。

石狮的躯干主要有蹲狮和走狮两种造型。蹲狮侧面呈三角形，其下颌、胸部和前四肢部处在同一条直线上。蹲狮挺胸不驼背，胸部结实而丰满，前腿直立而后腿蹲伏，腹部一般做收缩的姿态，从而表现其昂扬的雄姿，走狮的躯体为前大后小，呈长方形或圆桶状，脊柱线和胸腹线挺括硬朗，显示了走狮动态下的力度和威武神韵。

四脚是体现石狮雄健威猛的重要组成部分。石狮的前腿和后腿都饰有圆润的卷毛，骨骼随卷毛隐伏，让人透过卷毛感受到内里的筋肉的骨力。蹲狮体现的是前腿支撑有力，后腿盘曲稳固。走狮则以四肢蓄势、威武挺健为体现重点。狮爪的造型也是极尽夸张的；其锐长的趾爪像是要嵌入坚石一般，令人望而生畏。

真狮的尾巴呈茸毛球状，而石狮的尾巴却是有多种创意蕴含其中的。汉代画像石中的狮尾与真狮较为接近，到了唐代；石狮的尾巴演变为丝缕状，而明清时期的狮尾已是不拘一格，千变万化，有的似朵朵菊花，有的如片片枫叶；有的作如意盘结，有的像蕉叶翻卷，林林总总，不一而足，极富情趣和韵味。

另外，在狮子的精神气度上，大狮子雄强，小狮子乖巧。大狮子不管是昂头还是低头，都是威武有神，眼神随头部的转向雄视一切，透露出一种兽中之王的霸气。小狮子的特征则是头大腿细，眼神中满含稚气，神态上显得乖巧顽皮，憨态可掬。大狮子一般是成对置放的，按建筑的方位左雄右雌。

中国石狮，脱胎于自然界的真狮，又经历代匠师之手的创造融入了中华民族的审美观念和传统文化，是我国古代优秀文化艺术中的重要组成部分。狮子是兽中之王，在宫门、官府门前设置石狮，一方面起驱魔避邪的作用，另一方面还具有象征权势和增添建筑物气势的作用，再一方面还具有表示等级的作用。古时规定：七品以下门前不准放石狮；一品官门前石狮头顶上有 13 个卷毛；二品官门前石狮有 12 个卷毛；三品官门前石狮有 11 个卷毛；四品官门前石狮有 10 个卷毛……七品官门前石狮有 7 个卷毛。

门前的石狮往往是成对的，一雌一雄（左雄右雌），雄者足下为绣球，象征权力，统一寰宇；雌者足下为幼狮，象征子嗣昌盛。另外，在官府门前还含有祝福官运之意。因为在古时，太师、少师为最显赫的官位。太师与太傅、太保合称"三公"，是在朝中共同负责军政的最高长官。少师与少傅、少保合称"三少"，为辅导太子的官员。

4．讲解古建筑中色彩的运用及含义

（1）黄色。黄色在我国古代一直被认为是最尊贵色彩，这主要源于五行学说里"黄色"代表中央方位。在唐代黄色已被规定为皇室色彩，明清时期更有明文规定，只有皇帝的宫室、陵墓及奉旨兴建的坛庙等建筑才准许使用黄色琉璃瓦。所以黄色乃是帝王的专用色，意味着普天之下，唯我独尊，是皇权的象征。

（2）红色。红色在我国古代被视为美满、喜庆的色彩，意味着庄严、幸福、富贵。自周代开始，宫殿建筑上普遍使用红色，随后，一直是封建帝王"至高无上"和"尊贵富有"的专用色。

另外，在中国民俗中，认为红色具有破邪祟之作用。所以清时监斩官莅临刑场要披大红斗篷；旧时新娘上轿时，上下穿的亦是一色红，这除了表示喜庆外，主要还是为了破不吉，除邪恶。

（3）青色。北京天坛的祈年殿，清乾隆十六年重修时，三重檐全改为青色，以此来象征"天"。南京中山陵的琉璃瓦色不用黄色而用青色，此乃体现孙中山先生"天下为公"的思想，因为青色象征"天"、象征"平等"。另外，青色与木、东、春等概念相匹配，这乃与五行学说有关。如北京社稷坛东坛墙上的琉璃瓦为青色琉璃瓦。

（4）白色。我国很多佛教建筑都喜用白色，如喇嘛塔、喇嘛教经堂、一百零八塔等，因为佛教以白色象征"洁净"，所以驮运佛经的乘骑，在印度多用白象，在中国则用白马，观音菩萨因常穿白衣而名"白衣大士"。所以在佛教建筑中用白色乃含"洁净"、"无邪"、"虔诚"之意。

（5）黑色。由于黑色代表水，所以故宫中的文澜阁（藏书楼）的琉璃瓦采用黑色，以寓水灭火之意。同样只要进入玄武大帝的殿堂内，其神像及所持之旗和器物一概为黑色，因为玄武大帝是水神，水为黑色（如广东佛山祖庙内即是）。

5．品析匾联

匾额、对联是中国古典建筑中特有的装饰，宫殿、寺庙、祠观、府第、宅邸、园林，如失去了匾联，就如同人少了眼睛。匾联具有点题示意使意境得到升华的作用。

（1）匾。匾本作扁。器之薄者曰匾，署于门户之文曰匾，眉上发下曰额，故匾又称匾额。系榜于门屏之上；或堂榭园亭所题之横额，悬于室之上端，乃称匾额，也可单称匾或额。

（2）联。系悬挂于楹柱上的木刻对联，亦称楹联。有阳刻、阴刻之分。宫殿楹联多金地黑字，第宅中者多白地绿字。寺庙、祠观在各进殿堂的内外楹柱上都有悬挂；邸宅中，有的挂于二门，正厅内部，正房的室内；园林建筑中几乎四处悬挂。导游员在向游客讲解介绍古建筑中的匾额楹联时，除讲解介绍其形制外，还应讲解介绍其书法艺术，更重要的是要讲解其中的文化内容及暗示的哲理，这是中国古建筑导游中的一个难点，但却是游客较为感兴趣的对象，对于游览赏析古建筑有提示和引导作用。

6. 赏字画

字画是中国古典建筑中特有的装点。无论是宫殿、府第、邸宅、园林建筑以至一般的普通住宅中，字画的装点必不可少。其厅堂、楼阁、轩榭之中皆莫不悬挂几幅名家书法和绘画，得到满室生辉的效果。导游员在讲解时应把中国国画的相关知识有机融入，这是宣传中国书画艺术的一个好机会。

7. 介绍家具及陈设

家具是供使用的器具，其实也可算得是室内布置与装修的组成部分，因为许多家具都是供陈设之用。常见的有床、榻、几案、柜、椟等。

室内陈设主要是使用的器皿和艺术品。精美的瓷器、陶器、玉器、水晶、琥珀、文房四宝、景泰蓝等，陈设于室内，光灿夺目，旖旎生辉。

8. 物象及含义的导游讲解

我国古建筑重于装饰，有的以某一建筑小品或器物为装饰，有的则以图像的雕刻为装饰；有的属于宗教的内容，有的则属于民俗的范畴，有的还属于神话之列。内容丰富又生动，五花八门，引人入胜。常见物象有佛家八宝、道家八宝（暗八仙）、民间八宝、太平有象、如意、鼎、寿石、莲花、梅兰竹菊及岁寒三友、吉祥寓意图案等。

（1）佛教中喇嘛教的"八宝"

它们是藏传佛教常用的象征吉祥如意的八件供器，常供于佛像前。它们都有一定的含义：

法螺——妙音吉祥之意；　　莲花——纯洁无染之意；

法轮——佛法永存之意；　·宝瓶——福智圆满之意；

宝伞——慈护众生之意；　　双鱼——清净解脱之意；

白盖——庄严佛土之意；　　盘长——贯通自如之意。

（2）八仙

八仙所持的法器被称为"道家八宝"，由于此八宝暗指八仙，所以又称"暗八仙"。"暗八仙"象征吉祥如意、万事顺利、逢凶化吉，也象征八仙庆寿。八仙及其法器分别是：

汉钟离——扇；　　　　蓝采和——花篮；

吕洞宾——剑，　　　　张果老——渔鼓；

铁拐李——葫芦，　　　韩湘子——笛子；

曹国舅——拍板，　　　何仙姑——莲花。

（3）民间八宝

民间八宝即指：灵芝、松、鹤、龙门、荷盒、玉鱼、鼓板、磬。它们常被雕刻在门、窗、挂落、屏风及其他家用器物上，其八物各有特定的含义：

灵芝——又称"瑞芝"、"瑞草",食之长寿,所以常被视为仙药,其意为延年益寿。

松——历来被当作长寿的象征,其寓意为"长寿"。

鹤——为羽族之长,亦称"一品鸟",与龟同称长寿之物。由于它具有高雅、纯洁、长寿和充作仙人乘骑的职能,历来被视为祥瑞之物。

龙门——龙门乃是士人发迹之门,鲤鱼跳过龙门即化鱼成龙。所以它被视为灵物,其意为仕途顺利,功名有望。

荷盒——即指"荷盒二仙",二仙童一个手执荷花,一个手捧六角形的盒子,欢天喜地,甜甜地笑,其意为天配良缘、百年好合。

玉鱼——即双鱼,双鱼象征夫妻恩爱,子孙兴旺和富足常乐。

鼓板——亦名拍板,是一种打拍子的乐器,它可使乐曲有节拍,有板眼,因而被喻为生活有节奏、有规律,平平安安,无灾无难。

磬——一种古老的石制打击乐器,在《诗经》中有"既和且平,依我磬声"之句,所以其意是:合家和睦,共享天伦之乐。

上述八宝虽各有含义,但亦有近似之处:前三者意为延年益寿、飞黄腾达,后四者意为夫妻恩爱、家庭和睦、子孙兴旺、富足有余,龙门则喻为功名、前途。

（4）吉祥寓意图案

为寄托人们的美好愿望,人们把福善之事、嘉庆之征绘制成图画,俗称"瑞应图"或"吉祥寓意图案"。它远在汉代即已出现,唐代已很流行,到了明代,这种题材的作品大量出现,清代则随处可见,举凡宫廷建筑、雕花木器、园林门窗、民间砖雕、琉璃影壁等,处处都有丰富多彩的"吉祥寓意图案"。"吉祥寓意图案"的组成可分两大类:

一为各种吉祥物——如意、牡丹、桃、喜鹊、龟、鹤、灵芝、松柏、石榴……

二为各种吉祥语的谐音物——蝙蝠、鱼、桔、猴、枣、栗子、莲……

"吉祥寓意图案"的组合方法:或寄寓意,或取其谐音,一般为四字一句的吉祥语。如:

松、鹤——延年益寿;

石榴——多子多孙;

牡丹、松柏——富贵长春;

蝙蝠、祥云——福从天来;

蝙蝠、桃、双钱——福寿双全;

金鱼、海棠——金玉满堂;

莲花、鲤鱼——连年有余;

牡丹、水仙——富贵平安;

仙鹤、竹子、寿桃——群仙祝寿;

桔、柿、柏——百事大吉；

牡丹、海棠——富贵满堂；

鹿、鹤、桐树——鹿鹤同春（六合同春）；

猴子骑马——马上封侯；

月季花——四季平安；

日出时仙鹤飞翔——指日高升；

荔枝、桂圆、核桃——连中三元（"三元"为状元、会元和解元，科考中连续考中第一名）；

一元宝垒在两个元宝之上——三元及第；

兰、桂——兰桂齐芳（古人把子孙称为"兰桂"）；

芙蓉、牡丹——荣华富贵；

牡丹、猫——又称正午牡丹，乃大富大贵之意（因猫的双瞳在正午时如一线，此时正是阳气最盛，牡丹盛开）。

第三节　中国古典园林游览与导游讲解

中国古典园林是中国传统古建筑中的一支奇葩，是中国古建筑旅游资源中的重要组成部分。中国古典园林既可独立成景，又可作为其他景区内的观赏点，它不仅包含了丰富的古建筑精品，同时承载着极为丰富的文化内涵。

一、古典园林游览的途径

园林并非一般的庭院或住宅，运用小中见大的技巧，把外界大自然的景色引到游赏者面前，使游客从小空间进到大空间，突破有限，通向无限，从而对整个人生、历史、宇宙产生一种富有哲理性的感受和领悟，引导游赏者达到园林艺术所追求的最高境界。导游员在游客安排游览线路、引导游客游览时应注意以下几个方面。

（一）静观漫游

通过引导观赏与适时的讲解使导游员、游客与景物达到情景交融的境界。导游员在引导游客游览园林时一定要安排好时间，欣赏园林艺术如同品茶，需要沉气静心，慢慢品呷才能尝到其中的真味，于园林景象中达到"物我同一"的境地。

园林中各个景区相互间往往通过漏窗、风洞、竹林、假山等保持一种若断若续的关系，相互成为借景，使游人在行进中感到景色时隐时现、时远时近、时俯时仰，不断变化，层层展开，收到步移景异的动观效果，在有限的范围里扩大了空间，延长了观赏的时间与内容，这样慢慢品味方有所得。

尽管园林中的山水草木、花鸟鱼禽大同小异，游观者却因各自的身份、处境和心情有别，"会心"和寄情的内容也就大不一样。园林艺术欣赏就是对园林艺术形象和它所要表达的艺术意境进行感受、体验、领悟和理解，从而获得由浅入深、情景交融的审美把握的过程。

（二）游览线路以"路"为导，选择好观赏审美的角度

园林景色中的一山一水、一草一木、一亭一榭，都经过仔细的推敲，均妥帖地各就各位，有曲有直，有露有藏，彼此呼应成为一首动人的风景诗篇。导游员引导游客游览审美是一项边走边看的审美实践活动，线路的选择十分重要，而园林道路的特点是很少直道贯通，常常是曲径蛇行。选择最佳观赏位置，是获得最佳美感的重要方法。

（三）提醒游客点、线、面结合观景赏物，品位细节之美

中国园林艺术由于具有诗画的综合性、三维空间的形象性，其意境内涵的显现比其他艺术更为明晰。中国古典园林就是通过综合运用各类艺术语言（空间组合、比例、尺度、色彩、质感、体型）造成鲜明的艺术形象，引起人们的共鸣和联想，构成意境。

二、把握园林艺术美

有人说园林是"凝固的音乐"、"有形的诗"、"有声的画"、"五维的空间"……园林虽然种类繁多，风格迥异，但有一点是共同的，即它们都能带给我们美的享受，都能带来欣喜。导游员在为游客导游讲解中国古典园林时应做到以下几点。

（一）总揽轮廓美

园林的轮廓美最能体现艺术个性，所以也最具艺术魅力。就造园来说，要求把最大的境界融入最小的空间；而就赏园来说，则应作反向运行，即要通过有限的空间去感受无限的境界。建筑的体量、体态都应与园林景观协调统一，表现出园林的特色、环境的特色、地方的特色。

（二）品位形态美

园林形态是一种民族文化的体现，它是在一定的范围内，根据自然、艺术和技术规律，主要由地形地貌、山水泉石、动植物及建筑小品等要素组合并建造的环境优美、生态环境良好的空间境域。园林的形态美，一方面体现在园林要素的个体形态上，另一方面也体现在园林的总体布局上。中国园林的空间形态观与中国园林美一样，都是在自然

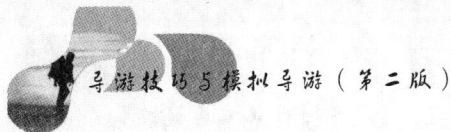

空间形态基础上加以抽象化的产物。

（三）释译色彩美

园林建筑使用的色彩，是根据园林的性质、规模以及地方特色而定。由于园艺家对园林要素色彩上的巧妙搭配，一座园林有一座园林的色彩基调。随着时序的变化、季节的更替、气候的不同，园林的色彩美又极富变化，让人尽情地欣赏，令人由衷地赞叹，使游人获得丰富的色彩美享受。

（四）感受节奏美

园林艺术的节奏美主要是通过空间上的高低、远近、疏密、聚散，形质上的大小、粗细、软硬、轻重，色彩上的浓淡、深浅、明暗、冷暖等变化而表现出来的。空间生动的韵律与章法能赋予园林以生气与活跃感，又能吸引游赏者的注意力，表现出一定的情趣和速度感，创造出园林的远景、中景和近景，加深园林内涵的深度与广度。造园家的精心设计、巧妙布局，综合运用借、聚、障、引、对、虚、实等多种手段，常常在有限的空间集中了众多各有特色的景观，令人目不暇接。同一个园景，由于角度、层次的转换，总给人以步移景异、耳目一新的感觉，从而使我们深切地感受到园林多样化的空间艺术组织形式所造成的节奏美。

（五）聆听声景美

园林的山水景色除了有轮廓、形态、色彩、节奏可观赏外，还有一种奇妙无比的天籁之音能助人雅兴。这就是必须用耳甚至用心去倾听才能领略其韵的"声景"。

历代园林中仿造自然而设的"声景"，一般由泉流、松风、鸟啭、虫鸣等组成，它们或者借助水的流动，或者依赖木的繁茂，或者靠了草的丛集，触机而发，自然天成，妙趣横生。如在园林中设立听泉的"声景"非常普遍。无锡惠山寄畅园有"八音涧"，以涧流悦耳如八音齐奏而闻名。

三、为游客解读园林内在意蕴

园林艺术和其他艺术一样，都倾注着艺术家的思想情感，反映着艺术家的审美情趣和审美理想，同时还带有鲜明的民族风格和时代特色。园林艺术不仅具有外在的形式美，而且具有内在的意蕴美。内在意蕴的赏析仅靠直观视觉是难以全面体味的，需要有导游员的解读与引申。导游员在实际工作中，应为游客解读的内在意蕴包括以下几个。

（一）赏析画意美

中国园林把对大自然的概括和对山水画的升华，以三维空间的形式复现到人们的现实生活中来。中国古典园林早在晋代就接受了中国画的写意特点。山水园林和山水画几乎是相伴而生、相伴而进，在造园技法上吸取中国绘画艺术的许多重要法度，形成"以画如园，因画成景"的传统。

中国画讲究"气韵生动"，园林艺术也运用绘画的大写意手法，努力创造这种生动的气韵，以假山传真山的气势，以池水造湖海的神韵，以顽石显生命的灵气，以山水抒主人的性情。园艺人叠石，都以透、瘦、皱、漏；清、丑、顽、拙为美，这就是追求蕴含其中的意味。透，有玲珑之态；瘦，有倔强风骨；皱，有绰约风姿；漏，有通达活力；而清者阴柔，顽者阳壮，丑者奇突，拙者浑朴，无不表现出独特的审美意蕴。园林艺术学习中国画的写意手法，叠石成像，不求形似，但求神似。乍看什么也不像，只是一堆乱石，展开想象，慢慢细看后，眼前的石头就会"活"起来，或如虎踞，或似鹤立，或像马奔，或若仙游。欣赏这种含蓄美、抽象美，有时会比欣赏形态逼真的雕塑制品更觉得有趣。

（二）咏颂诗情美

诗情，不仅是把前人诗文的某些境界、场景在园林中以具体的形象复现出来，或者运用景名、匾额、楹联等文学手段对园景作直接的点题，而且还在于借鉴文学艺术的章法、手段规划设计类似文学艺术的结构。古人说："感物曰兴，兴者，情也。"园林中有不少古人题诗的石刻或拓片陈列，如果留意诵读，一定获益匪浅。艺术欣赏借"迁想妙得"这个词，在观赏时发挥想象、联想、幻想。

（三）分析景名美

题写景名，即"点景"，是园林艺术意蕴美的点睛之笔。每个园林建成后，园主总要邀集一些文人，根据园主的立意和园林的景象，给园林和建筑物命名，并配以能够陶冶情操，抒发胸臆的匾额题词、楹联诗文及刻石。正如《红楼梦》中所说："偌大景致，若干亭榭，无字标题，任是花柳山水，也断不能生色。"儒家学者向来讲究"微言大义"，好的景名要抓住园林整体景观的主题或某一个单元景观的特点，调动题名者的审美情思和才气，进行高度概括，以达到"状难写之景如在目前，含不尽之意见于言外"的艺术效果，令人品味不尽。

四、游览程序与导游讲解

（一）赏门、入"门"

中国的园门，如文章的开头，是构成一座园林的重要组成部分，造园家在构思园门时，常常是搜神夺巧，匠心独运。古建筑中的门有板门、格子门、桶扇门或桶扇、屏门、风门、三关六扇、抱厅门、落地罩式门、各式门洞等。导游员在导游讲解中应突出门的特点、等级、装饰及文化承载等内容。

（二）看墙

墙原本属于防护性建筑，意在围与屏和标明界线，封闭视野。园林中的墙，兼有造景的意义。古诗曰："桃花嫣然出篱笑"、"短墙半露石榴红"等诗句写的就是因墙构成的景色。用墙造景妙在"透"，似隔还连，欲藏还露。一个"透"字，把一园景物均融会贯通，墙上开门设窗就是这个道理。

（三）品窗

游赏中国园林，人们会看到各式各样的窗。窗在园林中不只是通风、采光，尚有"纳景"之妙。人们透过它，可以看到一个新美的世界。园林中的窗十分讲究，窗分空窗、漏窗。所谓空窗，是指不装窗扇的窗，又有月窗式、蕉叶式、莲瓣式、海棠式、梅花式，样式极为丰富。所谓漏窗，是指窗洞内镶嵌各式窗格、窗花，花纹图案类型繁多，寓意丰富。园林中的窗多应用在轩、馆、亭、榭、席壁、墙垣之上。著名的有苏州"沧浪亭"复廊粉壁上的漏窗，颐和园粉垣上的灯窗等。空透的窗框把隔院楼台"纳入"窗洞，构成一幅幅天然的立体画图。游人站在窗前，即如面对画幅，走进门中，也仿佛步入画中。中国古建筑中的窗分直棂窗、牖（一种小的窗洞）、槛窗、支摘窗、栏槛钩窗、推窗（也叫风窗）、拉窗、翻天印。

（四）行路

路与人类历史一样悠久。鲁迅说，"地上本没有路，走的人多了，也便成了路。"说明路是人类活动的产物。人走出来的路往往曲曲折折，这大概又是园路创作的依据。

中国园林则讲究含蓄，崇尚自然，园路回环萦纡，以"自然式园林"著称于世。园路美在"曲"，"曲径通幽处，禅房花木深"。明代造园大师计成说："不妨偏径，顿置婉转"，就是"曲"的一个道理。一条曲曲弯弯的小路，因为"曲"而变得"遥远"，无形中延长了游赏距离。"曲"还可以改变游人的视线，以至每一转折，景物都为之一新。我国园林大都以山水为中心布置成环行路，或在环路中伸出若干登山越水的"幽径"，其间时而设游廊环山枕水，时而以桥梁穿插在山池之间，时而又有花径、林径、竹径、石径，形成各具特色的游赏路。

导游员在导游讲解园林时，要分清园路的主次。主路连接景区，次路连接景点。分清并设计好游路，就能把若干景致连缀一起，组成一个艺术整体。要向游客讲清游览景点的分布，避免在游览中断径绝路，或错过主景。

（五）游廊

廊如文章中的虚字，有连贯作用。"五步一楼，十步一阁"，是廊的"勾勒"与"穿插"，把散漫的园中景物，组成了一个丰美多变的艺术整体。

（六）观亭

造园家以亭点景、衬景、造景，或为山水增美，或成组景的主体，最能显示中国园林的艺术美。

赏亭要品味亭式，常见的有多角形亭，如梅花亭、海棠亭；多边形亭，如十字亭等。为表现亭体的轻盈、庄重，亭又分单檐、重檐、三重檐，尖顶、平顶、单坡顶等，若按建亭位置分，还可分为山亭、水亭、桥亭、路亭等。导游员在导游讲解中，要注意利用亭调节游客的游览节奏，同时在观赏品析时注意与周围景物的关系分析。

（七）登"山"

用天然石块造园，是中国园林的特色之一。其渊源至少有两千多年的历史。假山是对真山的模拟，但要求"做假成真"，讲究"自然之理，自然之趣"，"虽由人作，宛若天开"。假山的营造反映了中华民族对名山大岳自然美的追求。

小品山石主要点缀在门庭、小院、天井、廊间、角隅，以增加庭院的层次和景深。僵直的墙壁，常因山石数块，幽篁一丛，构成一幅石竹图；门边、拐角常因几株花木，数点峰石而造成"庭院深深深几许"的意境。

（八）玩"石"

石景由来甚久，在几千年的中国历代园林中，可谓"无园不石"。古代叠石家把各种天然石块用于造园，创造出千姿百态的山石景观，形成了我国独创的一门叠石艺术。中国古典园林中石的运用，小至盆景——只需几块小石组合，便给人以群山耸立之感；大至以石包山，模拟真实山林的峰峦洞壑。

鉴赏石景，因不同石类而相异其趣。南方太湖石以灵秀入画，北方大青石以粗犷取胜，都极力追求雄奇、峭拔、幽深、平远等意境。即便是一块石头，也要"瘦漏生奇"，备具山形气势，名曰"峰石"。石景要"外师造化，中得心源"，凡自然界的名山秀色，如黄山、泰山无不提炼成景。同一石景，视点不同，其形象也千差万别，因而可造成近对远借，多方景胜。

导游员为游客导游讲解园林石景时，可从石质开始，从取石、运送、叠石、石形、石意等多方面进行导游讲解。在品石时，要引导游客品议石峰的"瘦、透、漏、皱、清、丑、顽、拙"，并从中分析园主人和造园者的立意。

（九）戏水

中国造园离不开水。水是最活跃的构景因素。一水萦回，蜿蜒于亭馆山林之间，或分泉溪，或聚为池，变化多姿。水如纽带，把园中景物融会贯通，使沉静、凝固的空间蕴含着流动美。园林中的水讲究"虽由人作，宛若天开"。水面再小，亦必石矶参错，曲折有致。造园讲究"园必隔，水必曲"，利用桥、廊、堤、岛划分水面，以增加水景深度与层次。

（十）赏植物

中国园林不注重树形的整齐划一，欣赏的是色、香、形、韵。尤其讲究疏密有致，高下有情。或孤植成独立的风景树，或三五株栽植成丛，或浅草疏林。中国园林讲究"疏影横斜"，追求诗情画意。最常见的是以粉墙为"纸"，栽一二花木，衬托前后，再点缀数块山石，组成一幅立体小景。园林种花讲究"景因境异"，即因不同的环境创作不同的景色。

导游员应突出讲解植物在园林中的功能，即隐蔽园墙，拓展空间；笼罩景象，成荫投影；分隔联系，含蓄景深；装点山水，衬托建筑；陈列鉴赏，景象点题；渲染色彩，突出季相；表现风雨，借听天籁；散布芬芳，招蜂引蝶；根叶花果，四时清供。

（十一）为游客分析中国古典园林的造景手段

1．借景

"巧于因借"，为中国造园家的"座右铭"。明代造园大师计成曰："夫借景，林园之最要者也"，说明了借景的重要性。《红楼梦》中林黛玉咏"大观园"的词中有一句："借得山川秀，添来气象新"，说的就是借景的作用。借景分远借、近借、仰借、俯借、"应时而借"等。

2．框景

"窗含西岭千秋雪，门泊东吴万里船"，这种以门窗、廊柱或树木间隙作"画框"而组成的天然图画，是谓"框景"。框景使散漫的景色集中，北海"看画廊"就是专看框景的地方。

3．对景

造园家有时把"景"置于视线的端点，以获得庄严、雄伟的效果，有时又把两"景"自由互对，使游者彼此成为画面人物。站在颐和园南湖岛遥望万寿山、佛香阁便是对景。

4．分、隔景，抑、障景

游一座小小园林，为何有历尽千山万水般的感觉？这是由于"分景"的作用。匠师们用花木的掩映，地形的起伏，廊垣水体的分隔，把咫尺园林"化整为零"造成"园中有园"、"景中有景"、"庭院深深深几许"的意境。分景的方法有隔有障。在分割景观的时候，造园大师们利用假山、树木或建筑对其他景物"暂时遮挡"，间或能发现后藏美景的"影子"，以起到引人探究，即采用"欲扬先抑"之法，此法在园林造景中称为"抑景"。

5．漏景

漏景是框景的发展，框景把自然美升华为艺术美，组成的是清晰明丽的画面。漏景则以隐现为胜，常从漏窗、花墙、漏屏风、漏隔扇，甚或枝影横斜之中取景。"春色满园关不住，一枝红杏出墙来"，一枝红杏即属"漏景"。

6．夹景

夹景是运用透视线、轴线突出对景的艺术手法。游人泛舟颐和园后湖，在两岸岗阜林木的夹峙下，远处的苏州桥则称夹景。夹景是通过控制游人的视线达到增强景深和障丑显美的作用。

导游员在导游讲解中，要结合实际景物认真分析不同园林的造景艺术手段，向游客讲解中国古典园林的造园艺术，宣传中国园林文化及其孕育的深厚文化内涵。

第四节　古镇民居导游

一、古镇民居概述

（一）古镇民居形成

古镇民居，先有民居，后形成古镇。从远古时期的巢居到新石器时代的穴居与半穴居，再到西周的地上住宅，民居建筑形制逐渐形成，而后与祠堂、寺庙、牌坊、桥、戏台、街楼、塔等结合，在漫长的历史长河中渐渐地形成了古代聚居地、古村落以及古镇。从历史发展的进程来看，自远古至秦汉时期，中国民居初显形制，古镇开始萌芽。远古时期，我们祖先的居住形式为巢居或穴居、半穴居，经过长期摸索，逐步学会了在地面上盖房子，并达到了可以采光、通风的应有要求。

远古时的住宅建筑虽然其实物早已消逝，但考古挖掘出来的丰富的遗址遗物给我们提供了很多有关古代民居的实际资料，而且很多文献也有与实物相符的记载，它们都表明了我国民居住宅早在先秦已初显形制了。可以说，至先秦时院落式的民居建筑形态已基本形成，建筑技术自鲁班发明很多工具后也渐趋规范，到了汉代则渐渐定型。

自魏晋南北朝至宋元时期，众多民居基本定型。到了明清时期，中国民居的发展到了辉煌的高潮时期。

古镇，应该说来自于古聚居地、古村落。随着人们逐渐学会盖房子，一些地理位置较好、气候较适宜的地方慢慢成为聚居地，形成原始的古村落。又随着历史的发展，尤其是进入秦汉封建社会，物品交换日益频繁，商品经济有所发展，在大河上下、井泉旁边，有些村落发展成为小规模的市镇。当时商品交换活动集中的村落逐渐出现了前店后宅的住宅形式，市场两侧有了酒肆等固定的店铺，于是一些商贸发达的乡村集镇便发育成了新的市镇，并与乡村逐渐分化。

由于明代以前的民居古镇建筑物几乎很少留存下来，再加上几千年来中国古建筑有着"改朝换代，结构不变"的特征，所以接下来要讲的我国古镇民居的特点基本上就以明清时期的为主。

（二）中国古镇民居景观的特点

1. 中国古镇民居建造的过程中，首先注重的是地理位置和生活环境，追求与自然和谐

无论是古代的半穴居住宅还是明清的成熟四合院，在选址、布局和构成等方面都很注意地理位置、生态环境，如"背山面水"、"坐北朝南"等都体现了这一点。

市镇的形成过程中，河流、井泉起到了很大的作用，如成形于清代的江南古镇同里、周庄、乌镇、西塘等，都是小桥流水、水渠绕户、广栽树木，自然环境幽静，呈现"九里湾头放棹行，绿柳红杏带啼莺"的秀丽景观。

从古至今的建筑越来越呈现群体性，并富于变化，民居古镇的建筑物大都以典雅、和谐的群体美、整合美取胜。如古代传统民居以院落式为主，除门、堂外还有厢房、附属建筑等，发展到明清时四合院大多不止一进，多为多进式，甚至还有数条中轴线并列而多进的，俨然是宫殿建筑的缩影。北京的四合院能被列入世界文化遗产，其中一个很重要的原因是其具有群体效应产生的古典、壮美感。

江南的古镇，临河两边的民居白墙青瓦、错落整齐，店铺鳞次栉比，小巷穿梭其中，石桥贯穿河上，又点缀有牌坊、阁楼、戏台等建筑物，构成了鲜明、和谐、古朴的水乡古镇，为世人所瞩目、留恋。

2. 注重布局装饰

古镇民居在布局装饰方面可谓讲究，如江南天井院屋内布局有月梁、走马楼、窗雕、梁雕、灯笼挂钩、堂屋、卧室等，既实用又美观。又如浙江东阳明清住宅的装饰中有木雕、石雕、砖雕、泥雕和壁画等，其中木雕全国闻名，材料丰富，技巧多变，显示了高超的建筑装饰水平。另外还通过一些斗拱、藻井等部件以及饰物使空间更富层次和情趣。导游员在讲解时可采用借景生情、联想和虚实结合等导游讲解方法，通过古建筑的布局

和装饰，讲解布局的原理和装饰的美学特征、创作技法及其象征意义。

3. 类型多样，极富地方和民族文化特色

我国地域广大，民族众多，文化丰富，民居建筑考究，而且种类多样，从北京的四合院到江南水乡民居，从福建土楼到黄河流域的窑洞，再到各少数民族的民居，举不胜举。因为地理位置、气候状况以及文化习惯的不同，民居和以民居为主要组成部分的古镇其形式就不尽相同，类型可谓丰富，如四合院主要呈方形，土楼呈环形，蒙古包呈圆形等。

同时，不同的古镇民居又具有不同的民族文化特色，如北京作为都城，文化厚实，故民居华贵庄重、气势威严；巴蜀文化博大精深又具有浪漫奔放气息，故民居建筑显露出豪迈而轻巧的特色；云南一些少数民族民风淳朴，民居建筑显得自由、小巧。所以，当我们漫步在明清留传下来的古代集镇，欣赏着各具特色的民居、牌坊、石桥时，更多的是对深厚、灿烂的民族文化的感慨。

在游览讲解中，导游员要注意突出地方特色，对于普遍性和共性的内容，可采用问答和交流的方法引导游览和讲解。对于特色鲜明与众不同的内容，可采用对比讲解和故事引申的方法吸引游客的注意力，给游客留下深刻的印象，增强游客的游兴。

二、古镇民居的类型与特征

（一）古镇类型

古镇类型多样，分布极广，人们可以从不同的角度对古镇进行划分。从旅游活动的目的来分析，人们选择古镇作为旅游目的地，主要考虑的是古镇的人文、历史背景，同时注意景观类型和建筑群落。

以人文内涵、文化背景和历史、地理区域来划分古镇，一般可分为：北方型，以大院建筑为其视觉特征，体现富贵大气；西北型，院落封闭性强，体现朴实无华；安徽型（徽派），具有大家风范，自然、大方、典雅；江南水乡型，小巧精致、灵秀恬淡；岭南型，个性鲜明、独树一帜；西南及少数民族型，浪漫、轻巧、豪迈，是民族文化多样性的具体体现，还能体现"异域"景观。

（二）民居的基本类型

中国各地的居住建筑，又称为民居，现存绝大多数是清代以后所建。居住建筑是最基本的建筑类型，出现最早，分布最广，数量最多。它为满足居住的需要，相对于宫殿、寺庙等建筑类型而言，精神性的功能不太突出，但居住建筑在总体布局、建筑体形、空间构图及其他方面，仍有一定的艺术处理，由于各地区的自然环境和人文情况的不同，显现出多样化的面貌，在建筑艺术中占有一定的地位。

中国汉族地区的传统住宅按其布局方式，大致可划分为规整的和自由的两类，前者主要见于中上阶层，后者主要见于中下阶层，随各地区情况的不同，它们又有不同的地方形式。南方炎热多雨，多山地丘陵，人稠地窄，住宅比较紧凑，多楼房。

少数民族地区的居住建筑也很多样，如新疆维吾尔族住宅多为平顶，土墙，一层或二三层，围成院落，外观朴素，室内利用石膏板划为壁龛，墙头贴石膏花，木地板上铺地毯，舒适亲切；朝向院内常有宽阔的敞廊，廊柱雕花。藏族住宅用块石砌筑外墙，内部为木结构平顶楼房，称为碉房；室内用木板护墙或做木壁龛，铺地毯，使用藏式家具。蒙古族通常住在可以移动的蒙古包内。西南各少数民族常依山面溪建造木结构干阑式楼房，楼下空敞，楼上居住，坡屋顶以云南傣族名为竹楼的木结构干阑式楼房最有特色，使用平板瓦盖覆很大的歇山屋顶，用竹编席箔为墙，楼房四周以短篱围成院落，院中种植树木花草，有浓厚的亚热带风光。

三、引导游览与导游讲解

1．观全景，讲布局

导游员引导游客先从整体着眼，分析讲解古镇建筑的"风水"格局，体验人与自然的和谐共生。

2．选择游览审美的时间，设计有效的游览线路，讲古镇及特殊民居的历史与典故

古镇的美和自身布局、建筑形制等的不同与周边的自然环境有着密切的关系，同时不同地域又有不同的民风民俗和地方性节日等。因此，不同地区的古镇有不同的最佳游览时间。

不同的游客对古镇的兴趣点有异，而古镇又是一个综合性旅游目的地，因此导游要在了解游客需求和对游览点全面了解的前提下，设计出最佳游览路线。在游览行进中，要重点参观"特色民居"，以此为依托，通过故事和典故的解说突出当地的特殊文化现象。

3．根据古镇的历史文化和自然背景特点，结合游客的特点，有机选取参观重点建筑

例如祠堂、寺庙、戏台、古桥、"名人"故居、特色商铺和作坊等。这些实物景观往往已成为固定的参观点，是游客古镇旅游的重点，也是导游讲解的重点。导游员在导游讲解时要根据游览的时间和游客的兴趣，灵活讲解。

讲解内容一般包括：

（1）建筑。建造历史、建筑特征（包括布局、分布、重点单体建筑、建筑构件、各

种装饰、结构特色等）、建筑的历史价值及在当地的地位、实际功能、精神价值等。

（2）参观点的功能与地位。例如参观祠堂，就要向游客介绍祠堂的历史、发展等，参观当铺，就要通过导游员声情并茂的讲解，向游客再现当年的景况，游览名人故居，则要把"名人"的情况融入到景物当中。

（3）必要时讲解介绍古建筑的保存情况等。

4. 徜徉于古老街道，导游员以"此地无声"法营造一个"仿古"氛围

5. 细部观察，重点讲解古镇及古镇民居的细部装饰，引导游客发现古镇民居的地域文化

6. 参观民居，与当地居民友好交往，让游客感受浓浓"乡情"、"亲情"

7. 参与民俗活动，体味地域特色民族文化的多样性、传承性、娱乐性，并从中增长见识，感受娱乐

8. 购物与饮食服务，突出地方特色，讲解文化含义

第五节　佛教、道教寺观游览与导游讲解

一、宗教与旅游

（一）宗教概述

宗教是一种特殊的文化现象。宗教是一种信仰，是一种社会意识形态，是人类社会发展到一定阶段的历史现象。宗教不仅是主观的观念，而且是客观存在的社会事实；宗教不仅是个人对某种超自然力量的信仰，而且是某种与社会结构密切相关的非常现实的社会力量。

（二）宗教的起源

宗教是人类社会发展到一定阶段的历史现象，它既不是从来就有的，也不是永恒的，而是有它发生、发展和消亡的过程。宗教产生于史前社会后期，当时生产力水平低下，人们对于束缚自身的自然现象、社会现象以及生理上的做梦等现象无法解释，从而幻想出一种能主宰一切的"神"和"万物有灵"的观念，幻想以祈祷、祭献和巫术来感化神灵，以达到避祸得福、消灾免难的目的，于是出现了宗教。

进入阶级社会以后，宗教得以存在和发展的最深刻的社会根源，在于人们受这种社会的盲目的异己力量支配而无法摆脱，在于劳动者对剥削制度所造成的巨大苦难的恐惧

和绝望，在于剥削阶级需要利用宗教作为麻醉和控制群众的重要精神手段。随着阶级的形成，国家和王权的产生，宗教也不断发生演变。从原始的多神教演变为一神教；从"自发宗教"发展为"人为宗教"；从部落宗教发展为民族宗教或国家宗教。

宗教是在人类认识世界的漫长过程中，随着人类思维能力逐步提高而产生的。宗教的产生和发展，说明人类从最初不能抽象地思考比较复杂的问题发展到能够抽象地思考比较复杂的问题，这标志着人类的思维能力提高到了一定水平。

（三）宗教与迷信

宗教是一种特定形式的思想信仰，是一种世界观，只不过是"支配着人们日常生活的外部力量在人们头脑中的幻想的反映，在这种反映中，人间的力量采取了超人间的力量的形式。"宗教还是一种一定形态的文化现象，不论在哲学、文学、艺术、伦理等社会学领域还是医学、化学、天文学、生命学等自然科学领域中，都留下了丰富的文化遗产。在历史上，宗教成为世界各国人民进行文化交流的一个重要组成部分。宗教还是一种同一思想信仰的人们构成的一种社会实体，也就是与宗教信仰、宗教感情相适应的宗教仪式和宗教组织所构成的一种社会实体。对于正常的宗教信仰和宗教活动，只要引导得好就有利于社会的稳定和民族的团结。

封建迷信是从有神论观念派生出来的，但并不是宗教。在我国，封建迷信主要是指那些神汉、巫婆和迷信职业者利用封建社会遗留下来的巫术，进行装神弄鬼、妖言惑众、骗钱害人的活动，如请神降仙、驱鬼治病、相面揣骨、测字算命等。这类封建迷信活动，起着破坏社会秩序、扰乱人心、损害群众身体健康的作用。如果我们把宗教和迷信当成一回事，势必把凡是信鬼神和命运的人都看成是"宗教信徒"，这不仅在理论上是荒谬的，而且在实践中也是有害的。归纳起来宗教与迷信的主要区别主要表现在以下几方面。

1．组织形式

宗教是一种社会意识形态。它一般由宗教组织、信仰和观念、道德规范、宗教仪式、戒律、经典等基本要素构成。在我国主要有道教、佛教、基督教、天主教、伊斯兰教，这些宗教经过长期的发展、演变，与我国民族的传统文化和风俗习惯融合在一起，成为我国民族社会生活、精神生活的组成部分，并成为重要的社会力量。

封建迷信是旧社会遗留下来的一种陋习，一般是由神汉、神婆等迷信职业者主持的算命、求签卜卦等活动组成。封建迷信活动没有正式的组织形式、仪规、戒律、经典，没有像宗教那样具有群众性、民族性、世界性的特点，一般是迷信职业者的随意活动，随聚随散。

2．活动内容

宗教活动有一定的表现形式，在活动内容上有固定不变的经典、信条、场所以及信仰对象等，并世代相传。

封建迷信活动没有固定的经典信条和信仰对象。有些封建迷信活动中所用的所谓经书，有的是从佛教、道教中摘抄的，有的是迷信职业者根据自己的需要胡编乱造的。封建迷信活动所崇拜的对象，基本上是些臆想的鬼神，以及神话中的人物，或者所谓的精灵等。封建迷信活动一般没有固定的活动场所。

3．行为结果

宗教与封建迷信的行为结果有明显区别，宗教信仰是公民个人自由选择的私事。一般而言，正常的宗教活动所产生的行为结果，对社会生活不会构成现实的直接危害。而封建迷信活动，是神汉、神婆以看风水、看相、算命为借口骗取钱财，他们妖言惑众、装神弄鬼，进行诈骗活动，甚至伤害人命，危害社会秩序和群众的身心健康。

4．国家所采取的政策法律

我国《宪法》第36条规定："中华人民共和国公民有宗教信仰的自由"。我国《刑法》第251条规定："国家工作人员非法剥夺公民的宗教信仰自由……情节严重，处二年以下有期徒刑或者拘役。"尊重公民的宗教信仰权利，保护正常的宗教活动，是我国党和政府一贯的政策。而对封建迷信活动，我国一贯的政策是坚决依法取缔。打击一切危害国家利益和人民生命财产安全的封建迷信。我国《刑法》第300条规定："组织和利用会道门邪教组织或者利用迷信破坏国家法律、行政法规实施的，处三年以上七年以下有期徒刑；情节特别严重的，处七年以上有期徒刑"。对于那些利用封建迷信，进行危害国家利益、社会稳定和人民生命财产，构成违法犯罪的人，要坚决依法打击。对印刷、传播看相算命、抽签卜卦一类书籍、印刷品的，要严肃查处。

引导游客游览参观佛寺道观时，导游员要坚持马克思主义宗教观，全面正确地贯彻执行宗教信仰自由政策是至关重要的。认识一切事物，"必须注意它和其他各种运动形式的共同点。尤其重要的，成为我们认识事物的基础的东西，则是必须注意它的特殊点，也就是说，注意它和其他事物运动形式的质的区别。只有注意了这一点，才有可能区别事物。"[①]导游员在导游讲解寺观过程中，在涉及宗教常识问题时，要把握要点，有区分宗教文化与迷信的能力。

（四）宗教与旅游

宗教作为特殊的文化现象，宗教信仰和宗教感情，宗教思想和宗教活动，宗教仪式和宗教组织，宗教建筑和宗教用品等，都是社会的、历史的产物。宗教文化在社会的覆盖面较为广泛，从哲学、道学、诗词，到建筑、绘画、雕塑，无不包含有宗教内容或意

---

① 《毛泽东选集》第1卷第283页。

境。宗教文化是我国传统文化的组成部分。分布于全国各地的宗教建筑、雕塑、绘画、音乐等，是我国传统文化的瑰宝，有些佛教石窟造像、道教宫观壁画，更是稀世国宝，已成了扬名世界的旅游胜地。因此旅游与宗教，特别是特定的宗教场所（如佛教寺院、石窟，道教宫观等）都是人类文化精神生活的重要组成部分。旅游与宗教的关系自古以来就十分密切，宗教旅游是一种典型的文化旅游类型。

起源于古印度，发展在中国的佛教与中国土生土长的道教，在漫长的演变岁月中，产生了数量众多的珍贵文物，既有名山和闹市中的造型各异的宗教建筑（庙宇、寺塔、经幢等），又有千姿百态的雕塑艺术和异彩纷呈的壁画艺术，还有各个寺庙和宫观中的匾额、楹联，以及丰富多彩的珍贵收藏品、法器、供器、道具等。在这些建筑和艺术作品中，不仅体现了各个民族的宗教信仰，还包含着美妙动人的神奇故事。在中国，佛教寺院已成为游客外出旅游的主要目的地之一。

二、汉地佛寺游览与导游

（一）汉地佛寺概述

佛教寺院是佛教徒供奉佛像的场所，是僧众居住、修行和举行各种法事的地方，也是信徒进香朝拜、参加宗教活动的中心。寺庙是佛教文化的实际载体和依托，其兴衰发展状况是佛教的缩影，在佛教文化发展中起着重要的作用。从旅游观光的角度而言，寺庙又是人们了解佛教文化，欣赏佛教艺术的重要实物资料。寺庙以其有别于"人界"的"神界"环境和氛围，对许多游客具有独特而强烈的吸引力。今天的佛教寺庙已不仅是佛事活动的中心，又是重要的历史文化设施和重要的风景区（点），已成为游客参观游览的重要场所。

佛寺是中国宗教建筑的主要类型，是供奉佛像、举行佛教礼仪、僧侣居住的地方，为中国古代建筑艺术的重要组成部分。一般认为，佛教是公元 1 世纪前后（东汉初）由印度传入中国内地的。在印度，早期佛教并无寺院，佛教徒按照佛陀制定的"外乞食以养色身，内乞法以养慧命"的制度，白天到村镇说法，晚上回到山林，坐在树下，专修禅定。后来摩揭陀国的频毗沙罗王布施迦蓝陀竹园，印度佛僧才有了第一个寺院。印度人称佛寺院为"僧伽蓝摩"，略称"僧伽"。僧伽蓝摩主要有两种形式：一是精舍式，二是支提式。精舍式的僧伽设有殿堂、佛塔，殿堂内供奉佛像，周围建有僧房。支提式僧伽是依山开凿的石窟，内有佛塔和僧侣居住处。这两种式样的僧伽先后传入了我国。

印度精舍式佛寺传入我国后，很快与我国传统的宫殿建筑形式相结合，成为具有中国建筑风格的佛教建筑，称为佛寺。

寺，在中国最初并不是指佛教寺庙，从秦代以来通常将官舍称为寺，在汉代则是朝廷所属政府机关的名称，"凡府廷所在，皆谓之寺"（《汉书·元帝纪》注）。"寺庙"成为佛教的专用术语是佛教传入中国以后的事情。因为在东汉明帝时，永平十年，两位印度高僧迦叶摩腾和竺法兰以白马驮经来到中国最先入住的是鸿胪寺（一种官署的名称），以后就借"寺"字作为中国佛院的通称。随着佛教的传播，在中华大地上建造起了许许多多的佛寺。

寺，到后来有了一些别名如刹、香刹、精舍、庵、院、林（丛林）、庙等。寺庙的名称是民间最常见的。丛林，本指禅宗寺院，又称"禅林"，后世其他一些宗派，有的也仿照禅林制度称寺院为"丛林"。丛林意指众多僧人居住一处，犹如树木之丛集为林。也是借喻草木生长有序，用来象征僧众有完整的法度和严格的规矩。"庵"原是隐遁者所居住的茅屋，不知何时与出家人有了缘分，出家人聚集的小寺庙被称为"庵寺"，后来庵多指尼姑居住修行之处，俗称"尼姑庵"。洛阳白马寺为我国第一座寺庙，尊其为佛教的"祖庭"和"释源"，后世相沿以"寺"为佛教建筑的通称。我国佛教宗派繁多，寺庙林立，但都公认白马寺在中国佛教史上的特殊地位。

（二）汉地佛寺导游——常规路线导游及基本要求

1．佛教概况

佛教约创立于公元前 6 世纪。在世界各大宗教中，佛教的创立时间最早。佛教创始人乔达摩·悉达多，是古印度迦毗罗卫国净饭王的太子，佛徒们尊称其为"释迦牟尼"（意为"释迦族的圣人"。释迦牟尼生活的年代大约与中国孔子同时。佛教在其发祥地印度的发展，从公元前 6 世纪至公元 12 世纪大约有 1800 年的历史，大致可分为四个时期、三个 600 年。

佛教的传播从世界范围来说分为三条路线：北传佛教，从古印度向北传入中国，再由中国传入朝鲜、日本、越南等国，以大乘佛教为主，也包括密乘佛教，其经典主要属于汉语，因此亦称汉语系佛教。南传佛教，从古印度向南，传入斯里兰卡、泰国、老挝、柬埔寨等南亚、东南亚以及云南南部的少数民族地区，以小乘佛教（上座部佛教）为主，其经典主要属于巴利语，因此亦称巴利语系佛教。藏传佛教，主要是印度密乘佛教与藏区苯教融合而形成的具有西藏地方色彩的佛教，流传于中国的藏族、蒙古族、裕固族等民族地区以及不丹、锡金、尼泊尔、蒙古国等国家和地区。它的经典属于藏语，故亦称藏语系佛教。

中国佛教包容了北传、南传和藏传三大体系，全面继承了印度三个时期的佛教。世界上完整的佛教在中国，世界上完整的佛教经典也在中国。可以说，佛教诞生在印度，发展在中国。

2．中国佛教派别及分布

（1）汉传佛教。佛教传入中国汉族地区的年代，学术界尚无定论。历来均以西汉哀帝元寿元年（公元前 2 年），大月氏王使臣伊存向中国博士弟子景卢口授《浮土经》，佛教开始传入中国，史称这一佛教初传历史标志为"伊存授经"。佛教在中国的发展大致经历了译传、创造和融合三个阶段。

两汉之际、魏晋、南北朝时期为译传阶段，中国先后译出了大量的佛教经典，研究佛教的风气成为一时之盛。隋唐两代是中国佛教的创造阶段和鼎盛时期。中国僧人分别以一定的印度佛教经典为依据，开宗立派，创造了自己的理论体系，形成三论宗、天台宗、华严宗（贤首宗）、法相宗（慈恩宗）、律宗、净土宗、禅宗、密宗（真言宗）等八个宗派，号称佛教的鼎盛时期。这一时期中国佛教各宗派充分发挥了中国人的创造性和佛教内部各派的协调性，但与中国固有的思想协调不够，出现佛教与儒、道对峙有余、相融不足的局面。宋元明清四朝，中国的佛教处于融合阶段。佛教在这九百多年间空前广泛，深入地与中国的文化全面结合。佛教一方面与儒道融合，另一方面，佛教借助文学、绘画、雕塑、建筑等艺术形式，成为民间风俗习惯、民族心理与思维乃至语言素材构成的重要有机成分。元明清三代，汉地佛教精英佛教停滞衰退，而大众佛教取得了长足发展，出现"家家观世音，户户阿弥陀"的局面。这一阶段从教派上说，主要流行禅宗和净土宗，其他各宗派逐渐衰落。

净土宗以口念"南无阿弥陀佛"为修行方式，以往生西方极乐世界为宗旨，是最简便的法门，故在民间形象最大。禅宗是纯粹中国化的佛教，它以觉悟众生心性的本源（佛性）为宗旨。禅宗是中国支派最多的佛教宗派，也是中国佛教史上流传最久远、对中国文化思想影响最广的宗派。

（2）南传上座部佛教。中国的上座部佛教主要分布在云南省南部的西双版纳、德宏、思茅、临沧和保山等地州，为傣、布朗、德昂、阿昌等族和部分佤族群众信仰，并对这些民族的文化、政治生活和习俗等都有深刻影响。

上座部佛教保持如法如律、精进修学的早期佛教传统，崇拜佛牙、佛塔、菩提树等释迦牟尼的纪念物，特别重视禅定和早期佛教的一些戒律。上座部佛教传入云南有两条线路：西双版纳的上座部佛教大致兴起于隋唐时期，在宋代得到较大发展，元、明、清三代是鼎盛时期，受泰国佛教的影响较大；德宏地区上座部佛教大致于公元 16 世纪中叶后期由缅甸传入，受缅甸佛教的影响较大。

（3）藏传佛教。藏传佛教主要是印度密乘佛教与藏区苯教融合而形成的具有西藏地方色彩的佛教，主要流传于中国的藏、蒙、裕固、纳西等民族地区以及不丹、锡金、尼泊尔、蒙古国等国家和地区。它的经典属于藏语，所以也称藏语系佛教。

藏传佛教源于印度，但吸收了原始苯教的一些神和仪式。在教义上是大、小乘兼容而以大乘为主；大乘中显密共修，先显后密，并以无上瑜伽密为最高修行次第，形成藏密。咒术性、对喇嘛异常的尊崇、活佛转世思想和宗教与政治的结合，是藏传佛教的四个特色。

佛转世制度为藏传佛教所特有。所谓"活佛"系汉族的称谓，藏族称谓"朱古"，意为神佛化现的肉身。按藏传佛教的说法，一个活佛圆寂后，其灵魂转移，化身为另一个肉身的人，即转世灵童。在清代顺治、康熙年间，清政府先后正式册封宗喀巴的再传弟子为达赖喇嘛和班禅额尔德尼，从此正式形成两大活佛转世制度。

藏转佛教现有四大教派：宁玛派（因该派僧人穿戴红色的袈裟、僧裙、僧帽，故俗称红教）、萨迦派（因该派寺院围墙涂有象征文殊、观音和金刚手菩萨的红、白、黑三色花纹，故俗称花教）、葛举派（因该派僧人穿白色僧裙和上衣，故俗称白教）、格鲁派（因该派僧人戴黄色桃形僧帽，故俗称黄教）。格鲁派是 15 世纪初宗喀巴创立，其后世弟子形成达赖和班禅两大活佛转世系统。由于明清两朝的册封、扶持，格鲁派成为藏区执掌政权的教派，势力最大。

3. 山门（三门）殿前导游讲解

汉地佛寺到宋代基本定型，供佛的殿堂成为寺庙的主要部分，佛塔退居其次。从外观上看，汉地佛寺多是殿宇式建筑，与居民住房、官府衙门、祭祀祠庙和帝王宫殿类似。大体形式是屋顶从侧面看呈三角形，庙宇两边封闭、正面和后面的屋相下面用木料开门窗，要进入庙中须先上台阶，跨过较高的门槛。寺庙通常坐北朝南修建，也有一些是依山势而建。

历史上中国佛寺经历了三种布局形式。一种是廊院式，这就是前期以塔寺为代表的佛教寺庙布局形式，往往以一座佛塔或佛殿为中心，四周环绕廊屋、庑殿，形成一个院落，大的寺院可由多个院落构成。第二种是纵轴式，就是将各主要殿堂按一定次序（通常是由南向北）排列在一条纵轴线上，每所殿堂前左右（或东西）各建一所配殿，形成三台院或四合院形式。各组院落中主体建筑的造型、体制，都结合所供奉的主要神灵在佛教中的地位而呈现不同变化，一些大型寺院可以并排有两条或三条轴线，在侧轴线上可以兴建禅房、僧房、塔院、花园等设施。第三种布局是自由式，石窟寺实际上就是最早的自由式布局的佛寺。

中国佛教寺院的规模大小不一，布局也不一样，有的是四进七殿，有的是三殿，有的是一门一殿，有的进门就是殿。以禅宗佛寺为代表常见的寺院布局如图 7-3 所示。

```
┌─────────────────────────┐
│       毗卢殿或三圣殿       │
└─────────────────────────┘

        ┌──────────────┐
        │    藏经楼     │
        │   （法堂）    │
        └──────────────┘
┌──┐  ┌────────────────────────────────┐  ┌──┐
│斋│  │祖            大雄宝殿          伽│  │禅│
│堂│  │师   正中供奉三身或三方或三世佛  蓝│  │室│
│  │  │殿   大殿两侧常见的供奉对象有：罗汉、诸天等 殿│  │  │
└──┘  │     主尊后的供奉对象各寺差异较大  │  └──┘
      └────────────────────────────────┘
          ╭──────────────────────╮
          │        放生池         │
          ╰──────────────────────╯
        ┌──────────────────────┐
        │       天王殿          │
        │   北            东    │
        │      韦驮天           │
        │   弥勒菩萨（化身像）    │
  ╭──╮  │   西            南    │  ╭──╮
  │鼓│  └──────────────────────┘  │钟│
  │楼│                            │楼│
  ╰──╯                            ╰──╯
┌──┐  ┌──────────────────────┐  ┌──┐
│无│  │      山门（三门殿）    │  │无│
│相│  │  密迹金刚    罗延金刚  │  │作│
│门│  │      （空门）         │  │门│
└──┘  └──────────────────────┘  └──┘
```

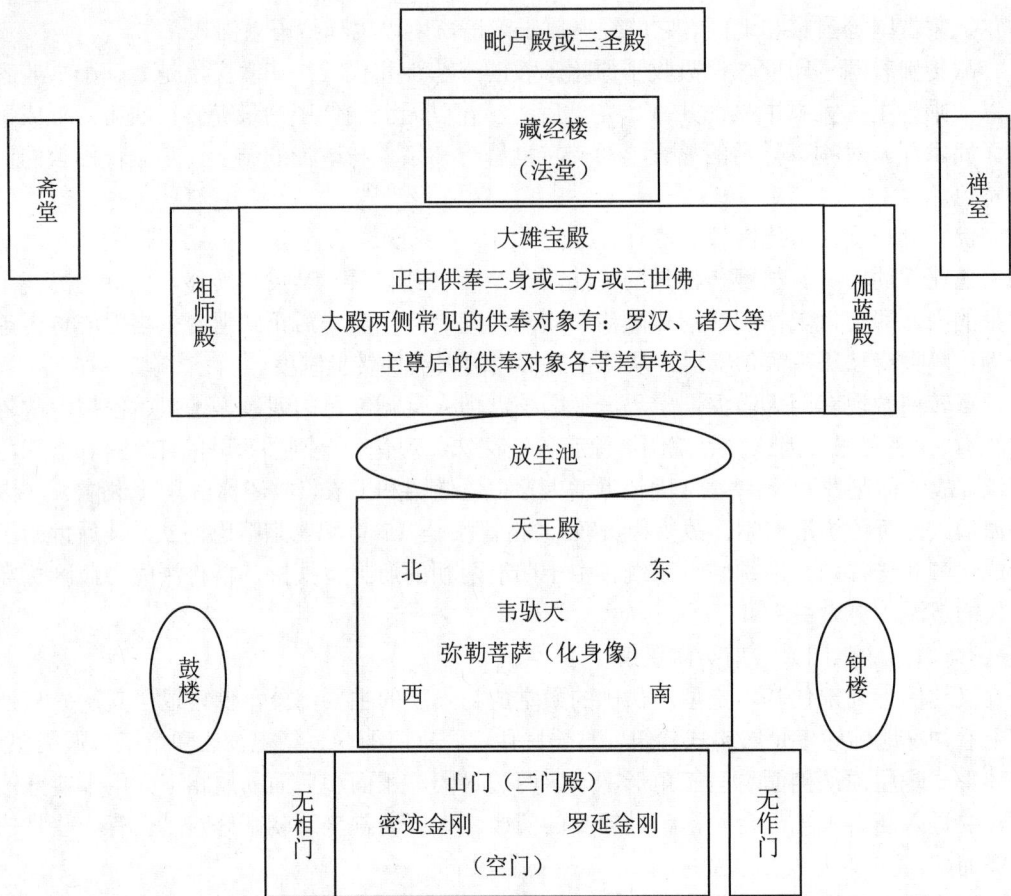

图 7-3　禅宗佛寺布局

　　佛教寺院的布局及神像供奉，暗含了一惊、二吓、三皈依的心理暗示。导游员在引导游览和讲解中要充分利用这一心理暗示，让游客体味一种特殊的宗教氛围。

　　4．三门殿导游讲解

　　寺院的大门一般皆为三门并立，较大的寺院建有三门殿。三门称为空门、无相门、无作门，合称三门，象征"三解脱"，也称"三解脱门"。无相门：佛教认为，要解脱人生诸般痛苦，就要绝众相（"色、声、香、味、触、男、女、住"等皆有相）。"观诸法之相，本无差别"，最终都归结为"空"。懂得了这一点，也就懂得了"空"，所以，无相门又称作绝众相解脱门。无作门：佛教认为，人间诸般痛苦，如生、老、病、死、爱、别离、求之不得等均是人自己造作之果。自作自受，共作共受，先作而后受，不作不受。

要获得解脱，清静自在，就得无作。"观生死可厌而不作"，故称无作门。空门，又叫不二法门。所谓不二，是指超脱于现实世界矛盾之外的佛说之门，即不问世事，专心潜修。禅宗把"不二法门"作为一种处世态度。从另一个角度看，"不二"也指万事万物皆因缘合而生，因缘一旦解体，事物就不复存在，一切都是虚无，都是空。这一"绝对真理"是唯一不二的。入三解脱门就是入涅磐之门。中国佛寺大多建在山林静僻之处，所以又称山门。在三门殿内门的两旁塑有两大金刚力士像，即手持金刚杵的护法神，是专门警卫佛的夜叉神，又名"持金刚"。传说佛陀常有五百随从侍卫，首领是"密迹金刚"，民间也称其为怒目金刚，担任三解脱门的守护神。一名金刚不符合中国人的审美观念，后来一个金刚变成了两个金刚。

每一个寺院都有自己的寺名，对寺名的诠释，有助于游客了解寺院的历史及所属宗派，有的还包含了神奇的传说和典故，寺名就悬挂于山门之上。山门两侧往往悬有描写风光并暗含禅机的对联。导游员在山门可借寺名、其他匾题及楹联引导讲解寺院的历史及主题。

5. 天王殿导游讲解

天王殿为佛寺的第一重殿，因殿内正中供奉弥勒菩萨，又称弥勒殿。弥勒像后供奉的是寺院的守护神韦驮。韦驮手持宝杵，与大雄宝殿中的释迦牟尼像正对。天王殿的两侧供奉有四大天王像。天王殿所以作为佛寺的第一重殿，有显正祛邪之意，四大天王视察众生的善恶和保护佛、法、僧三宝，韦驮手持宝杵，意为镇压魔军，护持佛法。

6. 放生池

讲解放生池，主要突出其在佛教寺院中有三大功能：

（1）实用功能，蓄水以防火。

（2）调节环境，突出宗教园林特色。

（3）宗教功能，为香客提供"放生"场所。

导游员可根据游客的情况选择是否介绍佛教教义，苦、集、灭、道四谛，十二因、八正道、"六道轮回"等，由于篇幅有限，相关资料请查阅佛教专业书籍。

7. 钟楼与鼓楼

钟楼，位于天王殿左前侧。钟楼下供奉着地藏菩萨，也有的在地藏菩萨两旁侍立一比丘、一长老像的，即闵长者和他的儿子道明和尚。因为钟楼供奉地藏菩萨，所以也有称之为地藏殿的。

鼓楼，位于天王殿右前侧，楼上挂大鼓。佛寺有"晨钟暮鼓"之说。鼓楼中有的供奉关羽，有的供奉观音。鼓楼和钟楼建筑造型相同，呈对称状。

8. 大雄宝殿

（1）讲解建筑与供奉对象。大雄宝殿也称正殿、大殿，是寺内的主体建筑。建筑形式高大雄伟，气势非凡。讲解内容包括建筑式样、典型部件、色彩、结构、门窗、装饰图案等。

供奉的佛像有一佛、三佛、五佛、七佛四种，最常见的是供奉三佛。

大雄，是对佛祖释迦牟尼的尊称，意为大智大勇能镇伏邪魔。大殿前有香鼎，左右两侧有石幢。大雄宝殿供奉的佛像前往往挂有长明灯、幢、幡等，正中佛像头顶处为藻井。大殿两侧常塑有十八罗汉，或二十诸天，或五百罗汉等。大殿正中佛像背后往往塑有菩萨像，常见的是观音菩萨。

大雄宝殿建筑的讲解可借助中国古建筑导游的方法和程序进行。佛像的讲解首先应包括供奉对象的名称、来历、地位、功能、作用、相关传说故事；其次是佛像的雕塑艺术，导游要选择好一定的距离和角度，同时要遵守寺院的规定；第三，佛像的装饰及佛前供奉物，名称、特色及含义、用法等；第四，礼佛的法器及来历、用法；第五，礼佛的程序等。

① 佛像。佛像一般有波浪状头发和肉髻，身披袈裟，右肩和臂袒露，分站姿、坐姿和卧姿。如果是坐姿，则必然是结跏趺坐，坐在莲花形宝座上。卧佛塑像通常比较大，都是侧卧，象征佛陀的涅槃。表面看来，佛陀的造像非常朴素、简单，但实际上有严格、繁琐的规定。按佛教教义的理解，佛陀的形象有"三十相"、"八十种好"，合称相好。"相"就是指佛陀不同凡俗的表面特征，如皮肤细腻，双肩圆满，牙齿整齐雪白，睫毛长美，眉间有白色毫毛，头上有肉髻等。"好"就是不容易察觉的一些较隐蔽的身体特征，如胸部有"卐"字（吉祥海云相），以及口、耳、鼻、眼、足等细微特征。同时，佛像的各个部位都要在全身中占规定的比例。佛陀造像中大日如来的形象比较特殊，他头戴发喜天冠，身披轻纱妙衣，佩戴理珞（珠宝串成的项链）环创等装饰品。表现出密宗崇拜的特点。

象征含义：一般方法是观看佛像结的"手印"。所谓"手印"是指佛、菩萨空手时的手势，它是显示手的某种动作为主的公式化的造型。结手印又称为结"印契"，就是佛像的手做的各种不同含义的姿势。做某种手势就称为"结某种印"。佛结的手印常见有五种：一是"施无畏印"，右手竖在胸前，掌心向前，舒展四指，拇指弯屈，或无名指和小指弯屈，伸展其余三指，表示向众生施舍无所畏惧的精神，使众生安心生活。二是"施愿印"，右手向下、伸向右膝，掌心向外，指端下垂，表示满足众生愿望。三是"触地印"，右手盖膝，手指触地，表示佛已成道，所有大地之神皆可作证。四是"说法印"，分双手与单手两种，多数是双手，即双手放在胸前，左掌向内，弯屈拇指、中指、无名指，食指、小指竖起，右手向外，弯屈拇指和食指。少数是单手，即右手拾起，拇指与食指作环状，其余三指微微伸出，类似电视中一些年轻人做 ok 的手势。表示佛正在对众生讲述佛法。五是"禅定印"，双手放在膝盖上，掌心向上，左手在右手上，表示佛的禅定。

佛像手中一般都不拿物品，也有个别例外，如药师佛手中常持药壶。佛像的座台一般有金刚座（方形，佛陀专用）、莲花座、狮子座、孔雀座、马座等。释迦牟尼的造像坐、立、卧三种姿势和五种常用手印都有；阿弥陀佛的造像通常只有坐、立两种姿势，手印常见的有施愿印和禅定印；药师佛的形象大多是结跏趺坐于莲花宝座上，左手持药壶或药，右手结印，手印常见的为施愿印；燃灯佛一般是结跏趺坐，手印为说法印。佛像后面常常有光环出现，头顶的光环称为"头光"，身后的光环称为"背光"，全身发出的光焰称为"身光"。山西大同华严寺大雄宝殿内供奉的毗卢遮那佛，就表现出上述这些特点，佛的头上有"头光"，背后有"背光"，都像熊熊燃烧的火焰。大雄宝殿供奉佛像有几种形式。

大殿正中只塑一尊佛的就是释迦牟尼佛，有的在两侧各塑一比丘，他们是佛祖的两大弟子，年长的名迦叶；年轻的名阿难。

三身佛：表示释迦牟尼佛的三种不同的佛身，中间的是法身佛毗卢遮那佛，左边的是报身佛卢舍那佛，右边的是应身佛释迦牟尼佛。

三方佛：中间的是娑婆世界的教祖释迦牟尼佛（两旁塑有文殊和普贤两位菩萨合成释迦三尊），左边的是东方静琉璃世界的教祖药师佛（两旁是日光和月光菩萨，合称东方三圣），右边的是西方极乐世界的教祖阿弥陀佛（两旁是观音和大势至菩萨，合称西方三圣）。

三世佛：正中是现在佛释迦牟尼佛，东边是过去佛燃灯，西边是未来佛弥勒。

② 菩萨像。菩萨是指既能自觉又能觉他者，即"上求菩提（觉悟），下化有请（众生）"之人。菩萨的职责是帮助佛，用佛教的宗旨和教义解救在苦海中苦苦挣扎的众生，将他们"度"到极乐世界，了却一切烦恼。菩萨的造像也有自身的相好、比例、手印等方面的规定，但没有佛像要求那么严格和繁琐。菩萨造像通常要求神态端庄，表情慈祥，以表现菩萨救度众生的慈悲情怀，这就是许多旅游者熟悉的"菩萨心肠"。菩萨的衣饰要求庄重而华美，一般都戴有不同类型的天冠（帽子）或头饰，身披璎珞，手戴环别，衣裙飘逸。菩萨一般手中都持有物品，如莲花、经筐、如意钩、净水瓶、佛珠、拐杖等。许多菩萨的形象被女性化，而且不同时代的菩萨造型原有不同的特点，如南北朝的菩萨显得清灵飘逸，隋唐时期的菩萨丰满端庄，两宋的菩萨朴实自然。菩萨的座台，有莲花座、各种动物形象座（如狮子、马、孔雀、牛、羊、大象等）。在中国佛教中，菩萨的影响远大于佛，亲近菩萨甚于亲近佛。常见的菩萨像有：

文殊菩萨。文殊专司佛的智慧，通常作为释迦牟尼佛的左胁侍与司"理"的右胁侍并列在佛的两旁。其塑像呈非男非女相。常见的文殊塑像头顶五髻（多为密宗造像），象征大日如来之五智；左手执莲花，莲花上安放一部《般若经》，象征般若一尘不染；右手持宝剑，象征智慧如同金刚宝剑一般锐利，能够斩断群魔和一切无名烦恼。五台山是文殊菩萨的道场。

普贤菩萨。中国佛教中常称"普贤大士"，是释迦牟尼佛的右胁侍，与文殊并列在佛的两边。被认为专司佛的理德。在我国唐代以前，普贤多为男身女相，宋以后则为女身女相。普贤菩萨显灵说法的道场在四川峨眉山。

观音菩萨。观音菩萨全称观世音菩萨，意为"观自在"、"观世自在"。唐代为避唐太宗李世民讳，故称观音。观音是阿弥陀佛的左胁侍，与阿弥陀佛、大势至合称"西方三圣"。观音菩萨在中国的名气和影响几乎超过了一切神祇，家喻户晓、妇孺皆知。观世音显灵说法的道场在浙江省普陀山，被誉为"海天佛国"。观音的左侧是善财童子，右侧为龙女。

地藏菩萨。"地"指大地，"藏"即储藏存在。"地藏"是指他如同大地一样含藏着无数善根种子。地藏菩萨主要救度地狱中所有"罪鬼"。他的形象多呈现出家相，着比丘装，右手持锡杖，表示爱护众生，也表示戒修精严。左手持如意宝珠，表示满足众生的愿望。其显灵说法的道场在安徽九华山，被誉为"仙城佛国"。

③ 罗汉。罗汉是梵语音译"阿罗汉"的简称，是小乘佛教修行达到的最高果位。在大乘佛教中罗汉低于佛、菩萨，为第三等。佛教认为获得罗汉果即能断尽一切烦恼而进入涅槃境界，永远不会再投胎转世受所谓生死轮回之苦。获得果位的人即为罗汉，可以受到人、天的供养。常见的有：四大罗汉、十六罗汉和十八罗汉、五百罗汉。

④ 护法天神像。二十天，又叫二十诸天，为佛教护法神。它们的名称是：大梵天王、帝释尊天、多闻天王、持国天王、增长天王、广目天王、金刚天王、摩醯首罗、散脂大将、大辩才天、大功德天、韦驮天神、坚牢地神、菩提树神、鬼子母神、摩利支天、日宫天子、月宫天子、婆竭龙王、阎摩罗王。二十诸天是它们的总称。

天龙八部，又叫"龙神八部"，是佛教故事中常说的鬼神的总称，即天众、龙众、夜叉、乾达婆、阿修罗、迦楼罗、紧那罗、摩睺罗迦。其中天众和龙众最为重要，所以统称天龙八部。

（2）佛教礼仪。佛教的礼仪、礼俗有相应的规定，不同的派别有不同的礼仪、礼俗。一般介绍的内容包括：出家人的称谓、服饰、课诵、理佛、祭品、节日礼俗、法器、跪拜形式等。

（3）佛教常识及相关故事的讲解。佛教故事种类繁多，导游讲解时应结合寺院内的塑像和彩画来选取，主要包括佛教的起源、佛祖创教的过程、佛教的派别及特点等内容，故事类型主要包括佛本生故事、经变故事等。

9. 伽蓝殿与祖师殿

伽蓝殿，一般位于大殿东边，属配殿，殿正中供奉的是波斯匿王，左边供奉祇驮太子，右边供奉孤独长者，以纪念他们护持佛教的功德。各寺院伽蓝殿供奉的护法神也不完全一样，有的供奉十八位护法神，南方各寺院供奉的是三国时的关公（关羽），称为伽蓝菩萨。

祖师殿，位于大殿的西侧，以禅宗寺院最为常见。正中供奉初祖达摩，左边是六祖慧能，右边是唐时建立丛林制度的百仗怀海。有的寺院供奉本山开山祖师和历代祖师的牌位，称为祖师堂。有的供奉祖师的舍利，称为舍利殿。

达摩，为菩提达摩的略称。达摩曾在嵩山少林寺面壁修行。相传因其面壁时间长久，面影身形摄入石中，衣褶仿佛全有，此石被称为"面壁石"或"影石"。后来，达摩成了少林寺第二代方丈。人们把达摩提倡的坐禅壁观、顿悟成佛的方法称为禅学。达摩因此被尊为禅宗鼻祖，少林寺也因此而成为禅宗的祖庭。达摩在坐禅过程中为活动身体手脚，发明了所谓的"罗汉拳"，后来在此基础上发展成为一套享有盛名的少林拳。

10. 藏经楼

藏经楼是寺庙收藏佛经和文物的地方，又称藏经阁，是佛寺中珍藏佛像、经籍的地方，一般安置在中轴线的最后一进。一般有两层，下层为千佛阁，楼上主要储藏经书。

（1）讲解佛教的经籍。大乘和小乘佛教的经典包括经藏，即释迦牟尼说法的言论汇集；律藏，即佛教戒律和规章制度的汇集；论藏，即释迦牟尼弟子们对其理论、思想的阐述汇集。合称经、律、论三藏经，也称"大藏经"。

藏传佛教的大藏经称为《甘珠尔》和《丹珠尔》。《甘珠尔》意为佛语，《丹珠尔》意为论部。

（2）讲佛教标志。佛教的旗帜或佛像的胸间往往有"卍"标记。此标记在唐代被女皇武则天将其定音为"万"，意为太阳光芒四射或燃烧的火。后来被作为佛教的标记，以代表吉祥万德。

（3）讲教制。出家，指离开家到寺院、庵堂作比丘、比丘尼。这原是印度婆罗门教的一种遁世制度，后来被佛教沿用。出家是有条件的，第一，动机要纯真；第二，对教理及行持要够标准；第三，要得到父母同意，年满二十岁，不是肢体不全或精神上有缺陷的，不是逃避刑法和债务的；第四，要有戒龄满十年的僧侣十人以上的介绍，并经过会议通过。出家人都要剃除须发，披上袈裟，叫做剃披，是接受戒条的第一条规定。剃披以后，要参加寺院举行的传戒仪式，接受佛教戒律，叫做受戒。剃披受戒以后，才取得僧、尼的资格。

称谓：法师，指通晓佛法，善于讲经，致力修行传法的比丘和比丘尼。凡皈依三宝、接受五戒的在家信徒，男子称为优婆塞，即居士，女子称为优婆夷，即女居士。

教制：关于寺院内的组织，根据寺院的大小，繁简不一：方丈，是全寺的最高负责人，也称住持；监院，负责处理寺院内部事物；维那，负责寺院内的宗教事物；纠察，负责执行佛教的清规戒律；知客，负责对外联系和接待过往僧侣和游客。

（4）介绍节日。佛诞日，我国汉族地区以农历四月初八为释迦牟尼的诞生日。蒙、藏族以四月十五为佛诞日，傣族等一些民族，以清明节后十天为佛诞日。

成道节，相传农历十二月初八是释迦牟尼成道日，称为成道节。

涅槃节，纪念释迦牟尼逝世的佛教节日。1954 年在缅甸仰光召开的佛教徒联谊会上，规定公历五月月圆日为"世界佛陀日"，这一天成为东南亚佛教国家的全国性传统节日。

盂兰盆节，每年的农历七月十五日，佛教徒为追荐祖先而举行的节日，也叫中元节、鬼节，寺院每逢这一天要举行诵经会，施斋供僧。"盂兰盆"是梵文音译，意为"救倒悬"。

11．其他殿宇

由于佛寺规模、建造时间、分布地域及宗派的差异，有些佛寺还有其他一些殿宇。

法堂：法堂是宣讲佛法和传戒集会的场所，又称讲堂，其建筑规模仅次于大雄宝殿。堂内也供奉一些佛像，但堂中设法座，也称"狮子座"，供名僧大德宣讲佛法。

三圣殿：有的寺院在大雄宝殿之后，通过大天井，进入第三重殿，就是三圣殿。殿中供奉阿弥陀佛，两侧为观音菩萨和大势至菩萨，这一佛两菩萨合称西方三圣，是净土宗供奉的主要佛像。殿中三圣皆在莲花座上，殿中所挂幢幡皆有莲花图案。

药师殿：俗名药王殿，所供奉的是"药师三尊"，即"东方三圣"。正中为药师佛，两位胁侍为日光菩萨和月光菩萨。

观音殿：又名大悲殿，主要供奉观音菩萨像，像的造型最为丰富，多姿多彩。

罗汉堂：有的寺院设有罗汉堂，堂内塑有五百罗汉像。现今成都新都宝光寺、北京碧云寺、武汉归元寺、苏州西园戒幢律寺、昆明筇竹寺等处都设置有罗汉堂。罗汉堂内的罗汉造像造型千姿百态，生动有趣。

戒堂殿：有的佛寺在寺院东侧的僧众生活区设一戒堂，为教徒传戒受戒之场所。里面供奉多尊佛像。

除上述殿堂外，佛教寺院一般还有方丈室、斋堂、如意寮（医疗场所）、放生池、佛学苑、念佛堂等建筑。各个寺庙的情况不尽相同。

12．佛塔

塔，梵语名 Stupa，汉语音译为"堵坡"、"塔婆"、"浮屠"等，后统一约定为"塔"，其原意是埋葬佛骨的坟冢。我国寺院内的塔以其功能而言一般有三种：一是"真身舍利塔"，此类塔以埋藏舍利子而得名；二是"法身舍利塔"，法即佛法，也即佛经，将象征佛教精神和佛陀智慧的佛经卷本藏于塔中，意味着佛陀永驻，法轮长转；三是墓塔，它是为修行高深、功德圆满的历代高僧修建的坟墓。

中国塔的种类繁多、丰富多彩，根据不同的划分标准可将古塔分为若干不同的种类。通常人们根据塔的空间建筑形象或建筑质材来分类。若按空间建筑形象划分，中国的古塔可分为：楼阁式塔、密檐式塔、亭阁式塔、喇嘛塔、金刚宝座塔、花塔、傣族塔等类型。若按建筑质材划分则分为木、砖、石、陶、铜、铁、琉璃、金银等若干种类。

中国古塔的种类很多，但它们在结构上有共同之处，它们大都有几个相同的构造部分，即地宫，也称之为"龙宫"或"龙窟"，是埋葬佛骨、佛经或舍利的地方，是中国古塔特有的构成部分；塔基，塔基是整座塔的下部基础，覆压在地宫之上；塔身，塔身是塔的主体部分，从外部建筑形式看，塔身有楼阁、亭阁、密檐、高台等多种，从塔身的内部构造看，主要有实心和空心两种；塔刹，塔刹是塔的顶端，也是古塔最崇高的一部分，塔刹可看作是塔与其他高层楼阁相区别的特殊标志，刹的梵语音名"刹多锣"，其意为土地、国土，在佛教意义上就是佛国，所以塔刹是佛国佛土的象征，是中国佛塔中最重要的一部分，也是整座塔上艺术处理最为精细的部分。

13．经幢

经幢水刻有佛经、佛号或佛咒等内容的石柱（或石碑），是 种带有宣传性和纪念性的佛教建筑。幢原为一种丝帛制成的伞盖壮物，顶装摩尼珠，悬于长杆，供于佛前。据《佛顶尊胜陀罗尼经》，此经书写幢上，幢影映于人身，则可不为罪垢污染。初唐时，开始用石头模仿丝帛经幢，称陀罗尼经幢，经过五代到北宋，经幢发展到高峰。

三、道教宫观游览与导游

（一）道教概况

1．道教的起源

道教是我国特有的宗教，现在普遍认为道教正式产生于距今1800多年前的东汉末年，以张道陵创立的"五斗米教"作为道教正式创立的标志。但客观地说，道教不是由一个人独创的，而是多种华夏文化整合相融、逐步积累的结果。其实在张道陵创立"五斗米教"以前，道教的核心信仰体系——"道"崇拜和神仙崇拜早已在我国的原始宗教中产生，因此我们有理由相信，道教发展的历史源头很长，至少在两千年以上。

道教从本质上说，是一种以"道"为最高信仰，以古代巫术和鬼神崇拜为基础，吸收黄老道、阴阳五行家和儒家谶纬学说，同时带有浓厚的万物有灵和泛神论色彩的宗教。

2．道教的发展

道教的发展经历了始道教阶段（创立时期）、理论化阶段（贵族化时期），两大派系阶段（全真道与正一道）。从隋唐到明朝中叶，为道教的兴盛、发展时期。明代中叶后，特别是到清代，由于统治者的影响，道教的发展受到了影响，道教开始走向民间化时代。

3．全真道与正一道

全真道为金初创立的道教宗派，主要创派人为王重阳。全真道以《道德经》（道经）、《般若波罗密多心经》（佛经）和《孝经》（儒经）为主要经典，主张道、佛、儒三教合一。在修行方法上，重内丹修炼，不尚符箓，不事黄白之术（冶炼金银之术），以修身养性为正道。全真道仿佛教建立了丛林制度，道士必须出家住宫观，不得蓄妻室，并制定严格的清规戒律。

正一道是元代形成的道教宗派。元成宗大德八年（公元1304年）授江西龙虎山三十八代天师张与材"正一教主，主领三山符箓"。三山符箓，指江南的龙虎山（正一派本山）、阁皂山（灵宝派本山）和茅山（上清派本山）等以符箓为主的道教三大宗。正一道集符箓派之大成，以行符箓为主要特征（画符念咒、驱鬼降妖、祈福禳灾），奉持的主要经典为《正一经》。道士可以有家室，可以不出家，不住宫观，清规戒律也不如全真道严格。

4．道教文化

道教是地地道道的中国本土宗教，是中国传统文化直接孕育的产物，同中国传统文化的许多领域有着密切的联系，是我国整个思想文化体系的一个有机组成部分，与其他宗教相比，有很大的差异，它更多地表现出中华民族传统信仰的特质。

道教文化是中国旅游文化的重要组成部分，对中国旅游文化的发展起了重要的促进作用。道教以成仙得道、返璞归真为宗旨，认为高山是神仙所居，于是上山采药、炼丹、修身养性，以求羽化成仙。因此，许多旅游风景区（点）都得益于道教的传播而名扬天下，如古代道教有修道成仙之说或传说神仙居住之地的十大洞天、三十六小洞天、七十二福地等胜景都在风光雄奇秀丽的名山之中，至今仍是人们所向往的旅游景点。在中国的众多名山中都留下了道教文化的沉积。

（二）道观游览与导游

1．道教宫观的形成

古人认为"神仙也是人，神仙也可学"，所以人间的名山大川也就成为修道升仙的好地方，于是，出现了所谓的"洞天福地"。中国道教把供奉神像和进行宗教活动的庙宇通常称为宫、观。除了宫和观之外，还有称为寺、庙、祠、庵、洞、院、台、殿、阁、馆等，唐代以前多称为治、靖、庐、室、坛等。

道教起源于民间巫教和神仙方术，初步形成于东汉末年，本身没有成熟的宗教理论。道教创立之初及其后较长一段时间都以山区野地作为道士修真地。至南北朝，道教取得统治者的信奉，宗教形态趋于完备，有了新的发展，当时道教的活动场所称为"仙馆"。北周武帝时改为"观"，取观星望气之意。宫，原为封建社会帝王的居住场所。唐朝奉老子李耳为先祖，上尊号为"太上玄元皇帝"，俗称"太上老君"，成为与佛教释迦牟尼地位同等的天神，既然朝廷所用房屋被称为宫，祭祀其先祖老子的道教建筑也便堂而皇之地以"宫"命名了，至此，道教宫观供奉的内容得以和佛教寺院相匹敌，道教的庙宇随着道教的发展壮大其规模也越来越大，功能也越来越齐全。

2．道观的类型和分布

中国道教供奉神像和进行宗教活动的庙宇通常称为宫、观、庙。道教建筑主要是庙宇建筑组群，宋以后也有极少数的石窟和塔。道教建筑的宫观根据其布局及结构形式可以分为以下几种。

（1）均衡对称式道观。按中轴线前后递进、左右均衡对称展开的传统建筑手法建成，以道教正一派祖庭上清宫和全真派祖庭白云观为代表。山门以内，正面设主殿，两旁设灵官、文昌殿；沿中轴线上，设规模大小不等的玉皇殿或三清、四御殿。一般在西北角设会仙福地。有的宫观还充分利用地形地势的特点，造成前低后高、突出主殿威严的效果。膳堂和房舍等一类附属建筑则安排在中轴线的两侧或后部。

（2）五行八卦式道观。按五行八卦方位确定主要建筑位置，然后再围绕八卦方位放射展开具有神秘色彩的建筑手法，以江西省三清山丹鼎派建筑为代表。三清山的道教建筑雷神庙、天一水池、龙虎殿、涵星池、王枯墓、詹碧云墓、演教殿、飞仙台八大建筑都围绕着中间的丹井和丹炉，周边按八卦方位一一对应排列。这是由道教内丹学派取人体小宇宙对应于自然大宇宙，同步协调修炼"精气神"思想在建筑上的反映。

（3）自然景观式道观。建筑在风景名胜点的道观大都利用奇异的地形地貌，巧妙地构建楼、阁、亭、榭、塔、坊、游廊等，造成以自然景观为主的园林系统，配置壁画、雕塑和碑文、诗词题刻等，供人观赏。这些建筑充分体现了道家"王法地，地法天，天法道，道法自然"的思想，"或以林掩其幽，或以山壮其势，或以水秀其姿"，形成了自然山水与建筑自然结合的独特风格。山林道观多结合奇秀险怪的山形地势建造，不仅本身空间灵活，造型优美，而且构成了大面积的环境艺术。宫观遍布全国各地，唐宋以前的古建筑已很少见，现存的木构建和石构建道教宫观大多修建于明清，分布在各名山大川、风景名胜，这主要和道教的得道成仙的思想相关联。道教宫观不仅是祖国文化遗产中的宝贵财富，也是当今旅游业中宝贵的资源。

3．道观导游讲解

（1）山门

山门殿为山门的主体建筑，大多为穿堂式，与主殿相映成辉。有些宫观气派更大，在山门殿以外，又建牌楼或外山门。山门殿虽然大多为穿堂式，供人进出，但并不仅仅是一处过道。跨进山门，就意味着进入神仙真境，与立于山门殿外眺望的那一刻已经有了天壤之别、仙俗之别。

道教宫观的建筑形式与佛教相似，主要建筑——神殿都布局于中轴线上，客堂、斋堂、厨库等生活设施都布局于中轴线两侧，在建筑群附近还建有园林。宫观庭院一般分为三个部分：前庭、中庭、寮房。

① 前庭。包括山门、幡杆、华表、钟楼、鼓楼等象征性设施，以显示宫观威仪和区别于俗界，寮房属生活区，除生活必需设施外，往往还有一些亭台楼阁，以供道众心游方外，翘想云衢，潜心修炼，焚香诵经。

② 中庭。中庭为宫观的主要部分，包括主殿、陪殿、厢房、经堂各个部分，宫观的影响和声望很大程度上取决于殿堂的大小和内容。中庭殿堂的设置，基本上分为两类。

一类以天尊殿为主殿，陪祀其他仙真。天尊殿一般不出三清、玉皇、四御、三官、斗姥这些道教共同尊崇的神祇范围，陪祀除王灵官比较固定外，其余各个有别，有的陪祀圣母之君，有的陪祀慈航、救苦天尊，也有的配祀祖师真圣。有些宫观的主殿奉祀真武大帝、东华帝君、梓潼帝君等道教中的专司神，也应归入这一类型。这是宫观的基本类型。

另一类以祖师殿为中心，配祀三清、玉皇等大神，道派和地方色彩较浓。这里的祖师，当然也就并非专指一人，或者是重阳祖师、长春真人及全真其他师尊；或者是纯阳祖师或者八仙中其他真圣；也或者是真人：张三丰、许旌阳，也或者是天师张道陵、药王孙思邈。这类宫观往往保留有祖师的圣迹和得道度人的故事，内容更为丰富，如陕西周至楼观台等。表 7-1 为佛教建筑与道教建筑殿堂对比。

表 7-1　佛教建筑与道教建筑殿堂对比

佛　　教	道　　教
山门	山门
天王殿	灵官殿（或龙虎殿）
大雄宝殿	三清殿（或天尊殿、祖师殿）
后殿	纯阳殿（或重阳殿）
藏经阁	三清阁

③ 介绍宫观名称。看宫观，先要看懂名称，一般宫观命名的方式有：

以道教术语或教理命名。如玉清宫、太清宫、上清宫就是以三清来命名的，玄妙观或元妙观则是以教理命名，取自《道德经》"玄之又玄，众妙之门"一句。

有的宫观命名与教派活动有关，如楼观台、天宝观、重阳宫、白云观等。

有些宫观则以道教史上著名人物和神话人物命名，如长春宫、八仙宫、太虚观等。

④ 讲体制。道教宫观也可以按照住持的产生方式分为十方丛林（也称十方常住）、子孙庙和介于二者间的子孙丛林三种形式。

十方丛林，也叫十方常往，规模一般来说均比较宏大。这是一种仿照佛教寺庙建立的宫观。这类宫观的产业属教众或某一教派所有，凡道士均有权力要求在此挂单居住，宫观方面对道士统一管理。十方丛林的首领称方丈，由道众推荐选举。十方丛林不能收徒，只能传戒。比起子孙庙来，十方丛林要气派得多，人多，法事多，产业也大。丛林一般都悬挂钟板，以钟板声为日常作息号令。钟板声一响，悠悠扬扬，道众随息随止，井然有序。

子孙庙，是宫观的基本体制，过去大部分中小宫观都属于这种体制。子孙庙庙产为本庙公有，师父称当家，实际上也管理着这个大家庭。师父可以收徒，师徒代代相传，徒弟继承师父的法嗣，也继承师父的产业。子孙庙的规模一般不大，不接受"挂单"，也就是不接受外来道士。管理组织也很简单，大都是当家住持做主决定。

子孙庙兴旺后，便开始接受挂单，称子孙丛林。

⑤ 内容。

● 供奉对象：门神、土地、孤魂鬼。

● 设施：山门由山门殿及幡杆、华表、棂星门、钟鼓楼等附属设施组成。幡杆、华表、棂星门属于中国宫殿式建筑传统的装饰，有些宫观取来增加威严和作为标志，一般以华表以外属俗界，华表以内属仙界。

● 钟鼓楼一般设于山门殿之内，悬挂钟鼓，作为观内道众行动作息的号令和道场的法器。

● 其他，有些宫观也取石狮立于门旁。由于狮子属于佛教的象征物，以后石狮虽然普遍应用于高门甲第，贵府官衙，但宫观仍然少用，只有少数与朝廷关系密切的偶然设立。宫观使用的装饰物以骡、驴、黑虎、玄龟为多。

（2）进入山门

由于道教与我国传统文化有密切的关系，反映在建筑上，比佛教寺院更具有民族风格和民俗特色。总的来看，我国的道教建筑主要有四个特征。

① 以木为建筑材料。古代建筑木结构体系的形成同古代阴阳五行学说有关。《左传》

中说"天生五材，民并用之，废一不可"，所谓五材，即指金、木、水、火、土五种物质。古人认为，这五种物质相生相克，共同构成世界的万物。砖石不属五材之列，所以不能用砖石作为建筑的主要结构材料。道教主张"崇尚自然"，以"自然为美"，认为树木是大自然中富有生命的物质，因此，木结构能深刻地反映出人对自然的情感。道教的宫观布局也吸收了阴阳五行学说，根据乾南坤北、天南地北的方位，以子午线为中轴，坐南朝北，讲究对称，两侧月东日西，取坎离对称之意，选址重风水，以便于"聚气迎神"。

为了体现"以自然之为美"的"自然之道"，道教宫观建筑十分注重与大自然的联系。许多宫观建在依山傍水的山峦之中，楼台池榭、山石林苑与自然环境融合为一，以达到人与自然和谐相处的"天人合一"的最高境界。

中国传统建筑几乎都存在着有规律的数字等差关系，这是道教观念影响所致。道教对数的观念是在《周易》基础上形成的。《周易》有"阳卦奇，阴卦偶"之说，其中"9"是天数，是阳数之极，为最大。因此，古代建筑房屋间数则以九间为最大，依次递减为7、5、3、1，强烈地表现出古人崇尚"9"的文化主题。

汉以后，随着道教的传播，这种式样的屋顶在社会上迅速流行起来。反翘曲线大屋顶呈现出飞动轻快、直指上苍的动势，体现了道教飞升成仙的追求。

道教"崇尚自然"、"师法自然"的审美思想对中国传统建筑艺术的影响是不言而喻的，它以对人与大自然关系的独特认识和理解开辟了审美意识的新天地，使中国传统建筑艺术在世界建筑史上占有重要的一席之地。

② 介绍道教的基本教义思想。道教的教义主要包括："道"宗拜，宣扬"道"是"万物之母"；"神仙"宗拜；重生恶死的生命观和人生观追求长生不老、肉身成仙。

③ 看标记、了解道教的经典。道教的标记为八卦太极图。

道教的经籍十分庞杂。《道藏》是道教经籍的总集，是中国古代文化遗产的重要组成部分。唐玄宗时中国编纂了道教史上的第一部《道藏》。明代《正统道藏》和《万历续道藏》共5 486卷，是中国现存最早的《道藏》，分三洞、三辅、十二类，除道教经书外，还收集了诸子百家和医学、化学、生物、体育、保健以及天文地理等方面的其他论著。

（3）进入宫观后参观的主要殿宇及其供奉对象讲解

① 灵官殿。供奉王灵官，四元帅、青龙白虎、四值功曹等。

② 三清殿。供奉道教最高神三清，相当于佛教的大雄宝殿。道教认为天有三十六重，分为大罗天，三清境有三重天，四梵三界三十二天，各天都由神统治着，其中最崇高的神是三清，即玉清元始天尊住清微天之玉清宫、上清灵宝天尊住禹余天之上清宫、太清道德天尊（即太上老君）则无世不在，无世不存，统称"三清"。"三清"指的是道教的三位超级天尊，他们是化育万物之神，即：

上清灵宝天尊（手持阴阳镜）　　玉清元始天尊（手持宝珠）　　太清道德天尊（持扇）
　　　　（居左）　　　　　　　　　　（居中）　　　　　　　　　　（居右）

　　天地万物都由他们化育而来。其三种姿态表明了宇宙由最原始的混沌一气转向阴阳两仪、天地人三才，向万物化育的过程。

　　③ 玉皇阁。主要供奉玉皇大帝，有的供奉四御。玉皇大帝，又称昊天金阙至尊上帝，为总持天道之神，如人间之皇帝；紫微北极大帝，全称"紫微中天北极太皇大帝"，他协助玉皇大帝执掌天地经纬、日月星辰和四时气候；勾陈南极大帝，全称"勾才陈上宫南极天皇大帝"，他协助玉皇大帝执掌南北级和天地人三才，统御众星，并主持人间兵革之事；后土皇地祇（女神），全称"承天效法厚德光大后土皇地祇"，她执掌地道、阴阳生育、万物之美与大地山河之秀（故有人称之为"大地母亲"），与执掌天道的玉皇大帝相配套。

　　④ 三官殿。供奉天、地、水三官。道教认为，一切众生，皆由天、地、水三官所统摄，他们是主宰人间祸福之神，向三官祈祷，就可以祛病、消灾、避祸、降福。所以三官殿里往往香火甚旺。

　　⑤ 其他供奉殿。由于地区、宗派等方面的差异和道教本身的泛神论，不同地区的道教宫观的供奉殿也存在着差异，以下是在不同的宫观中常见的供奉殿：圣母殿、斗姥殿、碧霞元君殿、天妃妈祖供奉殿、九天玄女供奉殿等；真武殿；文昌殿（宫）常供奉梓潼帝君——张亚子、天聋地哑、魁星等；祖师殿，常见的供奉对象为张道陵、许旌阳、萨守坚、孙思邈、八仙、王重阳、邱处机、张三丰等；纯阳殿，内祀吕洞宾。

　　（4）道教神仙体系讲解

　　① 尊神。三清、四御、三官（天官、地官、水官）。

　　② 神仙。"老而不死曰仙"，仙又有人仙、地仙、天仙和神仙之分。道教的神仙队伍十分庞大。最常见的神仙有：真武大帝、文昌帝君（民间俗称文曲星）、魁星、八仙、天妃娘娘（妈祖）；护法神将：关圣帝君、王灵官等。

　　③ 俗神系列。"四大财神"：关羽、赵公明、比干、范蠡；城隍（城隍神是道教神灵中守卫城邦、匡扶正义的地方神，民间信仰极为普遍。城隍最初的职责主要是守卫城池、保障治安。道教将其纳入神系以后，将其职责进一步扩大，城隍不但要担负护国安邦的重任，还要负着扶贫济世、除恶扬善、调和风雨、管理亡魂等诸多事宜。各级地方官员赴任，都会到城隍庙宣誓，以求得城隍的庇佑）、魁星（在封建时代，我国几乎每个城镇都有魁星阁或魁星楼，魁星神的形象是青面獠牙、赤发怒目，一般站立在鳌头之上，一手捧斗、一手执笔，一只脚向后高高绕起，好像一只大弯钩。传说他手中的那只笔专门用来点取科举考生的名字，一旦被点中，就会文运亨通，从此飞黄腾达，跳入龙门。所

以虽魁星的形象张牙舞爪，毫无读书人儒雅斯文的气质，但是众多寒窗苦读的读书人却一直将魁星奉若神明）、灶君（中国的食文化世界有名。在古代有人家的地方就有炉灶。而古代人普遍认为用来生火的炉灶中存在仙人即所谓灶神，他时刻监视着每家人的行为并向天神报告。所以从很早就开始流行灶神信仰。灶神最初职能只是管理一家的饮食，但后来逐渐演变成记录一家人的功过善恶，报告天庭以作为赐福降祸的依据，进而变为掌握一家的寿夭祸福）。

（5）道教建筑中的藻饰

道教建筑中之藻饰，鲜明地反映道教追求吉祥如意、长生不老、羽化登仙等思想。

① 太极八卦图——道家的标记，又具镇妖降魔之功能。太极图中两条互相环抱的黑、白鱼，分别代表正反相对的阴阳二气，两者首尾相接，表示阴阳相互依存，相互消长，同时又可相互转化；白鱼中有黑眼睛和黑鱼中有白眼睛代表阴中有阳，阳中有阴，阴阳互为根本。

② 其他藻饰及象征意义：松柏、灵芝、龟鹤——象征长寿；山、水、岩石——象征坚固永生；扇、鱼、水仙、蝙蝠、鹿——分别象征善、裕、仙、福、禄；日、月、星、云——象征光明普照；麒麟、龙、凤——象征祥瑞；暗八仙——象征八仙祝寿；狮——象征辟邪等。

道教宫观与佛教寺院一样，受中国传统文化的影响，在其建筑上往往都悬挂寓意深刻的匾额楹。导游员应根据游客的理解程度有选择地为游客讲解介绍。

（6）宗教仪式讲解观的宗教活动可分为功课、建醮、传戒三类

功课——宫观内以敲钟、击鼓、打云板为生活号令。每日五更开清，或称开静，亦即道众起身活动。先是洒扫庭院，整齐衣冠，然后拈香行礼，念诵早坛功课经，主要诵《太上老君说常清静经》、《无上玉皇心印妙经》。用早膳时念化斋咒。然后各司其职，一般道众或研习教义，或自作功夫，也就是自行修炼。晚膳后有晚坛功课，主要诵《元始天尊说升天得道真经》、《太上老君说解冤拔罪妙经》，起更止静。

建醮——即作道场，是宫观最主要的宗教活动。道场是一种为生者祈福消灾，为死者超度亡魂的仪式，也是道众集中的修炼方法。道场分固定和临时两种。固定道场在重大节日时举行，如冬至日元始天尊圣诞、夏至灵宝天尊圣诞、二月十五日道德天尊圣诞、正月十五日上元天官节、七日十五日中元地官节、十月十五日下元水官节、六月二十四日关圣帝君圣诞、九月十七日财神圣诞等，都是道教各派共同节日，都要举行一定的醮仪，举行醮仪时常配有烛灯和音乐吹打，颇具民族特色。

传戒——宫观内部的活动。师传度人是道教的首要活动，宫观，特别是十方丛林如果不开坛传戒，则会被形容为桥绝路断。道教对受戒者有比较严格的要求，并不仅仅是

个人志愿的问题。戒期为五十天或一百天，受戒者要住在丛林内过十分严格的清修生活，接受律师传授戒律，学习各种修炼方法，考核合格后取得戒衣、戒牒，成为正式道士。然后便各回原处，也有的就此隐居山林，或四方云游，求高士，访高人。

（7）道教节日介绍

道教以神、仙的诞辰为节日，例如二月初六为东华帝君圣诞，三月三日为王母娘娘圣诞等，正月初九为玉皇大帝生日等。

（8）延伸介绍——道教名山（见表7-2）

表7-2　道教主要名山一览表

山　名	地理位置	备　注
泰山（亦名岱山、岱岳）	山东省泰安市	五岳中的东岳，东岳神齐天王；道教"第二小洞天"
衡山	湖南省衡山市	南岳，南岳神司天王；"第三小洞天"
华山	陕西省华阴县境内	西岳，西岳神金天王；"第四小洞天"
恒山（亦称常山、大茂山）	山西省浑源县境内	北岳，北岳神安天王；"第五小洞天"
嵩山	河南省登封县境内	中岳，中岳神中天王；"第六小洞天"
青城山	四川省都江堰市	道教发祥地之一，"第五大洞天"
终南山	陕西省西安市	道教的发祥地之一，山麓的楼观台被视为道教第一座道观
龙虎山	江西省贵溪县	正一道祖庭，"第三十一福地"
阁皂山	江西省樟树市	为灵宝派祖庭，"第三十六福地"
武当山	湖北省丹江口市	为道教真武大帝道场
茅山	江西句容	为上清派祖庭，"第八大洞天"
罗浮山	广东省增城	道教"第七大洞天"
崂山	山东省青岛市	俗称神仙窟宅

本章小结

建筑艺术的一切构成因素，如尺度、节奏、构图、形式、性格、风格等都是游客观赏的对象，在各类中国古建筑中，承载了博大精深的中华文化。中国园林举世无双，自古是休闲、增知、陶冶情操、学习中国文化的好去处。古镇旅游方兴未艾，民居建筑是游客的兴趣所在。佛教寺院和道教宫观是重要的旅游目的地，宗教文化博大精深，和中华文化息息相关。在有限的篇幅中要讲清佛教和道教是较为困难的。导游员要做好佛寺、道观的导游讲解工作需要不断地积累和学习，总结经验，让游客在佛寺、道观的游览中得到知识和美的享受。

关键概念

中国古建筑、园林、古镇民居、佛寺、道观

课堂讨论题

1. 中国古建筑在旅游发展中的地位。
2. 中国古建筑导游的技巧分析。
3. 园林意境美的传导方式。
4. 不同地区民居建筑特色与环境、历史、文化的关系。
5. 佛寺与道观导游要点分析。
6. 自选景点或景物，分析主题，创作一篇导游词，在训练课上讲解、演练、交流。

复习思考题

1. 中国古代建筑艺术特征表现在哪些方面？
2. 古建筑审美的内容包括哪些？
3. 游览导游服务程序如何？
4. 引导游客游览中国古典园林的途径是什么？
5. 介绍古建筑装饰中的"四灵"。
6. 佛寺导游要点。
7. 道观导游要点。
8. 如何根据古镇民居的特点设计导游方案，并进行实景演练。

实训

选择当地一座知名的佛教寺院或道教宫观，教师指导学生参观游览。教师模拟给出一个"特殊"旅游团或几位游客，把要求发给学生，教师指导学生收集资料，撰写一篇导游词并模拟讲解，教师和其他同学以游客的身份发问、出题。

第八章 民族文化与民俗风情导游

引 言

感受异质文化，体验不一样的风土民情，了解独特的民族风情是游客外出旅游的主要旅游动机之一，游客抵达旅游目的地，都希望了解当地居民以及他们的生活、习俗。由于民族文化与民俗风情的多样性、综合性，对普通游客来说，由于旅游时间有限，要想全面了解旅游目的地的民族民俗，最简洁的途径和方法就是通过导游员的讲解。

学习目标

1. 了解民族文化、民俗风情在旅游活动中的作用与地位。
2. 掌握民俗的含义及其对游客产生吸引力的要素组合。
3. 掌握民俗导游的基本内容和导游讲解的基本要领。
4. 熟练进行民族文化、民俗风情导游讲解。

教学建议

1. 教师通过理论分析，向学生讲清民族文化、民俗风情的基本概念及旅游功能。
2. 以范例的形式，通过音像资料的观摩，让学生讨论总结民族文化及民俗风情中对游客有较强的吸引力的相关要素，以一个典型的民族、民俗旅游目的地为例，总结讲解过程中的注意事项和要领。
3. 通过学生模拟讲解，从理论上总结讲解要求和讲解内容的组合。

第一节 民族文化与民俗风情导游常识

一、民族、民俗概述

（一）概念的延伸

要做好民族文化与民俗导游讲解，导游员必须掌握好与民族、民俗相关的基本概念。

1. 人种

人种即人类的种族，是指在体质形态上具有某些共同遗传特征的人类群体。这些遗传特征主要包括头部、五官、头发、皮肤和眼睛的颜色、身高及其比例等，此外，血型、指纹、体毛等亦有一定意义。

根据上述特征，一般把人类划分为三个基本种族类型，或称三大人种，即蒙古人种、尼格罗人种和欧罗巴人种，根据明显的肤色特征，人们通常把这三大人种依次称为黄种人、黑种人和白种人。几大人种之间在体质特征上虽有一定的区别，但并无截然的界线，彼此之间的交叉和过渡现象是很明显的，就是在同一人种的内部，也存在着一定的差异，头型、肤色、身材、发形、眼睛等并不完全一样。中华民族绝大部分都属于蒙古人种，但其内部也存在着明显的分化和差异，这与中国的幅员辽阔、地理环境复杂是分不开的。[1]现代中国人绝大部分属于蒙古人种，身材中等、皮肤呈淡黄色或黄色、黄棕色，发黑而直，鼻型中等，面部较扁平，嘴唇厚度适中，体毛少，总的看来容貌比较清秀。

2. 民族

民族是社会经济形态发展到一定阶段以后的产物，民族属于历史学的范畴，是人们最主要的社会划分形式之一。关于民族的概念，斯大林曾经指出："民族是人们在历史上形成的一个有共同语言、共同地域、共同经济生活以及表现于共同心理素质的稳定的共同体。"[2]他还说："民族不是种族的共同体，也不是部落的共同体，而是历史上形成的人们的共同体"。[3]中国是世界上一个民族成分众多的国家，经过识别已得到确认的民族迄今有56个，中华民族就是中国所有民族的一个总称。

3. 民俗

民俗是在人类历史的发展过程中，一定的群体为适应生产实践的社会生活而逐渐形成的，并以民族的群体为载体，以群体的心理结构为依据，表现在广泛而富情趣的社会生产与生活领域的一种程式化的行为模式和生活惯制，是一种集体性的文化积淀，是人类物质文化与精神文化的一个最基本的组成部分。民俗创造于民间，传承于社会，并世代延续承袭。

4. 民俗风情

民俗风情，也称风俗民情，是指各民族独特的生活习惯和生活方式。随着社会生产生活的进一步现代化，人类也愈来愈希望通过旅游以走进大自然、修身养性，希望更实在地体验到不同现实生活中的另一种生活方式。

---

[1] 胡焕庸，张善余. 中国人口地理. 上海：华东师范大学出版社，1984
[2] "马克思主义和民族问题"，载《斯大林全集》，第2卷，第291页
[3] "马克思主义和民族问题"，载《斯大林全集》，第2卷，第291页

（二）民族、民俗、文化

1. 民族文化

民族文化是一个比较宽泛和相对性的概念，在不同的系统中有不同的概括形式。在我国，民族文化通常有两种表达意思：其一是具有历史传统的、民族民间的、非主流的文化。这是普遍意义上的民族文化，其中主流与非主流也是相对的，在特定的历史条件下，可以相互转化。其二是指我国境内 55 个少数民族特有的文化。从这个意义上讲，正因为它所具有的历史传统、民族民间和非主流等特点，对于大众旅游者就具有了强烈的吸引力。

民族文化物质方面的成果实质上就是民族在物质生产活动中创造的全部物质产品，以及创造这些物品的手段、工艺、方法等，包括人的衣、食、住、行、用所属的多种物品，以及制造这些物品的物品。如食物、服装、日用器物、交通工具、建筑物、道路、桥梁、通信设备、劳动工具等。

民族文化精神方面的成果是观念性的东西，通常以心理、观念、理论的形态存在，包括两个部分，一是存在于人们心中的心态、心理、观念、思想等。如伦理道德、价值标准、宗教信仰等。二是已经理论化、对象化的思想理论体系，即客观化了的思想。如科学技术、文学、艺术等。

2. 民俗文化

民俗文化是广大的劳动人民所创造和传承的民间文化，是民族文化的重要组成部分，普遍存在于社会生活中。在人类社会发展的每一个阶段，都曾经产生和形成过许多民俗文化，而这些民俗文化又不同程度地影响着当时人们的生活和思想。

民俗文化是社会、集体创造的，负有教育功能。在现实生活中，各民族总是通过多姿多彩的民俗文化活动，对本民族人民进行传统教育，帮助人们学会劳动的本领和了解本民族祖先所创造的历史文化，从而激发民族自豪感和凝聚力。同时，它还对社会成员的行为和仪态等起规范作用。

民俗文化还带有浓厚的娱乐性，通过节日和一些游艺活动，让人们休闲和娱乐。世界上的每一个民族，无不把自己本民族的民俗文化当作神圣不可侵犯的财富加以维护和崇敬。每一个民族的习俗，都凝结着该民族人民群众的感情。因此要了解一个民族，首先可以从该民族的民俗风情开始，而独特的民风、民情和民俗又正是游客抵达旅游目的地后最想了解和看到的东西。

游客被异域或异族独具个性的民族文化所吸引，以一定的旅游设施为条件，离开自己的居住地，来到每个特定的地域或民族区域，从事旅游活动。其活动本身是一个综合的动态过程，是人类文明进步所形成的，是现代人们生活中必不可少的文化生活方式。在这种特殊的文化旅游活动中，游客有明显的文化、旅游、娱乐、体验和参与等需要。导游员在实际工作中，必须明白民俗文化之间的关系，通过概念的分析，发现其表象与内涵的关系所在。在导游讲解中重点突出，主题鲜明，做到民俗表象与承载文化的衔接。

（三）民族文化的特点

1. 本质的民族性

民族文化的民族性是指各民族在本民族的历史发展进程中，形成和发展起来的独特文化，它是该民族智慧的结晶，凝聚着该民族的感情、意志和追求，体现民族精神，构成民族要素，从而成为一个民族的标志。民族文化的民族性是文化多样性的具体体现，是一个民族文化存在的价值体现，是民族文化本质性的特征。

2. 追求的团结性

民族文化追求的团结性是指民族文化在其发展的过程中，始终体现出追求中华民族团结和各民族相互依存的核心价值。

3. 形式的大众性

民族文化表现形式的大众性，是指民族文化更多地是以广大少数民族民众普遍接受的、符合民族地区客观实际的表达形式来表现的。通常有以下四种形式：一是口头表达形式，如民间传说、诗歌、故事、谜语等；二是音乐表达形式，如民歌、山歌、乐器等；三是活动表达形式，如民间舞蹈、宗教仪式，反映风俗习惯的礼仪、节日和庆典活动，民族体育活动等；四是有形表达形式，如反映民族生产生活特征的民居、服饰、器具、工艺制品、代表性建筑物等。

4. 发展的时代性

民族文化发展的时代性是指民族文化所具有的与时俱进的根本性质。不论是古代还是当代，由于文化的交流和传播，使不同文化形态的运动、发展和变化都呈现出一种与时代相适应的整体的相关性和一致性。民族文化，作为一种行为模式（包括制度、规范，也包括认知模式、情感模式、心理模式乃至于审美模式等）的民族文化，它的价值又是多重多面的。它沟通、调节着民族群体与生境（自然、外族）、民族社会群体内部、民族个体与社会等多重的关系，并塑造着民族社会的理想人格，为个体提供归属感、幸福感和心理上的依托。同时，民族文化的这些价值和内在意义又常常是被符号化、系统化，以象征方式表达出来的，这就使民族文化涂上了五彩缤纷的颜色和鲜明耀眼的个性特征，而且在某种程度上决定着一个民族的世界观。

由于民族文化所具有的特点，导游员在民族文化相关知识的把握上必须要有科学的依据，对民族文化的相关景区、点、物，以及相关事项的解说中，要尊重事实，体现其客观性，要突出其核心，发挥其积极向上的作用。在导游方法的运用上，要说、讲、唱、跳相结合，体现民族文化内涵的丰富多样性，要及时把握最新信息，体现民族文化的传承与发展。

由于地理环境的差异性，中国可划分为七个民俗文化圈：东北民俗文化圈、游牧民俗文化圈、黄河流域民俗文化圈、长江流域民俗文化圈、青藏民俗文化圈、云贵民俗文化圈、闽台民俗文化圈。

（四）民俗文化的特点

1. 民俗的集体性和社会性

民俗是集体智慧的结晶。民俗是集体创造的（也有的民俗是先由集体中的个别人创造，经集体的认可或加工而形成的），民俗的认同、流变、完善和创新是依靠集体的行为完成的，集体性体现了民俗的整体意识，也决定了民俗的价值取向。这是民俗的生命力所在，也是民俗最基本的特征。

民俗的社会性是人们共同遵守的标准和约定俗成的行为方式，是民众集体创造、传承和享用的，不会形成单个个体的个性化符号系统。

2. 民俗的传承性与播布性

民俗的传承性是民俗文化在时间上纵向延续的过程，体现了某一民俗的历史发展。民俗一旦产生，得到社会的承认，就有很强的稳固性，并不断为人们所承袭。

民俗的播布性是民俗文化在空间上的横向传播过程，体现了某一民俗前后左右的空间伸展。民俗是在纵向的传承和横向的播布结合中发展的，形成多元民俗文化相互间的碰撞、吸收和发展。

3. 民俗的稳定性与变异性

民俗一旦产生，就会随着人们的生产和生活方式的稳定而相对固定下来，成为人们日常生活的一部分，这就是民俗的相对稳定性。稳定性取决于民俗本身的民众基础和它对各时期社会经济基础和与这相适应意识形态的适应性。在朝代的更迭和社会的变革中，有些民俗随经济基础消失，随生活方式的改变自然消亡，有些民俗则经过某些调整和修补，一直传承至今，正说明了民俗文化传承的稳定性。

民俗的变异性是指民俗文化在传承和播布过程中引起内容和形式上的变化。由于民俗是由集体创造，靠语言和行为传承和播布的，创造意味着创新，传承和播布说明民俗是呈流态的，这就决定民俗总处于不断的变化状态之中。变异实际上是民俗文化的自身调整，以适应变化的社会和新的环境或民众群体，因此变异是民俗文化传承和发展的动力。

4. 民俗的民族性与地方性

民俗是民族的标志之一，是民族构成的一个要素，每个民族都有自己特殊的民俗，这里所说的民族性包括：一是同一类民俗事项在不同的民族中产生不同的表现形成；二是不同的民族由于和各自的历史过程、地理环境和经济条件等的不同而产生的区别于其他民族的独特民俗。

地方性是民俗在空间上所显示出来的地域特征和乡土气息。由于所处的地域环境和自然环境不同，使各类民俗显现出了不同程度的地方色彩。地理环境的差异及巨大地形单元的阻隔，各民族各自发展形成了自己的特殊民俗；有时即使是同一民族，由于所处的地理区域不同，民俗也有差异。

二、民族、民俗文化旅游功能的体现

从旅游发展的历程及游客对旅游目的地的兴趣所在来分析，游客可离开自己的居住地所做的短暂的停留，除饱览风光外，更重要的就是希望得到一种不同的文化享受。从现代旅游发展的方向看，文化的享受日益成为游客的第一需要，因此，没有一种旅游行为能够游离于民族、民俗文化而存在。

民族、民俗文化充实丰富了旅游活动的内容。民族、民俗文化的差异性对游客的吸引力日益增强，观察民俗与居民交朋友是游客外出的主要愿望之一。游客选择民族、民俗为主要旅游对象，其动机可归纳如下：风情观光、消遣娱乐、异质文化体验、民俗考察。

民族、民俗所构成的旅游资源，可以满足游客体验异质文化的愿望。现今的旅游活动，游客更多地希望能真正地用自己的全身心去体验环境、体验文化，那种只通过眼睛走马观花式的游览活动，将逐渐被人们所淡化。而旅游目的地的民族、民俗最能成为游客体验的对象。

民族、民俗中的节庆、娱乐、礼仪、饮食等，还能提供游客进行交互式参与活动。民族、民俗旅游在日常游览活动中的地位日趋明显，而游客对民族、民俗的"游览"需求又是全方位的。从游客的动机组合分析，要求导游员在导游服务和导游讲解中，对旅游目的地的民族、民俗有较为深刻的了解，为此，特殊旅游目的地的导游员，例如云南、西藏等地的导游员，要求就更高，在导游方法、讲解技巧方面也要求更为灵活。

第二节 民族、民俗与导游讲解

一、民族、民俗旅游目的地分析

每一个旅游目的地都包含着民俗的内容和成分，导游员在为游客讲解时，要根据旅游区、风景区（点）的结构和吸引要素组合，有机选择旅游目的地的民族文化、民俗风情内容，穿插于日常导游讲解中，以便游客能相对全面地了解旅游目的地。同时，在各个旅游目的地，存在以民族、民俗为主要内容的旅游景区、景点。在这样的区域，导游员的导游讲解就应以民族、民俗的导游讲解为主。常见的集中体现和展示民族、民俗文化的景区有以下几种模式。

（一）以某种品牌为主要特色的特色旅游项目

这是一种典型的民俗旅游项目，即把旅游目的地民俗保存最好的区域，结合当地的生产、生活形式，形成的特色游览区。如各地农村的"农家乐"，沿海或湖畔渔村的"渔家乐"，民族地区的"彝家乐"、"傣家乐"等。这些旅游项目是一种较为典型的民俗旅游活动，导游员在为游客提供导游服务时，要注意强调民俗的个性化特征，综合介绍当地民族、民俗。

（二）社区——传统街区或村寨

民俗是基于生产和生活实践的一种社会文化现象，也只有在现实的生产和生活过程中，民俗才是有血有肉的。游客参观古镇、古城、古老的村落或古老的街道，以及民族村寨时可以较为全面地了解民族、民俗，在这样的区域，游客不仅可以亲身体验特色民俗文化，还能与当地居民同吃同住，真正实现交互参与和体验性旅游项目，典型的如云南的丽江古城、大理云南驿、西双版纳的橄榄坝、苏州的周庄、浙江的乌镇、安徽的西递村和宏村、北京的胡同游等。

在这样的区域"游览"，在进入"景区"前导游员必须做好相应的介绍和提醒工作，游客必须注意尊重当地居民及其生活、生产的方式。在与居民交往过程中，要注意交往礼节，注意各种禁忌，主动积极地保护古老的文物古迹。在实地游览时，要注意游览路线和参观点的分布；在具体导游讲解时按具体的景物和文化承载有选择地组织导游词进行讲解介绍。

（三）"博物馆"型游览点

在一些地方，为向游客展示一些特色民族、民俗文化，会把各种能充分体现民族、民俗文化的各类物品集中展示。其中有两种方式，一种是通过到民间收集典型民族、民俗文物、工艺品等集中展示，如云南昆明的民族博物馆。另一种，人们称其为"生态博物馆"，即选择典型地区，在不移动文物原始位置，把文物、文化保持其原生态下的一种"博物馆"形式，可建成"主题小院"。这样的景区游览要注意进行细部的观赏，对展示品的来源、作用、美学特点、文化含义等内容要详细解说。

（四）民族、民俗展示主题公园

为了让游客在短时间内尽可能多地了解民族及民族风情，部分地方建造了以展示民族文化和各民族民俗为主题的公园，典型的如民族村。从理论上说主题公园中的"民俗"是民俗文化的"复制品"，它向游客所展示的"文化"是从现实生活中剥离出来的，许多风俗是通过静态的手段，或通过"表演"装扮出来的"假民俗"。不同的游客对此类"民族村"的兴趣和感受不同。导游员在带领游客游览此类主题公园时，在游览讲解过程中，应尽可能让游客有一种客居"本土"的感受。在讲解中要把文化的底蕴解释清楚，要延伸文化的外延，引导游客探求文化的本源。

（五）节庆活动旅游方式

节庆和民俗游乐活动是民族、民俗中对游客吸引力最大的要素。为强化旅游目的地的旅游形象，为游客提供参与民俗活动的机会，在很多地方，人们开始有组织地开发利用民族节日和民俗游乐活动。

带领游客参与民族节庆或民俗游乐活动，导游员最重要的即是向游客进行提示和安全警示。此类活动通常参与人员多，游客容易发生掉队的情况，同时大部分节庆游乐活动往往与民族的习俗有关，因此参与这样的旅游活动，必须遵守相关规定，服从指挥，尊重当地的民俗。避免游客与当地居民发生不愉快。

二、民俗在旅游中的应用

（一）物质民俗在旅游中的应用

1．生计方式在旅游中的应用

各民族、各地区的不同经济生活、生计方式，是生态旅游从业人员和游客需要了解的知识。

2．物质生活在旅游中的应用

各民族、各地区的不同物质生活是导游员和游客需要了解的知识。

生活方式、衣食住行，是表征性最强的民俗，因而是最明显的民族特征，也最容易引起游客的注意和兴趣。

物质民俗具有直观性的特点，便于作为旅游资源加以开发利用。但是物质民俗所具有的精神象征意义却不是可以从直观上感受到的，有时还会曲解，得到错误的认识，甚至因此而影响民族关系。

3．社会民俗在旅游中的应用

（1）人生仪礼在旅游中的应用。人类和动物的一个重要区别是具有社会性，任何人在人生的任何阶段都要扮演某种社会角色，需要通过各种相应的人生仪礼，使他的社会身份得到社会承认。人生仪礼具有鲜明的民族色彩，也是常常被用作旅游活动的项目。许多民族的少男少女都要经过成年仪礼，常常有更换服饰的内容。汉族传统的成年仪礼叫"成丁礼"，又叫"冠礼"或"笄礼"。云南一些民族的成年仪礼叫"穿裤子礼"或"穿裙子礼"。通过成年仪礼，就被允许穿着成年人的服饰，从此享有成年人的权利，如社交、婚恋、继承等。同时也要承担成年人的义务和责任，如生产、战斗等。

在旅游活动中安排这类具有浓厚异族特色的民俗风情表演，对游客具有很强的吸引力。但同样要由旅游从业人员对各种习俗产生的历史背景、民族根源、社会功能给予正确的讲解和引导。

（2）交际习俗在旅游中的应用。来自四面八方的游客走到各个地区，免不了要互相接触，还要和各种各样的旅游地居民、旅游从业人员相互交往，这样就有机会接触到多种多样的交际礼俗。

（3）节庆习俗在旅游中的应用。人类生活随着自然季节的周期更替，也呈现着循环反复的节律。为了调节生活的节律，就产生了各种节日习俗。各种节日都有特定的内容和特定的活动方式，都不同程度地具有综合性，是各民族传统文化的集中展示，因而成为旅游活动不可缺少的重要项目。

4. 精神民俗在旅游中的应用

（1）信仰民俗在旅游中的应用。信仰、崇拜、宗教、祭祀、禁忌、占卜、巫术，都是各民族普遍具有的民俗，具有鲜明的民族特色，对吸引游客起着重要的作用。

宗教场所在各民族心目中都是非常圣洁、不容亵渎的，而且往往伴随着各种特有的禁忌。这种场所人员混杂，是极易有意无意发生激烈的宗教纠纷和民族矛盾的地方。导游员要具备足够的宗教和民俗知识，才能顺利完成宗教旅游工作。

（2）文艺民俗在旅游中的应用。民间文学和民间音乐、歌舞、戏曲、绘画、工艺等民间艺术具有很强的观赏价值和娱乐功能，是又一个重要的旅游吸引物。各民族的神话、传说、叙事诗，经过悠久岁月的积淀，充满了民间的智慧和动人的情节，体现人民群众的美好心灵，反映出民族的价值取向。这类优美的民间文学通过各种艺术形式表演出来，对游客具有强烈的感染力，既能使游客得到美的享受，又能潜移默化地受到教育和启迪。

民间艺术最集中体现一个民族的审美观，也直观地展示了民族精神、民族性格。东北"二人转"的粗犷质朴，闽南戏曲的柔婉低回，无不是北方、南方民性在艺术上的体现。民间艺术既有最典型的娱乐功能，又有助于加深游客对民族文化精神的认识。旅游从业人员要对民间文艺有广泛的了解、深入的认识，才能精选出最有代表性的民间艺术内容和表现形式，推荐出恰到好处的旅游产品。

三、民族、民俗导游讲解

（一）对导游员的要求

1. 努力学习民族、民俗学知识，成为"专家型"导游

要做好民俗风情的专项导游，导游员除了是一个杂家外，更重要的还应该是一位民俗学"专家"。从民族、民俗的形成及影响分析，民族、民俗学知识的涉及面极为广泛。导游员应尽可能地学习并掌握相关知识。导游员至少应掌握的民族、民俗学内容：民族或地方的简史；地理环境的特征与衣食住行的喜好；婚娶生丧的习尚、节日庆典的仪式、内容及传说；信仰崇拜的缘由；待人接物的禁忌；游娱竞技的规则及风物特产的状况等。尤其要注意学习有关民族或地方人们的服饰、建筑、饮食、节庆和婚恋习俗方面的知识等。同时由于民族和民俗问题的特殊性，在导游讲解中还应掌握国家有关的政策法规。

2. 尽量学习各地方言及民族语言

我国各个民族大部分都有自己的语言，即使使用同一种语言，由于地域的差异，也存在大量的方言，各地方言差异也较大。各地方的人们对自己的语言都寄予深厚的感情，作为导游员，除应该懂得自己工作地域的方言外，还应尽可能学会听懂各地的方言。导游员哪怕仅仅只会一点点当地的语言，也能赢得当地人的友爱与亲近，便于工作的开展。民族语言和方言蕴含着民族文化和乡土文化的"灵性"，了解民族语言和方言，有助于全面、生动地讲解民俗风情。

3. 熟悉相关政策，尊重当地民俗

民族平等政策、民族区域政策、宗教信仰自由政策等在《中华人民共和国宪法》有明确规定，受法律保护。在熟悉重要政策的前提下，导游员要提醒游客尊重当地少数民族的宗教信仰、风俗习惯和乡规民约，克服大民族主义、大地方主义和都市优越感。因为民族风情愈浓烈的地方，民族问题愈敏感。民族、民俗文化的直观性、可参与性与神秘性直接导致了它们可能成为热点问题或问题焦点。

4. 掌握并灵活运用导游讲解方法和技巧

根据长期实践经验，导游和专家们总结出了丰富的方法与技巧，目前我们的主要问题在于选择和运用这些方法和技巧做好民俗风情导游。在为游客进行民族风情导游中，除灵活运用常规导游讲解方法（如第三章提到的各类方法）外，根据民俗风情旅游资源的特点，在实际导游讲解服务中，应有针对性地运用一些更有效的方法。

（1）借助声像资料法

民俗风情涉及内容丰富多样，有些民俗（如节日、婚恋习俗、葬仪等内容），有的只

在固定时间发生，有些内容游客是无法直接参观或参与的。因此在导游员的讲解过程中，可以借助相关的图文声像资料对游客感兴趣的问题进行讲解。

（2）载歌载舞法

民俗风情中有一类对游客有特殊吸引力的内容，就是民族歌舞。人们都喜欢用歌舞的形式直接表达和展示民族文化、表现民族情感。歌舞中往往能体现不同的民俗风情，同时游客又可以参与和体验民俗。因此导游员在进行民俗风情导游前应学会一些旅游目的地的歌舞，在导游过程中载歌载舞，或自己表演以达到强化、提升讲解内容的目的，或导游员领唱领舞，带领游客参与民俗活动。我们把这种方法称为载歌载舞法。

（3）故事传情法

各个民族都有自己不同类别的传说、故事。许多民俗风情都与传说故事有关。传说故事是人们了解民族和民俗的一条最为直接的途径之一，更重要的是游客容易接受。导游员应根据游客的兴趣和参观对象的情况，精选特色鲜明、教育与娱乐内容并存的传说故事，借用曲艺演员表演的方式，运用生动的语言进行讲解。

（二）导游讲解的主要内容

民族文化与民族风情中对游客产生吸引力要素的成分极多，游客感兴趣的内容更是无法限定。导游员在讲解介绍民族、民俗时应涉及的主要内容有以下几个。

1．介绍民族的必讲内容

（1）族称、族名的来历及其含义或象征。在讲解中，有的内容有史可查，如现在使用的彝族的"彝"，有的则通过神话或传说故事来表达，如"基诺"等。其族名的象征意义，在一定程度上表达了该民族的性格，如傣族的"傣"，就是自由人的意思。

（2）分布及发展历程。我国现已确定 56 个民族，每个民族都有其发展的历史。由于地理、历史等方面的原因，在地理分布上同样有一定的规律。我国少数民族的分布特征是沿边分布和沿山分布为主，其聚居形式与汉族交错，形成大杂居、小聚居的特点。通过地域分布的分析，可以进一步讲解介绍其生产或生活的特征。

（3）民族的人口及社会经济现状。

（4）语言、文字及文化发展。我国各民族所使用的语言，大体上分属的语系为：① 汉藏语系，我国五大语系中使用人数最多的语系。中国是汉藏语系的故乡，或者说是汉藏语系的基地，因为使用该语系的人，绝大部分在中国。② 阿尔泰语系，这个语系的语言主要分布在新疆、内蒙、甘肃、青海和东北等诸省（区）。③ 南亚语系，我国属于该语系的只有佤、德昂语支德佤语、德昂语和布朗语，都分布在云南省西南部地区。④ 南岛语系，在我国只有高山语属于该语系。⑤ 印欧语系，我国属印欧语系的只有俄罗斯语和塔吉克语，使用的人不多，都分布在新疆。

汉语是我国最主要的语言。汉语源远流长，分布广，在漫长的历史进程中，形成了一系列地方变体——方言，这些方言相互区别的特征表现在各自的语音系统、基本词和语法构造上，有的差异十分明显，但均保持着汉语的一些基本特点。汉语的方言为数甚多，一般把它们组合成八大方言区：① 北方方言区。以北京话为代表，分布范围除长江以北各地外，还包括镇江至九江的长江南岸沿江地带，湖北、湖南的局部地区，云、贵、川三省。② 吴方言区。以上海话为代表，包括镇江以东地区及浙江省大部。③ 湘方言区。以长沙话为代表，包括湖南省大部分地区。④ 赣方言区。以南昌话为代表，包括江西省大部及湖北省东南角地区。⑤ 客家方言区。以广东省梅县话为代表，包括广东、广西、江西、福建几省、区的部分地区。⑥ 闽北方言区。以福州话为代表，主要分布于福建和台湾两省。⑦ 闽南方言区。以厦门话为代表，包括福建南部、广东潮汕地区和海南岛部分地区。⑧ 粤方言区。以广州话为代表，包括广东省大部，广西部分地区以及港、澳地区。

目前我国民族文字归纳起来可分为两大类，即非拼音文字和拼音文字。归纳起来大致属于以下四种文字类型：① 象形文字。只有纳西族的东巴文，这种文字是世界上极为罕见的、20世纪仍在使用的象形文字之一，有很重要的研究价值。② 汉字及其变体。汉字原来属表意文字，经过三千多年的发展，形声、转注和假借的成分增多，已有向表音发展的趋势。由于汉族文化的影响，回族、满族、畲族、白族等许多民族中与汉族杂居或与汉族交往较多的成员，现在都通用汉语。③ 音节文字。有纳西族的哥巴文和彝族的老彝文。④ 拼音文字。也叫音素文字，是目前世界上分布最广的文字类型，我国除上述3种文字外，其余都属于拼音文字，但从字母形式和来源来分，又属于六种字母体系：印度文字母体系，如藏文和傣文；阿拉伯文字母体系，如老维文、老哈萨克文等；回鹘文字母体系，如蒙古文、满文、锡伯文等；朝鲜文字母体系，只有朝鲜文；拉丁文字母体系，1949年后创制的15种新文字，如壮文、景颇文、拉祜文、佤文、傈僳文以及维吾尔族和哈萨克族的新文字等；斯拉夫文字母体系，我国俄罗斯族使用的文字，与俄罗斯境内的俄文基本相同。

（5）相关民俗（见民俗必讲内容）。

2．讲解民族、民俗时的应讲内容

（1）神话传说。在民族、民俗文化的宝库中，神话、传说故事浩如烟海，涉及历史、地理、生产、生活的方方面面，他们不仅可以帮助游客了解地域和民族文化，同时也可作为研究的对象。许多景物和事项，从表面看极为普通，但一旦赋予了传说故事，它们就像有了灵魂，被赋予了生机，例如彝族撒尼人的花包头、德昂族的筒裙、藏族人民心目中的卡瓦格博（云南最高峰）。因此，导游员在为游客提供导游服务前，应该掌握一些特色鲜明、有说服力的、能体现优秀民族、民俗文化的、引人积极向上的神话、传说故事。在实地游览过程中，结合景物及现象，向游客进行生动讲解。

（2）音乐舞蹈。音乐和舞蹈是一种特殊的语言，它向人们诉说着特定地域内人们的生活、意识、精神向往。在我国不同民族有不同的特色音乐舞蹈，生活在不同地域的同一民族，其地方特色音乐和舞蹈也不相同。彝族的大三弦和跳月，反映出了彝族人民如火一般的性格和山地民族的剽悍；傣族的孔雀舞，舞出了傣家人水一般的柔情……导游员在为游客进行民俗导游时，一定要掌握不同地区的音乐、歌舞的基本旋律、调式动作及含义等，同时要求导游员会唱会跳，要能掌握要领，必要时教游客唱和跳。

（3）戏曲艺术。不同地区有不同的戏曲形式和剧目，如北京的京剧、浙江的越剧、河南的豫剧等，而戏曲本身也是一种特殊的文化，其表现方式和内容都有明显的地方特色。在导游过程中，导游员应熟知旅游目的地的特色戏曲及剧目，在游客观赏戏曲时适时向游客讲解介绍。

（4）雕塑绘画。雕塑和绘画往往和建筑、宗教、神话故事相关联，导游员在实地导游过程中，要结合具体对象，介绍各地特殊的雕塑和绘画艺术手法、技法和表现内容。

（5）民族工艺。民族工艺门类繁多、内容丰富，它不仅是游客的观赏对象，更重要的是它是旅游商品的重要组成部分。导游员在实际讲解中，要讲表象、讲工艺、讲特色、讲文化承载。

（6）节庆游乐。由于节庆和游乐的可参与性质，常常令游客日夜兼程、兴奋不已。参加民族节庆活动是游客最为向往的民俗旅游活动之一。民俗节日是指约定俗成的具有群体性、模式化活动的节日，而节日民俗是一种复杂的综合性民俗，受多种因素的影响。

导游员在导游讲解中应向游客讲解介绍相关节庆活动的起因、来历、时间、地点、项目内容、活动方式、注意事项等。

（7）婚丧嫁娶。爱情是人类的一个永恒主题，因此，世界上不同民族千姿百态的婚恋方式也就成为游客好奇的一个内容。怎样博得异性的爱，各民族有自己独特的方式。有些民族用对歌、丢包、裹毛毯、住公房、射箭等方式求爱；有些民族则默默地借物传情。由于在实际旅游活动中，游客一般没有机会直接参加民族地区的特色婚礼，而特殊的恋爱方式游客是不能去直接观看和参与的，例如傣族的串姑娘、摩梭人的阿夏走婚、白族新娘的礼服及装饰、壮族的不落夫家习俗等。婚丧嫁娶的习俗主要靠导游员的讲解介绍。因此，导游员要对旅游目的地地区居民的婚丧嫁娶程序及每道程序的含义等充分了解，在游览过程中适时向游客讲解介绍。

（8）文娱体育。不同地区的人有不同的文娱体育活动方式，作为民俗的一个重要组成部分，有部分内容是游客能参与体验的。因此导游员首先要向游客导游讲解相关内容，如傈僳族的"上刀山，下火海"，若是游客能参与的项目，导游员可引导指挥游客参与相关活动。

（9）宗教仪式。不同地区的人们有不同的宗教信仰，而不同的宗教又有不同的宗教仪式。通过观看或参与宗教仪式，可使游客更全面地了解一些地方风俗的来历。导游员在导游讲解中，要严格遵守国家的相关政策和民族政策，尊重民俗习惯和宗教规范。

（10）建筑形式。建筑是凝固的音乐，是无声的符号系统，它向人们讲述着历史与文化，向游客展示着主人的地位与财富，同时也向人们叙述着工匠们高超的技艺。导游员在讲解民族传统建筑时，可从建筑选址、结构特色、外型审美、负载文化等不同方面讲解介绍。

（11）服饰饮食。服饰和饮食是游客最为关注的两项内容。

服饰是人类文化的显性表征，是游客认识和识别民族的重要因素。郭沫若说过："衣裳是文化的表征，衣裳是思想的形象。"

导游员在讲解介绍民族服饰时，就直观方面应从饰衣服（上衣、下装、绑腿、鞋袜等）的形态、颜色、材料、头饰、衣饰、肢体装饰、脚饰、漆齿和纹身等方面全面介绍。

就服饰讲解而言，首先介绍民族服饰与地理环境的关系。从自然地理气候特点的角度看，各民族特色的服饰，大致可以分为三种类型：北方及高寒地区民族服饰为厚重宽大型、内地平坝地区的为轻便型、炎热地区为轻薄短紧型。

进行民族服饰讲解时要注意民族服饰的功能及其所包容的文化内涵，归纳起来主要表现在：不同民族服饰，是不同的生产力发展水平的标志，民族服饰历史地、全面地反映了社会发展和人的意识的丰富；相当一部分民族服饰是某种自然灵物崇拜或宗教信仰的"遗留"；民族服饰反映出不同民族、不同时代的装饰习俗和其中蕴藏着的审美情趣、审美理想和审美追求；不同的民族服饰，表现出不同民族过去时代的史影。任何民族的服饰都不是一成不变的，而是不断地变化和发展的，即可能保留着母系制向父系制转化的痕迹，也可能表现出民族大迁移的征候（其表现较为隐秘）；同一民族的不同服饰，反映了进入阶级社会以后的等级差别和一些特殊的财产观念，例如许多少数民族直接用银币做成纽扣和饰物，用玛瑙或珊瑚做耳坠，都有显示富裕和尊严的用意，同时这也兼顾审美结合某种原始的崇拜；不同民族的服饰，表现出不同的民族性格、民族心理和人们对自我实现的不同追求。在实际中，民族服饰的具体表现是多方面综合的，导游员在讲解过程中，要针对具体民族的具体服饰进行讲解。

不同的民族，由于生活环境的差异，形成了不同的饮食文化和饮食习惯，例如藏族喜食藏粑和酥油茶，傣族对生、辣食品情有独钟，维族的烤全羊、彝族的坨坨肉等。导游员在讲解民族特色饮食时，首先要从地理环境的角度分析特色饮食的成因；其次从色、香、味、形等不同角度进行分析；第三，讲食品本身的性能，向游客提出品尝建议；第四，讲食品本身及饮食习惯中所包容的文化内涵；第五，条件允许时，让游客动手制作。

（12）待客礼仪礼节是人们交往中用来表示敬意、祝愿和友好的惯用形式。特别的礼节给旅游者留下特别的记忆。在旅游活动中，导游员可根据活动的安排，选择性地向游客介绍当地的各种交际礼节，特别是到当地人家拜访时，必须提前交代注意事项。

本章小结

民族、民俗是游客最感兴趣的内容，具有极强的体验性。民族、民俗文化包罗万象，与地域环境及其他自然景观有密切关联，同时又进一步影响到其他人文景观的形成和特点。在进行民族、民俗导游过程中，对导游员的民族、民俗知识提出了较高的要求，对导游语言和导游技能同样有较高的要求。

关键概念

民族、民族文化、民俗、民俗文化

课堂讨论题

1. 民族、民俗文化对游客吸引力分析。
2. 民族、民俗文化导游讲解中的知识与技能的运用。

复习思考题

1. 民族文化和民俗文化的关系及特点分析。
2. 民族、民俗文化旅游功能分析。
3. 民俗导游过程中对导游员的要求。
4. 导游讲解的主要内容归纳分析。

第九章　博物馆与主题公园导游

引　言

　　随着社会经济的发展，博物馆已成为人们参观游览的热点，参观博物馆逐渐成为一种高品质的旅游活动。同时随着人们对旅游活动娱乐性要求的提升，出现了集文化展示、高科技技术、娱乐休闲为一体的主题公园。博物馆和主题公园在游览方式和知识展示上有各自的特点，在导游服务及讲解中有独特的个性要求。

学习目标

1. 了解并熟悉博物馆的概况和基本功能。
2. 掌握博物馆导游的基本要领，熟练地进行博物馆导游讲解。
3. 了解主题公园的基本概况，熟悉主题公园导游的基本要领。

教学建议

1. 教师以课堂讲授的方式，分析博物馆和主题公园的特点和功能。
2. 模拟分析，由学生进行游客参观博物馆和导游主题公园游览娱乐的需求分析。
3. 总结导游要领，学生进行模拟讲解。

第一节　博物馆导游

一、博物馆概述

（一）博物馆的产生

　　人类文化有物质的和精神的两个方面。精神方面又常常有它"物"的表现形式。而博物馆以实物标本和辅助陈列品的科学组合，展示社会、自然历史与科学技术的发展过程和规律，或某一学科的知识，博物馆就是这种物化的一个体现。博物馆是一个对物质文化和精神文化的实物、标本、模型和其他实物资料搜寻研究、陈列宣传、展出示范和科学研究的机构，保护收藏的一种文化教育机构，是进行生动历史教育的"社会课堂"，是了解自然瑰宝和欣赏古今文物的"艺术殿堂"。

公元前 283 年，在古埃及的托勒密王朝首都亚历山大城的宫殿里建立了一座科学和艺术中心。其中的缪斯庙就存放着亚里士多德自世界各地收集到的很多珍品，如天文仪器、医疗器皿、哲学家的雕像和象牙等，于是缪斯庙这个收藏珍品的场所，成了现代人们所说的博物馆，即世界上第一座博物馆。这也就是英文称博物馆为"MUSEUM"的原因。

我国第一座近代博物馆——南通博物苑，于 1905 年在江苏南通建立。这是资产阶级实业家张謇以个人财力自办的私人博物馆。我国最早的国家博物馆，是成立于 1912 年 7 月的历史博物院（中国历史博物馆的前身）。其次为 1914 年在北京故宫的前部建立的古物陈列所，在后部成立的故宫博物院。1925 年，故宫前、后两部合并，建立故宫博物院；1926 年，历史博物院则正式定名为国立历史博物馆。

（二）博物馆的功能

博物馆以展现自然界与人类社会的发展规律和现象为宗旨，进行收藏、展出和研究，它是一种形象、系统的群众文化教育机构。博物馆具有反映社会发展和社会生活深度和广度的优势，并且通过具体的实物和生动的艺术品向游客展示。归纳起来博物馆具有收藏文物、科学研究和社会教育三大基本功能。在传播文明、传播知识方面具有直观、形象、具体、系统的特点，因其特有的文化、教育和学术性而被人们称为"立体的百科全书"、"实物的图书馆"、"民族记忆的殿堂"。

（三）中国博物馆分类

按照陈列展览的内容，我国博物馆大体上可分为两类：综合型博物馆和单一型博物馆。这两类博物馆各有偏重，各有特色。

1. 综合型博物馆

综合型博物馆，一般以通史陈列为主，即以时代演进为线索，不以器物分门别类展出实物或图片。我国综合型博物馆中，也有一些馆并列几个专题分别展室或部门陈列。不少省市博物馆，除了以地区为主的通史陈列外，还特别设立本地区的文物考古重大发现专室、专厅，或者称为专题陈列。

多种专题式的综合型博物馆，在我国比较普遍，一般以通史与绘画、石刻、陶瓷等并列展出。这主要是根据馆藏情况设立，如山西大同市博物馆就辟出专室陈列本地区北魏墓出土的墓室石刻。上海博物馆，设有四个专馆：中国青铜器、中国陶瓷器、中国绘画和中国古代壁刻。为了适应研究的需要，每个专题陈列都做了精心安排，如中国绘画陈列，在战国晚期和西汉初期的作品展出帛画（复制品），汉唐则以壁画（复制品）为代表。宋元以后作品较多，便陈列真迹，分设宋元、明清和近现代三大陈列室，比较系统地介绍了中国约三千年来绘画发展的历史概貌。

2. 单一型博物馆

单一型博物馆，在我国具有很大特色，往往成为旅游者计划中的驻足点。例如在历史方面，有陕西省西安的碑林石刻博物馆，湖南省博物馆的马王堆汉墓文物馆，湖北省博物馆的隋县曾侯乙墓文物陈列等。在自然、科技方面，甘肃、黑龙江等省有自然（生物）标本陈列室，江西省博物馆有中国古代农业科技史陈列，吉林省吉林市博物馆有陨石馆等。

单一型博物馆（包括纪念馆）目前设立的情况有三种形式。

（1）以纪念著名革命家、文学家或历史人物而立馆的。如鲁迅博物馆，宋庆龄故居、徐悲鸿纪念馆等，陈列或展出所纪念的人物生前活动事迹（图片）和遗物，说明他们对中国革命事业或社会生活某一方面所作出的贡献。现在，各省市都很重视这类博物馆和纪念馆的建立，以加强革命传统和文化传统教育。

（2）以展示天文、地理、地质、矿物及动植物等为主体的博物馆——自然博物馆。

（3）以本地区民情风俗、手工艺技术或社会生活中某一方面（如戏剧、纺织等）为专题，专门立馆的民族民俗博物馆。展品多以散存传世文物为主，时代多半偏晚。有些博物馆陈列的几乎都是现代工艺。

单一型博物馆也有私人筹办的。如上海市内就有个人办起的钟表博物馆，将私人收藏的各种钟表陈列出来供人参观。

（4）以与本地区历史地理或古代某一重大事件密切相关为内容而立馆的。这类博物馆多半以古代历史文物为主，几乎都是出土文物。随着文物考古工作的迅速发展，这类新馆也不断增加，有些重要遗址或墓葬发掘以后，为了保持原状以供研究，往往专门成立博物馆。我们熟悉的，有陕西西安半坡博物馆、秦俑博物馆、北京大葆台汉墓博物馆等。有些则是集中本地区出土文物，设立单一专题的博物馆，如云南李家山青铜博物馆。

二、博物馆导游

近年来，随着旅游事业的发展，人们文化教育水平的普遍提高和对高尚精神生活需要的不断增长，参观博物馆和纪念馆，已成为我国人民生活中的一项重要内容。这些地方已成为旅游者的重要活动场所。有些博物馆以古建名园为馆址，丰富了参观内容。

（一）对导游员（讲解员）的知识要求

博物馆参观明显地有别于山水名胜风景的游览，做好博物馆导游讲解服务需注意以下几点。

1. 多学习，做好广泛的知识准备

博物馆中的藏品蕴含积淀着浓厚的文化，涉及广泛的知识，具体到某些类或某一件展品，却又可能要求有一定深度的研究。在实际导游讲解过程中，如果导游员仅进行面上的直观导游，即简单说说"这是什么，那是什么"，是难以满足游客要求的，因为到博物馆参观游览的游客一般都素质较高或已具备了相当的知识水准，因此，导游员必须具备相当的知识水准，掌握广博的知识，为知识的提升和"精化"作准备。

2. 熟悉馆藏和陈列品，做"行家"

做好博物馆导游服务讲解工作，发挥博物馆的功能，导游员要去学习，去研究，去解决"懂行"的问题。这种学习研究目的明确（为导游讲解），带着明显的针对性，并非进行学术或科研考证。应该更多地利用别人的研究成果，把这些成果转化为导游内容并复述给旅游者。所谓做行家是指"外行看我们很内行，而内行看我们不外行"。

3. 了解博物馆导游的发展趋势

博物馆导游讲解有相对的定型性，即一段时间内，针对某一组、某一件展品，讲解基本内容可以完全相同，当今一些博物馆就利用现代声像手段将导游词录制后通过旅游者自控的电子导游设备进行讲解，不少博物馆也注意到随着旅游业的介入，应该发展参与性、娱乐性项目，充分利用现代声、光、电子技术把原来的静态展览变成动态展览，变成观众可以参与活动的实验性展示。了解这些发展现状和趋势，对于导游员带领旅游者更好地参观博物馆有积极作用。

（二）对导游员讲解技能的要求

1. 知识性、趣味性并重

博物馆的藏品，常常充满着令人想象不到的博大精深的学问。如自然界一块普通的石头，到了地质博物馆里也许它就是某一地区地质历史最典型的代表，其中有微体化石，有矿物质，有反映当时古地理古气候的结构构造，甚至它还可能是古人类打磨过的一件石器。所谓慧眼识真金，只有行家才能看出其价值。导游员当然不可能对所有知识都精通，但多了解相关知识，在介绍别人研究成果时也就有更深一点的理解，不至于停留在"死记硬背"的水平。不少博物馆的讲解人员就非常注意自身素质的提高，以至于他们中的一些人成为了某一领域的专家学者，导游员在积累博物馆有关知识方面时可向他们借鉴很多有用的东西。

在注重增加讲解知识含量的同时，一定要同样注重讲解的趣味性，导游词绝不是简单地重复科研人员的成果报告，不要一强调知识性，就陷入授课式或报告式的长篇讲演

的误区中。要用形象生动、幽默风趣的语言把枯燥平淡的知识包装在其中，采用丰富多彩的方式表述，如突出重点法、问答法、悬念法等，让旅游者感到参观博物馆既增长了知识，也充满了乐趣。

2. 客观讲解，借题发挥

博物馆的展品是具体的实物和生动的艺术品，就展品本身体现了较强的客观性。导游员在讲解时要根据展品实物有针对性地进行讲解，切忌偏离具体的客观对象的天马行空式的讲解。在具体导游讲解方法上，特别是在运用虚实结合法时，一定要把握住一个"度"。任何发挥都必须以客观的对象为依据，注意要放得开、收得住、回得来，同时要注意游客的接受能力和时间的安排。

3. 深入浅出，通俗易懂

众多博物馆的藏品和展出品都具有较高的学术价值，藏品自身就蕴藏着深奥的科学道理和人文内涵，体现出特殊的教育功能。在实地讲解时，导游员要注意使用"导游语言"，要把深奥的科学道理或人文精神用游客能够或愿意接受的语言来进行讲解，引导游客寻找、发现、审视展品美之所在。

（三）参观游览及讲解程序

博物馆类型繁多，不同主题的博物馆在具体导游解说中应有各自的特色，但具体的参观和游览程序基本一致，导游员应结合各类展品（包括实物、图片等），有序、灵活、有针对性地为游客进行导游讲解。

具体导游讲解要求归纳如下：

1. 概述性介绍。用简练的语言对将要参观的博物馆的基本情况作一简要解说，让游客了解所参观博物馆的基本概况，把握参观游览的目的。主要内容包括博物馆的位置、面积、特点、展室分布、发展历史等。

2. 通过与游客的交流，了解游客对展品及相关知识了解的程度。

3. 明确参观的主题，介绍参观的重点和目的、所需时间等。

4. 引导参观，介绍观赏和审美的方法，进行知识的铺垫并提出相关要求。

5. 参观游览与导游讲解。

（1）直观讲解展示实物，引导参观者观赏审视，如形状、大小、特点等；若以图片展示，则介绍图片的来龙去脉、具体体现内容等。注意选择要观赏的距离、位置和角度，考虑好导游的讲解介绍与游客自我体味的关系和时间的搭配。

（2）展品的具体讲解内容有以下几个。

① 展示物的名称。讲解时注意语言及用词要标准，要合乎科学规范，对比介绍科学

称谓和俗称。

② 展示物的历史。包括来源、形成背景、发掘历史等。

③ 在特定范围内所具有的地位。科学、研究、审美、文化、历史等地位。

④ 实用功能分析。

⑤ 科学研究的价值与内涵。

⑥ 艺术特点及价值。

⑦ 形成过程或制作工艺，从科学的角度讲解实物的成因、性状、功能等。

⑧ 造型、装饰的文化含义及文化衍生。

⑨ 所承载和包容的特定文化与历史事件及影响意义。

⑩ 观赏特点及娱乐效用。

（3）以实物为依托，讲解介绍各种自然现象、实物所产生的社会文化的影响等，更重要的是展示物所包含的自然、人文科学的内涵及延伸影响。

6. 有机地对游客进行科普教育及保护自然、生态环境等方面的教育，在讲解中可灵活运用多种导游讲解方法，激发游客的想象思维，促发游客的参与动机，增强与游客的交流。

7. 总结。

三、模拟导游

（一）博物馆之陶器导游

概念导出——陶器的发明是人类文明发展的重要标志，是人类第一次利用天然物按照自己的意志创造出来的一种崭新的东西。先民们把粘土加水混合后制成各种器物，干燥后经火焙烧产生质的变化形成陶器。它揭开了人类利用自然、改造自然的新篇章，具有重大的划时代的意义，陶器的出现，标志着新石器时代的开端。

发展进程（案例式）之彩陶——发现于河南省新郑县的"裴李岗文化"和河北省武安县的"磁山文化"遗址，根据碳14测定距今约有8000年左右的历史，是我国目前发现最早的新石器时代遗址之一。出土的陶器带有一定的原始性，它们均为泥质红陶和英沙红褐陶。质地疏松，烧成温度在900℃左右，器物主要以碗、罐、壶、钵、鼎、三足器为主，装饰有印纹、划纹和篦点纹等简单的纹样。

彩陶纹样介绍——彩陶上的动物纹饰，主要是鱼纹、蛙纹和兽纹；人物纹饰；植物纹饰等。

发展进程之黑陶——龙山文化，因 1928 年首次在山东省章丘县龙山镇城子崖发现而得名。距今约 4000～3500 年，它分布地域较广，在河南、陕西、河北、江苏、辽东半岛等地陆续有所发现。龙山文化是大汶口文化的延续。除器物类型多外，黑陶是其代表作品，有"黑如漆，薄如纸"的美称。其制作工艺特征是所取陶土经淘洗，采用陶轮制坯，胎薄而均匀，晾干后入窑以 1 000℃左右的高温来烧，在烧窑的后期加进适量的水，使窑内产生大量的浓烟，烟中的碳粒粘附在器物的表面上，渗入坯体的孔隙，烧成的陶器便呈黑色。黑陶中最精美的产品是采用快轮制坯的黑陶器，它既薄且又光亮，被称为"蛋壳陶"。薄如蛋壳的高柄杯是龙山文化制陶工艺达到很高水平的代表作。

发展进程之阶段总结——综上所述，我国新石器时期，在黄河流域、长江流域等都有新石器文化遗存，构成了当时的人类文明。而属于裴李岗文化、磁山文化、河姆渡文化的红陶；属于仰韶文化、马家窑文化的彩陶；属于龙山文化的黑陶和灰陶等，都体现了中华民族先民的聪明才智，代表了新石器时代文化发展的成就。根据 1961 年《新中国的考古收获》中介绍，新石器时代文化遗址分布很广，总数在 3 000 处以上。虽然当时各地发展是不平衡的，但其内涵是一脉相承的。

发展进程之商、周时代——原始陶器发展到商代，由于生产力的提高和经济的发展，促使社会更细的分工，制陶不仅成为独立的行业，而且制作工艺逐渐达到较高级的水平。制陶方法由新石器时期的手捏法、泥条盘绕法发展到轮制法。这一时期以生产灰陶为主，后期生产多为白陶和印纹陶，其中白陶最具代表性，经鉴定白陶的化学成分很接近制瓷的高岭土。烧成后，器物表里均呈白色，质地坚硬，造型与修饰借鉴了同期青铜器艺术，庄重精美，极富艺术性，在当时就很名贵。商代的建筑已经开始使用陶制水管和建筑用瓦，至于陶制工具更是使用广泛。如捕鱼网用的陶坠，狩猎用的陶弹丸，纺织用的陶纺轮，制造青铜器用的陶范、陶模等。这样，陶器一词的含义也就远远超过器皿的范围，甚至还另立门户，自成一个系统。例如专为随葬制作的"明器"便是。明器即"神明"之器，并称"冥器"，它是人类信仰的产物，即活着的人相信死者的灵魂是不会消灭的。死后必将在另一个世界里重新恢复生活，因而把他生前使用过的或者喜欢用的东西，照样仿制出来，埋在墓葬里。

西周是印纹硬陶发展的兴盛时期。硬陶比一般陶器的胎质坚硬，已基本接近原始瓷。胎色呈紫褐、黄褐或灰褐色。装饰时用模具将纹样在器物表面拍印，大多是云雷纹、波浪纹、回纹、夔纹、折曲纹等几何纹样。因其坚固，用途较广，大多数为储藏器，如瓮、罐、盆等。西周至战国时期这种印纹陶器盛行于长江下游地区和福建、台湾、广东、广西等地区。

发展进程之秦、汉——制陶业不论是生产规模，还是数量、质量都超过前代。这一时期是我国陶瓷发展史中一个重要时期，也是社会经济、文化、历史的重要变革时期，出现了陶仓、陶社、陶楼阁等与社会生活密切相关的各种陶器和各种仿实物的人俑、兽俑、技乐俑等。而最具这一时期特色的当属"秦砖、汉瓦"。砖的质地严实坚密，素有拾秦砖为砚的说法。汉代以用瓦精美而闻名，有青龙、白虎、朱雀、玄武四神瓦当和植物、鸟兽、昆虫和文字瓦当等。其造型浑朴大方，变化无穷，令人赏心悦目。

汉代铅釉的烧制成功是陶瓷史中的光辉一页，它为后世的"唐三彩"及明、清彩瓷问世开辟了道路。

发展进程之三国、两晋、南北朝——随着社会经济的发展和科学技术的进步以及新材料的不断出现，加之陶器本身具有的某些不可克服的缺点，于是慢慢地失去了昔日的重要地位，取而代之的是"本是同根生"的瓷器和另外几种陶土或釉料的发现和使用，如类似玻璃的琉璃、低温铅釉的釉陶和紫砂陶器等。

隋唐时代——承继前代衣钵又有独特的创造，使衰落很长一段时间的彩陶工艺有了新气象。隋代仅三十余年，但在陶俑塑形上较为出色。女俑窄袖长裙，身体修长；男俑广袖长袍；武士俑张口怒目，威风凛凛。其中有些陶俑已开始上釉以代替彩绘。动物塑形亦生动可爱，马和骆驼的形象刻画较为写实，动作协调，神态逼真，而且出土数量较多。

唐三彩是在汉代"低温铅釉"基础上和隋代以前的"青瓦陶胎粉彩"和"单色釉彩"的基础上发展起来的。唐三彩属于低温釉陶系统，以其造型生动、色泽艳丽、气息生动浓厚闻名于世。代表盛唐时代的雄奇典雅，雍容华贵。所谓三彩实际上是指多种颜色，主要有黄、白、绿、红、褐、蓝、黑等色，因其以黄、绿、白（又一说以黄、绿、蓝）为主色，故称三彩，又因创烧于唐代而故名，盛行于洛阳、西安一带。

发展进程之宋、元、明、清——在陶器制品中还有一种琉璃器，早在战国时已经出现。隋唐时期和辽代较为流行，至明代使用更为普遍。始建于北宋仁宗年间著名的开封开宝寺塔，因塔全部用褐色琉璃砖砌成，远看似铁色，故人们又称铁塔。琉璃是以铅硝为助熔剂烧成的色釉陶。公元4世纪初，铅釉用于建筑称为"琉璃"。用于宫殿建筑上的有琉璃瓦、琉璃兽、龙虎、武士等。元、明、清时代还烧制了带纪年的琉璃香炉、牌坊、照壁、楼阁、神龛等。清代雕制于北京故宫、北海的九龙壁最为著名。

导游讲解中应把握瓷器与陶器的区别：陶器的胎料是普通的粘土，瓷器的胎料是瓷土即高岭土（有的胎料是用石英或长石和莫来石经粉碎成末状为胎料）；陶器的烧成温度一般在900℃左右，瓷器需要1 200℃～1 300℃才能烧成；陶器不施釉或施低温釉，瓷器则多施釉；陶器由于胎质粗松，断面吸水率高，瓷器则经过高温焙烧，胎体坚固致密，断面吸水率不足1%或不吸水，敲之会发出清脆的金属声音。

（二）博物馆之青铜器导游

概念的导出——青铜是指红铜和其他化学元素的合金。如铜与锡的合金为锡青铜，铜与铅的合金为铅青铜，其他还有铅锡青铜、镍青铜、磷青铜等。青铜作为一种合金，硬度高，光泽好，抗腐蚀性强。它不像甲骨、陶瓷器那样容易破碎，也不像古书画那样难以保存。它比较坚固，便于长期的收藏保存，因而受到公私收藏家的青睐。它形态各异，有优美的线条，身上装饰着多彩的花纹，更增添了几分妩媚，这些是甲骨、瓦当、墓志等无法企及的，也是世界上所有国家与地区的青铜器所具有的共同特点。

发展历程——我国古代青铜器滥觞于夏代，繁荣于商、周，衰落于秦汉。从其发展脉络看，每一时期都有着前后承袭的关系，同时又各具独特的风格和特征，并与历史、冶金、文学以及造型艺术有着相当密切的联系，因而中国古代青铜器历来在国际上享有盛誉，尤其是先秦时期的青铜器。

中国青铜器究竟有多少？没有人做过精确的统计。其原因在于它的数量太大，到处都有，难以确知。至今从汉代出土的青铜器仅仅有铭文的就在一万件以上。而有铭文的青铜器毕竟是少数，反过来推算没有铭文的青铜器，其数量之多，就可想而知了。数量多，本身就是一种魅力。中国青铜器造型丰富，酒器、食器、水器、乐器、兵器、农具与工具、车马器、生活用具、货币、玺、印等应有尽有。单在酒器类中就有爵、角、尊、壶、卣、勺、禁等 20 多个器种，而爵在商代不同的式样就达 14～15 种之多。每一种器种在每个时代都呈现不同的风采，同一时代的同一器的式样，因地区不同也有差异，犹如百花齐放，五彩缤纷。

（三）实际范例

1．三星堆博物馆

三星堆博物馆位于全国重点文物保护单位三星堆遗址东北角，地处历史文化名城广汉城西鸭子河畔，南距省会成都约 40 公里，北离新兴工业城市德阳 26 公里，是我国一座大型的现代历史博物馆。

博物馆于 1992 年 8 月奠基，1997 年 10 月落成开放。馆区占地 20 公顷，主馆面积 7 000 平方米。馆体外形追求与地貌、史迹及文物造型艺术相结合的神韵，融原始意味和现代气息为一体，力图表现三星堆文化的苍古雄浑及三星堆文明的博大精深。

馆内展厅面积 4 000 平方米，展线长逾 800 米，以"古城古国古巴蜀文化陈列"为主体内容，全面展示三星堆遗址及遗址内一、二号大型商代祭祀坑出土的陶器、玉器、骨器、金器和青铜器等上千件珍贵文物。

三星堆文物，是具有世界影响的文物，在中国浩如烟海、蔚为壮观的文物群体中，属最具历史科学文化艺术价值，且最富观赏性的文物群体之一。陈列充分运用各种现代表现手法，通过精心的空间组合，力求在内容设计和艺术形式有所突破和创新，旨在使三星堆这一大批精华荟萃的文化瑰宝在博物馆这座神秘梦幻般的艺术殿堂得到充分的展示，文物内涵得到更深的发掘，从而使更多的观众熟悉中华历史，热爱中国文物。博物馆集文物收藏保护、学术研究和社会教育等多种职能为一体，采用现代化科学手段实施管理。馆内设有中央空调和多功能的声光系统；严密的消防、监控装置和计算机管理体系。

2．中国地质博物馆

中国地质博物馆坐落在西四羊肉胡同，是我国规模最大、成立最早的全国性地学博物馆，也是亚洲最大的综合性地学馆。

1959年10月正式开馆。该馆前身可追溯到1916年农商部地质调查所创建的地质矿产陈列室。馆舍为一座平面呈L型的六层灰色楼房，总面积10 000平方米。馆内基本陈列由"矿产资源"、"地球史"、"地层古生物"、"矿物岩石"、"宝石"等几部分组成。藏品丰富，品种齐全，共有中外各种类型地质标本10万余件，其中不乏古今中外地质珍品，还有不少国宝级珍品，如世界上最高的恐龙化石——巨型山东龙，对研究鸟类起源有重要价值的原始鸟化石及在周口店发掘出的石器、石珠、骨针等。展览通过矿物岩石的性质构造及其成因、地质演化史以及自然环境的变迁与古生物的演化过程，展示了一幅宏伟的地球史画卷。地壳运动、火山爆发、大陆漂移，这一切表明地球是一个有生命的实体，它不仅孕育了万物生灵，还奉献给人类无尽的宝藏。这里还拥有一个汇集奇珍异宝的殿堂，它不仅使你领略到金刚石、猫眼石、祖母绿、和田玉等宝石的熠熠风采，而且为你揭示了宝石的迷人所在——光学效应。中国地质博物馆不仅让人们认识到祖国地大物博、矿产丰富，同时也让人们认识到珍惜自然资源，保护自然资源，更好地利用自然资源的重要性。

3．北京自然博物馆

北京自然博物馆位于北京市崇文区天桥南大街，是建国后创建的第一座自然科学类综合博物馆，1959年10月1日正式对外开放。

自然博物馆有四个基本陈列和一个恐龙世界博览。馆藏文物、化石、标本10余万件，大型整体古哺乳动物化石数量居世界第二，黄河古象化石、恐龙化石名扬海内外。"动物陈列"按系统发育顺序展示了现实主要动物类群，反映了动物界从单细胞到多细胞、从水生到陆生、从简单到复杂的演化历程。"植物陈列"展示了原核生物的细菌、蓝菌，真核生物的藻类、真菌、裸子植物、被子植物等的大量标本及生态照片，展现了植物的多样性，再现了植物演化的历程，反映了植物对动物、人类的生存所具有的不可缺少的作用。"古生物陈列"踏着史前生命的足迹，通过大量的化石标本展示了脊椎动物从水生到陆生、由变温到恒温、由卵生到胎生的演化历程。"人之由来陈列"展示了由猿到人的历

史进程，以及个体的人十月怀胎的诞生过程，勾画出人类自身的发展轨迹。"恐龙世界"利用高科技手段将恐龙复原，配以声、光、电，让观众仿佛回到了亿万年前的远古生态环境中，因而成为孩子们的乐园。

人类拥有地球，地球养育了世间的万物生灵。热爱我们的家园，就必须用科学的态度和方法了解这块热土上的自然历史变迁。自然博物馆，将帮助人们重溯自然界的轨迹。

4．中国航空博物馆

中国航空博物馆，坐落在风景秀丽的京郊昌平县小汤山，占地面积 800 余亩，航博北邻十三陵、八达岭长城，南接亚运村，西与八达岭高速公路相通，东有立汤快速路和京城相连。

航空博物馆是一个以飞机文物为主体的亚洲最大的、世界屈指可数的航空珍品荟萃地。目前已收存 105 种型号 200 多架飞机，还有地空导弹、高炮、防空雷达、航空炸弹、航空照相机等 700 多件武器装备样品。其中很多系国家珍贵文物、世界航空珍品。航空博物馆以丰富的实物史料向人们展示新中国航空事业蓬勃发展和人民空军成长壮大的历程，向人们讲述中华民族航空史上一个个动人的故事。航空博物馆是开展国防教育、科普教育和进行大型社会活动的理想场所。有航空特点的夏令营、冬令营、军训活动等年年吸引着一批又一批热爱航空、热爱人民空军的青少年。航空跳伞、航模表演、遥控飞艇和舰船模型等活动，以及航空博物馆球型影视厅放映的航空题材的影片、录像片等吸引着广大观众。航空博物馆曾被评为"全国科普工作先进集体"和"空军精神文明建设标兵单位"，并被命名为"全国中小学爱国主义教育基地"。

随着馆藏文物的增加和国内外各界人士对航空博物馆期望值的提高，航空博物馆在新征集的土地上，开始了第二期工程的规划建设。博物馆的宗旨是：建立实物档案，重视航空史事，普及航空知识，强化国防意识，搞好航体游乐，振奋民族精神，加强内外交流，促进科技发展，为祖国航空事业的腾飞和建设强大的人民空军服务。第二期工程的宏伟蓝图是诱人的：在航空装备陈列馆，将展出那些具有重要历史意义的、建立过卓著功勋的或有重要科学研究价值的飞机等航空文物，配以绘画、照片、图表，运用声、光、电，展示祖国航空事业的辉煌成就和世界航空史的壮丽画卷，讴歌为航空事业献身的先人、同仁、同志和朋友。在航空科技馆将展出自然科学界、航空界的新发明、新技术，利用实物、实验、图表以及电子手段等展示航空原理。在实验场、模拟练习器上，让观众亲手操作，鼓励人们动手参与。这里还将收集国际、国内航空史料和动态等，把这方面的档案、书刊和声像资料等向研究人员开放，向观众开放，使之成为航空科技研究和科普教育的重要场所。在影视中心，专门放映与航空航天有关的影视片，及时反映社会高新技术的发展。历史将在这里重现，新技术将在这里展示。国际奥比斯组织赠送的退役飞机"飞行眼科医院"，将展示在防盲治盲和促进国际交流方面取得的巨大成就。

在露天陈列场上，一架架大型飞机昂然屹立，地空导弹、高炮、高射机枪等组成的航空武器阵地和用各型军用雷达布列的防空雷达阵地，使观众身临其境，感受战斗的气息。在新修建的飞机跑道区内，牵引升空伞、自动升空伞、热气球、滑翔机和超轻型飞机，将把人们的激情从如花似锦的大地带上白云飘飘的天空，高塔跳伞和山顶索道滑翔等项目又可满足人们从天而降的愿望。第二期工程在增加展区、展品，开展航体运动的同时，还将扩建有航空特色的餐饮服务点、方便参观游览的观众服务部等，并利用小汤山特有的地下温泉开办温泉浴和温泉游泳等项目。

第二节　主题公园导游

一、主题公园与旅游活动

（一）主题公园概念的界定

主题公园（Tourism Theme Park）就是为了满足旅游者多样化休闲娱乐需求和选择而建造的一种具有创意性游园线索和策划活动方式的现代旅游目的地形态。[①]在一般游客眼中，旅游主题公园就是一种人造景观、游乐园。

（二）主题公园的起源及功能

1. 起源

主题公园是现代人创造的一种娱乐形式，已经有五十多年的历史。旅游主题公园起源于游乐园。由于旅游业的迅速发展和科学技术的日益先进，现代人造景观越来越多。由于高科技的融入，使得它的种类日益翻新，出现了像缩影公园、梦幻世界、历史街区、小人国、艺术宫、蜡像馆、电影城等很多形式的主题公园。凡是人们所能想象到的，高科技能够达到的，都充分展示了出来。

通常认为主题公园起源于现代西方发达国家。一般将第二次世界大战后荷兰的马杜拉丹"小人国"作为开端，将美国的迪斯尼作为成功的典范。

我国主题公园的开发起始于 1979 年建成开放的香港"宋城"，它是香港亚洲电视台总经理邱德根先生集资 1 500 万港元，模拟《清明上河图》场景建成的。此后，台湾自 1983 年起也建立了亚可公园等一系列主题公园。20 世纪 80 年代末，主题公园出现在中国大陆。

---

① 董观志. 旅游主题公园管理原理与实务. 广州：广东旅游出版社，2000，15

2．功能

主题公园的产生，使旅游业有了新的旅游资源，主题公园已成为现代旅游业举足轻重的部分。主题公园充分利用现代科学技术和手段，按某一个主题或多个主题，将历史的、异域的、显示的、想象的各种可能富有吸引力的自然或人文现象融合起来，是具有鲜明特色的，以娱乐、消遣、增长知识等为目的的现代人造景观。

主题公园对游客的吸引力和震撼力来自于创意性游园线索和策划活动方式。游人可以通过浓缩的、艺术化的人文景观和园林生态景观，在现实、过去甚至未来的世界里穿梭，体验梦幻般的感觉。

二、主题公园的特点与分类

（一）主题公园的特点与导游服务

1．主题的创新性

主题公园最显著的特点就是主题策划的创新性。主题是旅游主题公园的形成鲜明特色和独特个性的灵魂，也是主题公园影响游客休闲娱乐选择方向的基础魅力。在实际导游中，导游员应该掌握所游览主题公园的中心主题和各项附加主题，在游览线路的安排和具体的景物讲解中要围绕主题来展开，突出重点，为游客留下深刻的印象。

2．景观环境的虚拟性

景观环境是旅游主题公园营造独特旅游氛围的关键。主题公园的景观环境具有极强的整体性、连贯性和复杂的功能性。旅游主题公园是游客的游乐空间和情感体验对象，是一个非日常的舞台化世界。导游员可以充分利用主题公园独特的环境氛围，通过自己精心编排的路线、卓有成效的讲解内容组合，配合"与众不同，别出心裁"的导游艺术和有节奏、有情调的导游语言，在虚拟的环境氛围中最大限度地使游客感受"实景"的存在，以赢得游客的共鸣、认同和喜爱。在导游方法的运用上，要突出游客与导游间的交流与沟通，在游览方式上强化参与性、娱乐性。

3．产品性

主题公园是纯商业性的人造景观，因为它大多是由一定企业投资筹建的，以赚钱为目的的游乐场所，它往往要利用各种商业手段和技巧来赢得利润。因此，对于企业来说，主题公园就像企业众多产品中的一个，一经投放市场，就要受到市场的考验，就会具有进入、发展、成熟、衰退等产品的生命周期规律。

4．目标市场的层次性

不同主题公园具有明显的市场形象和对游客的感召力，由此产生了客源市场结构层次。同时，不同主题的主题公园是要通过不同的技术手段和资金投入来建设，这样理所当然地产生了品位和成本的差异性。

5．大众性与娱乐性

主题公园是一种满足游客多样化休闲娱乐需求和选择的现代旅游景区，在功能设计、审美设计上力求符合大众求新、求奇、求异的心理，更追求一种轻松、快乐、热闹的氛围。这非常符合各种年龄阶段、各种层次人们的需求。近年来随着旅游热升温，人们在旅游上所表现出来的行为总是有点"一窝蜂"，拥有一份轻轻松松的生活，追求一种轻轻松松的娱乐方式，是现代人的普遍追求。主题公园的出现迎合了这种旅游趋势。大众消费的"群体效应"迫使主题公园与传统旅游目的地相比，更注重在大众传媒中的形象塑造。

同传统的园林更注重欣赏性相比，主题公园则追求更强的娱乐性。它利用一些现代的高科技设施带给人们兴奋感、刺激感，并做到老少皆宜，让各类型的消费者自然而然地参与进来。娱乐性是主题公园的重要特征。

6．艺术性

主题公园同园林一样，是在一个有限的空间内表现一个或多个主题。如何更充分地利用空间，更有力地展示主题，就成为一个非常重要的问题。主题公园不同于园林，利用有限的空间发挥更高的艺术性，利用别出心裁的设计带给投资者更大的利润是设计者的最终目的。因此，主题公园在深刻挖掘主题的同时也十分重视它带给人们的艺术上的享受。导游讲解中，要把握住新、奇、乐的游客动机要求，同时做好安全提示。

7．主题活动的多样性

主题活动是旅游主题公园的活力源泉。旅游主题公园提供的主题活动的多样性主要由活动形式的多样性、项目的多样性、接待服务的多样性等多方面决定。

（二）主题公园类型

主题公园从不同的角度可以划分为不同的类型，目前的划分方法主要有：根据主题公园所在的位置来划分，可分为城市主题公园、城郊主题公园、海滨主题公园等；根据主题公园的主要功能划分，例如静景观赏型、动景观赏型、艺术表演型、活动参与型、项目挑战型等旅游主题公园；根据主题公园的造园原理，可分为园林类旅游主题公园和非园林类主题公园；根据主题公园的表现形式划分，例如室内或室外主题公园，或地上、地下主题公园等；根据内容可分为人文和自然两大类；其他还可以根据规模、投资性质、客源市场、管理方式和科技含量等方面来划分。在导游服务和讲解中，导游员可根据游客的具体情况来介绍主题公园的类型。常见的人文类旅游主题公园有以下几种。

1．以文化为主题的旅游主题公园

这一类型的主题公园着眼于展示一种文化，让游人在有限的空间和时间内了解一种

或多种文化，具有较强的文化性。它又分为以异国文化为主题的，像日本的"希腊王国"、"荷兰村"，中国深圳的"世界之窗"，中国北京的"世界公园"等；以民族文化为主题的，像美国的迪斯尼世界、"美国大街"，中国深圳的"中国民俗文化村"和"锦绣中华"，日本的"明治村"等；以地方历史文化为主题的，像美国迪斯尼世界的"拓荒者"、中国北京的"老北京"、中国无锡的"吴文化公园"等。具体还可以分为：观光风情型主题公园，如北京的世界公园、北京中华民族园、云南民族村、河北吴桥杂技大世界等。

导游员在讲解以文化为主题的主题公园时，要突出"文化"二字。第一，要让游客对公园产生的文化背景有一个全面的了解和认识；第二，突出文化主题；第三，展示与主题相关的民俗；第四，进行主题文化的延伸讲解。

2．以科学技术为主题

这种类型的主题公园往往采用现代先进的科技手段，制造颇为现代化的景观和娱乐设施来满足人们求新、求奇的心理，具有较强的娱乐性。如美国迪斯尼世界的"明日世界"、中国台湾的"大同水上乐园"、中国上海的"太空城"、日本的"读书园"等。典型的有：地质主题公园、动物主题公园、云南石林地质公园、丹霞山地质公园、张家界地质公园、五大连池世界地质公园、嵩山地质公园等。

3．以童话世界为主题

如美国"迪斯尼世界"和"奇幻王国"、日本东京"迪斯尼乐园"、中国台湾的"小人国"等。

4．以历史人物为主题

如中国北京"太皇城"、中国河北"秦皇宫"等。导游员讲解时要强调和突出科技性，在导游讲解过程中，应尽可能使用现代化手段作为辅助工具；活动安排注重参与性，引导游客体验"人工特异环境"。

（三）主题公园的组成要素

1．游乐设施

游乐设施是主题公园内最基本也是最重要的组成内容。为了延长主题公园的生命周期，主题公园常利用高新技术不断更新游乐设施，提高游乐设施的多样性、娱乐性。

2．商业设施

一个好的主题公园应该是以娱乐项目为主体，带动配套设施的典范。人们在园内既可以娱乐，又可以享受购物等乐趣。

3．服务设施

除了游乐设施和各种商业设施，完善的后勤服务设施和技术服务设施也是主题公园必不可少的硬件之一。如迪斯尼乐园的各种服务设施就包括存物处、失物招领处、婴儿中心、迷失儿童招领和问讯处、婴儿车出租、医疗中心、残疾人服务等。奥兰多的迪斯尼乐园还专门花费近 2 000 万美元修建了地下废物处理系统，以处理公园每天产生的大量垃圾、废水等废弃物。

三、主题公园导游

（一）对导游员的要求

1．知识的掌握

主题公园类型繁多，涉及面较广，因此导游员要为游客导游讲解好主题公园必须具有丰厚的知识底蕴，除导游员应掌握的一般规范性常识外，针对旅游主题公园导游，导游员还应该重点掌握的知识有：第一，掌握相关旅游主题公园的基本知识；第二，重点、全面掌握与公园主题相关的基本知识，要有一定的深度，例如导游杭州宋城，则要对"清明上河图"了如指掌，同时应该是"宋史"专家；第三，掌握与主题相关的衍生知识，即强调知识的广度；第四，掌握与公园建设相关的科技常识；第五，掌握各种娱乐设施的使用常识及安全知识，特别是在一些运用高科技手段的游乐园。

2．技巧与技能

游客对主题公园的期望值相对较高，同时由于主题公园景观、景物的分布密集程度较高，在讲解中常遇到知识的大跨度，而不同游客对相同旅游主题公园的感受差异较大等原因，导游员在实地导游时对导游技巧和技能有更高的要求。例如大跨度知识的衔接技能；各类基本常识的综合运用的技巧；各类游乐设施的运用技能等。

3．讲解方法与语言运用

主题公园在一定的范围内，通过人工建设，造就了一种特殊的文化现象。而"再造"的景物、景观往往又有其"原作"为对比。因此在讲解中应特别注意以客观显示为依托，注意宏观与细节的讲解选择。由于空间有限，在讲解中，借景抒情、借题发挥、对比讲解等方法运用较为广泛。在讲解中，语言的生动性更显重要，由于景物的"人造"特性，使游客感到一种"假"，而要使游客感受"真实"，导游员巧妙的知识运用及生动有趣的语言表达，对游客游兴的激发和知识的传授起到重要的作用。

4．审美引导与形象识别

主题公园向游客展示的"美"有别于其他旅游景观。它表现的主要是一种"人工美"、"氛围美"和"表现美"。在具体赏析一个具体"人工造景"时，它不仅包容了其原型自身包含的美学特征，更多的则添加了在"仿造"或"创造"过程中反映出来的美。导游

员在引导游览、娱乐及导游讲解过程中，要把各种"原生美"和"创造美"有机结合，引导赏析与参与，通过点、线、面游览、娱乐的综合为游客营造出一个鲜明的旅游主题公园的无形的"形象识别"框架，加深游客的印象。

5．促销与市场

主题公园的生存需要靠游客的支撑，导游员在实际工作中应通过自己优质的服务、生动有效的讲解培养游客对旅游主题公园的"忠诚度"，为旅游主题公园培养一批"老朋友"，预备广泛的"新朋友"。

6．主人翁的态度

在为游客导游讲解主题公园时，无论导游员自身的隶属关系如何，要做一名好导游，必须要树立主人翁的意识，要把游客所游览的主题公园看成自己的"家"，爱游客正在游览的主题公园，创造性地为游客提供导游服务。

（二）讲解要求

1．突出主题

主题公园都有一个主题，或一个主题兼有几个副主题。因此，在导游过程中导游员必须明确主题。例如，杭州宋城，其主题是再现宋代历史；云南民族村为展示云南多民族文化特色；深圳世界之窗让你不出国门周游"世界"等。导游员的知识辐射应围绕主题而进行。

2．强化娱乐

主题公园的建设，其宗旨就是通过人工创造，向人们展示一个特色文化娱乐地。人们进入公园就是为愉悦身心，因此，在导游讲解中应尽可能避免生硬的"文化"灌输。

3．注重参与

为了让游客愉悦身心，主题公园中往往设立了较多的游客参与项目。因此导游员要了解项目的内容、程序、特色等，要能带领游客参与娱乐活动。

4．传播文化

中国的主题公园一般都有一定的文化内涵。导游员在讲解中要有针对性地以游客参观对象或参与项目为依托，引导出特色文化，向游客传播优秀文化。

四、导游范例

（一）昆明 99 世界园艺博览会会址——昆明世博园导游计划

1．世博会简介——主题、会址、定义、宗旨、级别、会徽、游览路程以及时间、吉祥物、基本布局等。

2．游览线路——花锤、花园大道（花船，花柱）、世纪广场、中国馆、人与自然馆、中国室外展区、大温室、树木园、茶园、国际室外展区、国际馆、科技馆、药草园、盆景园、蔬菜瓜果园、竹园等。

3．主题——人与自然。

4．副主题——园林、园艺、中国建筑、中国各省特色区域文化等。

5．讲解方法——根据游客和讲解具体事物有机组合讲解方法。

（二）深圳锦绣中华导游片段

各位游客，今天我们将要参观的是名列中国40佳景区之一的深圳锦绣中华。它占地30万平方米，是中华5000年历史文化和数万平方千米锦绣河山的荟萃和缩影，也是目前世界上面积最大的实景微缩景区，82个景点均按中国版图位置分布，比例大部分按1:15复制，生动地再现了中国各民族风格迥异的建筑、生活习俗和风土人情，"一步迈进历史，一日畅游中国"是锦绣中华的生动写照。景区内还有一个综合服务区——苏州街，保留了中国传统商业街坊的特色，可以吃到京、川、苏、粤等地的风味小吃，还有民间手工艺制作表演及各种手工艺品、土特产品供选购。下面我们先一起参观各微型景观吧……

请看，天坛已经展现在我们面前。天坛位于北京，是明清两代皇帝每年祭天祈求五谷丰登的地方，是我国现存最大的一处古代庙坛建筑群。建于明永乐18年，占地2.7平方千米，比故宫还要大两倍，天坛的坛墙两层，一方一圆，象征天圆地方，从南至北逐渐升高，象征从人间到天坛的路途漫长而又艰难。其中最主要的是祈年殿，层顶砌以蓝色琉璃瓦，象征蓝天，大殿全部重量靠28根巨大楠木柱的木结构支撑，中央四柱，象征一年四季，中间12根金柱代表一年12个月，外圈12根代表一天中的12个时辰，整个28根柱子又象征天上28星宿……

（三）大理天龙八部影视城导游常识

……大理省级旅游度假区投资兴建的大型影视拍摄基地，它坐落于大理中和山之麓，北临三月街，距古城1公里，东汲高原明珠洱海之灵气，西借苍山十九峰之雄伟气势，独享大理风花雪月之四大美景。

天龙八部影视城占地700余亩，它不仅是一个影视拍摄基地，同时还是一个魅力与诱惑并存的主题公园。

各位可还记得，在镇南王府的客厅内，白衣飘飘的段家公子段誉用他天下无双的"凌波微步"，收服了四大恶人。这场惊心动魄的武打场面，出自40集电视剧《天龙八部》。而这个逼真的场景就搭建在天龙八部影视城。游客在游览天龙八部影视城的同时，还能

与影视名角"频频相遇"，盛装亮相的明星们成为影视城最好的代言人。

影视城按照"大理特点、宋代特点、艺术要求"三结合的原则，参照宋代名画《清明上河图》的风格进行规划、设计。走进天龙八部影视城可以游览四大片区：一为大理国，包括大理街、大理皇宫、镇南王府；二为辽国，包括辽城门和大小辽街；三为西夏国，包括绝望山庄、西夏一品堂；四为女真族部落。

没有剧组驻扎的时候，游客可以参与到景区节目中自动娱乐。这些表演充满了浓郁的民风民俗，还有好多来自《天龙八部》的片段，让游客身临其境做一回武侠梦。

造型上以"优美、飘逸、奇特"为风格，结构上以北宋张择端名画《清明上河图》为依据，以砖木结构效果为主体，青砖青瓦为主要建材构筑"古城"，真景、真物、永久、固定、平面构成突出"错落、变化、统一、大气"的布局原则，根据自然地形采用阶梯式高差处理。色彩处理按"历史、自然、生活"为前提着色，建成一个具有岁月感、生活气息、回归自然的意境。既是一个独具地方民族特色，能满足影视拍摄要求，功能比较齐全的中国影视基地之一，同时又是展示宋代大理国及西夏、女真、辽国历史文化的大型主题公园，与大理古城、崇圣寺三塔、元世祖平云南碑、弘圣寺一塔等现有景点，形成集中展示大理历史文化的旅游核心区。天龙八部影视城经过了《天龙八部》的热场后，还吸引了《倩女幽魂》、《福星高照》等剧组的驻留……

本章小结

博物馆是精华文化的展示区，主题公园是概念性文化的体现场所。二者皆有相对固定的游客群体。导游员要能根据游客的需要引导游览、精心解说。

关键概念

博物馆导游、主题公园导游

课堂讨论题

1. 博物馆在旅游活动开展过程中遇到的问题和解决的办法。
2. 博物馆游览、审美和导游讲解与其他旅游景观区（点）有何异同。
3. 结合前面章节，讨论博物馆和主题公园导游讲解的特殊性及如何改造。

复习思考题

1. 我国的博物馆是如何分类的？
2. 旅游主题公园有哪些特点，针对这些特点导游员应该怎么办？
3. 模拟导游一家博物馆。
4. 游客游览主题公园，导游员在导游过程中的服务讲解要求是什么？
5. 模拟撰写一份导游博物馆或主题公园导游词。

第十章　特种旅游活动与导游

引　言

　　随着人们生活水平的迅速提高，旅游活动日趋多样化。游客已不满足于常规的观光旅游，越来越多的人们向往大自然，以徒步旅游为代表的特种旅游越来越受到人们的青睐。特种旅游活动对导游员的服务要求、技能和知识有特殊要求。

学习目标

1. 了解特种旅游的基本概念。
2. 熟悉徒步旅游的基本要求。
3. 掌握徒步旅游的导游服务工作。

教学建议

1. 从理论的角度，分析徒步旅游的基本情况。
2. 通过分析演示，教会学生掌握徒步旅游活动的基本规律和要求。
3. 通过实践教学，让学生体验一次徒步旅行，由学生总结归纳出徒步旅游活动的导游服务方法和技巧。

第一节　特种旅游概述

　　特种旅游是与观光旅游、度假旅游和商务旅游等传统旅游和常规旅游相对应，适应市场需求，为满足旅游者特殊偏好而产生的一种新兴旅游方式，以及与之相应所开发的新兴旅游产品。特种旅游偏重于个性化，有较强目的性，注重参与。其连续旅游跨度大、时间长，旅游目的地具有明显的复合性特征，所依赖的环境具有较强的原始性、自然性、生态性。

一、基本类型

（一）非赛事体育运动类

自驾车游：普通车、越野车、大篷车、摩托车、房车等。户外活动游：滑雪、漂流、滑沙、滑草、攀岩、骑马、徒步穿越、户外生存、户外拓展、户外自行车、山地车、极限活动、热气球、高空滑翔、狩猎等。海上运动：滑水、帆板、皮筏艇、摩托艇冲浪、海上跳伞、海上垂钓等。

（二）探险类

登山探险、沙漠探险、森林探险、峡谷探险、洞穴探险等。

（三）考察观察类

如观鸟、观蛇等；潜艇海底观光、潜水观海底生物等；文物古迹科考、冰川等自然地理科考、人文历史景观科考、学术考察、独特文化映证考察等科考游等。

（四）其他

如宗教游、摄影游、写生游、边境游、跨境游等。

二、特种旅游的特征

（一）旅游生态环境和文化环境的原始自然性

1. 旅游者所到的旅游区域具有独特的自然生态风光，人口相对稀少，由于受工业化影响程度较低，保存着生态环境的相对原始状态。

2. 在这个区域内的人口具有历史和现实的文化独特性，其生活方式和文化模式的纯自然原始状态保留的较系统，对于旅游者具有心理文化上的吸引力。因为使旅游者选择去某地旅游的共同心理特征是了解、观察、体验有别于他们本人文化模式的异文化。

3. 在上述两个内容的基础上设计的特种旅游项目和线路，要体现特定的旅游生态环境特征相对集中，自然地理条件和人文条件和谐相存的要求，项目和线路能够使旅游者体验到过去未曾体验到的心理感受。

（二）旅游项目和线路的新奇性、探险性

所谓新奇性，是指项目和线路设计，具有历史感和现实感相结合的巧妙构思，视角新颖，能够突出一两个具有独特特征的主题。所谓探险性，是指旅游项目和线路具有某

种程度的冒险因素。

无论是新奇性，还是探险性，都必须有可靠的安全系数，能够保证旅游者最大限度地体验到项目和线路所蕴含的冒险因素，又能在接待、导游和联络等操作上最大可能地保证旅游者的安全，二者必须相统一。

（三）旅游形式的自主参与性

旅游项目给旅游者提供尽可能完善的服务，又留有许多让旅游者自主参与的余地。

第二节　徒步旅游导游

徒步旅游是以步行的方式旅行，在步行过程中观赏自然风光、了解当地文化、锻炼身体素质、磨炼自身意志的一种旅游形式。徒步旅游不是一般意义上的随便走走，而是有目的、有针对性的野外旅游活动。这种游览要付出艰辛，在徒步中可增长知识，在游览中可强健体魄。

参与徒步旅游的人综合素质相对较高，出游动机明确，他们希望体验旅游的过程、感受刺激与浪漫。

徒步旅游具有出游组织形式多样、强调目的地资源的"原生性"、设施、设备的"专业性"，旅游"目的地"及线路选择的多样性等特点。

一、徒步旅游对导游员的基本要求

（一）身心要求

徒步旅游是一种典型的野外穿越旅游活动，对参与者的身体条件有严格的要求，而作为提供服务者——导游员，不仅自己能适应环境，更重要的是在艰苦的环境下还要为游客提供向导、生活安排及导游讲解服务，因此对导游员的身体条件要求更高，需要有强健的体魄。同时由于徒步穿越旅游过程中经常有意想不到的情况发生，因此，导游员要有良好的心理品质与道德水准，如坚韧顽强、胆大心细、处变不惊、行事果断、吃苦耐劳，还要注重团队精神，乐于助人等。

（二）特殊知识与技能要求

1．基本科学常识，涉及天文、气象、地理、生物、生理、水文、地质、物理、化学等知识。

2．地图、GPS及各种特种通信设备的使用。

3. 野外行进和野外生活的技能，如野外方向辨别、徒步行走及登山等技能、急救技能、野外生活（食、住等）、避险等。

二、徒步旅游导游服务必备常识（节选）

（一）常见装备知识

背包（穿越者的主要东西都要用包装好背在肩上，所以最好选一个质量较好的登山包，容量不少于 60 公升，最好能防雨）、帐篷、睡袋（要根据所穿越地区的气候特点来选择相应的睡袋）、登山鞋（要防水透气的专业登山鞋，最好是高帮的）、服装（内衣要求排汗性能要好，注意纯棉的排汗性能很差，在野外忌讳纯棉内衣；外衣要求防雨保暖性能好，还要有较好的透气性；在气候炎热的雨林地区，还可以穿快干衣服。）、头灯与电池、备用粮食、备用衣物（一双内外袜、营地用靴、内衣裤、外裤、毛线衣或外套；帽子、手套。当然，究竟要带什么，必须根据穿越地区的气候来确定）、太阳眼镜（高山紫外线易损伤眼睛，太阳眼镜可减低此伤害，但不要被多云的天气欺骗，因为紫外线会穿透云层，刺眼的光线会引起头痛）、急救箱（急救药品最好用防水坚固的盒子装妥，箱内所备药品主要用于应付水泡、晒伤、皮外损伤等轻微伤病，若出现严重的出血或骨折则要按急救程序办理，请医生处理）、瑞士刀、火种、水瓶、防晒油、驱虫剂等。

（二）野外判定方向

徒步旅游最易发生的问题就是迷路。在特殊情况下可使用 GPS、罗盘、指南针等。有时现代化的仪器在密林、河谷中会失效，作为导游员应该掌握一些简易而有效的野外判定方向的方法。

1. 利用北极星判定

北极星是正北天空的一颗较亮的恒星，位于小熊星座的尾端。因小熊星座比较暗淡，所以通常根据大熊星座（即北斗星，俗称勺子星）和仙后星座（即女帝星座，又叫 W 星座）来寻找。

大熊星座由 7 颗明亮的星组成，形状像一把勺子，将勺底端甲、乙两星的连线向勺子口方向延长，约在两星间隔的 5 倍处，有一颗比较大且较明亮的星，就是北极星。

仙后星座由几颗明亮的星组成，形状像一个"W"，从中央的星算起，在"W"缺口方向，约为缺口宽度的 2 倍处，就是北极星。

大熊星座和仙后星座分别位于北极星的两侧。在北纬 40°以北地区，两个星座都能看到。在北纬 40°以南地区，有时只能看到其中一个星座，另一个则移到地平线以下。

2．利用地物特征判定

有些地物的特征与方向有关，可用来概略判定方位。独立大树，通常是朝南方向枝叶茂密、树皮光滑；朝北则相反。独立树砍伐后，树桩上的年轮，通常朝北方间隔小，朝南方间隔大。

突出地方的地物，如土堆、田埂、土堤和建筑物等。朝南方干燥、青草茂密，冬季积雪融化比较快；朝北方向湿度大易生青苔，冬季雪融化比较慢。

北方平原地区较大庙宇、宝塔的正门和农村住屋的门窗多数朝南开。

3．利用时表和太阳判定

一般来说，在当地时间6时左右太阳在东方，12时在正南方，18时左右在西方。根据这一规律，便于利用时表和太阳结合起来概略判定方位。口诀是：时间折半朝太阳，"十二"所指是北方。以表盘中心和时针所指时数（每日以24小时计算）折半位置的延长线对向太阳，此时，由表中心通过"12"的方向就是北方。例如，上午10时，折半是5时，则应以表盘中心与"5"字的延长线对向太阳；若在下午2时（即14时）40分，折半是7时20分，应以表盘中心与"7"字后两小格处的延长对向太阳，则"12"字的方向即为北方。为便于判定，可在时数折半的位置竖一细针或细草棍，转动时表，使针影通过表盘中心，这时表盘中心与"12"字的延长线方向即为北方。在北回归线以南地区，夏季中午时间太阳偏于天顶以北，不宜采用上述方法。

4．利用太阳阴影判定

选择一平整的地面，在地面立一根细直的长杆，在太阳的照射下就会出现一个影子，将影子标示在地面上，等待片刻（约10~20分钟），再标出影子的新位置，然后过两个影子的端点连一直线，此直线就是概略的东西方向线。原理：由于太阳东出西落，其影子则沿相反方向移动，所以第一个影子就是西，第二个影子必是东。根据已知的东西方向线，在其上任选一点作垂线，这条垂线大体就是南北方向线。

（三）掌握走路的技巧和技术

走路技巧的核心是如何保持体力，经验证明，步幅迈得大比迈得小好，不仅可节省体力的消耗，而且还便于休息。行走的姿势应是身体自然前倾，手不要向两边摆，应向前后摆动，过分地摆动既需要增加保持重心的力量，又分散了向前的惯性，容易引起疲劳。迈步最好是用脚跟着地，再通过脚弓，把重心逐渐转移到前脚掌上去。

（四）在旅游中观测气象

1．观天象。导游员应多积累一些观天象判定天气的方法，向当地人学习，背诵谚语，勤学多练。

2. 看蜘蛛。晴天的下午，蜘蛛若大量结网，在今后的一两天内将会有雨。网结的结实，风雨较大，反之，则较小。雨后结网意味天要转晴。

3. 看蚯蚓。如果蚯蚓是在春夏季节爬出土外，常常有大雨到来。

4. 观鱼。夏季傍晚，鱼塘中若有鱼儿乱蹦出水面的"跳水"现象，预示将有雷阵雨到来。

5. 观青蛙。天气将转雨前，空气中湿度较大，青蛙皮肤较湿润，青蛙的叫声较小，频率也低。风雨将来临时，更听不到蛙鸣。但晴天时，青蛙叫声响亮。

6. 看鸡鸭。鸡归窝早，第二天一般是晴天。反之，在天快黑时才进笼，天气将转坏。鸭与鸡的表现却相反，鸭是喜水动物，鸭进笼早，意味天气要转坏，反之翌日是晴天。

三、不同地域环境的徒步旅游与导游服务要求

（一）山地丛林穿越

山地丛林穿越，林深路险，行走之前导游员一定要搜集大量的资料，确定详细的路线。在山地行进，为避免迷失方向，节省体力，提高行进速度，应力求掌握有道路不穿林翻山、有大路不走小路、走高不走低的原则。可沿山脊线行进，也可沿山体斜面行进，这样便于夜间观察目标和方向，行进中要严密注视行进路况，及时观察是否有断崖滑坡，防止跌伤。上坡时身体重心前移下塌，必要时可手脚并用，沿山体斜面行进时，身体尽量向山体一侧倾斜，两脚侧面用力。在热带丛林地中行进，应防止蚊虫、蚂蟥、毒蛇等的叮咬。

（二）沙漠荒原穿越

沙漠荒原时常大风骤起、荒无人烟、水源缺乏、气候干燥，行前要在当地了解好情况，是否可以找到水源是穿越成功的关键因素。穿越其中可以领略到一种苍凉之美，也许还可以寻找到古人留下的痕迹。

（三）雪原冰川穿越

寒冷、缺氧，穿着臃肿的羽绒服，大风大雪总是没有预约就来了，行前导游员一定要做好御寒的准备及路线的确定，了解行程中的天气情况。穿越其中可以领略到雪山的纯洁、峰顶在日出日落下的胜景。

（四）峡谷穿越

忽左忽右，道路崎岖，行前导游员了解峡谷的线路是能否穿越出来最为重要的因素，

必要时为了安全起见，需找当地的向导。穿越其中可以领略到溪流、怪石、奇松、山花营造的绝美风光。

（五）山岭穿越

时而攀越，时而探谷，时而涉溪，行前导游员最好有张山势地形图，带好攀岩的装备（需要经过专业训练），必要时聘请专业向导。穿越其中可以领略到攀岩的刺激、探谷的神秘、涉溪的乐趣。

（六）平原徒步

这些地方主要是一些好的风景区、古镇、遗址等，比较轻松、安全，行前导游员要备好地图。徒步其间可以领略到田园的美景、古镇的古朴、遗址的沧桑。

（七）长城穿越

行走在山脊，行走在前人用血筑起的脊梁，行前导游员要了解长城的保护情况以及沿途的村落，不要人为破坏当地的环境。穿越其中可以领略到古人的伟大、历史的沧桑。

（八）草地徒步

春天是草地徒步的最佳时节，小心泥潭、沼泽，行前了解徒步区域的情况，找个好的向导最为重要。穿越其中可以领略到野花的烂漫、鸟类的舞姿、田野的空旷。

（九）环湖徒步

它的行程就像圣徒的转山，为了一种信念，为了一种执著，徒步环湖需要准备的就是一张地图和所需的装备，沿湖一般都会有居民，只要了解他们的习俗，很容易相处。环湖徒步可以领略到不同的美景，不同的民风。

遇到沼泽地，最好避开。如果沼泽无法绕行，应手持一根木杖探寻，在坚实的地面或泥水较浅的地点通过。

（十）古道徒步

这是文化之旅，要想穿越它，导游员必须了解它的文化渊源，具备强健的体魄去应付艰险的行程。穿越其中导游员要引导游客领略前人的艰辛、历史的足迹，为游客讲述可歌可泣的故事。

（十一）江河徒步

完成这类徒步之旅，需要有莫大的勇气和耐力，徒步江河，跨越的地区多，行前一定要了解不同地区的风俗，以及详细的资料。穿越其中你可以领略到大江大河的壮丽和气魄以及天水间的独特风光。需涉水穿越时要注意：河流上游通常水流湍急，河道狭窄。两岸可能陡峭崎岖。河道较窄的上游，趟水过河也是可行的，但一定要用撑竿试一试水的深浅。河流三角湾处通常波涛汹涌，河面也很宽，有些河流会受潮汐影响，不要在该处穿越。在宽阔河面，尤其是靠近入海口处，不要轻易穿越。如果水温过低，不要轻易作出渡河的决定。涉渡冰源河时，最好早上通过，因为那时河水最浅。渡河时，背囊的背带要调整得当，以备必要时迅速从这些装具中脱身。遇到较大的河流时，可考虑制作浮渡工具，如竹筏，有条件也可制作单兵木筏。总之，要打有把握的仗，千万不要冒险。

第三节　其他特种旅游活动

一、高山探险旅游

（一）高山探险旅游基本装备要求

主要装备有服装、简单的用具、足够的食品、特殊的用具、其他必需品。

（二）基本技术要求及技术要领介绍

1. 爬山

上山：上体放松并前倾，两膝自然弯屈，两腿加强后蹬力，用全脚掌或脚掌外侧着地，也可用前脚掌着地，步幅略小，步频稍快，两臂配合两腿动作协调有力地摆动。

下山：上体正直或稍后仰，膝微屈，脚跟先着地，两臂摆动幅度稍小，身体重心平稳下移。不可走得太快或奔跑，以免挫伤关节或拉伤肌肉。

坡度较陡时，上下山可沿"之"字形路线来降低坡度。必要时，也可用半蹲、侧身或手扶地下山。

通过滑苔和冰雪山坡时，除用上述方法外，还可使用锹、镐等工具挖掘坑、坎台阶行进，或用手脚抠、蹬、三点支撑、一点移动的方法攀援爬行。

通过丛林、灌木时应注意用手拨挡树枝，防止钩戳身体，对不熟悉的草木不要随便攀折，以防刺伤，并尽量选择好的路线。

通过乱石浮石地段，脚应着落在石缝或凸出部位，尽可能攀拉，脚踏牢固的树木，以协助爬进。必要时，应试探踩踏石头，以防止石块松动摔倒。

2. 攀登

攀登时手脚要紧密配合，保持身体重心的稳定，不断观察、试探攀登点的牢固适用性。借草根或树枝攀登时，应先稳住重心试着用力拉动，以免因草根树枝突然松脱造成

危险。

徒手攀登时（三点固定攀登法）：利用崖壁的凸凹部位，以三点固定一点移动的方法攀上崖壁。攀登时，身体俯贴于崖壁，采用两手一脚固定，一脚移动或两脚一手固定，一手移动的姿势，利用手抠、拉、撑和脚蹬等力量，使身体向上移动。

绳索攀登：两手握住绳索，使身体悬起并稍提腿，用两腿内侧和两腿外侧夹住绳索，随着两脚夹蹬绳索，两手交替引体上移。或两手伸出直接握紧绳索，腿脚两下垂，两手交替用力向上引体，攀至顶点。

拔绳攀登：指固定绳索的上端，用脚蹬崖壁手拉绳索引体上移，攀登方法是，上体稍前倾，绳索置于两腿间，两手换握绳索交替攀拉上移。同时，一脚蹬崖壁，另一脚上抬准备蹬崖壁，用手拉、脚蹬的合力使身体向上移动。

绳索攀越：固定绳索的两端，身体横挂在绳索上攀越山涧、小溪等障碍物的方法。横越时，两手前后握绳，腹部微收，一腿膝窝挂住绳索，使身体仰挂在绳索下面，臀部稍上提，两臂弯屈约 90°。前移时，后握手前移，异侧腿由下向上向内摆动，并将膝窝挂于绳上。当一腿膝窝挂上绳索时，另一腿离开绳索悬摆。两臂、两腿依次协调配合，交替向前移进。

3．集体行进

由多个人组成的小组，总会有些人走得快一些而有些人走得慢一些，但是，既然是集体行动，同时也为了防止发生事故，建议按较慢的人的速度一块儿行走。带队的人应该走在队伍最后。

4．正确的休息方法和高山病的防治

走多少时间后休息大致取决于如下标准：平地，每走 50 分钟休息 10 分钟；爬坡，则每走 30 分钟休息 10 分钟。休息时间过长反而会使刚刚活跃起来的身体机能变得迟钝。休息时可坐到石头等高一点的地方，以使血液不致下行臀部，身体保持良好状态。休息时还可以做一些轻微的屈伸活动。

二、漂流旅游

（一）工具

橡皮筏、竹筏（或称竹排）、小木船。

（二）漂流活动的特殊技能

读河，"读"河就是要找出那些隐藏的陷阱，并找出一条穿越险滩的最佳通道。要弄明白险滩是怎样形成的，对行船有什么危险。

三、洞穴探秘旅游

（一）洞穴概述

根据国际洞穴联合会的定义，洞穴是指人能进出的天然地下空间。洞穴是由洞穴空间及其围绕其周围的岩体所构成。

按洞穴围岩性质可将洞穴分为碳酸盐岩洞、石膏洞、砾岩洞、熔岩洞、砂岩洞、花岗岩洞和冰川洞。按洞穴与围岩形成的先后，可分为原生洞和次生洞，原生洞是与围岩同时生成的，次生洞形成于成岩作用之后。按洞穴的水文特征可分为干洞和水洞。按洞穴的形态可分为垂向洞穴和横向洞穴。

在已经形成的洞穴中，岩溶洞穴占了绝大多数，洞穴探险所指的也多是岩溶洞穴。

（二）洞穴探险导游及注意事项

1．准备工作

资料准备、装备准备（安全帽、头灯、探险服、长筒胶靴、手套、食品、标签或路标、探险绳、下降及攀登装备、急救药品等）。

2．安全注意事项

（1）迷路

在探洞过程中一定要有事先的准备工作，要准备罗盘、皮尺等工具，一边测量一边设立标志，步步为营。特别要注意的是，进入洞穴之前负责人要清点人数，在洞中行进时要随时检查，出洞时还要核实，避免个别人因好奇而单独行动，发生掉队现象而迷路。在洞穴探险中要服从领导，团结友爱，切忌个人行为。

（2）水淹

在水中行走时，先用木棒、竹竿等探一探路再前进是有必要的。不可跳水、潜水，要有安全准备，最好带有救生衣并做好岸上保护。上水后立即擦干身体避免生病。

（3）岩石崩塌

在洞中陡坡地带行走时，人与人之间要保持适当距离，更应该相互照应，以避免走动时因石块滚动伤人，特别是在崩石堆中行走时更要小心。

（4）跌倒、坠落、碰头

洞穴中黑暗无路、地面不平，一般很少能平稳行走。在有粘土浮泥的地面行走，更容易跌滑伤人。攀登爬行的时候，要更加小心，先要做好路线选择并做好保护准备再行

动，切忌急躁冒险。洞穴常常高低不同，并且常常有钟乳石下垂，一不小心，就会被碰得头破血流，因此进洞时一定要戴安全帽，行进时要看清楚再走。

（5）有毒生物
（6）水中毒
（7）霉菌感染
（8）缺氧窒息

本章小结

尽管参与特种旅游人数有限，但仍是旅游活动的一个组成部分。特种旅游的导游服务是一种特殊的服务，与常规导游服务有较大区别，需要特殊知识和技能。

关键概念

特种旅游、徒步旅游、特殊技能

课堂讨论题

1. 导游员在特种旅游活动中的地位和作用。
2. 讨论总结徒步旅游导游服务的技能与方法。

复习思考题

1. 什么是徒步旅游？它为何会成为一种时尚？
2. 参与徒步旅游活动的旅游者的主要动机是什么？
3. 徒步旅游活动有哪些特点？
4. 徒步旅游中，导游员的基本要求有哪些？

参 考 文 献

1. 窦志萍. 中国旅游地理. 重庆：重庆大学出版社，2003
2. 窦志萍等. 导游服务案例选——技巧与提高. 昆明：云南大学出版社，2007
3. 窦志萍. 中国古建筑游览与审美. 昆明：云南科技出版社，2006
4. 吴殿廷. 水体景观旅游开发规划实务. 北京：中国旅游出版社，2003
5. 梁成华. 地质与地貌学. 北京：中国农业出版社，2002
6. 陆景冈. 旅游地质学. 北京：中国环境科学出版社，2003
7. 国家旅游局人事劳动教育司. 导游知识专题（中级导游员系列丛书）. 北京：中国旅游出版社，2004
8. 张明清，窦志萍. 导游业务与技巧. 北京：高等教育出版社，2003
9. 国家技术监督局发布. 导游服务质量
10. 国家技术监督局发布. 旅游服务基础术语
11. 王连义. 导游技巧与艺术. 北京：旅游教育出版社，2002
12. 常立，黎亮. 看山. 济南：山东画报出版社，2004

中华人民共和国国家标准导游服务质量

前言

本标准对导游服务质量提出了要求，并规定了涉及导游服务过程中的若干问题的处理原则，其目的是为了保障和提高导游服务的质量，促进中国旅游事业的发展。

本标准的技术要求借鉴了旅游行业导游服务几十年实践工作经验、国家和部分企业的有关规章制度与导游工作规范，并参照了国外的相关资料。

本标准的附录 A 是标准的附录。

本标准由国家旅游局提出。

本标准由全国旅游标准化技术委员会归口并负责解释。

本标准起草单位：中国国际旅行社总社。

本标准主要起草人：张蓬昆、梁杰、范巨灵、朱彬、关莉。

GB/T 15971—1995   Quality of tour-guide service

1. 范围

本标准规定了导游服务的质量要求，提出了导游服务过程中若干问题的处理原则。

本标准适用于各类旅行社在接待旅游者过程中提供的导游服务。

2. 定义

本标准采用下列定义。

2.1 旅行社 travel service

依法设立并具有法人资格，从事招徕、接待旅行者，组织旅游活动，实行独立核算的企业。

2.2 组团旅行社（简称组团社）domestic tour wholesaler

接受旅游团（者）或海外旅行社预订，制定和下达接待计划，并可提供全程陪同导游服务的旅行社。

2.3 接待旅行社（简称接待社）domestic land operator

接受组团社的委托，按照接待计划委派地方陪同导游人员，负责组织安排旅游团（者）在当地参观游览等活动的旅行社。

2.4 领队 tour escort

受海外旅行社委派，全权代表该旅行社带领旅游团从事旅游活动的工作人员。

2.5 导游人员 tour guide

持有中华人民共和国导游资格证书、受旅行社委派、按照接待计划，从事陪同旅游团（者）参观、游览等工作的人员。导游人员包括全程陪同导游人员和地方陪同导游人员。

2.5.1 地方陪同导游人员（简称地陪）local guide

受接待旅行社委派，代表接待社，实施接待计划，为旅游团（者）提供当地旅游活动安排、讲解、翻译等服务的导游人员。

2.5.2 全程陪同导游人员（简称全陪）national guide

受组团旅行社委派，作为组团社的代表，在领队和地方陪同导游人员的配合下实施接待计划，为旅游团（者）提供全旅程陪同服务的导游人员。

3．全陪服务

全陪服务是保证旅游团（者）的各项旅游活动按计划实施，旅行顺畅、安全的重要因素之一。

全陪作为组团社的代表，应自始至终参与旅游团（者）全旅程的活动，负责旅游团（者）移动中各环节的衔接，监督接待计划的实施，协调领队、地陪、司机等旅游接待人员的协作关系。

全陪应严格按照服务规范提供各项服务。

3.1 准备工作要求

准备工作是全陪服务的重要环节之一。

3.1.1 熟悉接待计划

上团前，全陪要认真查阅接待计划及相关资料，了解旅游团（者）的全面情况，注意掌握其重点和特点。

3.1.2 做好物质准备

上团前，全陪要做好必要的物质准备，携带必备的证件和有关资料。

3.1.3 与接待社联络

根据需要，接团的前一天，全陪应同接待社取得联系，互通情况，妥善安排好有关事宜。

3.2 首站（入境站）接团服务要求

首站接团服务要使旅游团（者）抵达后能立即得到热情友好的接待，旅游者有宾至如归的感觉。

a）接团前，全陪应向接待社了解本站接待工作的详细安排情况；

b）全陪应提前半小时到接站地点迎候旅游团（者）；

c）接到旅游团（者）后，全陪应与领队核实有关情况；

d）全陪应协助领队向地陪交接行李；

e）全陪应代表组团社和个人向旅游团（者）致欢迎辞。欢迎辞应包括表示欢迎、自我介绍、表示提供服务的真诚愿望、预祝旅行顺利愉快等内容。

3.3　进住饭店服务要求

进住饭店服务应使旅游团（者）进入饭店后尽快完成住宿登记手续、进住客房、取得行李。为此，全陪应积极主动地协助领队办理旅游团的住店手续，并热情地引导旅游者进入房间，还应协助有关人员随时处理旅游者进店过程中可能出现的问题。

3.4　核对商定日程

全陪应认真与领队核对、商定日程。如遇难以解决的问题，应及时反馈给组团社，并使领队得到及时的答复。

3.5　各站服务要求

全陪各站服务，应使接待计划得以全面顺利实施，各站之间有机衔接，各项服务适时、到位，保护好旅游者人身及财产安全，突发事件得到及时有效处理，为此：

a）全陪应向地陪通报旅游团的情况，并积极协助地陪工作；

b）监督各地服务质量，酌情提出改进意见和建议；

c）出现突发事件按附录A（标准的附录）的有关原则执行。

3.6　离站服务要求

全陪应提前提醒地陪落实离站的交通票据及准确时间，协助领队和地陪妥善办理离店事宜，认真做好旅游团（者）搭乘交通工具的服务。

3.7　途中服务要求

在向异地移动途中，无论乘坐何种交通工具，全陪应提醒旅游者注意人身和物品的安全；组织好娱乐活动，协助安排好饮食和休息，努力使旅游团（者）旅行充实、轻松、愉快。

3.8　末站（离境站）服务要求

末站（离境站）的服务是全陪服务中最后的接待环节，要使旅游团（者）顺利离开末站（离境站），并留下良好的印象。

在当次旅行结束时，全陪应提醒旅游者带好自己的物品和证件，征求旅游者对接待工作的意见和建议，对旅途中的合作表示感谢，并欢迎再次光临。

3.9　处理好遗留问题

下团后，全陪应认真处理好旅游团（者）的遗留问题。

全陪应认真、按时填写《全陪日志》或其他旅游行政管理部门（或组团社）所要求的资料。

4. 地陪服务

地陪服务是确保旅游团（者）在当地参观游览活动的顺利，并充分了解和感受参观游览对象的重要因素之一。

地陪应按时做好旅游团（者）在本站的迎送工作；严格按照接待计划，做好旅游团（者）参观游览过程中的导游讲解工作和计划内的食宿、购物、文娱等活动的安排；妥善处理各方面的关系和出现的问题。

地陪应严格按照服务规范提供各项服务。

4.1 准备工作要求

做好准备工作，是地陪提供良好服务的重要前提。

4.1.1 熟悉接待计划

地陪应在旅游团（者）抵达之前认真阅读接待计划和有关资料，详细、准确地了解该旅游团（者）的服务项目和要求，重要事宜做好记录。

4.1.2 落实接待事宜

地陪在旅游团（者）抵达的前一天，应与各有关部门或人员落实，核查旅游团（者）的交通、食宿、行李运输等事宜。

4.1.3 做好物质准备

上团前，地陪应做好必要的物质准备，带好接待计划、导游证、胸卡、导游旗、接站牌、结算凭证等物品。

4.2 接站服务要求

在接站过程中，地陪服务应使旅游团（者）在接站地点得到及时、热情、友好的接待，了解在当地参观游览活动的概况。

4.2.1 旅游团（者）抵达前的服务安排

地陪应在接站出发前确认旅游团（者）所乘交通工具的准确抵达时间。

地陪应提前半小时抵达接站地点，并再次核实旅游团（者）抵达的准确时间。

地陪应在旅游团（者）出站前与行李员取得联络，通知行李员行李送往的地点。地陪应与司机商定车辆停放的位置。

地陪应在旅游团（者）出站前持接站标志，站立在出站口醒目的位置热情迎接旅游者。

4.2.2 旅游团（者）抵达后的服务

旅游团（者）出站后，如旅游团中有领队或全陪，地陪应及时与领队、全陪接洽。

地陪应协助旅游者将行李放在指定位置，与领队、全陪核对行李件数无误后，移交给行李员。

地陪应及时引导旅游者前往乘车处。旅游者上车时，地陪应恭候车门旁。上车后，应协助旅游者就座，礼貌地清点人数。

行车过程中，地陪应向旅游团（者）致欢迎辞并介绍本地概况。欢迎辞内容应包括：

a）代表所在接待社、本人及司机欢迎旅游者光临本地；

b）介绍自己姓名及所属单位；

c）介绍司机；

d）表示提供服务的诚挚愿望；

e）预祝旅游愉快顺利。

4.3　入店服务要求

地陪服务应使旅游者抵达饭店后尽快办理好入店手续，进住房间，取到行李，及时了解饭店的基本情况和住店注意事项，熟悉当天或第二天的活动安排，为此地陪应在抵饭店的途中向旅游者简单介绍饭店情况及入店、住店的有关注意事项，内容应包括：

a）饭店名称和位置；

b）入店手续；

c）饭店的设施和设备的使用方法；

d）集合地点及停车地点。

旅游团（者）抵饭店后，地陪应引导旅游者到指定地点办理入店手续。

旅游者进入房间之前，地陪应向旅游者介绍饭店内就餐形式、地点、时间，并告知有关活动的时间安排。

地陪应等待行李送达饭店，负责核对行李，督促行李员及时将行李送至旅游者房间。

地陪在结束当天活动离开饭店之前，应安排好叫早服务。

4.4　核对、商定节目安排

旅游团（者）开始参观游览之前，地陪应与领队、全陪核对、商定本地节目安排，并及时通知到每一位旅游者。

4.5　参观游览过程中的导游、讲解服务要求

参观游览过程中的地陪服务，应努力使旅游团（者）参观游览全过程安全、顺利。应使旅游者详细了解参观游览对象的特色、历史背景等及其他感兴趣的问题。

4.5.1　出发前的服务

出发前，地陪应提前十分钟到达集合地点，并督促司机做好出发前的各项准备工作。

地陪应请旅游者及时上车。上车后，地陪应清点人数，向旅游者报告当日重要新闻、天气情况及当日活动安排，包括午、晚餐的时间、地点。

4.5.2 抵景点途中的讲解

在前往景点的途中，地陪应相机向旅游者介绍本地的风土人情、自然景观，回答旅游者提出的问题。

抵达景点前，地陪应向旅游者介绍该景点的简要情况，尤其是景点的历史价值和特色。抵达景点时，地陪应告知在景点停留的时间以及参观游览结束后集合的时间和地点。地陪还应向旅游者讲明游览过程中的有关注意事项。

4.5.3 景点导游、讲解

抵达景点后，地陪应对景点进行讲解。讲解内容应繁简适度，应包括该景点的历史背景、特色、地位、价值等方面的内容。讲解的语言应生动，富有表达力。

在景点导游的过程中，地陪应保证在计划的时间与费用内，旅游者能充分地游览、观赏，做到讲解与引导游览相结合，适当集中与分散相结合，劳逸适度，并应特别关照老弱病残的旅游者。

在景点导游的过程中，地陪应注意旅游者的安全，要自始至终与旅游者在一起活动，并随时清点人数，以防旅游者走失。

4.6 旅游团（者）就餐时对地陪的服务要求

旅游团（者）就餐时，地陪的服务应包括：

a）简单介绍餐馆及其菜肴的特色；

b）引导旅游者到餐厅入座，并介绍餐馆的有关设施；

c）向旅游者说明酒水的类别；

d）解答旅游者在用餐过程中的提问，解决出现的问题。

4.7 旅游团（者）购物时对地陪的服务要求

旅游团（者）购物时，地陪应：

a）向旅游团（者）介绍本地商品的特色；

b）随时提供旅游者在购物过程中所需要的服务，如翻译、介绍托运手续等。

4.8 旅游团（者）观看文娱节目时对地陪的服务要求

旅游团（者）观看计划内的文娱节目时，地陪的服务应包括：

a）简单介绍节目内容及其特点；

b）引导旅游者入座。

在旅游团（者）观看节目过程中，地陪应自始至终坚守岗位。

4.9 结束当日活动时的服务要求

旅游团（者）在结束当日活动时，地陪应询问其对当日活动安排的反映，并宣布次日的活动日程、出发时间及其他有关事项。

4.10　送站服务要求

旅游团（者）结束本地参观游览活动后，地陪服务应使旅游者顺利、安全离站，遗留问题得到及时妥善的处理。

a）旅游团（者）离站的前一天，地陪应确认交通票据及离站时间，通知旅游者移交行李和与饭店结账的时间；

b）离饭店前，地陪应与饭店行李员办好行李交接手续；

c）地陪应诚恳征求旅游者对接待工作的意见和建议，并祝旅游者旅途愉快；

d）地陪应将交通和行李票证移交给全陪、领队或旅游者；

e）地陪应在旅游团（者）所乘交通工具启动后方可离开；

f）如系旅游团（者）离境，地陪应向其介绍办理出境手续的程序。如系乘机离境，地陪还应提醒或协助领队或旅游者提前 72 小时确认机座。

4.11　处理好遗留问题

下团后，地陪应认真处理好旅游团（者）的遗留问题。

5．导游人员的基本素质

为保证导游服务质量，导游人员应具备以下基本素质。

5.1　爱国主义意识

导游人员应具有爱国主义意识，在为旅游者提供热情有效服务的同时，要维护国家的利益和民族的自尊。

5.2　法规意识和职业道德

5.2.1　遵纪守法

导游人员应认真学习并模范遵守有关法律及规章制度。

5.2.2　遵守公德

导游人员应讲文明，模范遵守社会公德。

5.2.3　尽职敬业

导游人员应热爱本职工作，不断检查和改进自己的工作，努力提高服务水平。

5.2.4　维护旅游者的合法权益

导游人员应有较高的职业道德，认真完成旅游接待计划所规定的各项任务，维护旅游者的合法权益。对旅游者所提出的计划外的合理要求，经主管部门同意，在条件允许的情况下应尽力予以满足。

5.3　业务水平

5.3.1　能力

导游人员应具备较强的组织、协调、应变等办事能力。

无论是外语、普通话、地方语和少数民族语言导游人员，都应做到语言准确、生动、形象、富有表达力，同时注意使用礼貌用语。

5.3.2 知识

导游人员应有较广泛的基本知识，尤其是政治、经济、历史、地理以及国情、风土习俗等方面的知识。

5.4 仪容仪表

导游人员应穿工作服或指定的服装，服装要整洁、得体。

导游人员应举止大方、端庄、稳重，表情自然、诚恳、和蔼，努力克服不合礼仪的生活习惯。

6．导游服务质量的监督与检查

各旅行社应建立健全导游服务质量的检查机构，依据本标准对导游服务进行监督检查。

旅游行政管理部门依据本标准检查导游服务质量，受理旅游者对导游服务质量的投诉。

附录A （标准的附录）

若干问题处理原则

A.1 路线或日程变更

A.1.1 旅游团（者）要求变更计划行程

旅游过程中，旅游团（者）提出变更路线或日程的要求时，导游人员原则上应按合同执行，特殊情况报组团社。

A.1.2 客观原因需要变更计划行程

旅游过程中，因客观原因需要变更路线或日程时，导游人员应向旅游团（者）做好解释工作，及时将旅游团（者）的意见反馈给组团社和接待社，并根据组团社或接待社的安排做好工作。

A.2 丢失证件或物品

当旅游者丢失证件或物品时，导游人员应详细了解丢失情况，尽力协助寻找，同时报告组团社或接待社，根据组团社或接待社的安排协助旅游者向有关部门报案，补办必要的手续。

A.3 丢失或损坏行李

当旅游者的行李丢失或损坏时，导游人员应详细了解丢失或损坏情况，积极协助查找责任者。当难以找出责任者时，导游人员应尽量协助当事人开具有关证明，以便向投

保公司索赔，并视情况向有关部门报告。

A.4　旅游者伤病、病危或死亡

A.4.1　旅游者伤病

旅游者意外受伤或患病时，导游人员应及时探视，如有需要，导游人员应陪同患者前往医院就诊。严禁导游人员擅自给患者用药。

A.4.2　旅游者病危

旅游者病危时，导游人员应立即协同领队或亲友送病人去急救中心或医院抢救，或请医生前来抢救。患者如系某国际急救组织的投保者，导游人员还应提醒领队及时与该组织的代理机构联系。

在抢救过程中，导游人员应要求旅游团的领队或患者亲友在场，并详细地记录患者患病前后的症状及治疗情况。

在抢救过程中，导游人员应随时向当地接待社反映情况；还应提醒领队及时通知患者亲属，如患者系外籍人士，导游人员应提醒领队通知患者所在国驻华使（领）馆；同时妥善安排好旅游团其他旅游者的活动。全陪应继续随团旅行。

A.4.3　旅游者死亡

出现旅游者死亡的情况时，导游人员应立即向当地接待社报告，由当地接待社按照国家有关规定做好善后工作，同时导游人员应稳定其他旅游者的情绪，并继续做好旅游团的接待工作。

如系非正常死亡，导游人员应注意保护现场，并及时报告当地有关部门。

A.5　其他

如遇上述之外的其他问题，导游人员应在合理与可能的前提下，积极协助有关人员予以妥善处理。